Praxisbuch

GARTEN

Kräutergarten • Pflanzenschnitt • Biogarten
Balkon- und Terrassengarten

Weltbild

Text: Melanie Goldmann (S. 8–98; außer S. 51, 75, 93, 94, 98);
Peter Himmelhuber (S. 100–190; außer S. 108, 129, 142, 150, 162);
Wolfgang Seitz, Peter Himmelhuber (S. 192–282; außer S. 203, 217, 242, 253, 268);
Max Kirschner, Feryal Kanbay (S. 284–374; außer S. 306, 310, 326, 349, 360)
Titelabbildungen: fotolia.com/Sternstunden (o.), fotolia.com/junebreeze (u. l., U4), fotolia.com/pat fauve (u. M., U4), fotolia.com/Nobilior (u. r., U4)
Umschlaggestaltung: X-Design, München
Layoutgestaltung: h3a GmbH, München

ISBN 978-3-8289-3463-4

Inhalt

Kräutergarten

Pflanzenschnitt

Biogarten

Balkon- und Terrassengarten

Kräutergarten

Weltbild

Band 1

Planung und Gestaltung

Grundsätzliche Überlegungen

Wer einen Kräutergarten anlegen möchte, muss zuvor einige Überlegungen anstellen. Das fängt bei der Standortwahl an und geht über die Prüfung der Bodenbeschaffenheit bis hin zur Auswahl der geeigneten Pflanzen. Am Anfang der Standortwahl steht die Frage, wo in Ihrem Garten ein Kräuterbeet grundsätzlich Platz hat und seinen festen Ort finden soll. Haben Sie einen passenden Platz ausgewählt, bestimmt die Bodenbeschaffenheit Ihre weiteren Überlegungen, denn nicht jede Pflanze ist auch für alle Bodenverhältnisse gleichermaßen gut geeignet.

Die geeignete Lage

Für das Anlegen eines Kräutergartens benötigen Sie einen sonnigen und hellen Standort, denn die meisten Kräuter gedeihen unter diesen Bedingungen am besten. Ideal ist hier ein Platz mit südlicher Ausrichtung, der in der Mittagssonne liegt. So können die Pflanzen am besten gedeihen und entfalten während ihrer Vegetationszeit ihr volles Aroma. Ideal für wärmeliebende Kräuter sind Hanglagen oder wärmespeichernde Standorte wie Hauswände oder Mauern. Einige Kräuterarten wie Kerbel, Petersilie oder Salbei kommen jedoch auch mit Halbschatten zurecht, andere wie etwa Gartenkresse können sogar einen Standort im Schatten vertragen.
Zugluft sollte hingegen immer vermieden werden, da die Kräuter diese nicht vertragen. Wählen Sie daher einen möglichst gut windgeschützten Platz für Ihr Kräuterbeet. Zudem benötigen die meisten Kräuter einen durchlässigen Boden, der frei von Staunässe ist. Der Boden sollte auch nicht stark verdichtet oder sehr lehmig sein.

Praktisch ist es zudem, wenn sich das Kräuterbeet in Hausnähe befindet, sodass Sie, wenn Sie die Kräuter zum Kochen verwenden wollen, bei der Kräuterernte keine langen Wege zwischen Beet und Küche zurücklegen müssen. Aus demselben Grund empfiehlt sich auch ein nah liegender Wasseranschluss. Ideal wäre es z. B., wenn Sie Ihr Kräuterbeet entlang eines Weges oder an der Terrasse anlegen würden. Möglich wäre aber auch ein Standort, der an ein Gemüsebeet anschließt, oder ein abgegrenzter Platz auf einem Rasenstück.

ÖKO-TIPP

Für Windschutz sorgen

Ist kein ausreichender Windschutz geboten, können Sie eine niedrige Hecke, beispielsweise aus Buchsbaum, pflanzen oder einen Lattenzaun an der Ost- und der Westseite des Kräutergartens errichten.

Welche Kräuter für welche Böden?

Haben Sie einen geeigneten Platz gefunden, gilt es, die hierfür passenden Kräuter auszuwählen. Welche Pflanze zum gewählten Standort passt, ist von den jeweiligen Ansprüchen an Bodenbeschaffenheit sowie Licht-, Luft- und Wasserbedarf abhängig. Einige Beispiele für Kräuter, die sich für die verschiedenen Bodenarten eignen, finden Sie im Folgenden. Genaueres zu den einzelnen Pflanzen und ihren Ansprüchen erfahren Sie im Kapitel „Pflanzenkunde von A bis Z“ ab S. 52.

Mit einer einfachen Handprobe können Sie leicht bestimmen, welche Eigenschaften Ihr Boden aufweist (Näheres dazu erfahren Sie ab S. 23)

Sandige, eher trockene Böden

Magere, sandige oder kiesige Böden sind meist heller gefärbt als humusreiche Böden, Wasser versickert hier schnell und der Boden zerfällt leicht, wenn man ihn in die Hand nimmt. Ein sandiger Boden ist entsprechend trocken und erwärmt sich schnell. Dies ist v. a. dann häufig der Fall, wenn der Boden mit Erdreich oder Bauschutt aufgeschüttet wurde. Hier benötigen Sie Pflanzen, die geringere Ansprüche in puncto Nährstoffbedarf stellen. Dies sind beispielsweise Kräuter wie Ysop, Salbei, Oregano und Bohnenkraut. Aber auch Kamille, Pimpernelle oder Johanniskraut gedeihen hier gut.

Trockene, eher nährstoffarme und karge Böden eignen sich v. a. auch für die meisten südländischen Kräuter wie etwa Majoran, Thymian, Basilikum und Lavendel. Wollen Sie dennoch Kräuter mit höheren Nährstoffansprüchen anpflanzen, müssen Sie den Boden mithilfe von Kompost oder Düngerzugabe verbessern.

Humose, durchlässige Böden

Humusreiche, durchlässige Böden bieten ideale Bedingungen für eine Vielzahl von Kräutern. Der Humusanteil ist bestimmend für die Bodenfruchtbarkeit, denn Humus speichert Wasser und Nährstoffe. Humose Böden erkennen Sie an der meist dunklen Färbung des Bodens. Bei dieser Bodenbeschaffenheit können Sie i. d. R. frei nach Ihren persönlichen Vorlieben wählen, denn nahezu alle Pflanzen lieben diese Bodenbedingungen und gedeihen hier problemlos und prächtig. Selbst Kräuter, die eigentlich eher nährstoffarme und karge Böden bevorzugen wie etwa Rosmarin, Thymian oder Borretsch können hier gut gepflanzt werden.

Frische bis wechselfeuchte Böden

Ist der Boden nur wenig durchlässig und treten in einer Gegend häufig Niederschläge auf, sind die Böden i. d. R. frisch bis wechselfeucht. Solche Böden weisen meist eine leichte Feuchtigkeit auf, sie können jedoch zeitweilig auch sehr feucht oder trocken sein.

Hier lassen sich besonders gut Kräuter anpflanzen, die ursprünglich in hiesigen Breiten beheimatet sind und auch teilschattige Standorte vertragen. Dies sind z. B. Schnittlauch, Kerbel, Dill oder Kümmel. Auch Ringelblume und Barbarakraut kommen gut mit frisch bis wechselfeuchten Böden zurecht.

Feuchte Böden

Einen feuchten Boden erkennen Sie daran, dass er sich leicht formen lässt und nicht zerbröckelt, wenn man ihn in der Hand knetet. Feuchte Böden kommen in Gärten eher selten vor. Sogar lehmige Untergründe, auf denen sich Staunässe bildet, können in regenarmen Zeiten austrocknen. Ganzjährige Bodenfeuchte tritt allenfalls an Bachläufen, Hangquellen und an Standorten mit einem hohen Grundwasserspiegel auf. Entsprechend selten sind die Kräuter, die an diese Verhältnisse angepasst sind. An dauerhafte Bodenfeuchtigkeit gewohnt sind beispielsweise Baldrian oder Sauerampfer. Wählen Sie also derartige Kräuter, wenn Sie einen sehr feuchten Boden haben und eine Dränage mithilfe von Kies oder Splitt vermeiden wollen.

Anlage des Kräutergartens

Bei der Größe Ihres Kräuterbeets sind Ihnen keine Grenzen gesetzt. Wie groß Ihr Kräuterbeet sein soll, hängt dabei von Ihren Bedürfnissen und dem vorhandenen Platzangebot ab. Bedenken Sie aber auch, dass ein größerer Kräutergarten auch mehr Arbeit macht. Daher empfiehlt sich eine relative Überschaubarkeit. In den meisten Fällen ist eine Fläche von 2 bis 4 m^2 völlig ausreichend. Wenn Sie einen größeren Garten haben oder aufwendigere Gestaltungsideen mit vielen verschiedenen Kräutern verwirklichen wollen, können es aber auch schon einmal 8 bis 12 m^2 sein. Achten Sie auf jeden Fall auf eine gute allseitige Zugänglichkeit. Bei größeren Beeten sollten daher kleine Wege, etwa in Form von Trittsteinen angelegt werden.

PFLEGELEICHT-TIPP

Kräuter nach Wuchshöhen kombinieren

Bei der Kombination der Kräuter nach Wuchshöhen können Sie sich an folgenden Angaben orientieren:
Bis 25 cm: Gänseblümchen, Petersilie, Walderdbeere.
Bis 60 cm: Basilikum, Johanniskraut, Kamille, Kerbel, Knoblauch, Kresse, Kümmel, Löwenzahn, Majoran, Melisse, Oregano, Pimpernelle, Ringelblume, Rosmarin, Salbei, Sauerampfer, Schafgarbe, Schnittlauch, Thymian.
Über 60 cm: Baldrian, Barbarakraut, Beifuß, Beinwell, Borretsch, Brennnessel, Dill, Estragon, Kapuzinerkresse, Lavendel, Liebstöckel, Malve, Pfefferminze, Rainfarn, Ysop.

Anordnung der Kräuter

Es empfiehlt sich, die Pflanzen der Größe nach anzuordnen. Auf diese Weise erhalten alle Pflanzen genug Licht, was sich positiv auf das Wachstum auswirkt. Kleinere Pflanzen sollten Sie eher an der Südseite des Beets und die großwüchsigeren Kräuter eher an der Nordseite ansiedeln. So erhält jede Pflanze ausreichend Sonnenlicht.

Kleinere Kräuterarten wie etwa Petersilie, Schnittlauch, Basilikum, Kresse oder Kerbel eignen sich zudem gut als Randbepflanzung. Auch Pflanzen wie Ringelblume oder Melisse lassen sich gut an der Beetaußenseite anpflanzen. Eher in der Mitte des Beets sollten großwüchsige Kräuterarten wie etwa Dill, Oregano, Knoblauch oder Borretsch platziert werden.

Sie können die Kräuter aber auch nach dem Wasserbedarf zusammenstellen, was das Gießen erleichtert. Viel Wasser benötigen etwa Estragon und Schnittlauch, mit wenig Wasser kommen beispielsweise Thymian und Rosmarin aus.

Farben und Wuchsformen

Wenn Sie verschiedene Kräuter miteinander kombinieren wollen, sollten Sie – abgesehen von den Ansprüchen an Boden und Licht – auf Größe, Wuchsform und Farbe der gewählten Pflanzen achten. Bei der Kombination von groß- und kleinwüchsigen Arten sollte das Kräuterbeet in Abstufungen angelegt werden, damit die kleineren Arten nicht von den großwüchsigen Kräutern überwuchert werden. Sie können aber auch Kräuter von ähnlicher Wuchshöhe miteinander kombinieren.

Es gibt verschiedene Kräuter mit wunderschönen, farbenprächtigen Blütenständen und Blüten. Bei der Kombination können Sie Ihrer Kreativität freien Lauf lassen. Ein Beispiel für eine sehr dekorative und farblich stimmige Pflanzenkombination, die sich auf einem sandigen Boden anpflanzen lässt, ist ein Beet, in dessen Mitte Malve und Ysop angeordnet werden und dessen Rand Salbei, Oregano und Lavendel zieren.

Farbenprächtige Malven verschönern jedes Kräuterbeet

Verschiedene Standorte

Die Standorte für einen Kräutergarten können sich aus verschiedenen Überlegungen ergeben. Entweder Sie wählen den Platz, der Ihnen am praktischsten und schönsten erscheint oder Ihnen steht nur eine bestimmte Fläche zur Verfügung bzw. Sie wollen eine bisher nicht genutzte Fläche sinnvoll aufwerten. Ob Sie Ihren Kräutergarten nun am Gartenzaun, direkt an der Terrasse, am Weg oder an einem Hang anlegen – immer werden Sie verschiedene Kräuter zur Auswahl haben, die sich für eine bestimmte Lage besonders eignen und dabei auch Ihren Geschmack treffen.

Am Gartenzaun

Der Kräutergarten an der Gartengrenze kann in Kombination mit einem ansprechend gestalteten Zaun sehr geschmackvoll und repräsentativ wirken. Wollen Sie Ihr Kräuterbeet hier anlegen, ist es besonders schön, wenn Sie farbenfrohe und aromatisch duftende Pflanzen wählen, die auch schon einmal durch die Zaunzwischenräume ranken dürfen. Sehr dekorativ wirken hier etwa Ringelblume, Liebstöckel oder Beinwell. Auch Kapuzinerkresse, Borretsch oder Lavendel können herrlich zur Wirkung kommen. Mit etwas Kompost gedüngt, können Sie hier aber auch Rosmarin oder Barbarakraut anpflanzen. Wird der Standort durch einen Sockel und die Rasenkante oder einen Weg abgegrenzt, können hier auch wuchernde Kräuterarten wachsen.

Am Hang

Gartenhänge lassen sich nur schwer sinnvoll nutzen. Wie wäre es also, hier eine Trockenmauer oder einen Steingarten anzulegen? Voraussetzung hierfür ist, dass der Hang an der Ost-, West- oder Südseite des Geländes liegt. Für einen mediterranen Steingarten werden in Hanglage terrassen- oder treppenförmig Natursteinreihen angelegt, in deren Zwischenräume die Kräuter gepflanzt werden. Eine Trockenmauer steht vor einem Hang, um diesen zu stützen. Sowohl an der Oberkante als auch am Fuß der Mauer und sogar in deren Lücken können Kräuter gepflanzt werden. Hier sind Pflanzen zu wählen, die gut mit trockenen Standortbedingungen zurechtkommen. Dies können etwa einheimische Kräuterarten sein, die gut auf trockenen, mageren Böden gedeihen, aber auch verschiedene mediterrane Kräuter. Wärmeliebende und Trockenheit gewohnte Pflanzen, die sich für Trockenmauern und Steingärten eignen, sind etwa Rosmarin, Lavendel und Thymian.

INFO

Standortplanung

Verschaffen Sie sich direkt im Garten einen Überblick über das Platzangebot und mögliche Standorte für Ihr Kräuterbeet. Sie können etwa mit einem Blatt Papier, einem Stift und einer Schreibunterlage Ihren Garten begehen und mögliche Standorte aufzeichnen. Haben Sie sich für einen Platz entschieden, können Sie diesen schon vor Ort abgrenzen. Planen Sie dabei am besten auch Reserveflächen ein, damit Sie keine Platzprobleme bekommen, wenn der Kräutergarten sich später weiter ausbreiten sollte.

Bepflanzte Wege vor Ihrem Eingangsbereich oder im Garten sind tolle Blickfänger

An Bäumen und Sträuchern

Schwer zu nutzende Gartenbereiche sind auch die Umgebungen von Bäumen und Ziersträuchern. Hier entfalten Kräuter nicht nur eine äußert dekorative Wirkung, sondern können auch wichtige Aufgaben erfüllen. Im Bereich rund um die Baumstämme von Apfel- oder Birnbäumen sorgen Ringelblumen für eine Verbesserung der Bodenbeschaffenheit, indem sie Nematoden (Fadenwürmer) vertreiben, die die Wurzeln der Bäume befallen und somit deren Wachstum schädigen.

Knoblauch ist eine oft verwendete Pflanze zur Bekämpfung von Wühlmäusen, und Rosen können mit Lavendel vor Blattläusen geschützt werden. Blattläuse ergreifen auch die Flucht, wenn man an Obstbäumen und -sträuchern Kapuzinerkresse pflanzt.

An Wegen

Auch an Wegen können wuchernde Arten gut angesiedelt werden. Ebenso wie bei der Grundstücksgrenze sind Wege repräsentative Bereiche, die Besuchern einen ersten Blick auf den Garten erlauben. Daher machen sich auch hier herrlich blühende und duftende Kräuter besonders gut. Hier können Sie z. B. Kräuter wie Thymian, Lavendel, Salbei, Pfefferminze oder Zitronenmelisse anpflanzen. Für reine Gartenwege eignen sich eher robuste Kräuter, denn es kann passieren, dass man beim Gang durch den Garten einmal versehentlich neben den Weg tritt. Pflanzen wie Schafgarbe, Gänseblümchen, Kamille oder Ringelblumen vertragen auch schon einmal einen versehentlichen Tritt. In einer dahinterliegenden Reihe können Sie dann immer noch die oben genannten Duftpflanzen ansiedeln.

Kräuterbeete für Kinder

✿ Spielerisch lernen

Das Anlegen und Pflegen eines Kräutergartens ist eine ideale Gelegenheit, Kinder an den Umgang mit der Natur und die Freude an der Gartenarbeit heranzuführen. Die meisten Kinder lieben es, bei der Arbeit zu helfen, etwas Eigenes zu schaffen und dabei noch den Duft von frischen Kräutern zu genießen. Schnell lernen sie die einzelnen Arten kennen und erfahren am praktischen Beispiel, wie Pflanzen wachsen, wie sie sich entwickeln, was sie zum Leben benötigen und wie sie sich verwenden lassen.

Für einen kleinen Kinderkräutergarten genügt eine Fläche von etwa 0,5 bis 1 m². Mit der Aussaat können Sie schon zeitig im Frühjahr beginnen. Suchen Sie sich dazu einen leicht zugänglichen Platz. Auch das Beet selbst sollte für die Kinder leicht begehbar sein. Daher sollten ausreichend große Trittsteine vorhanden und die Kräuter nicht zu dicht aneinander gepflanzt werden. Kräuter, die sich besonders gut für einen Kinderkräutergarten eignen, sind z. B.:

✿ Kresse

Kresse ist besonders dankbar, da sie innerhalb weniger Tage keimt. So haben Kinder schnell Erfolge bei der Gartenarbeit zu verzeichnen. Dicht gesät lassen sich mit der Kresse auch verschiedene geometrische Formen und Figuren etwa in Tierform gestalten. Hier können Kinder ihrer Kreativität freien Lauf lassen.

✿ Petersilie

Ganz anders sieht es mit der Petersilie aus, die mehrere Wochen zum Keimen benötigt. Die Kleinen müssen hier Geduld lernen, aber sie werden auch merken, dass sich die Hege und Pflege am Ende auszahlt.

✿ Löwenzahn

Der geerntete Löwenzahn lässt sich hervorragend als frischer Salat in der Küche verwenden. So lernen Kinder nicht nur, wie man sich gesund und frisch ernährt, mit Löwenzahn kann man auch basteln und experimentieren. So erfreuen sich die Kinder im Frühherbst am den „Pusteblumen", und auch wunderbare Ketten lassen sich aus den Blütenstängeln herstellen.

✿ Gänseblümchen

Nicht nur kleine Sträußchen oder Kränze lassen sich mit den fast ganzjährig blühenden Pflänzchen zaubern. Kinder können beobachten, wie sich die Blüten morgens öffnen und abends wieder schließen und so etwas über die Natur lernen.

✿ Lavendel

Lavendel überzeugt nicht nur durch seinen Duft, die getrockneten Blüten kann man auch zum Basteln kleiner Duftsäckchen nutzen.

PFLEGELEICHT-TIPP

Wuchernde Pflanzen im Zaum halten

Kräuter, die sich schnell und unkontrolliert ausbreiten, sollten am Rand des Beetes angepflanzt werden. Hierzu kann ein am Zaun platzierter Betonsockel oder eine Einfassung am Wegrand dienen. Die Barriere sollte etwa 40 cm tief in die Erde reichen. Sie können Kräuter auch am Wuchern hindern, indem Sie diese mit kurzen Holzbrettern vom restlichen Beet abgrenzen, die Sie entsprechend tief im Boden versenken.
Eine weitere Möglichkeit ist es, die Wurzelballen nicht direkt in die Erde zu pflanzen, sondern die Kräuter in einem Tontopf ins Beet zu setzen Der Ausbreitungsdrang einiger Kräuter ist kaum in den Griff zu bekommen. Hier empfiehlt sich die Anpflanzung abseits der Kräuterbeete.

An der Terrasse

Ein Platz an der Terrasse ist ein idealer Ort für ein Kräuterbeet. Die meisten Terrassen weisen nach Süden und bieten Kräutern daher viel Sonne. Ein Kräuterbeet direkt an der Terrasse ist auch aufgrund der Nähe zum Haus und kurzer Wege bei der Pflege und Ernte sehr praktisch. Hier können etwa klassische Gewürzkräuter wie Dill, Schnittlauch, Estragon, Oregano, Majoran, Basilikum, Bohnenkraut, Petersilie, Thymian oder Salbei ihren Platz finden, die nach der Ernte direkt in der Küche verwendet werden können.
Wenn Sie weniger Wert aufs Kochen und mehr auf die Terrasse als Entspannungsort legen, können Sie an der Terrasse auch dekorative und duftende Kräuter ansiedeln. Sehr schön sind hier beispielsweise Rosmarin, Kamille, Borretsch, Lavendel, Ringelblume, Johanniskraut, Malve und Ysop. Wer es dekorativ liebt, kann seiner Fantasie auch bei der Beetgestaltung freien Lauf lassen, denn hier sind Sie nicht unbedingt auf eine Pflanzung in Reihen oder schmalen Streifen beschränkt.

Die Gestaltung

Auch bei der Form Ihres Kräutergartens haben Sie verschiedene Möglichkeiten. Sie können die Kräuter in einer Reihe anordnen oder spezielle Formen wie etwa eine Kräuterschnecke wählen. Das Pflanzen der Kräuter in einer Reihe ist dabei insofern vorteilhaft, dass diese zur Pflanzenpflege und zur Ernte der Kräuter leicht erreichbar sind. Sie können einen streng geordneten Kräutergarten anlegen, der einem Klostergarten ähnelt, oder diesen nach Vorbild einer Kräuterwiese oder Bauerngartens recht natürlich wachsen lassen.

Gärtnern nach dem Vorbild der Natur

Achten Sie darauf, verschiedene Kräuterarten miteinander zu kombinieren, denn Monokulturen haben auch bei Kräutergärten Nachteile. So können sich hier Pflanzenkrankheiten und Schädlinge massenhaft vermehren. Zudem wird der Boden mit Ausscheidungsstoffen angereichert, sodass die Wurzeln der Pflanzen geschädigt werden und die Nährstoffaufnahme sich verschlechtert.

Egal, ob wohlgeordnetes Beet oder ein wilder Wuchs auf Kräuterwiesen – wichtig ist, dass Sie Monokulturen vermeiden

Orientieren Sie sich beim Anpflanzen der Kräuter also am besten an der Natur, denn hier herrscht immer Vielfalt und es finden sich verschiedene Pflanzen, die gut zueinander passen, in natürlicher Gesellschaft. Dies sorgt für Stabilität und fördert die Überlebenschancen der einzelnen Pflanzenarten. Aus diesem Grund sind Mischkulturen ein unverzichtbarer Bestandteil traditioneller Anbauformen, die auf altbewährte Erfahrungswerte vertrauen, wie etwa von Bauerngärten.

Kräuterwiesen

Neben dem traditionellen Bauerngarten ist die Kräuterwiese ein Beispiel für eine Mischkultur nach natürlichem Vorbild. Mehr oder weniger sich selbst überlassen, entwickelt sie sich eigenständig über Jahre hinweg. Im heimischen Garten eignen sich Bereiche, die ohnehin nicht sinnvoll als Rasenflächen genutzt werden können, für das Anlegen einer Kräuterwiese. Dies können z. B. Böschungen oder Randstreifen, etwa am Übergang zu Bäumen, sein. Die pflegeleichten Wiesen müssen nicht gedüngt und nur zwei- bis dreimal im Jahr gemäht werden.

Eine solche Kräuterwiese liefert nicht nur aromatische Gewürzpflanzen für die Küche, sondern zieht mit ihrem frischen Grün und farbenfrohen Blüten fleißige Insekten wie Schmetterlinge und Hummeln an. Geeignete Pflanzen für eine Kräuterwiese sind beispielsweise klassische Küchenkräuter wie Schnittlauch, Oregano, Kerbel, Kümmel und Dill. Aber auch Heil- und Teepflanzen wie Pfefferminze, Malve, Kamille, Johanniskraut und Ringelblume finden hier einen idealen Platz.

Klostergartenbeet

Wer die geordnetere Variante bevorzugt, kann seinen heimischen Kräutergarten nach Vorbild eines klassischen Klostergartens anlegen. Hierbei wird das Beet in mehrere Rechtecke mit verschiedenen Kräutern unterteilt. Bewährt ist dabei eine Abtrennung der Beetabschnitte mit Steinfliesen oder Ziegelsteinen. Auf diese Weise kommen Sie auch bei nassem Wetter bequem und trockenen Fußes zur Ernte oder Pflege an Ihre Kräuter. Alternativ zur rechteckigen Anlage können Sie auch eine andere geometrische Formen für Ihr Klostergartenbeet wählen, etwa eine Stern-, Kreuz- oder Dreiecksform. Zu den klassischen Heil- und Würzkräutern eines Klostergartens gehören z. B. Kerbel, Pfefferminze, Ringelblume, Knoblauch, Kümmel und Dill.

Ein solches Klosterbeet können Sie auch als Hochbeet anlegen. Hierbei wird jeweils eine rechteckige Fläche abgesteckt und mit einer etwa 0,5 bis 1 m hohen Mauer aus Naturstein oder Holzbalken umgrenzt. Das hierdurch entstehende abgegrenzte Beet wird mit Gartenerde befüllt. Der Vorteil hierbei ist neben der Rückenfreundlichkeit bei Pflege und Ernte, dass die einzelnen abgegrenzten Bereiche ganz nach den Ansprüchen der hierfür vorgesehenen Kräuter mit dem jeweils benötigten Nährboden – also beispielsweise feuchtem, lehmigem oder sandigem, trockenem Boden – gefüllt werden können.

Kräuterschachbrett

Eine sehr hübsche und ansprechende Gestaltungsidee ist es auch, die einzelnen Kräuter regelmäßig in Schachbrettform anzuordnen. Auch hier liegt der Vorteil darin, dass die einzelnen Felder im Beet sich durch Platten oder Trittsteine abgrenzen lassen. Dies sieht nicht nur geordnet und dekorativ aus, sondern macht die Pflanzen bei der Ansaat, Pflege und Ernte auch leicht zugänglich. Um jeder Pflanze die nötigen Wachstumsvoraussetzungen zu bieten, kann man in den hierbei abgegrenzten Bereichen auch – je nach Anspruch der Pflanze – Sand, Lehm, Kalk oder Dünger einbringen. Die Grundform des Schachbretts muss dabei nicht unbedingt quadratisch oder rechteckig sein. Je nach Platzangebot und persönlichem Geschmack sind hier auch andere Formen denkbar.

Kräuter in Blumen- und Gemüsebeeten

Dekorative Kräuter lassen sich auch gut in Blumenbeeten und Rabatten pflanzen. Der Vorteil ist hierbei, dass Sie keine gesonderte Gartenfläche benötigen. Daher ist diese Möglichkeit besonders geeignet, wenn wenig Platz für einen Kräutergarten zur Verfügung steht. Es gibt wunderschöne Kräuter, die mit ihrem prächtigen Wuchs, dem herrlichen Duft und der Schönheit der Blüten jedes Blumenbeet zieren. Für einen Staudengarten können Sie etwa Kräuter wie Borretsch, Pimpernelle, Ysop, Kapuzinerkresse, Salbei oder Melisse wählen. Als Beeteinfassung eignen sich beispielsweise Rosmarin, Schnittlauch, Lavendel und Thymian.

Da die Vielfalt verschiedener Pflanzen für Gesundheit und Stabilität sorgt, ist es auch empfehlenswert, in Gemüsegärten Kräuter zwischen- und unterzupflanzen. In Gemüsebeeten wirken Kräuter nicht nur dekorativ, sie locken auch bestäubende Insekten wie Schmetterlinge, Bienen und Hummeln an und fördern somit das Wachstum des angepflanzten Gemüses.

Kräuterspirale

Seit einigen Jahren erfreut sich die auch Kräuterspirale genannte Kräuterschnecke zunehmender Beliebtheit. Hierbei gibt es verschiedene Formen. Allen gemeinsam ist ein Grundgerüst aus Steinen in Form eines Schneckenhauses. Die Steine werden spiralförmig angeordnet und die Kräuter in die Zwischenräume gepflanzt. Sie können die Kräuterspirale flach mit dazwischenliegenden Trittsteinen anlegen, sodass diese begehbar ist und alle Pflanzen gut erreichbar sind. Im Regelfall läuft eine Kräuterspirale jedoch nach oben hin kegelförmig zu, was den Vorteil hat, sehr platzsparend zu sein. Der höchste Punkt der Spirale befindet sich dabei in der Mitte, zu den Rändern hin sind die Kräuter immer niedriger angeordnet. Hierdurch wird die Ernte erleichtert und die Pflanzen lassen sich ihren Ansprüchen an Sonnenlicht entsprechend platzieren. Denn die unterschiedlichen Höhenniveaus schaffen auch verschiedene Wachstumsbedingungen.

In der Mitte der Kräuterspirale ist die Sonneneinstrahlung am höchsten und der Boden am trockensten. Diese Bedingungen lieben beispielsweise Kräuter wie Kamille, Salbei, Oregano oder Bohnenkraut. Je weiter am Rand und je niedriger, desto feuchter, windgeschützter und nährstoffreicher ist der Boden. In den mittleren Bereichen wachsen etwa Rosmarin, Melisse, Thymian, Pimpernelle und Lavendel besonders gut. Der Bereich am äußersten Rand bietet Pflanzen wie Basilikum, Schnittlauch, Borretsch und Schnittsellerie ideale Bedingungen. Auch Kräuter wie Ringelblume und Kerbel können hier gut platziert werden.

Eine Kräuterspirale eignet sich allerdings weniger für hochwachsende Kräuter, da hierbei die Übersichtlichkeit gestört würde, was sowohl praktische Nachteile hat als auch nicht schön wirkt. Zudem sollten die Kräuter so gepflanzt werden, dass alle Pflanzen ausreichend Licht bekommen. Wollen Sie diese großwüchsigen Kräuter dennoch in der Kräuterspirale pflanzen, finden sie ganz oben in der Mitte den richtigen Platz.

Kräuterspiralen oder -schnecken erfreuen sich immer größerer Beliebtheit

Ein Kräuterrondell wird am besten durch dekorative Materialien wie Pflastersteine oder Holzelemente eingefasst

Kräuterrondell

Ein Kräuterrondell ist ein kreisrundes Kräuterbeet. Statt des Ganzkreises können Sie aber auch eine Halbkreisform wählen, die sich beispielsweise vor einer Terrasse platzieren lässt oder einen Dreiviertelkreis, der an den Terrassenaußenkanten angelegt werden kann.

Am schönsten wirkt das Rondell, wenn Sie die Bereiche in konzentrische Kreisbahnen einteilen. Hierbei sollten Sie die großwüchsigen Kräuter wie etwa Ysop, Dill, Borretsch, Barbarakraut oder Malve in der Mitte des Kreises anordnen. Kleinere Pflanzen wie Kresse, Petersilie, Oregano, Thymian, Majoran oder Melisse finden ihren Platz in den äußeren Ringen. Wuchernde Kräuterarten wie Beifuß, Pfefferminze oder Beinwell sollten am Rand angepflanzt und im Bereich der Wurzeln eingegrenzt werden.

Sie können das Rondell aber auch in Form eines Wagenrads anlegen. Wie bei den Speichen eines Rades sind hierbei die einzelnen Abschnitte des Beets von einem zentralen Punkt in der Mitte aus bis zum Rand verlaufend gegliedert. Hier wirken Kräuter mit kleineren Wuchsformen am schönsten.

Die Rondellsegmente können z. B. mit kleinen Pflastersteinen oder schmalen Buchsreihen voneinander abgetrennt werden. Bei größeren Rondellen ist es empfehlenswert, einzelne Abschnitte mit Splitt oder Kies aufzufüllen, damit diese zur leichteren Pflege begehbar sind.

In der Mitte von großen Rondellen können Sie etwa einen kleinen Brunnen oder eine Sitzgelegenheit platzieren. Wenn Sie einen großen, von Wegen durchzogenen Garten haben, wirkt ein Kräuterrondell auch sehr schön an einer Wegkreuzung.

Anlage und Vorarbeiten

Wie ist mein Boden beschaffen?

Wie bereits im ersten Kapitel beschrieben, sind geeignete Bodenverhältnisse Bedingung für den gärtnerischen Erfolg. Bodenbestandteile wie Sand, Stein, Kies oder Ton bestimmen die Eigenschaften, nach denen Sie die Kräuter in Ihrem Kräutergarten auswählen sollten.

So sorgen unterschiedlich gekörnte Gesteine und Sand für eine hohe Wasserdurchlässigkeit und Durchlüftung. Kies- und sandhaltige Böden lassen sich leicht bearbeiten, haben jedoch einen geringen Nährstoffgehalt. Sehr feinkörnige Materialien wie Ton binden hingegen Wasser und weisen einen hohen Nährstoffgehalt auf, sind aber eher schlecht durchlüftet. Bei Trockenheit lassen sich schwere Tonböden zudem schlecht bearbeiten. Moorböden weisen hingegen eine hohe Feuchtigkeit, hohe Säurewerte und einen sehr geringen Nährstoffgehalt auf. Humus, der sich aus abgestorbenem organischen Material bildet, speichert Nährstoffe und Wasser. Die meisten Kräuter benötigen durchlässige, nährstoffreiche Böden.

Auf einen gesunden Boden deutet eine Vielzahl von Bodenorganismen hin. Im Boden enthaltene Organismen wie Milben, Pilze, Würmer und Käfer zersetzen abgestorbene Pflanzenreste und sorgen somit für eine bessere Lockerung, Mischung und Durchlüftung des Bodens. Bodenorganismen reichern den Boden mit Mineralstoffen und Humus an. Dadurch wird die Nährstoffaufnahme erhöht und die Bodenfruchtbarkeit verbessert.

Vor dem Einpflanzen und der Aussaat der Kräuter muss der Boden des Beetes vorbereitet werden

Spatenprobe

Um zu prüfen, ob sich die gegebenen Bodenverhältnisse für die vorgesehenen Kräuter eignen und um den Boden optimal nutzen zu können, sollten Sie vor dem Anlegen eines Kräutergartens die Bodenbeschaffenheit prüfen.

> **INFO**
>
> **Bodenanalyse durchführen lassen**
>
> Wer genauer über Bodeneigenschaften wie Nährstoff- und Humusgehalt, Wasser- und Lufthaushalt, Anteil an Bodenorganismen und Bodenzusammensetzung Bescheid wissen will, kann eine Bodenanalyse in Auftrag geben. Hierzu wird eine Bodenprobe genommen und an ein Labor geschickt. Entsprechende Bodenprobensets erhalten Sie gegen einen geringen Betrag bei den Gartenämtern der Gemeinden oder bei den Ämtern für Landwirtschaft und Ernährung. Die Sets enthalten eine exakte Anleitung zur Entnahme der Bodenprobe und die entsprechenden Laboradressen.

Für eine Bodenprobe stechen Sie mit einem Spaten senkrecht und tief in die Erde. An der Schnittkante erkennen Sie eine dunkle, humose Oberbodenschicht und darunter eine farblich davon abgesetzte Unterbodenschicht. Zum einen lässt sich daraus die Dicke der Humusschicht ablesen, zum anderen können Sie hierbei die Beschaffenheit des Unterbodens (z. B. lehmig, steinig, sandig) prüfen. Diese Schicht lässt sich weiter mithilfe der Handprobe auf ihre Beschaffenheit hin untersuchen.

Handprobe

Am einfachsten lässt sich die Bodenbeschaffenheit per Handprobe überprüfen. Nehmen Sie die Erde dazu in die Hand und prüfen Sie, wie sie sich anfühlt und wie sie sich beim Drücken, Kneten und Zerreiben verhält.

- **Lehmboden:** Lehmiger Boden ist im feuchten Zustand leicht knet- und formbar und fühlt sich schmierig an. Beim Trocknen wird er hart und bröckelt.
- **Tonboden:** Tonboden fühlt sich ähnlich wie Lehmboden weich an, ist jedoch krümeliger und weniger schwer und weist einen leichten Glanz auf.
- **Moorboden:** Moorboden ist stark dunkelfarbig. Drückt man ihn zusammen, fühlt er sich schwammartig und elastisch an. Diese Böden sind sehr feucht, sodass beim leichten Drücken Wasser austritt.
- **Sandboden:** Ein sandiger Boden ist hell und hat eine körnige Beschaffenheit. Er lässt sich nicht kneten und knirscht beim Zerreiben. Der Boden zerfällt leicht und klebt nicht an den Händen.
- **Schluffboden:** Dieser Boden besitzt eine feinkörnige Struktur. Er ist klebrig und haftet an der Handinnenfläche an. Wenn man versucht, ihn zwischen den Fingern zu zerreiben, zerbröckelt er.

PH-Wert

Die Bodeneigenschaften und somit das Pflanzenwachstum werden entscheidend vom pH-Wert mitbestimmt, d. h., wie alkalisch oder sauer ein Boden ist. Den pH-Wert können Sie vor Ort mit einem im Gartenfachhandel erhältlichen pH-Testset messen.

Bei einem sehr niedrigen pH-Wert können bestimmte Mineralstoffe schlechter aufge-

nommen werden, was zu Mangelerscheinungen und Pflanzenkrankheiten führen kann. Die pH-Werteskala reicht von 1 bis 14. Bei einem pH-Wert unter 7 spricht man von einer Säure, ein pH-Wert von genau 7 entspricht einer absolut neutralen Wertigkeit und bei über 7 handelt es sich um eine basische Wirkung.

Bei der überwiegenden Zahl der Böden kommt ein neutraler pH-Wert von 6,5 bis 7,5 vor. Der anzustrebende pH-Wert hängt vom Bedarf der Pflanze und von der Bodenart ab. Einige Pflanzen sind für eine ausreichende Mineralstoffversorgung auf saure oder basische pH-Werte angewiesen. Im Regelfall benötigen die meisten Kräuter jedoch einen pH-Wert zwischen 5,5 und 7,0.

Anzustrebende pH-Werte nach Bodenart

Sandboden	5,3–5,7
Lehmboden	6,3–6,9
Tonboden	6,5–7,5
Moorboden	3,8–4,3

Maßnahmen zur Besserung des Bodens

Ausgehend von der vorangegangenen Bodenprüfung können Sie nötigenfalls Maßnahmen zur Bodenverbesserung ergreifen.

Stark lehmige und sandige Böden

Da viele Kräuter für ein gutes Wachstum einen krümeligen Boden benötigen, sollte man die Struktur von stark lehmigen und sandigen Böden entsprechend ausgleichen. Ein zu lehmiger Boden kann mit Sand vermischt werden, um eine bessere Wasserdurchlässigkeit und Bearbeitbarkeit zu erreichen.

Umgekehrt kann ein sandiger Boden mit Lehm verbessert werden. Alternativ lässt sich hierzu in beiden Fällen auch Kompost oder Humus verwenden. Hierbei sind etwa vier Schaufeln gut durchsiebter Kompost auf 1 m^2 vollkommen ausreichend.

Da der Boden nach der Verbesserung und damit Schichtungsveränderung einige Zeit benötigt, seine Struktur neu aufzubauen, ist eine gewisse Wartezeit vonnöten. Daher empfiehlt es sich, das Beet bereits im Spätherbst vorzubereiten, damit der Boden ein stabiles, fruchtbares und gesundes Gefüge und eine gut durchlüftete, ausreichend feuchte, krümelige Struktur ausbilden kann. Auf diese Weise erhalten Sie Bodenverhältnisse, die den meisten Kräutern optimale Voraussetzungen für ein gutes Wachstum bieten.

PH-Wert ausgleichen

Die meisten Kräuter benötigen schwach saure bis leicht basische Bodenverhältnisse. Zum Verbessern saurer Böden wird i. d. R. Kalk eingesetzt. Allerdings ist hier zu beachten, dass ein Überschuss schädlich sein kann. Zwar benötigen Pflanzen Kalk als Nährstoff, er kann aber auch andere lebenswichtige Mineralien binden und somit der Pflanze als Nahrung entziehen. In den meisten Fällen ist eine ausreichende Menge an Kalk im Boden vorhanden. Daher sollten die Kalkgaben erst nach einer vorherigen Bodenuntersuchung eingesetzt werden. Ergeben die Proben einen tatsächlichen Handlungsbedarf, lässt sich der pH-Wert bei leichten Böden mit ungefähr 50 g Algenkalk/m², bei schweren mit etwa 400 g Löschkalk von 6 auf 7 erhöhen.

Bei alkalischen Böden ist dies etwas schwieriger. Früher wurde dazu häufig Torf eingesetzt. Allerdings werden bei der Torfgewinnung die Moore geschädigt und der Nutzen ist nur kurzfristiger Natur, zumal der Torf außerdem beim Trocknen den Wurzeln das Wasser entzieht. Zudem vertragen nur die wenigsten Kräuter einen derart sauren Boden, weshalb dieser nach der Torfbehandlung wieder aufgekalkt werden müsste. Heute greift man daher beispielsweise zu Traubentrester, Laub- oder Nadelkompost, was den pH-Wert aber nur geringfügig und kurzfristig senkt. Da jedoch auch Kräuter, die eher nährstoffarme Böden bevorzugen, wie Borretsch, Thymian oder Rosmarin, mit einem pH-Wert zwischen 6 bis 7 gut zurechtkommen, ist dies jedoch normalerweise unnötig.

PFLEGELEICHT-TIPP

Dränage bei verdichteten Böden

Um einen – zumindest teilweisen – Wasserabzug in einem in tieferen Schichten verdichteten Boden zu erreichen, sollten Sie für eine Dränage sorgen. Hierzu legen Sie an verschiedenen Stellen im Boden Dränagelöcher an und füllen diese zunächst mit einer Kiesschicht und darüber mit einer Schicht Erde.

Durch Zugabe von geeignetem Erd- und Gesteinsmaterial und Auflockerung der Böden wird das Beet für die Aussaat vorbereitet

Kräuter kaufen

Haben Sie Ihr Kräuterbeet geplant und ausgewählt, welche Kräuter Sie anpflanzen wollen, geht es an den Kauf der ausgesuchten Kräuter. Je nachdem, für welche Pflanzenart Sie sich entschieden haben, sind entweder Kräutersamen oder Jungpflanzen zu kaufen.

Bei der Anschaffung von Saatgut und Jungpflanzen sollten Sie auf eine gute Qualität zurückgreifen. Wer hier nur auf einen möglichst niedrigen Preis achtet, kann später unangenehme Überraschungen erleben. Um sich späteren Ärger zu ersparen und den gärtnerischen Erfolg zu gewährleisten, müssen Sie beim Saatgutkauf also schon einmal tiefer in die Tasche greifen. Hochqualitatives Saatgut erhalten Sie nicht nur beim Gärtner, sondern auch über Samenhandlungen, die einen Vertrieb über den Versandhandel unterhalten. Hier erhalten Sie meist auch recht günstige Preise.

Samen oder Jungpflanzen?

Ob Sie Samen oder Jungpflanzen kaufen wollen, hängt von der Kräuterart sowie davon ab, wie viel Arbeit Sie sich machen wollen. Da

Kaufen Sie Samen und Jungpflanzen nur beim Gärtner Ihres Vertrauens

ÖKO-TIPP

Wer dennoch sparen will, kann bei den Nachbarn oder in einem Gartenbauverein nachfragen. Oft werden Kräuterarten, die besonders schnell wachsen wie Pfefferminz oder Thymian, kostengünstig oder sogar gratis abgegeben. Gartenbauvereine oder Pflanzenbörsen bieten häufig auch Stecklinge, Samen und Wurzelausläufer günstig oder kostenfrei an.

viele Kräuter aus wärmeren Klimaverhältnissen stammen, ist die Anzucht aus Samen in unseren Breiten oftmals sehr schwer oder überhaupt nicht zu bewerkstelligen. Oft sind die entsprechenden Jungpflanzen zudem in Töpfen in sehr guter Qualität und zu niedrigen Preisen erhältlich. Auf diese Weise sparen Sie sich Zeit und Arbeit und umgehen das Risiko, dass die Vorkultivierung nicht gelingt.

Bevorzugt als Jungpflanzen zu kaufen

Besonders bei Rosmarin, Salbei und Lavendel empfiehlt sich der Jungpflanzenkauf. Auch Johanniskraut, Pfefferminze, Melisse und Ysop sollten Sie lieber in Form von Jungpflanzen anschaffen. Des Weiteren ist dies auch bei Schnittlauch, Thymian, Liebstöckel und Majoran empfehlenswert.

Für Aussaat und Vorkultivierung

Andere Kräuter hingegen können auch gut als Samen gekauft werden und vorkultiviert bzw. direkt ausgesät werden. Ob die entsprechenden Pflanzen sich zur Direktaussaat eignen oder auf der warmen Fensterbank vorkultiviert werden müssen, hängt von ihrer Frostverträglichkeit ab. Sind die Kräuter frosthart, können Sie ab April direkt ausgesät werden. Frostempfindliche Arten werden zunächst auf der Fensterbank vorkultiviert und erst ab Mai nach den Eisheiligen ausgesät.

Kräuter, die zunächst vorkultiviert werden müssen, sind Basilikum, Bohnenkraut, Estragon, Kapuzinerkresse, Kresse und Petersilie. Die meisten anderen Kräuterarten können direkt ausgesät werden. Dazu gehören z. B. Barbarakraut, Beinwell, Borretsch, Dill, Johanniskraut, Kamille, Kerbel, Malve, Oregano, Pimpernelle, Ringelblume oder Schafgarbe.

Pflanzen richtig auswählen

Um eine möglichst große Auswahl an jungen, gesunden und möglichst frischen Jungpflanzen zu haben, sollten Sie sich bei Ihrem Gärtner erkundigen, wann er die nächste Lieferung an Jungpflanzen erhält. Unter der frisch eingetroffenen Ware werden Sie die qualitativ hochwertigsten Pflanzen finden.

PFLEGELEICHT-TIPP

Auf genügend Licht und Wärme achten

Achten Sie vor dem Aussäen auf günstige Temperatur- und Lichtverhältnisse. Werden Kräuter zu früh ausgesät, kann es passieren, dass sich kleine, schwache Pflanzen entwickeln, die nicht zum Auspflanzen ins Beet geeignet sind.

Jungpflanzen sollten viele Triebe am Wurzelstock sowie frische, verfärbungsfreie, grüne Blätter aufweisen. Die Pflanzen selbst sollten gesund und kräftig aussehen und frei von Schädlingen sein. Außerdem sollte sich kein Unkraut im Topf befinden.

Wollen Sie Ihre Kräuter in Form von Samen kaufen, sollten Sie unbedingt auf das auf der Verpackung angegebene Haltbarkeitsdatum des Herstellers achten. Denn je länger die Zeit bis zum Ablauf noch andauert, desto frischer sind auch die eingetüteten Samen.

Benötigte Gartengeräte

Wenn Sie Gartengeräte kaufen, sollten Sie immer auf Qualität und Zweckmäßigkeit achten. Besonders, wenn Sie bestimmte Geräte sehr oft gebrauchen, sollten diese möglichst hochwertig sein. Hier kann ein höherer Preis sich durchaus in einer größeren Langlebigkeit auszahlen. So sind Materialien wie Edelstahl zwar etwas teurer, dadurch dass sie rostfrei sind, halten sie jedoch auch länger.

Zudem haben Edelstahlgeräte wie z.B. Schaufeln durch die glatte Oberfläche und damit bessere Gleitfähigkeit auch Vorteile in der Gebrauchstauglichkeit und lassen sich zudem einfacher reinigen. Achten Sie zudem auf stabile und angenehme Griffe und möglichst auswechselbare bewegliche Teile bei kleineren Gartengeräten.

Graben und Vorarbeiten

Spaten
Der Spatenstiel sollte mindestens 70 cm lang sein. Für ein bequemes Arbeiten sollten Sie die Stiellänge Ihrer Körpergröße entsprechend auswählen. Am besten eignet sich ein Holzstiel, da sich hiermit beim Auftreffen auf Steine Stöße abdämpfen lassen. Der Griff sollte stabil und fest am Stiel sitzen. Am besten eignet sich hier ein T-Griff, der mit Dübeln am Stiel befestigt ist. Blatt und Stiel sollten stabil miteinander verbunden sein, etwa durch Metallbänder oder eine Tülle.

Empfehlenswert ist auch ein beschichtetes Blatt oder ein Blatt aus Edelstahl. Auf diese Weise gleitet der Spaten besser durchs Erdreich, Anhaftungen werden auch bei lehmigem Boden vermieden. Die Auftrittkanten oben am Blatt, also rechts und links neben dem Stielansatz, sollten möglichst umgebogen sein, sodass das Eintreten des Spatens in die Erde erleichtert wird.

Grabeforke
Eine drei- oder vierzinkige Grabeforke bzw. ein robust ausgeführter Gabelspaten bietet bei schweren, mühsam zu bearbeitenden Böden eine sinnvolle Alternative zum Spaten. Zudem lassen sich auch Pflanzen mit der Grabeforke einfacher aus dem Erdreich heraushebeln. Genau aus diesem Grund sollten Sie beim Kauf auf einen stabilen Schaft achten. Bei den weiteren Auswahlkriterien können Sie sich an den bereits beim Spaten erwähnten Empfehlungen orientieren.

Mit der richtigen Ausstattung an Gartengeräten fällt die Arbeit am Kräuterbeet viel leichter

Zum Auflockern und Bearbeiten

Kultivator

Ein Kultivator besteht aus einem Stiel und einem Aufsatz mit i. d. R. drei bis fünf Haken. Es gibt jedoch auch Kultivatoren mit noch mehr Haken. Mit einem Kultivator können Sie sowohl bei der Pflanzvorbereitung den Boden lockern als auch im fertigen Beet Unkraut entfernen. Praktisch sind hier Modelle mit abnehmbaren Vorsätzen in verschiedenen Stärken, an deren Stiel sich sogar Rechen oder Harken anbringen lassen.

Gartenhacke

Ebenfalls der Auflockerung des Erdreichs dient die Gartenhacke. Auch Unebenheiten und Kanten im Beet lassen sich mit dem breiten, flachen Blatt glätten. Mit dem schräggestellten, scharfkantigen Hackenblatt können Sie auch Wurzeln abschneiden und Unkraut entfernen. Bei der Auswahl sollten Sie auf eine harte, scharfe Klinge und Stabilität achten. Der Griff sollte gut in der Hand liegen und das Edelstahlblatt möglichst auswechselbar sein.

Rechen

Da Rechen vielen Einsatzzwecken dienen und häufig im Gebrauch sind, ist es hier besonders wichtig, auf eine langlebige Qualität zu achten. Rechenmodelle gibt es aus Metall oder Holz. Zur Grundausstattung gehören zwei Metallrechen – ein Schmal- und ein Breitrechen – sowie ein Holzrechen.

Zur Grundausstattung eines jeden Hobbygärtners gehören eine Schubkarre, Rechen, Forke und Spaten

- **Breiter Metallrechen:** Zum Zusammenrechen von Schnittgut, Laub oder Gras dient ein langstieliger Breitrechen mit einer Stiellänge von 180 cm.
- **Schmaler Metallrechen:** Der schmale, zwölfzinkige Rechen mit einer Stiellänge von 160 cm wird zum Harken und Lockern des Bodens verwendet. Für Stabilität und leichte Handhabbarkeit sollte der Rechen aus Edelstahl oder gehärtetem Stahl bestehen. Zudem sollten Zinken und Bügel aus einem Stück gearbeitet sein.
- **Holzrechen:** Holzrechen sind leichter als Metallrechen. Daher eignen sie sich besonders für die Beeteinebnung und die Ansaat. Der Rechen sollte mindestens zwölf Zinken aufweisen und nicht allzu breit sein, um eine gute Handhabbarkeit zu gewährleisten.

Zum Ausstechen und Ausheben

Wiedehopfhacke
Die Wiedehopfhacke weist ein quer geschäftetes Blatt auf der einen Seite und ein axtartiges, längs geschäftetes Ende auf der anderen Seite auf. Mit dem abgeflachten Ende der Hacke lässt sich ein perfektes Pflanzloch herstellen, aber auch Wurzelstöcke oder kleinere Gehölze lassen sich damit ausstechen.

Handschaufel
Für filigranere Arbeiten wie etwa die Bodenvorbereitung und -verbesserung und das Löcherausheben beim Anpflanzen benötigen Sie eine Handschaufel. Der Griff der Handschaufel sollte aus Holz sein und gut in der Hand liegen. Auch ein Loch im Griff, an dem sich das Werkzeug aufhängen und somit leicht wiederfinden lässt, kann sich als praktisch erweisen. Da das Gerät oft verwendet wird, sollten Sie beim Kauf auf eine hohe Qualität achten.

Gartenscheren und -messer

Gartenscheren zum Schneiden von Kräutern gibt es in verschiedenen Ausführungen. Welche Gartenschere Sie anschaffen wollen, hängt von Ihren Ansprüchen ab. Einfache zweischneidige Scheren, die für die Kräuterernte meist völlig ausreichen, sind i. d. R. schon recht günstig erhältlich. Benötigen Sie darüber hinaus eine Schere, mit der sich auch dickere verholzte Pflanzenteile abzwicken lassen, macht sich die größere Stabilität und Gebrauchstauglich allerdings auch in einem leicht erhöhten Preis bemerkbar. Zudem sollten Sie auf auswechselbare Teile wie Verschluss, Federn und Klingen achten.

Auch Gartenmesser sind in verschiedenen Variationen erhältlich. Für das Schneiden von Kräuterstecklingen genügt meist ein einfaches 10 cm langes Allzweckgartenmesser mit einer geraden, gehärteten Edelstahlklinge.

Zum Anlegen und Ziehen

Gartenschnur
Wollen Sie ein Reihenbeet oder einen Weg anlegen, ist eine Gartenschnur von Nutzen, mit der die Beete oder Wege abgesteckt werden. Die Enden der Schnur lassen sich hierzu an Hölzern befestigen, die am Ende der Anlage in den Boden gesteckt werden. Gartenschnüre sind in verschiedenen Längenmaßen erhältlich.

Pflanzhölzer
Pflanzhölzer gibt es in verschiedenen Durchmessern. Die dünneren, etwa stiftgroßen Hölzer werden zum Pflanzen und Pikieren – also zum Vereinzeln und Umsetzen – von Stecklingen genutzt. Die dickeren Pflanzhölzer finden beim Einsetzen von Jungpflanzen und Zwiebeln Verwendung.

Anzuchtschalen, Multitopfplatten und Kunststofftöpfe
Zur Anzucht von Kräutern lassen sich Anzuchtschalen aus Kunststoff nutzen. Damit Sie diese auch später noch verwenden können, sollten Sie zu hochwertigeren Modellen greifen. Praktisch für das Ziehen und Pikieren sind auch Multitopfplatten. Da sie mit einer Haube aus Plexiglas abgedeckt werden können, lassen sie sich auch wie ein kleines Gewächshaus nutzen. Um Pflanzen auf der Fensterbank vorzukultivieren, können Sie auch preiswerte Kunststofftöpfe verwenden.

Sonstiges Zubehör

Schubkarre
Wenn Sie große Mengen von Erde oder Steine für einen Steingarten transportieren wollen, benötigen Sie eine Schubkarre. Besonders geeignet sind hier Maurerschubkarren. Aufblasbare Gummireifen sorgen für Stabilität und Belastbarkeit, eine verzinkte Blechwanne lässt sich gut reinigen und ist besonders wiederstandsfähig und langlebig. Teilweise lassen sich Schubkarrenwannen auch auswechseln.

Handschuhe
Damit Ihre Hände bei der Gartenarbeit sauber bleiben und vor Dornen und Stacheln geschützt sind, sollten Sie Gartenhandschuhe tragen. Achten Sie beim Kauf darauf, dass diese eine ausreichende Dicke haben und im Handinnenflächenbereich aus Leder gearbeitet sind.

Gießkanne
Für die regelmäßige Pflege Ihres Kräutergartens ist eine Gießkanne unentbehrlich. Gießkannen gibt es in verschiedenen Größen, sodass Sie das Fassungsvermögen Ihren persönlichen Bedürfnissen anpassen können. Die Kanne sollte möglichst leicht, aber dennoch stabil sein und einen umlaufenden Henkel besitzen. Zur leichteren Reinigung empfiehlt sich ein abnehmbares Sieb.

PFLEGELEICHT-TIPP

Einwintern von Gartengeräten

Vor dem Einwintern sollten Sie Ihre Gartengeräte im Spätherbst überprüfen und reinigen. Schleifen Sie die Kanten von Gartenscheren und -messern, Spaten und Schaufeln mit einer Feile ab und fetten Sie das Metall dünn ein, damit es vor Rost geschützt ist. Bevor Sie die Geräte im Frühjahr wieder verwenden, sollten Sie die Stiele festklopfen und eine Zeitlang ins Wasser stellen, damit das Holz etwas aufquillt und so stabiler in der Fassung sitzt.

Beete vorbereiten und anlegen

Ob nun Maßnahmen zur Bodenverbesserung nötig sind oder nicht – immer ist vor dem Anlegen eines Kräuterbeets einige Vorbereitung nötig. Es empfiehlt sich hierbei, darauf zu achten, dass der Boden ausreichend trocken ist, da er sich dann leichter bearbeiten lässt. Ist der Boden gelockert und die Beetfläche eingeebnet, können Sie schließlich damit anfangen, das Beet an der vorbereiteten Stelle anzulegen. Bei der richtigen Zeit zur Aussaat können Sie sich am Gartenkalender im fünften Kapitel orientieren (s. ab S. 90).

Beetanlage planen und abstecken

Da die Kräuter bei der Pflege und Ernte gut erreichbar sein sollten, sollte das Beet nicht zu breit gestaltet sein. Als Faustregel gilt hier eine Breite von zwei Armlängen. Soll Ihr Kräuterbeet größer werden, empfiehlt es sich, das Beet zu unterteilen bzw. zwischen den einzelnen Beetreihen Trittplatten zu verlegen. Auch ein kleiner, schmaler Beetstreifen mit einer kleinen Auswahl der wichtigsten Küchen- und Gewürzkräuter in der Größe eines Gemüsebeets reicht zur Selbstversorgung mit Kräutern bei geringem Platzangebot oft vollkommen aus.

Welche Anlageformen beispielsweise möglich sind, konnten Sie bereits im vorangegangenen Kapitel (s. ab S. 16) lesen. Klassiker sind etwa schmale Rabatten, Schachbrettanlagen mit dazwischenliegenden Platten, Kräuterschnecken und -rondelle. Sie können bei der Anlage jedoch auch ganz Ihrer Fantasie freien Lauf lassen und sich am persönlichen Geschmack und dem zur Verfügung stehenden Platz orientieren. Wenn Sie die passende Größe für Ihr Beet gefunden haben, können Sie es in den geplanten Ausmaßen mit einer Gartenschnur abstecken.

Bodenlockerung

Sollte eine Bodenverbesserung nötig sein, verteilen Sie die nötigen Materialien auf der vorbereiteten Beetfläche – Kompost in einer 2 cm dicken Schicht, Sand, Lehm und Humus in einer Schicht von 5 cm Dicke – und arbeiten Sie sie sorgsam mit einer Grabeforke ein, indem Sie sie mit der Erde vermengen. Hierzu durchstechen Sie die oberste Schicht und ziehen die Forke so oft durch die Erde, bis sich die Bodenmaterialien gut vermischt haben.

Auch wenn keine Bodenverbesserung notwendig ist, muss der Boden zuvor mit den entsprechenden Gartengeräten wie Grabeforke oder Spaten tiefgründig gelockert werden, um den feinen Wurzeln später das Wachsen zu ermöglichen. Auf diese Weise lassen sich auch Verkrustungen im Boden lösen und größere Steine und Wurzeln entfernen.

Beetfläche einebnen

Ist die benötigte Fläche umgegraben, kommt der Rechen zum Einsatz. Hiermit wird die Fläche geebnet, Erdschollen und -klumpen werden zerkleinert und störende Gegenstän-

Als Merkhilfe können Sie die Nutz- und Pflegehinweise ganz einfach an die Pflanzen anbringen, so haben Sie alle Informationen immer zur Hand

Schnittlauch ist eine mehrjährige Pflanze und sollte deshalb nicht mit einem einjährigen Kraut wie etwa Basilikum oder Dill kombiniert angepflanzt werden

ÖKO-TIPP

Ein- und mehrjährige Kräuter trennen

Da mehrjährige Kräuter wie z. B. Liebstöckel, Minze oder Melisse sich beim Wachsen stark ausbreiten können, sollte der Pflanzabstand entsprechend bemessen sein. Ein- und mehrjährige Kräuter sollten nicht zu nah beieinander gepflanzt werden, da mehrjährige Pflanzen in einer beständigen Umgebung besser gedeihen. Dies erleichtert auch das Aussäen neuer einjähriger Kräuterarten und die Vermehrung mehrjähriger Arten.

de wie größere Steine und Wurzelstücke – v. a. von Unkräutern – entfernt. Sehr kleine Steine können dabei im Beet verbleiben, da sie zur Bodenlockerung beitragen. Zum Einebnen des Beets nehmen Sie am besten einen Holzrechen mit einem geraden Zinkenbalken, mit dem Sie den Boden glätten können. Indem Sie den Rechen immer wieder vor und zurück ziehen, zerkleinern Sie Erdschollen, tragen Erhebungen ab und füllen Bodenmulden auf.

Kräuter pflanzen

Nachdem Sie das Beet vorbereitet haben, graben Sie in entsprechenden Abständen (je nach Größe mindestens 20 cm) mit der

Anlegen einer Kräuterschnecke

So gelingt's leicht

✿ Schritt 1: Standort

Eine Kräuterschnecke bietet aufgrund ihrer aufstrebenden Form auch für ein eher geringes Platzangebot eine ideale Lösung. Im Regelfall reicht eine Grundfläche von etwa 2 bis 3 m^2 aus. Wählen Sie für Ihre Kräuterschnecke einen sonnigen, möglichst windgeschützten Standort. Die ideale Zeit für das Anlegen einer Kräuterschnecke ist das Frühjahr.

✿ Schritt 2: Grundform abstechen

Die Grundform wird angelegt, indem Sie mit dem Spaten die Form eines quergeschnittenen Schneckenhauses ausstechen. Wenn Sie wollen, können Sie die Form zuvor auch mit Pflöcken und einer Gartenschnur abstecken. Die Spiralenöffnung sollte nach Süden hin ausgerichtet sein. Die Kräuterschnecke kann am Ende auch in einen kleinen Teich auslaufen, wo sich z. B. Brunnenkresse anpflanzen lässt.

✿ Schritt 3: Unterste Ebene

Der Boden innerhalb der Schneckenform wird etwa 20 bis 30 cm tief ausgehoben und zur Dränage mit Kies oder Schotter aufgefüllt. Anschließend umranden Sie das ausgestochene Beet mit mindestens faustgroßen, flachen, nach innen geneigten Natursteinen oder Klinkern. Die äußeren Steine können Sie zur besseren Stabilität leicht eingraben. Füllen Sie das so entstandene Beet mit Erde. Wenn nötig, können Sie nun entsprechende Bodenverbesserungsmaßnahmen ergreifen. Im untersten Bereich kann der Erde etwas Kompost beigemengt werden.

✿ Schritt 4: Windungen anlegen

Drücken Sie die Erde dort, wo Sie weitere Steine einsetzen wollen, fest. Legen Sie mit den Steinen nach innen hin eine weitere Windung an. Der Abstand zwischen den Mauern sollte etwa 60 cm betragen. Die Steine werden zur Mitte hin möglichst passgenau immer höher aufgeschichtet, sodass sich verschieden hohe Ebenen ergeben. Die Zwischenräume zwischen den Windungen werden jeweils mit Erde aufgefüllt.

✿ Schritt 5: Oberste Etage

Während die Trockenmauer am untersten Rand etwa 10 cm hoch ist, sollte die oberste Ebene in der Mitte der Spirale etwa in einer Höhe von 75 cm bis 1 m liegen. Die hier verwendete Erde wird mit Sand vermischt, um nährstoffarme Bedingungen für sonne- und trockenheitliebende Kräuter zu bieten.

✿ Schritt 6: Bepflanzen

Nachdem sich die Erde etwas gesetzt hat, pflanzen Sie die Kräuter entsprechend ihrer Standortbedürfnisse in die entsprechenden Bereiche. Eine Anregung gibt Ihnen die obige Abbildung.

Dekorative Einfassungen aus Rattan oder Buchsbaum werten jedes Beet auf

Handschaufel Löcher in der Ballengröße der ausgewählten Kräuter und pflanzen Sie diese ein. Großwüchsigere Kräuter werden dabei zentral, kleinere Pflanzen eher an den Beetaußenseiten gepflanzt. Drücken Sie anschließend die die Pflanzballen umgebende Erde fest an. Mit einem starken Wasserstrahl aus der Gießkanne sollten die Pflanzen daraufhin eingeschlämmt werden. Achten Sie jedoch darauf, dass Sie die Ballen mit dem Wasserstrahl nicht freischwemmen. Danach sollten Sie das Beet nochmals ebnen. Damit die Kräuter gut einwurzeln, muss der Boden in den ersten Wochen nach dem Auspflanzen gleichmäßig feucht gehalten werden.

Dekorative Materialien

Je nach Gestaltungswunsch spielen auch die für die Beetanlage verwendeten Baumaterialien eine wichtige Rolle, um eine dekorative Wirkung zu erzielen:

- **Holz:** Dieser Baustoff wirkt in einer Beetanlage sehr natürlich und rustikal, verwittert jedoch schnell. Holz passt z. B. zu nostalgischen Kräutergartenanlagen, beispielsweise im Stil eines Bauerngartens oder eines Klostergartenbeets.
- **Natursteine:** Steine werden in Kräutergärten am häufigsten verwendet, sei es in Form von Begrenzungs- oder Trittsteinen. Sie sind langlebig und belastbar, sehen sehr natürlich aus und eignen sich gut für mediterrane Steingärten und Trockenmauern mit alpinen Kräutern.
- **Klinker:** Wer etwas zusätzliche Farbe in sein Beet bringen möchte, kann – z. B. bei der Anlage einer Kräuterschnecke – zu Klinkern greifen. Die Farben sollten jedoch mit den Farben der Kräuter harmonieren und zusammen mit der Farbe der Pflanzen keinen zu unruhigen Eindruck vermitteln. Daher ist es hierbei empfehlenswert, sich eher auf grüne Kräuter oder wenige farbige Pflanzen zu beschränken.
- **Kunststoff und Beton:** Einen eher künstlichen und kühlen Eindruck erwecken Kunststoff und Beton. Allerdings sind diese Materialien recht robust und wasserbeständig und können etwa in Form von Abgrenzungen gut funktionell eingesetzt werden, z. B. um Pflanzen am Wuchern zu hindern. Sie lassen sich auch gut mit streng geometrischen Anlagen kombinieren.

Pflegearbeiten

Die richtige Pflege

Haben Sie erst einmal Ihr Kräuterbeet angelegt und die gewünschten Kräuter angepflanzt, beginnt die Zeit der Pflege. Neben der regelmäßigen Bodenlockerung, dem Gießen und dem Unkrautjäten ist hier – sofern die Kräuter nicht richtig gedeihen wollen – v. a. das Düngen wichtig. Zudem sollten Sie darum bemüht sein, dass Ihre Kräuter – zumal diejenigen, die stark frostempfindlich sind – auch den Winter kräftig und gesund überstehen.

Düngebedarf ermitteln

Dünger sollte nie auf Verdacht oder vorsorglich verwendet werden, sondern wirklich nur dann, wenn Bedarf besteht, da Böden auch überdüngt werden können. Daher empfiehlt es sich, regelmäßig alle fünf Jahre eine Bodenprobe durchführen zu lassen (s. S. 22). Auf diese Weise lässt sich sicher bestimmen, ob das Düngen überhaupt nötig ist.

Zur täglichen Pflege Ihres Kräuterbeets gehören neben dem Gießen auch das Jäten des Unkrauts und die Untersuchung auf Schädlinge

Düngen mit Kompost ist die umweltfreundlichste Methode

Haben Sie den Standort entsprechend den Bedürfnissen der ausgewählten Pflanzen ausgesucht bzw. den Boden entsprechend verbessert und sich auch über den pH-Wert des Bodens Gedanken gemacht (s. S. 23), wird in Bezug auf das Düngen oftmals kaum Arbeit nötig sein. Einige Pflanzen wachsen darüber hinaus besonders gut auf nährstoffarmen Böden und können Düngegaben überhaupt nicht vertragen. Dennoch kann es vorkommen, dass Kräuter trotz der fachgerechten Bodenvorbereitung und den passenden Standortfaktoren – wie Licht, Feuchtigkeit, Bodenstruktur und Nährstoffgehalt – nicht richtig gedeihen wollen.

Düngen mit Kompost

Im Regelfall reicht Kompost als Dünger vollkommen aus. Er ist pflanzenschonend und umweltfreundlich und zudem, wenn er selbst hergestellt wird, eine kostenlose Alternative zu Kunstdünger. Kompost enthält genügend Mineralstoffe und Spurenelemente, die richtig dosiert zu einer optimalen Nährstoffversorgung der Pflanzen nötig sind.

Einige Kräuter sollten jedoch nicht mit Kompost gedüngt werden. Dies trifft z. B. auf Beifuß, Bohnenkraut, Johanniskraut, Kamille, Schafgarbe und Pimpernelle zu.

Weniger Dünger sollten Kräuter wie Baldrian, Borretsch, Dill, Kerbel oder Kresse erhalten. Auch Kümmel, Lavendel, Malve, Oregano, Petersilie und Rainfarn vertragen keine großen Mengen an Kompost. Zudem sollten Sie auch bei Salbei, Sauerampfer, Thymian und Ysop mit der Kompostdüngung zurückhaltend sein.

Mineraldünger und Urgesteinsmehl

Greifen Sie lieber zu Kompost als zu Mineraldünger. Dieser enthält meist zu viel Stickstoff, was dazu führen kann, dass die Pflanzen stark wuchern und im Beet überhand nehmen. Auch Inhaltsstoffe, Geschmack

ÖKO-TIPP

Ökologisch düngen

Alternativ zu Kompost können Sie auch Horndünger, der aus dem zermahlenen Horn von Schlachtvieh gewonnen wird, verwenden. Hornspäne geben über einen längeren Zeitraum hinweg kleinere Mengen an Stickstoff an den Boden ab. In Hornmehl oder Horngrieß sind neben Stickstoff auch Kali und Phosphat enthalten.

und Widerstandsfähigkeit der Pflanze können durch den Mineraldünger beeinträchtigt werden.

Gedeihen Pflanzen auf sandigen Böden trotz bodenverbessernder Maßnahmen nicht richtig, ist nach einiger Zeit eine Behandlung des Bodens mit Urgesteinsmehl sinnvoll. Es enthält Mineralstoffe und Spurenelemente und macht Pflanzen widerstandsfähiger. Hierzu wird eine Handvoll Gesteinsmehl mit Wasser vermischt und über die Erde gegossen.

Kräuter zurückschneiden

Einige Kräuterarten neigen zum Verholzen, d. h., sie bilden stabile, harte Strukturen aus. Dies ist beispielsweise bei Lavendel, Estragon, Oregano, Thymian und Salbei der Fall. Da es hierbei im Lauf der Jahre zu einer unansehnlichen Verkahlung am Stamm kommt, empfiehlt sich ein Verjüngungsschnitt. Hierdurch treiben die Pflanzen aus und die Form wirkt wieder geschlossener.

Kräuter werden im Spätwinter zurückgeschnitten, da die Schnittflächen im darauffolgenden Frühjahr schnell verschlossen werden. Allerdings ist hierbei auf frostfreie Verhältnisse zu achten, da zu große Kälte den Pflanzen schaden würde. Zunächst werden beim Rückschnitt übermäßig lange Triebe gekürzt. Anschließend werden alle Triebe unter Berücksichtigung der Wuchsform der Kräuterart bis zum Vorjahrestrieb zurückgeschnitten.

Einige Kräuterarten wie Zitronenmelisse, Liebstöckel und Pfefferminze können auch bis zum Boden zurückgeschnitten werden. Hier lässt sich der Rückschnitt zudem praktischerweise schon im frühen Herbst durchführen und somit mit der Ernte verbinden.

Kräuter überwintern

Besonders wärmeliebende Kräuter, die aus milderen klimatischen Verhältnissen stammen wie etwa Majoran oder Rosmarin, sind sehr frostempfindlich. Da sie das raue Klima unserer Breiten im Winter draußen nicht überstehen würden, sollten sie im Haus überwintern. In Gegenden, in denen häufig Winterfrost auftritt, sollten auch Kräuter wie Lavendel, Salbei oder Bohnenkraut über die Wintermonate ins Haus geholt werden. Bei einem geschützten Standort im Freien genügt es hier jedoch, die Kräuter mit Stroh oder Reisig abzudecken.

Graben Sie die Kräuter im Herbst aus und sorgen Sie den Winter über für einen hellen Standort im Haus, an dem die Temperatur etwa 5 bis 15 °C betragen sollte. Achten Sie darauf, dass die Temperatur nicht darüber liegt, verzichten Sie auf Dünger und reduzieren Sie die Wassermenge beim Gießen, wobei Sie jedoch unbedingt darauf achten sollten, dass die Erde im Topf nicht austrocknet.

Ein Gewächshaus ist natürlich der ideale Ort für Kräuter im Winter

Kräuter, die zum Überwintern im Haus aufbewahrt werden, sollten regelmäßig auf Schädlinge hin untersucht werden.

Prüfen Sie dabei v. a. die Blattunterseiten, da sich die Schädlinge hier gerne verbergen. Beliebte Verstecke für Pflanzenschädlinge sind auch Laub und abgestorbene Pflanzenteile. Daher sollten diese immer umgehend entfernt werden. Lesen Sie hierzu auch das Kapitel „Schutz gegen Schädlinge“ ab S. 42.

Auspflanzen nach der Überwinterung
Da die Kräuter sich nach der Überwinterung im Haus erst langsam an die Licht- und Temperaturverhältnisse draußen gewöhnen müssen, sollten sie nach den Spätfrostzeiten im Mai erst vorsichtig akklimatisiert werden.
Platzieren Sie die Kräuter hierfür ein bis zwei Wochen an einem licht- und windgeschützten Standort im Garten, bevor sie wieder im Kräuterbeet ihren Platz finden.

ÖKO-TIPP

Kräuter im Winter ernten

Einige Kräuter wie Petersilie, Basilikum, Minze und Schnittlauch lassen sich in geringerem Umfang auch im Winter ernten, wenn Sie sie im Spätherbst in Töpfe umpflanzen und zum Überwintern ins Haus holen. Auch Kresse, Dill und Kerbel können, abermals im Spätherbst angesät, im Winter geerntet werden und als vitaminreiches Würzmittel dienen. Weitere Informationen zur Ernte von Kräutern in den Wintermonaten erhalten Sie auf S. 46.

Schutz gegen Schädlinge

Chemische Pflanzenschutzmittel gehören nicht in den Kräutergarten – schließlich sind die Kräuter im Regelfall für den Verzehr bestimmt. Sollte eine Schädlingsbekämpfung wirklich nötig sein, lässt sich dies auch mit biologischen Mitteln bewerkstelligen. Wichtig ist v. a. das Vorbeugen. So tragen die Kontrolle beim Kauf, die richtige Pflege und der passende Standort dazu bei, Pflanzen gesund und widerstandsfähig zu machen. Viel Sonne, keine Staunässe und keine allzu hohen Temperaturen, wenn die Kräuter in Innenräumen überwintert werden, sind die besten Voraussetzungen, um den Schädlingen erst gar keine Chance zu geben.

Schädlinge bei Zimmerpflanzen

Besonders häufig kommt der Schädlingsbefall bei Pflanzen vor, die im Haus gezogen werden bzw. wurden. Die Schädlinge können etwa Zimmerpflanzen befallen und sich dann auch auf neu gekaufte Kräuter ausbreiten. Wenn Sie also Kräuter im Haus überwintern oder auf der Fensterbank bzw. im Topf vorkultivieren, sollten Sie besonders darauf achten, dass sich keine Spinnmilben, Blatt- oder Schildläuse oder Weiße Fliegen einnisten.

Überprüfen Sie die Pflanzen und Töpfe regelmäßig auf Anzeichen von Schädlingen. Frühzeitig erkannt, lassen sich die Schädlinge häufig schon durch einfache Maßnahmen wie Abwaschen oder Abstreifen der Pflanzen entfernen. Halten Sie die Töpfe zudem sauber und entfernen Sie abgestorbene Zweige und Blätter.

Stellen Sie einen Schädlingsbefall bei Ihren Zimmerpflanzen fest, können Leimtafeln und biologisch verträgliche Pflanzenschutzmittel, etwa solche auf Schmierseifenbasis, dabei helfen, die Schädlinge zu vertreiben. Sind einjährige Kräuter von Schädlingen befallen, empfiehlt es sich, diese zu entsorgen. Neue Pflanzen sollten erst dann angeschafft werden, wenn Sie sicher sind, dass die Wohnung wieder völlig frei von Schädlingen ist.

Brennnesseljauche gegen Sauger

Ein bewährtes Mittel gegen saugende Insekten bei Zimmerpflanzen wie etwa Schild- und Blattläuse, Thripse und Weiße Fliegen ist eine Brennnesseljauche. Ernten Sie hierfür etwa drei bis fünf frische Brennnesseln (Handschuhe beim Abschneiden nicht vergessen!). Legen Sie diese in ein Gefäß oder einen Bottich und gießen Sie einen Liter Wasser hinzu. Verwenden Sie kein Metallgefäß, da sonst ungewollt chemische Reaktionen ausgelöst werden können. Decken Sie die Jauche zu und lassen Sie sie etwa eine Woche ziehen, am besten an einem sonnigen Standort. Wichtig ist, dass Sie das Gemisch täglich mindestens einmal umrühren. Ab dem dritten oder vierten Tag bilden sich kleine Blasen und die Jauche fängt an zu riechen. Durch die Zugabe von Urgesteinsmehl lässt sich der Geruch jedoch neutralisieren. Nach Ende der Woche bilden sich keine Bläschen mehr und die Brennnesseljauche ist fertig. Füllen Sie nun die Jauche unverdünnt in eine Sprühflasche und besprühen Sie die befallenen Pflanzen drei bis vier Tage lang damit. Übrigens eignet sich Brennnesseljauche auch hervorragend als Dünger. Hierzu sollte sie allerdings mit Wasser verdünnt werden: Für Jungpflanze im Verhältnis 1:20, für ältere im Verhältnis 1:10.

Schädlinge bei Freilandpflanzen

Auch bei Freilandpflanzen lassen sich Schädlingsprobleme oft durch regelmäßige Kontrolle und Pflege vermeiden. Hier gilt es ebenso wie bei Zimmerpflanzen, chemische Mittel zu vermeiden und stattdessen auf biologische Pflanzenschutzmittel wie Lockfallen zurückzugreifen, um die Kräuter selbst sowie Nützlinge im Garten nicht zu beeinträchtigen.

Bewährte schonende Mittel sind etwa die Behandlung der Beete mit Pflanzenschutzbrühen aus Rainfarn oder die Bekämpfung mit natürlichen Feinden oder Lockpflanzen. Auch Sude und Tees sind gute Hilfen. So wirkt etwa ein Sud aus Schachtelhalm gegen Blutsauger und Mehltau. Hierzu werden Stängel des Schachtelhalms für einen Tag in Wasser eingelegt und dann etwa eine Viertelstunde geköchelt. Abgekühlt und durchsiebt kann der Sud über die befallenen Kräuter gegossen werden. Tees werden ebenso zubereitet wie für den menschlichen Gebrauch. Knoblauch und Kapuzinerkresse eignen sich dabei besonders gegen Läuse und andere Insekten.

Fressfeinde und Lockpflanzen

Oftmals sorgt schon die Natur für eine Dezimierung von Schädlingen. Diese haben natürliche Feinde, die hier Abhilfe schaffen. Ist dies nicht der Fall, kann der Gärtner gezielt Fressfeinde im Garten ausbringen. Die natürlichen Feinde von Blattläusen sind beispielsweise Marienkäfer- und Schwebfliegenlarven.

Marienkäfer sind die natürlichen Feinde der ungeliebten Blattläuse, mit einem abwechslungsreichen Kräuterbeet bieten Sie den kleinen Krabbeltieren die beste Heimat

Auch Pflanzen, die die Schädlinge anlocken oder vertreiben, können gezielt im Garten angesiedelt werden. So lockt z.B Kapuzinerkresse Blattläuse an, eine kombinierte Anpflanzung von Lavendel und Duftrose vertreibt sie hingegen. Weitere Pflanzen, die Blattläuse in die Flucht schlagen, sind Bohnenkraut, Fenchel, Dill, Pfefferminze und auch Schnittlauch. Auch mit Rainfarn können Sie gegen eine Vielzahl von schädlichen Insekten vorgehen. Wurzelschädlinge wie Nematoden werden abgeschreckt, wenn Pflanzen wie Tagetes oder Ringelblume zwischen den Kräutern angepflanzt werden. Kleine Erdflöhe machen einen großen Bogen um Wermut, Salat, blühenden Ginster und Katzenminze. Ameisen meiden Wermut ebenfalls. Auch Lavendel und Feldsalat können sie nicht vertragen. Knoblauch hilft bei der Bekämpfung von Mehltau und schreckt zeitweilig auch Schnecken ab. Diese werden zudem auch von Salbei, Wermut, Thymian, Kapuzinerkresse, Zwiebeln und Ysop abgestoßen. Eine Schädigung durch Kohlweißlinge können Sie hingegen mithilfe von Tomatenpflanzen, Rosmarin, Thymian, Salbei, Beifuß, Pfefferminze und Dill verhindern.

Um Schädlinge zu vermeiden, ist es ratsam, auf die Kombination der angepflanzten Kräuter zu achten – richtig arrangiert ist ein abwechslungsreiches Beet die einfachste und effektivste Vorbeugung gegen unliebsame Eindringlinge

Kräutervermehrung

Da Sie in Ihrem Kräutergarten allmählich durch Ernte oder gärtnerische Rückschläge wie Witterungsverluste einen Schwund verzeichnen werden, müssen Sie in Ihrem Beet stets um Nachschub bemüht sein. Besonders frostunbeständige Kräuter wie Salbei, Lavendel und Ysop überstehen sehr harte Winter meist nicht. Wer nicht stetig neue Kräuter hinzukaufen will, kann diese auch selbst relativ mühelos vermehren.

Stecklingsvermehrung

Besonders mehrjährige, zum Verholzen neigende Kräuter wie Lavendel und Estragon eignen sich gut zur Stecklingsvermehrung. Hierbei werden im Juli und August die einjährigen Triebe der Kräuter mit einem Gartenmesser abgeschnitten und diese in mit feuchter Erde gefüllten Kästen in einem etwa handbreiten Abstand mehrere Zentimeter tief eingepflanzt. Decken Sie die Kästen anschließend mit einer Kunststoffhaube oder Klarsichtfolie ab, sodass sich ein Gewächshausklima entwickeln kann, und stellen Sie die Kästen auf eine warme Fensterbank. Schon einige Wochen später beginnen sich neue Wurzeln und Blätter zu entwickeln. Wählen Sie danach die kräftigsten Stecklinge aus und pflanzen Sie sie im nachfolgenden Frühsommer ins Beet.

Wurzelvermehrung

Einige Kräuter bilden Wurzelausläufer und eignen sich zur Wurzelvermehrung. Dies ist z. B. bei Pfefferminze, Liebstöckel, Sauerampfer, Brennnessel und Baldrian der Fall. Trennen Sie hierbei zeitig im Frühjahr mit einem Spaten einzelne Wurzelstücke mit oberirdischen Trieben ab, graben Sie sie aus und setzen Sie sie an anderer Stelle wieder ein.

Absenker

Andere Kräuter wie etwa viele Thymianarten lassen sich durch Absenker vermehren. Hierbei werden aufwärts strebende Triebe zur Erde gebogen. Ein Mittelstück des Zweigs wird etwa 10 cm tief eingegraben, sodass die Triebspitze wieder aus dem Boden herausragt. Der Zweig wird mit einem Pflanzholz im Boden fixiert. Nach einiger Zeit des Wachstums können Sie prüfen, ob der Absenker neue Wurzeln ausgebildet hat. Ist dies der Fall, wird der Absenker samt Wurzeln vorsichtig ausgegraben, die Verbindung zur Mutterpflanze wird getrennt und die Jungpflanze kann neu eingepflanzt werden.

Teilung

Einige mehrjährige Kräuterstauden, die keine Ausläufer bilden, wie Oregano, Schnittlauch und Melisse, lassen sich durch Teilung vermehren, sofern die Pflanzen gut und kräftig wachsen. Auch Beinwell lässt sich durch eine Teilung der Horste verjüngen. Graben Sie die Pflanze dazu zeitig im Frühjahr aus und trennen Sie sie samt Wurzelballen mit dem Spaten in zwei Hälften. Pflanzen Sie dann die Teilstücke wieder ein. Die Kräuter treiben schnell wieder aus und durch die Teilung kommt es häufig sogar zu einem kräftigeren Wuchs.

Kräuter ernten und konservieren

Nach einiger Zeit werden Ihre Kräuter Ihnen die gute Pflege danken, indem sie zu gesunden Pflanzen herangewachsen sind, die nicht nur herrlich duften und aussehen, sondern sich auch gut in der Küche und für Naturheilmittel und -kosmetik verwenden lassen. Vor der Nutzung steht jedoch die Ernte. Auch hier ist einiges zu beachten.

Der richtige Zeitpunkt

Wann Sie Ihre Kräuter ernten, ist letztendlich bestimmend für den Geschmack und die Qualität der Inhaltsstoffe der Pflanzen. Nach der Pflege, die Sie Ihren Pflanzen haben zukommen lassen, und der Zeit des Wachstums können Sie schon nach einiger Zeit in Form von Gewürz- und Heilkräutern Nutzen aus Ihren gärtnerischen Bemühungen ziehen. Die regelmäßige Ernte ist zudem wichtig für das Wachstum der Pflanzen. Jedes Kraut hat seine eigene Zeit, in der die Konzentration wertvoller Inhaltsstoffe wie Aromen, Nährstoffen und ätherischen Ölen jeweils am höchsten ist. Oftmals ist dies kurz vor oder genau zur Zeit der Blüte der Fall.

Achten Sie auf jeden Fall darauf, die Kräuter nicht zu früh zu ernten und kleine, junge Pflanzen stattdessen weiter gedeihen zu lassen. Freilandkräuter sollten möglichst in einem sauberen Zustand – d. h., am Folgetag eines Regentags – geerntet werden. Am

Vor Luft und Licht geschützt, können Sie die geernteten Kräuter am besten aufbewahren

INFO

Ernte der einzelnen Kräuterarten

Wann der richtige Erntezeitpunkt für die einzelnen Kräuterarten gekommen ist und welches jeweils die verwendbaren Pflanzenteile sind, können Sie im Kapitel „Pflanzenkunde von A bis Z“ (ab S. 52) nachlesen. Allerdings sind genaue Zeitpunkte schwer anzugeben, da die „Reifezeit“ von bestimmten Faktoren wie den im jeweiligen Jahr vorherrschenden Witterungsverhältnissen oder der Lage und den klimatischen Verhältnissen im Garten abhängig ist.

Vormittag, nach dem Verdunsten des Morgentaus, enthalten Kräuter zudem i. d. R. den höchsten Anteil an ätherischen Ölen.

Besondere Fälle

Zurückhaltend sollten Sie bei der Ernte von Kräutern sein, die in Töpfen gezogen werden und auch im Winter Verwendung finden. Beispiele hierfür sind:

- **Petersilie**: Mit Klarsichtfolie abgedeckt, hält sich Petersilie i. d. R. noch bis in die Frostzeit hinein. Achten Sie bei der Ernte jedoch darauf, die in der Mitte liegenden Herzblätter stehen zu lassen, da die Pflanze sonst zugrunde geht.
- **Schnittlauch**: Besser als das tägliche Abzupfen ist beim Schnittlauch der in längeren Zeitintervallen durchgeführte Radikalschnitt. Kürzen Sie den Schnittlauch beispielsweise im Herbst, kann er noch im Dezember auf der Fensterbank wieder austreiben. Um in der Zwischenzeit den Bedarf an Schnittlauch in der Küche zu decken, lässt er sich gut einfrieren oder trocknen (s. S. 49).
- **Zitronenmelisse**: Auch beim Überwintern in der Wohnung setzt sich das Wachstum der Zitronenmelisse langsam fort. Sie sollte jedoch nur in sehr kleinen Mengen geerntet werden, damit sie nicht eingeht.

Vorgehen bei der Kräuterernte

Halten Sie für die Kräuterernte einen Weidenkorb und ein Gartenmesser bereit. Verwenden Sie keine Plastiktüte, da die Kräuter hierin rasch welken und wichtige Inhaltsstoffe verlieren. Auch das Pflücken mit der Hand ist im Garten nicht ratsam, da die Pflanze hierdurch geschädigt werden kann, was den späteren Ertrag beeinträchtigt. Schneiden Sie die zu erntenden Pflanzenteile also lieber mit dem Gartenmesser ab. Für harte und verholzte Teile bei Kräutern wie Thymian, Salbei oder Rosmarin können Sie eine Gartenschere verwenden.

Die Ernte sollte am besten bei schönem Wetter erfolgen

Kräuter aufgehängt trocknen

Da Sie zuweilen größere Mengen an Kräutern ernten werden, als Sie in einem gewissen Zeitrahmen verbrauchen können, ist die richtige Konservierung wichtig. Die gebräuchlichste Art der Haltbarmachung von Kräutern ist das Trocknen. Besonders, wenn man daraus Tee oder Gewürze herstellen will, hat sich diese Methode bewährt.

Da die ätherischen Öle von feinblättrigen Kräutern wie Pfefferminze, Rosmarin, Thymian, Lavendel, Liebstöckel und Basilikum bei einer zu großen Wärmezufuhr zerstört würden, müssen diese besonders schonend und vorsichtig getrocknet werden. Die entsprechenden Kräuter werden – ungewaschen, damit sie möglichst nicht schimmeln oder faulen – zu einem Strauß gebunden und an einem schattigen, gut belüfteten, warmen Ort, z. B. auf einem nicht isolierten Dachboden, einige Tage lang zum Trocknen aufgehängt. Zu den Wänden sollte ein Abstand von mindestens 50 cm bestehen, damit die Luft um die Kräuter herum gut zirkulieren kann.

Anschließend werden die Blätter zerbröselt und in dicht schließende Schraubdeckelgläser gefüllt. Achten Sie dabei auf vollständige Trockenheit. Wenn Sie Anzeichen von Feuchtigkeit entdecken, muss die Trocknung unbedingt wiederholt werden, damit sich keine Schimmelpilze bilden.

PFLEGELEICHT-TIPP

Schutz vor Staub

Zum Trocknen aufgehängte Kräuter können Sie mit einem grobmaschigen, dünnen Leinentuch vor dem Verstauben schützen. Das Tuch wird dazu einfach locker um den Strauß gewickelt und festgebunden.

Pflanzenteile dörren

Wollen Sie Kräuterwurzeln oder hartlaubige Kräuter wie Ysop oder Rosmarin konservieren, hat sich das Dörren der zerkleinerten Pflanzenteile bewährt. Hierzu können Sie entweder einen speziellen Dörrapparat verwenden, der auf eine niedrige Temperatur eingestellt ist, oder die Pflanzenteile auf einer Alu-Folie bei höchstens 50 °C und mit einen Spalt weit geöffneter Tür im Backofen trocknen.

Blätter, Blüten und Früchte auf dem Rost trocknen

Blätter, Blüten und Früchte von Kräutern lassen sich zudem auch gut auf einem Holz- oder Drahtrost trocknen, der ebenfalls an einem luftigen, schattigen Ort aufgestellt wird. Breiten Sie zum Trocknen von Blättern, Blüten und Früchten auf dem Rost ein Baumwolltuch oder Küchenkrepp aus und legen Sie die Pflanzenteile in ausreichendem Abstand nebeneinander aus. Achten Sie darauf, dass die Pflanzenteile sich nicht berühren oder überlagern, da sie sonst langsamer trocknen und evtl. schimmeln oder faulen.

Aus demselben Grund sollten Sie die Blätter während des Trocknens mehrmals, im Idealfall zweimal in der Woche, wenden. Sie können die Pflanzenteile vor Staub schützen, indem Sie Stöcke senkrecht an den Ecken des Rosts befestigen, über die Sie ein dünnes, grobmaschiges Leinentuch hängen.

Gewöhnliche Eiswürfelbehälter eignen sich hervorragend für das Einfrieren von Kräutern

Wurzeln trocknen

Wurzeln trocknet man ebenfalls an einem gut durchlüfteten Platz ohne direkte Sonneneinstrahlung. Dies geschieht am besten, indem man die Kräuterwurzeln wäscht, sie längs in vier Teile schneidet und sie mithilfe einer Nadel auf einen Faden aufzieht. Achten Sie auch hier darauf, dass sich die einzelnen Wurzelteile nicht berühren. Anschließend werden die Wurzeln am Faden aufgehängt. Wenn die Wurzelteile vorgetrocknet sind und augenscheinlich trocken erscheinen, müssen sie im Backofen oder auf dem Rost (s. oben) nochmals vollständig getrocknet werden.

Einfrieren

Einige Kräuter verlieren beim Trocknen ihr Aroma und sollten daher lieber eingefroren werden. Einfrieren ist ein Verfahren der Kräuterkonservierung, das zudem sehr vitaminschonend ist.

Auch für das Einfrieren von Kräutern gibt es verschiedene Wege. Gut portionieren – z. B. für die spätere Verwendung in einer Kräutersuppe – lassen sich Kräuter etwa, wenn man die zerkleinerten Pflanzenteile etwa zwei Drittel hoch in einen Eiswürfelbehälter füllt, diesen mit Wasser aufgießt und ins Gefrierfach stellt. Nachdem das Wasser zu Eiswürfeln gefroren ist, lassen sich diese ganz einfach in Gefrierbeutel umfüllen. Diese Methode eignet sich für saftige, aromatische Kräuter wie Minze, Schnittsellerie, Majoran, Ysop, Sauerampfer oder Liebstöckel.

Andere Kräuter wie Dill, Estragon, Petersilie, Bohnenkraut und Basilikum lassen sich gut durch Frosten konservieren. Hierzu werden die Kräuter zerkleinert und dünn auf einem vorgekühlten, mit Backpapier ausgelegten Backblech ausgebreitet. Das Ganze wird im Gefrierschrank schockgefrostet. Anschließend werden die gefrorenen Kräuter zur weiteren Lagerung in Gefrierbeutel oder Tiefkühldosen umgefüllt.

ÖKO-TIPP

Vorratshaltung nicht übertreiben

Vermeiden Sie es möglichst, mehr als einen jährlichen Vorrat an Kräutern aufzubewahren, denn mit der Zeit verlieren die Kräuter an Wirksamkeit und Aroma. Aus diesem Grund empfiehlt es sich auch, Aufbewahrungsbehälter wie Gläser und Dosen nicht nur mit einer Inhaltsangabe, sondern auch mit dem Erntedatum zu beschriften. Achten Sie auch darauf, dass Gläser oder Dosen sauber sind und keine Feuchtigkeit aufweisen, damit die Kräuter in den Behältern nicht schimmeln.

Einlegen

Eine beliebte Möglichkeit zur Konservierung von Kräutern ist auch das Einlegen in Öl. Auf diese Weise lässt sich das Aroma vieler Kräuter sehr lange erhalten. Für ein Kräuteröl eignen sich Knoblauch, Johanniskraut, Ringelblume, Kamille, Zitronenmelisse, Thymian und Lavendel. Ein Kräuteressig lässt sich hervorragend mit Rosmarin, Estragon, Dill, Thymian, Lavendel, Liebstöckel oder Pfefferminze herstellen.

Eine andere Möglichkeit ist es, Kräuter in Öl und Salz einzulegen. Auf diese Weise erhalten Sie eine Würzpaste, die Sie ähnlich wie ein Pesto verwenden können. Aber auch Salatsoßen und Suppen können Sie mit einer solchen Paste aufpeppen. Auf diese Weise können Sie z. B. Schnittlauch, Petersilie oder Basilikum verarbeiten. Hacken Sie hierzu 100 g Kräuter klein, vermischen Sie sie mit einem Teelöffel Salz und so viel Öl, dass die Kräuter vollständig mit dem Öl bedeckt sind, damit sich kein Schimmel bildet. Füllen Sie die Würzpaste anschließend in ein dicht schließendes Schraubdeckelglas. Kühl gelagert halten sich Kräuter auf diese Weise mehrere Monate lang.

Kräuter lagern

Damit Kräuter in der Küche und im Haushalt übersichtlich gelagert werden können und schnell griffbereit sind, ist die richtige Aufbewahrung wichtig.
Prüfen Sie getrocknete Zweige und Blätter vor dem Befüllen von Vorratsbehältern auf Fäule oder Schimmel. Wenn die Blätter an den Zweigen bei der Berührung deutlich knistern, können die Zweige abgehängt werden. Die Blätter streifen Sie ab und füllen diese in eine luftdicht schließende Vorratsdose oder ein Twist-off-Glas. Wurzeln werden nach dem Trocknen und vor dem Abfüllen klein geschnitten. Auch getrocknete Blätter und Blüten können nach dem „Knistertest" in Vorratsbehälter gefüllt werden. Füllen Sie nicht zu viele Blüten in den Behälter, damit diese nicht gequetscht werden.

Kräuter in Vorratsbehältern aufbewahren

Im Regelfall – d. h., wenn es sich nicht um eigens zusammengestellte Kräutermischungen handelt – werden Kräuter getrennt voneinander in Behälter gefüllt, da sie sonst die Geruchsstoffe der Umgebung annehmen. Da sich die Wirkstoffe der Kräuter durch Lichteinfall verändern können, ist es ratsam, entweder dunkle Gläser oder glasierte Stein- bzw. Tongefäße zu verwenden oder helle Gläser in einem dunklen, geschlossenen Schrank aufzubewahren.

Würzige Ideen

✿ Einfach schmackhaft

Kräuter verfeinern das Aroma der Speisen und fördern damit deren Bekömmlichkeit, sie helfen, Kochsalz zu sparen und werten die einzelnen Gerichte mit ihren wertvollen Wirkstoffen auf. Man kann sie entweder frisch den Mahlzeiten zusetzen oder aber in Form von Kräuteressig und Kräuteröl als Würzmittel nutzen.

✿ Estragonessig

Zutaten: Estragonblätter, Schale von ½ unbehandelten Zitrone, 2 Nelken, Weißweinessig

Zubereitung: Ein Einmachglas von 1 l Inhalt locker mit frischen Estragonzweigen und -blättern füllen. Die Zitronenschale und die Nelken hinzufügen und mit Essig auffüllen. Gut verschließen und zwei Wochen an einem sonnigen Platz stehen lassen. Den Sud abseihen, die Blätter gut ausdrücken, durch einen Filter in kleine Flaschen gießen und gut verschließen.

✿ Wiesenknopfessig

Zutaten: ½ l Weißweinessig, ½ l trockener Weißwein, 1 Tasse frische gehackte Wiesenknopfblätter, 1 EL gehackte Zwiebel, ein paar Blätter Zitronenmelisse

Zubereitung: Alle Zutaten vermengen, aufkochen und 30 Minuten auf dem Herd köcheln lassen. Durch Filterpapier gießen, in sterilisierte Flaschen füllen und verkorken. Zwei Wochen stehen lassen. In kleine Flaschen je ein paar Wiesenknopfstängel stecken, den Essig darübergießen, verschließen.

✿ Kräuter in Öl

Zutaten: 1 Bund frische Kräuter (z. B. Dill, Liebstöckel, Petersilie, Basilikum), 2 TL Salz, kalt gepresstes Öl zum Auffüllen (z. B. Sonnenblumenöl, Maiskeimöl, Olivenöl)

Zubereitung: Die Kräuter sorgfältig waschen, trocken schütteln und trocken tupfen. Die kleinen Blättchen abzupfen und sehr fein hacken. Kräuter und Salz abwechselnd in ein hohes Glas füllen. Die Kräuter immer wieder mit einem Holzlöffel fest an den Boden drücken. Mit so viel Öl auffüllen, bis die Kräuter gänzlich bedeckt sind. Praktisch für diese Zubereitung sind kleine, aber hohe Twist-off-Gläser, z. B. von Kapern oder Oliven. Später können Sie das Ganze dann in schöne Flaschen umfüllen. Kräuter in Öl sind eine hervorragende Würze für Salate und Gemüsegerichte. Mit Salz sparsam umgehen.

Pflanzenkunde von A bis Z

Hilfe bei der Kräuterwahl

Anis

(Pimpinella anisum)

Aussehen
Der einjährige Doldenblütler wird 25 bis 70 cm hoch. Der Stängel der krautigen Pflanze wächst aufrecht und ist oben verzweigt. Anis blüht im Juli und August. Es zeigen sich an den Doldenspitzen zierliche weiße Blüten.

Standort
Wählen Sie einen sonnigen und warmen Platz im Garten. Anis gedeiht am besten auf einem lehmigen, durchlässigen, humosen, leicht kalkhaltigen Boden, der frei von Staunässe sein sollte.

Anpflanzung/Aussaat
Im April können die Samen etwa 1,5 cm tief direkt ausgesät werden. Halten Sie einen Reihenabstand von etwa 20 cm ein und bedecken Sie die Samen mit Erde. Haben die Sämlinge eine Höhe von etwa 10 cm erreicht, werden sie in einem handbreiten Abstand vereinzelt.

Pflege
Jäten Sie sorgfältig, sorgen Sie für einen lockeren Boden und halten Sie die Pflanzen ausreichend feucht.

Anwendung
Anis wird geerntet, wenn die Früchte einen Monat nach der Blütezeit eine Braunfärbung annehmen. Zu Sträußen gebunden, werden die Pflanzen zum Trocknen aufgehängt und die Samen anschließend ausgeschüttelt. Anis besitzt eine antibakterielle Wirkung und wird bei Verdauungsbeschwerden sowie Luftwegskatarrhen eingesetzt. In der Küche wird er v. a. für Weihnachtsgebäck verwendet.

Arnika

(Arnica montana)

Aussehen
Der Wuchshöhen von etwa 20 bis 60 cm erreichende Korbblütler ist gekennzeichnet durch kleine gegenständige Blätter und dunkel- bis orangegelbe Blütenköpfe. Nicht alle Arnikaarten können problemlos im Garten kultiviert werden. Für die Aussaat im heimischen Kräuterbeet eignet sich z. B. die nordamerikanische Wiesenarnika *(Arnica chamissonis)*.

Standort
Arnica chamissonis bevorzugt humus- sowie nährstoffreiche und eher leicht feuchte Böden. Zudem benötigt sie einen sonnigen Standort.

Anpflanzung/Aussaat
Die Aussaat erfolgt im Frühling. Die Pflanze lässt sich auch im Frühjahr oder nach der Blütezeit durch Teilung vermehren.

Pflege
Der Boden sollte nach Bedarf leicht bewässert werden. Eine Düngung ist nicht nötig.

Anwendung
Geerntet und anschließend getrocknet werden die Blütenköpfe im Juli und im August. Das ätherische Öl der Pflanze wirkt wundheilend und entzündungshemmend. Daher lassen sich bei Quetschungen oder Prellungen (Vorsicht: nicht bei offenen, blutenden Wunden anwenden!) sowie bei rheumatischen Beschwerden beispielsweise Umschläge mit Arnikatee oder -tinktur herstellen. Bei Entzündungen im Mund- und Rachenraum wird der Tee zum Gurgeln verwendet.

Baldrian

(Valeriana officinalis)

Aussehen
Die mehrjährige Heilpflanze, die auch als Katzenkraut bezeichnet wird, kann bis zu 1,50 m hoch werden. Die genügsame Pflanze hat weißliche bis rosafarbene Blüten, große Blattfiedern und einen hohlen Stängel.

Standort
Baldrian gedeiht am besten in feuchten Böden an halbschattigen bis sonnigen Standorten.

Anpflanzung/Aussaat
Die Pflanze kann als Jungpflanze gekauft oder im späten Frühjahr direkt ausgesät werden. Um den Baldrian zu vermehren, teilt man Stücke der Wurzel ab und gräbt diese in feuchter Erde ein.

Pflege
Außer der üblichen Beetpflege mit Unkrautvernichtung und Bewässerung ist bei der Pflege nicht viel zu beachten. Achten Sie lediglich darauf, dass die Samen und jungen Pflanzen nicht mit Erde bedeckt werden. Um eine unkontrollierte Vermehrung durch Selbstaussaat zu vermeiden und damit die Wirkstoffe der Pflanze in der Wurzel verbleiben, sollten die Blüten regelmäßig entfernt werden.

Anwendung
Als Arzneipflanze findet ein Teil des Wurzelstocks Verwendung. Graben Sie diesen im Herbst aus, schneiden Sie ihn in Streifen und dörren Sie ihn. Hieraus lässt sich ein Aufguss zubereiten, der bei nervösen Zuständen wie Schlaflosigkeit, Verdauungsbeschwerden und Kopfschmerzen wirkt.

INFO

Baldriantee

Baldriantee lässt sich am besten als Kaltauszug ansetzen. Zerkleinern Sie die getrockneten Baldrianwurzeln und übergießen Sie zwei Teelöffel davon mit einer Tasse kaltem Wasser. Lassen Sie den Kaltauszug etwa zehn Stunden lang ziehen und filtern Sie die Wurzelstücke ab. Trinken Sie davon mehrmals täglich eine bei Bedarf auf Trinktemperatur aufgewärmte Tasse.

Bärlauch

(Alium ursinum)

Aussehen
Das zur Familie der Liliengewächse gehörende, etwa 20 bis 25 cm hoch wachsende Kraut trägt im April und Mai in Scheindolden stehende weiße Blüten. Die Blätter sind grundständig angeordnet und haben eine lanzettähnliche Form.

Standort
Der Bärlauch liebt schattige Standorte und humose, feuchte, kalkreiche Böden. Aber auch auf sandigen Böden lässt er sich im Garten ansiedeln.

Anpflanzung/Aussaat
Die Direktaussaat erfolgt im Herbst, indem die Samen breitwürfig auf dem Beet verteilt werden. Bedecken Sie die Samen anschließend mit einer 1 bis 2 cm dicken Erdschicht. Einfacher ist es, Sie holen sich den Bärlauch in Form von Zwiebeln in den Garten, die Sie im Fachhandel oder bei Ihrem Gärtner kaufen können. Diese werden im Herbst etwa in einer Tiefe von 4 bis 5 cm in die Erde gepflanzt. Die Jungpflanzen erscheinen im Frühjahr.

Basilikum, der Klassiker der italienischen Küche, kann auch zu verdauungsförderndem Tee zubereitet werden

Pflege
Die genügsame, selbstaussäende Pflanze benötigt keine besondere Zuwendung.

Anwendung
Die Bärlauchblätter können im April und im Mai geerntet werden. In der Küche finden sie Verwendung als Gewürz oder Gemüse. Da der Bärlauch beim Kochen an Geschmack einbüßt, wird er meist roh verwendet, z. B. zu Salaten. Er kann Magen-Darm-Probleme lindern und Arteriosklerose vorbeugen, wirkt antibakteriell und blutdrucksenkend und wird daher natur- und volksheilkundlich ähnlich wie Knoblauch verwendet.

Basilikum

(Ocimum basilicum)

Aussehen
Basilikum wird etwa 15 bis 50 cm groß. Je nach Sorte weisen die Blätter eine hellgrüne bis dunkelviolette Farbe auf.

ÖKO-TIPP

Aroma des Basilikums erhalten

Auch getrocknet lassen sich die Basilikumblätter verwenden, verlieren in diesem Zustand jedoch schnell ihr charakteristisches Aroma. Aus demselben Grund sollte Basilikum immer erst am Schluss zu den Speisen gegeben und nicht mitgekocht werden.

Standort
Die einjährige Pflanze benötigt einen sonnigen, geschützten Standort mit einem möglichst lockeren Boden.

Anpflanzung/Aussaat
Beginnen Sie Anfang Mai mit der Anzucht der Samen. Am besten eignen sich dazu Töpfe, die mit einem nährstoffreichen Substrat gefüllt sind. Diese stellen Sie bei mehr

als 20 °C auf die Fensterbank oder in ein Gewächshaus. Ein Topf sollte etwa zehn Samen enthalten, die jedoch nicht mit Substrat bedeckt werden. Nach einer etwa einwöchigen Keimdauer können Sie die Jungpflanzen Ende Mai auspflanzen.

Pflege
Basilikum verträgt keine Staunässe oder kaltes Wetter und sollte daher geschützt werden. Düngen Sie mit Kompost und ernten Sie die Blätter nicht zu früh ab.

Anwendung
Im Spätsommer können die Blätter des Basilikums geerntet werden. Zupfen Sie sie nur bei gutem Wetter ab, da die Pflanze bei Schlechtwetter sehr empfindlich reagiert. Die frischen Basilikumblätter passen gut zu Fleisch- und Fischgerichten und Pasta. Sie wirken appetitanregend und verdauungsunterstützend.

Beifuß

(Artemisia vulgaris)

Aussehen
Der bis zu 1,50 m hoch werdende Korbblütler besitzt fiederteilige Blätter an aufrecht wachsenden Stängeln und trägt von Hochsommer bis Herbst weißlich bis gelbe Blüten.

Standort
Natürlicherweise wächst der Beifuß auf Brachflächen, an Wegrändern und auf Geröllhalden und stellt daher auch im Garten entsprechend wenig Ansprüche an seine Standortbedingungen.

Der Name ist Programm: Beinwell nutzte bereits Hildegard von Bingen gegen Gelenkbeschwerden und bei Knochenbrüchen

ÖKO-TIPP

Nur wenige Beifußexemplare pflanzen

Da Beifuß sich beim Wachsen stark ausbreitet, empfiehlt es sich, nur einige wenige Pflanzen im Kräutergarten anzusiedeln.

Anpflanzung/Aussaat

Beifuß können Sie im Gartenfachhandel als Jungpflanze bzw. in Form von Samen kaufen. Sie können die Samen aber auch in der freien Natur sammeln, ab Februar vorziehen und zwischen April und Mai auspflanzen.

Pflege

Beifuß ist sehr pflegeleicht und verlangt außer dem gelegentlichen sparsamen Gießen keine weiteren Maßnahmen.

Anwendung

Erntezeit ist zwischen Juli und September. Man verwendet die getrockneten Blüten zum Würzen von Fleisch. Beifuß macht v. a. fette Speisen leichter verdaulich, indem er die Magensaftbildung anregt.

Beinwell

(Symphytum officinale)

Aussehen

Die behaarten Blätter der mehrjährigen Staude haben eine spitze Form, die Stängel der bis zu 80 cm hoch werdenden Pflanze sind krautig. Im Frühsommer trägt der Beinwell rosafarbene bis violette Blüten.

Standort

Die Pflanze benötigt einen nährstoffreichen und tiefen Boden im Halbschatten.

Anpflanzung/Aussaat

Beinwell können Sie entweder als Saatgut im Versandhandel oder in Form von Jungpflanzen in der Gärtnerei kaufen. Sie können aber auch Wurzelstücke in der Natur sammeln und im heimischen Kräuterbeet einpflanzen. Ausgesät oder vermehrt wird die Pflanze im Frühjahr oder Herbst, Jungpflanzen werden im Frühjahr angepflanzt.

Pflege

Beinwell ist relativ pflegeleicht. Allerdings ist der Boden stets feucht zu halten.

Anwendung

Wie der Name schon sagt, wurde Beinwell bereits im Altertum als Heilpflanze gegen Gelenkverletzungen und Knochenbrüche eingesetzt. Ein Brei aus Beinwellwurzeln kann auch heute noch Wundheilung fördern und Gelenkbeschwerden lindern. Hierzu werden einzelne Wurzeln sonnengetrocknet. Zudem lassen sich die Blätter als Gemüse zubereiten.

Bohnenkraut

(Satureja hortensis)

Aussehen

Das Gartenbohnenkraut erreicht eine Höhe von bis zu 30 cm und zeigt im Sommer und im frühem Herbst weiße oder violette Blüten.

Standort

Als Standort für Bohnenkraut sollte man einen trockenen, sonnigen Platz wählen.

Anpflanzung/Aussaat

Im späten Frühjahr kann Bohnenkraut im Haus vorkultiviert werden. Verwenden Sie hierzu ein sandiges Substrat, das nicht gedüngt werden sollte. Haben die Pflänzchen eine gewisse Größe erreicht, werden sie in einem handbreiten Abstand gepflanzt.

Borretsch ist Bestandteil der bekannten Frankfurter „Grie Soß" (Grüne Soße)

INFO

Bohnenkraut als Topfkultur
Bohnenkraut kann auch im Juli als Topfkultur gezogen werden. Im Herbst am Küchenfenster platziert können diese Pflanzen den Winter über geerntet werden.

Pflege
In der Pflege ist Bohnenkraut relativ unkompliziert, solange ausreichend warme Temperaturen herrschen. Selbst Trockenheit ist kein Problem. Da Bohnenkraut ursprünglich auf mageren Sandböden beheimatet ist, verträgt die Pflanze keine Düngung.

Anwendung
Bohnenkraut wird im Hochsommer, kurz vor der Blüte, geerntet. Es werden entweder die frischen oder die getrockneten Blätter der Pflanze sowie die Zweigspitzen verwendet. Schneiden Sie die Pflanzenteile hierbei nicht weit über dem Boden ab. Das Gewürzkraut passt gut zu Hülsenfrüchten und Fleischgerichten. Der Verzehr hilft zudem gegen Magen-Darm-Beschwerden und Blähungen.

Borretsch

(Borago officinalis)

Aussehen
Die einjährige Pflanze, die auch unter dem Namen Gurkenkraut bekannt ist, kann bis zu 80 cm hoch wachsen. Sie weist graue, fein behaarte Stängel und Blätter sowie in den Sommermonaten blaue Blüten auf.

Standort
Das anspruchslose Kraut ist sowohl im Halbschatten als auch an Standorten mit voller Sonneneinstrahlung gut aufgehoben und gedeiht auf so gut wie allen Böden.

Anpflanzung/Aussaat
Die Samen können ab April in einem Abstand von 30 bis 40 cm direkt im Beet ausgesät werden. Da Borretsch ein Dunkelkeimer ist, müssen die Samen dabei mit ausreichend Erde bedeckt werden.

Pflege
Die genügsame Pflanze benötigt, abgesehen vom regelmäßigen Gießen, nicht viel Pflege. Allenfalls Blattläuse und Mehltau, für die der Borretsch recht anfällig ist, müssen gelegentlich bekämpft werden.

Anwendung
Die frischen Blätter des Borretsch werden in der Küche z. B. in Salaten oder Quark verwendet. Borretsch wirkt vorbeugend bei Blähungen und fördert die Verdaulichkeit von Speisen, indem er die Bildung von Sekreten der Bauchspeicheldrüse anregt.

Brennnessel

(Urtica dioica; Urtica urens)

Aussehen
Es gibt zwei Arten: die Große *(Urtica urens)* und die Kleine Brennnessel *(Urtica dioica)*, die sich v. a. durch ihre Vermehrung unterscheiden. Beide besitzen die charakteristischen Brennhaare, die bei Berührung Ameisensäure aussondern.

Standort
Brennnesseln vertragen sowohl sonnige als auch schattige Standorte und benötigen lediglich einen ausreichend feuchten Boden.

Anpflanzung/Aussaat
Kleine Brennnesseln können im Garten ganz einfach angepflanzt werden, indem man sie in der freien Natur ausgräbt und im Kräuterbeet ansiedelt. Zudem können Brennnesselsamen auch im Gartengeschäft gekauft werden, die am besten im späten Frühjahr ausgesät werden. Damit andere Pflanzen im Kräuterbeet nicht durch die stark austreibenden Wurzelausläufer überwuchert werden, sollten Sie die Pflanze eingrenzen.

Anwendung
Die Ernte der Blätter und Triebe erfolgt im Frühjahr und Sommer. Der blutreinigende und harntreibende Brennnesseltee eignet sich hervorragend für eine Kur. In der Küche kann die vitaminreiche Pflanze ähnlich wie Spinat als Gemüsebeilage oder mit etwas Essig als Salat zubereitet werden.

Dill

(Anethum graveolens)

Aussehen
Die einjährige Pflanze erreicht aufrecht gen Himmel wachsend eine Größe von 1,20 m. Ab Anfang Juli zeigen sich die Doldenblüten.

Standort
In puncto Substrat relativ anspruchslos, bevorzugt der Dill als Standort einen sonnigen, windgeschützten Platz im Garten oder in Terrassennähe.

PFLEGELEICHT-TIPP

Bei Dill auf eine dichte Pflanzung achten

Achten Sie auf eine ausreichend dichte Pflanzung, damit die unteren Stängelbereiche der einzelnen Pflanzen im Schatten liegen und so vor Austrocknung geschützt sind.

Anpflanzung/Aussaat

Dill wird ab April in einem Abstand von ca. 20 cm direkt ins Beet ausgesät. Da die Samen recht unterschiedlich keimen, werden etwa 3 bis 4 g Samen auf 1 m^2 Beetfläche empfohlen. Auch in Balkonkästen kann Dill kultiviert werden.

Pflege

Wichtig ist eine ausreichende Feuchtigkeit durch regelmäßiges Gießen. Achten Sie hierauf besonders direkt nach der Aussaat, vermeiden Sie jedoch Staunässe.

Anwendung

Verwendet werden die frischen Blätter junger Dillpflanzen. Erntezeit der vitamin-C- und mineralstoffreichen Pflanze ist zwischen Sommer und Frühherbst. Klassische Dillgerichte sind Soßen, Kräuterquark, Fischgerichte oder Gurkensalat. Durch das Würzen mit Dill können Speisen besser verdaut werden.

Estragon

(Artemisia dracunculus)

Aussehen

1,20 m hoch wächst der Korbblütler mit seinen schmalen Blättern. Die weißlich-grüne Blüte zeigt sich im Spätsommer und Herbst. Estragon kommt in zwei Arten vor: Der russische Estragon ist relativ widerstandsfähig, jedoch weniger würzig, der französische schmeckt intensiver, ist jedoch sehr kälteempfindlich.

Standort

Estragon verträgt sowohl halbschattige als auch sonnige Umgebungsbedingungen und benötigt einen geschützten Platz im Garten. Sorgen Sie zudem für einen lockeren, humosen Boden.

Anpflanzung/Aussaat

Ab Mitte März kann der russische Estragon auf der Fensterbank vorgezogen werden. Hierzu werden die Samen in einen Topf mit

Genießen Sie Dill am besten frisch oder tiefgefroren, da beim Trocknen viel Aroma verloren geht

leicht gedüngtem Substrat eingepflanzt. Ab Ende April bis Mitte Mai können die Jungpflanzen in einem großen Abstand im Freiland ausgepflanzt werden.

PFLEGELEICHT-TIPP

Estragon zurückschneiden

Im Frühjahr können Pflanzen, die schon älter und stärker verholzt sind, verjüngt werden. Dazu werden sie bis auf 10 bis 15 cm zurückgeschnitten.

Pflege

Die Pflege beinhaltet Kompostdüngung und regelmäßiges Gießen. Der französische Estragon muss ab Herbst in Kübel umgepflanzt werden und im Haus überwintern. Die russische Varietät kann zwar den Winter über im Gartenbeet belassen werden, muss jedoch durch Reisig vor Frost geschützt werden.

Anwendung

Die Blätter des Estragons wirken harntreibend und blutreinigend und können sowohl frisch als auch getrocknet zum Kochen und Würzen verwendet werden. Estragon eignet sich für Marinaden und Soßen, Geflügel- und Fischgerichte sowie für Suppen. Verwenden Sie Estragon relativ sparsam, da er einen sehr intensiven Geschmack hat.

Fenchel

(Foeniculum vulgare)

Aussehen

Die zu den Doldenblütlern gehörende Pflanze ist zwei- bis mehrjährig und kann bis zu 1,5 bis 2 m hoch werden. Fenchel hat einen kräftigen, gerillten, verzweigten Stängel und in den Sommermonaten ab Juli kleine gelbe Doldenblüten.

Standort

Der Fenchel liebt sonnige, windgeschützte Lagen mit einem leicht feuchten, kalkhaltigen, nährstoffreichen und tiefgründigen Boden.

Anpflanzung/Aussaat

Ausgesät werden die Fenchelsamen zwischen April und Ende Mai in einem Reihenabstand von 25 bis 30 cm in ein Anzuchtbeet. Bedecken Sie die Samen mit einer dünnen Erdschicht und halten Sie sie stets ausreichend feucht. Im darauf folgenden Frühjahr werden die Pflanzen in einem Reihenabstand von 50 cm ins Kräuterbeet versetzt.

Pflege

In klimatisch günstigen Gegenden übersteht die selbstaussäende Pflanze den Winter im Freien. Hierbei muss der Wurzelballen mit Reisig oder Stroh geschützt werden. In frostgefährdeten Gebieten muss sie im Haus überwintert werden. Im Herbst kann die Pflanze auf 10 cm zurückgeschnitten werden.

Anwendung

Fenchelblätter lassen sich den Sommer über frisch verwenden, etwa als Salatgewürz oder zu Fischgerichten. Fenchelsamen werden im Herbst geerntet. Hierfür werden die Dolden mit den reifen Samen abgeschnitten, an einem schattigen Ort zum Trocknen aufgehängt und über einem ausgebreiteten Papier o. Ä. ausgeklopft. Der Samen lässt sich z. B. zur Herstellung eines Tees verwenden, der bei Atemwegskatarrhen oder Verdauungsbeschwerden wie z. B. Blähungen hilft.

Frauenmantel

(Alchemilla mollis)

Aussehen
Die von Mai bis in den Herbst grün-weiß blühende Staude ist von niedrigem Wuchs.

Standort
Der Frauenmantel liebt halbschattige bis sonnige Verhältnisse und bevorzugt feuchte Böden mit einem eher geringen Nährstoffanteil.

Anpflanzung/Aussaat
Jungpflanzen können Sie im gut sortierten Gartenmarkt erwerben und im Mai im Kräuterbeet anpflanzen.

Pflege
Im Prinzip ist der Frauenmantel eine sehr pflegeleichte Pflanze. Lediglich in Trockenphasen muss für eine ausreichende Bewässerung gesorgt werden. Da das Kraut bei günstigen Standortverhältnissen zu einer starken Wucherung neigt, kann evtl. eine Auspflanzung aus dem Beet nötig sein.

Frauenmantel mit Tauperlen

INFO

Tee immer frisch zubereiten

Heilkräutertees sollten Sie immer frisch zubereiten. Zwar ist dies aufwändiger, als sich morgens für den ganzen Tag gleich eine ganze Kanne Tee vorzubereiten, bei einer längeren Stehzeit gehen jedoch nach und nach die heilwirksamen Inhaltsstoffe der verwendeten Pflanzen verloren.

Anwendung
Wie bereits der Name erahnen lässt, kommt Frauenmantelkraut hauptsächlich bei Frauenleiden zur Anwendung. Hierzu verwendet man entweder einzelne Blätter oder das blühende Kraut, das zwischen Juni und August geerntet wird. Ein Frauenmantelkrauttee hilft gegen Durchfall, Wechseljahrsbeschwerden und eine übermäßig starke Periodenblutung. Übergießen Sie hierzu einen Esslöffel des getrockneten Krauts mit einer Tasse kaltem Wasser, lassen Sie das Ganze aufkochen und anschließend zehn Minuten lang ziehen. Ein Frauenmantelkrautaufguss kann auch äußerlich zur Wundbehandlung eingesetzt werden und hat eine blutstillende Wirkung.

Gänseblümchen

(Bellis perennis)

Aussehen
Gänseblümchen werden etwa 10 cm hoch. Die Pflanze hat eine knapp über der Bodenoberfläche wachsende Blattrosette, einen teilweise leicht behaarten Stängel und nahezu ganzjährig blühende weiße Blüten.

Standort
Die genügsame Pflanze wächst sowohl auf nährstoffarmen Beeten als auch auf Rasen in Halbschatten und Sonne.

Anpflanzung/Aussaat
Samen erhalten Sie im Gartencenter. Sie werden zu Anfang des Sommers in flache Beetrillen ausgesät. Nach dem Ausdünnen der Sämlinge können die Jungpflanzen im Herbst in einem Pflanzabstand von 15 bis 25 cm auseinandergepflanzt werden.

Pflege
Gänseblümchen sind selbstaussäend. Wer die Selbstaussaat verhindern will, sollte die verwelkten Blütenköpfchen entfernen. Die zweijährige Pflanze ist winterhart, sollte jedoch im Winter mit Zweigen abgedeckt werden.

Anwendung
Sowohl als Küchen- als auch als Heilpflanzen können Gänseblümchen verwendet werden. Die Blüten und Blätter lassen sich hierfür ganzjährig ernten. Die frischen Blütenstände und jungen Blätter eignen sich für Suppen und Salate. Gänseblümchentee wirkt stoffwechsel- und appetitanregend, hustenlindernd und harntreibend sowie blutreinigend. Übergießen Sie hierzu zwei Teelöffel getrocknete Gänseblümchenblüten mit einer Tasse kochendem Wasser. Lassen Sie den Tee zehn Minuten lang ziehen, seihen Sie ihn ab und trinken Sie ihn in kleinen Schlucken. Empfehlenswert sind drei Tassen täglich.

INFO

Gänseblümchen-Breiumschlag bei Verletzungen

Zerriebene Gänseblümchenblätter als Breiumschlag bei Quetschungen und Stoßverletzungen auf die betroffene Stelle gelegt, helfen dabei, die Schmerzen zu lindern.

Das beliebte Gänseblümchen ist eine sehr vielseitige Heilpflanze

Johanniskraut

(Hypericum perforatum)

Aussehen
Johanniskraut weist spitze, kurze Blätter sowie vom Johannistag an bis Anfang Oktober gelbe Blüten auf. Zerreibt man die Pflanze, tritt ein roter Saft aus den ölhaltigen Zellen aus.

Standort
In der freien Natur siedelt sich Johanniskraut z. B. am Wegesrand, auf mageren Wiesenflächen oder an Böschungen an und ist somit an nährstoffarme Bodenverhältnisse gewöhnt. Zudem benötigt die Pflanze einen trockenen Boden und einen sonnigen Platz.

Anpflanzung/Aussaat
Johanniskraut kann ab Mitte April angepflanzt werden. Samen lassen sich z. B. auch

INFO

Johanniskrautöl

Äußerlich angewendet kann Johanniskrautöl z. B. schmerzlindernd bei leichten Verbrennungen oder rheumatischen Beschwerden wirken. Geben Sie dazu sechs bis acht Esslöffel frischer Blätter und Blüten in eine braune Flasche. Füllen Sie die Flasche mit Sonnenblumen- oder Olivenöl auf und stellen Sie sie für eine Dauer von drei Wochen an einen sonnigen Ort, wobei Sie die Flasche täglich kräftig schütteln sollten. Sieben Sie die Pflanzenteile anschließend ab und stellen Sie die Flasche zur Aufbewahrung an einen dunklen Platz.

in der freien Natur sammeln. Sie können von März bis Mai in Anzuchttöpfen vorkultiviert oder direkt ins Freiland ausgesät werden. Bedecken Sie die Samen leicht mit Erde und sorgen Sie dafür, diese stetig mäßig feucht zu halten. Sorgen Sie zudem über die Sommermonate hinweg für eine ausreichende Bewässerung. Von Spätsommer bis Herbst können die Pflanzen in einem Abstand von 30 cm ins Beet ausgepflanzt werden.

Pflege

In puncto Pflege ist Johanniskraut recht anspruchslos und kann teilweise auch Trockenheit gut vertragen. In langen Trockenheitsperioden sollte jedoch gegossen werden, wobei der Boden zwischen den Bewässerungen immer vollständig trocknen sollte.

Anwendung

Zu Heilzwecken eingesetzt werden getrocknete Blätter und Sprosse der Pflanze. Für einen nervenstärkenden Tee nehmen Sie zwei Teelöffel der getrockneten Blätter und Blüten, übergießen diese mit einer Tasse kochendem Wasser und lassen den Tee fünf bis zehn Minuten lang ziehen.

Kamille

(Matricaria recutita)

Aussehen

Die Pflanze mit dem aromatischen Geruch und den weißen Blüten wird zur Familie der Korbblütler gezählt.

Standort

In der Natur wachsen die einjährigen Pflanzen auf Schuttplätzen sowie an Weg- und Ackerrändern. Die Kamille benötigt einen durchlässigen Boden und einen sonnenbeschienenen Standort.

Anpflanzung/Aussaat

Die Samen können im Frühjahr in wenige Millimeter tiefe Rillen direkt ins Beet ausgesät werden. Da Kamille ein Lichtkeimer ist, werden die Samen dabei nicht mit Erde bedeckt. Die Vermehrung erfolgt durch Selbstaussaat.

Pflege

Kamille ist relativ anspruchslos und muss noch nicht einmal gedüngt werden.

Anwendung

Zwischen Mai und Oktober können Sie die Kamillenblüten ernten und trocknen lassen. Kamillentee wirkt krampflösend und entzündungshemmend (z. B. bei Mundschleimhautentzündungen). Auch bei Erkältungskrankheiten und Magenverstimmungen kann er hilfreich sein. Übergießen Sie hierzu zwei Teelöffel getrocknete Kamillenblüten mit einer Tasse kochendem Wasser, lassen Sie den Tee fünf bis zehn Minuten lang ziehen und trinken Sie schluckweise täglich

INFO

Kamillenblüteninhalation

Ein Inhalationsdampfbad mit Kamillenblüten hilft bei Erkältungskrankheiten und Nasennebenhöhlenentzündungen. Hierfür werden fünf bis acht Esslöffel getrocknete Kamillenblüten in einen Topf mit 1 bis 2 l kaltem Wasser gegeben. Das Ganze wird bis zum Kochen erhitzt. Stellen Sie den Topf anschließend auf einer hitzefesten Unterlage auf den Tisch und halten Sie Ihren Kopf darüber, während dieser mitsamt dem Topf mit einem Handtuch abgedeckt wird. Atmen Sie den Dampf fünf bis zehn Minuten lang tief ein und führen Sie die Inhalation mehrmals täglich durch.

zwei bis drei Tassen des Tees. Äußerlich angewendet hilft kalter Tee gegen Hautentzündungen. Bei Entzündungen der Mund- und Rachenschleimhäute sollten Sie stündlich damit gurgeln.

Kapuzinerkresse

(*Tropaeolum*-Hybriden)

Aussehen

Die Schlingpflanze trägt von Juni bis Ende Oktober gelbe, orangefarbene oder rote Blüten. Die Triebe der schnell wachsenden Pflanze können bis zu 2 m in die Höhe schießen und ohne Rankgerüst Büsche bilden.

Standort

Die Kapuzinerkresse liebt sonnige, windgeschützte Standorte und einen lehmig-sandigen, nicht zu nährstoffreichen Boden.

Anpflanzung/Aussaat

Kapuzinerkresse kann ab Mitte Mai direkt ausgesät oder ab April auf der Fensterbank vorkultiviert und dann ausgepflanzt werden. Die Samen werden etwa 2 bis 3 cm tief in ein nährstoffarmes Substrat eingepflanzt. Bei der Vorkultivierung empfiehlt es sich, die Töpfe mit einer Klarsichtfolie abzudecken.

Pflege

Die selbstaussäende Pflanze muss reichlich bewässert, aber lediglich jeden zweiten Monat gedüngt werden.

Anwendung

Zur Blütezeit können Kraut und Blüten frisch in der Küche verwendet werden. Da die enthaltenen Senföle dem Kraut einen recht scharfen Geschmack verleihen, sollte sie nur sparsam dosiert werden.

Die Blüten der Kapuzinerkresse verschönern Salate und Suppen

Echter Kerbel hat einen leicht pfeffrigen Geschmack

Kerbel

(Anthriscus cerefolium)

Aussehen
Die einjährige Pflanze mit ihren hellgrünen Blättern und ihren weißen, sich von Mai an den ganzen Sommer über zeigenden Doldenblüten kann bis 60 cm in die Höhe wachsen.

Standort
In Bezug auf den Standort ist Kerbel anspruchslos. Die Pflanze ist kälteunempfindlich, sollte jedoch vor Wind und Trockenheit geschützt werden.

Anpflanzung/Aussaat
Schon Anfang März können Sie damit beginnen, Kerbel auf der Fensterbank zu ziehen. Die Samen werden dazu in einem Abstand von etwa 20 cm flach in die Erde gepflanzt, geerntet werden kann nach etwa fünf Wochen. Kerbel kann jedoch auch Ende März per Direktaussaat im Freiland ausgesät werden.

Pflege
Der recht genügsame und widerstandsfähige Kerbel benötigt lediglich regelmäßige Bewässerung.

Anwendung
Die verdauungsfördernde und harntreibende Pflanze lässt sich sowohl frisch als auch getrocknet als Gewürz für Salate, Suppen, Kräuterbutter sowie Grill- und Fischgerichte nutzen. Zur Konservierung lässt sich der Kerbel auch gut einfrieren.

Knoblauch

(Allium sativum)

Aussehen
Das Liliengewächs kann etwa 30 bis 90 cm hoch werden. Die Zwiebelpflanze hat lange Blätter und einen runden Blütenstand mit vereinzelten weißen bis rosafarbenen Blüten und etwa 10 bis 20 Brutzwiebeln.

Standort
Knoblauch liebt nährstoffreiche und lockere Böden und kann unter diesen Umständen selbst im Halbschatten gedeihen.

Anpflanzung/Aussaat
Schon im April können Sie Knoblauch anpflanzen, indem Sie die Brutzwiebeln in einem Abstand von etwa 20 cm etwa 5 cm tief in den Boden stecken.

Pflege
Halten Sie den Boden ausreichend feucht und locker, vermeiden Sie jedoch Staunässe. Knoblauch kann bei Bedarf mit Humus gedüngt werden. Da die Pflanze nicht ganz winterhart ist, ist das Beet im Winter mit Stroh abzudecken. Alternativ können Sie auch nach der Ausreifung einzelner Blütenstände die Brutzwiebeln ernten und diese im Frühjahr erneut auspflanzen.

Anwendung
Geerntet wird der Knoblauch, indem die Knolle im Herbst behutsam mit der Grabeforke ausgehoben wird. Als Küchenpflanze passt er besonders gut zu mediterranen Speisen, als Heilpflanze wird er wegen seiner immunstärkenden, durchblutungsfördernden und antibiotischen Wirkung geschätzt. Zudem kann er Blähungen entgegenwirken.

Koriander

(Coriandrum sativum)

Aussehen
Der 30 bis 70 cm hohe Stängel des einjährigen Doldenblütlers ist gerillt und verzweigt. Er trägt im unteren Stängelbereich ein- bis zweifach gefiederte, fächerförmige und im oberen Bereich mehrfach gefiederte, zipfelförmige Blätter. In der Blütezeit von Juni bis August zeigen sich weiße bis blassrote Blütendolden. Die kugeligen, gelblich-braunen Früchte entwickeln sich im August und September.

Standort
Der passende Standort für den Koriander ist ein sonniger, warmer, geschützter Platz mit einem kalkhaltigen, lockeren Boden.

Anpflanzung/Aussaat
Koriander wird im April etwa 1 cm tief direkt im Beet ausgesät. Der Reihenabstand sollte dabei 30 cm betragen. Da er zu den Dunkelkeimern gehört, sollten die Samen mit Erde bedeckt werden. Die Pflanzen sind nach dem Keimen auf etwa 15 cm zu vereinzeln.

Pflege
Bei der Pflege müssen Sie lediglich darauf achten, den Boden regelmäßig aufzulockern.

Anwendung
Die Dolden der Pflanze werden abgeschnitten, wenn die Samen während des Sommers beginnen, braun zu werden. Zu Sträußen gebunden werden sie zum Trocknen aufgehängt. Schütteln Sie die getrockneten Dolden anschließend über einem Tuch aus, damit die reifen Samen herausfallen. Die ätherischen Öle des Korianders wirken blähungslindernd und helfen in Teemischungen auch gegen Magen-Darm-Beschwerden. Koriander wirkt zudem schleimlösend, beruhigend und krampflösend. In der Küche wird Koriander z. B. für Weihnachtsgebäck sowie als Brat- und Einmachgewürz genutzt.

Kresse

(Lepidium sativum)

Aussehen
Die Kresse gehört zu den beliebtesten Gewürzkräutern. Dies hat sie v. a. ihrer kurzen Keimzeit und der leichten Anzucht zu verdan-

ken. Das einjährige Kraut kann etwa 50 cm hoch wachsen. Ab Juni zieren winzige weiße bis rosafarbene Blüten die Pflanze.

Standort
Im Hinblick auf den passenden Platz im Garten ist Kresse relativ anspruchslos und verträgt viele Bodenverhältnisse.

Anpflanzung/Aussaat
Ab März kann Kresse ausgesät werden. Innerhalb weniger Tage beginnt sie auszukeimen.

Pflege
Halten Sie den Boden stetig ausreichend feucht, da die Kresse bei Trockenheit rasch zu welken beginnt.

Anwendung
Kresse kann ganzjährig geerntet werden, indem sie in etwa 5 cm Höhe geschnitten wird. Das scharf-würzige Kraut verleiht einen pikanten Geschmack. Die vitaminreiche Pflanze wirkt stoffwechselanregend und blutbildend.

Kümmel

(Carum carvi)

Aussehen
Der aufrechte Stängel des zwei- bis mehrjährigen Doldenblütlers entwickelt sich erst im zweiten Jahr nach der Aussaat. Im ersten Jahr hingegen wird nur eine Blattrosette gebildet. Er kann bis zu 1 m hoch werden und trägt gefiederte Blätter. Im Mai und im Juni des zweiten Jahres zeigen sich in Dolden wachsende weiße oder rötliche Blüten. Die Früchte reifen zwischen Juni und August.

Standort
Kümmel benötigt einen sonnigen Standort mit einem nährstoffreichen, tiefgründigen, kalkhaltigen und feuchten Boden. Staunässe ist hingegen auf jeden Fall zu vermeiden.

Anpflanzung/Aussaat
Im April oder Mai können Sie die Samen in einem Reihenabstand von 30 cm dünn aussäen. Es empfiehlt sich eine Bodenvorbereitung mit Kompost. Die Samen werden dabei nur ganz

Kresse kann auch auf der Fensterbank gezogen werden, z. B. in einer Keimbox oder auf einem Terrakottaigel

leicht mit Erde bedeckt. Haben die Pflänzchen eine Höhe von etwa 5 cm erreicht, werden sie auf etwa 15 bis 20 cm vereinzelt.

Pflege
Außer dem gelegentlichen Gießen und Hacken benötigt er keine besondere Pflege.

Anwendung
Im ersten Jahr können die jungen Blätter sparsam gepflückt werden, um Salate und Suppen zu würzen. Im zweiten Jahr können Sie im Sommer die Samendolden abschneiden, sobald sie sich bräunlich färben. Sie werden gebündelt und an einem schattigen, gut belüfteten Ort getrocknet. Anschließend werden die Samen auf ein Tuch oder Papier ausgeschüttelt. Der Samen dient z. B. zum Würzen von Fleisch- oder Gemüsegerichten. Als Kümmelschnaps oder -tee wirkt er verdauungsfördernd, harntreibend sowie krampf- und blähungslindernd.

Lauchkraut

(Alliaria petiolata)

Aussehen
Die auch als Knoblauchsrauke bekannte Pflanze kann etwa 20 bis 100 cm hoch werden. Der leicht kantige Stängel der krautigen Pflanze ist im unteren Abschnitt behaart und trägt dort gekerbte, nierenförmige Blätter, im oberen Stängelbereich sind die Blätter dreieckig und gezähnt. In ihrer Blütezeit zwischen April und Juli zeigen sich kleine, weiße Blüten.

Standort
Lauchkraut benötigt eine halbschattige Lage und nährstoffreiche, lockere, stickstoffhaltige Böden. Besonders wohl fühlt sich das Kraut z. B. am Rand von Gehölzen und Hecken. Da es sich selbst vermehrt und sehr rasch und stark ausbreitet, ist dies jedoch schon bei der Standortwahl zu beachten.

Anpflanzung/Aussaat
Die Aussaat ist zwar ganzjährig möglich, da das Lauchkraut jedoch ein Kaltkeimer ist, sollten die Samen möglichst im Spätherbst ausgesät werden. Lockern Sie hierzu den Boden, harken Sie die Samen ein, bedecken Sie sie dünn mit Erde und drücken Sie sie leicht an. Sie können hierzu z. B. auch die Samen wild wachsender Pflanzen sammeln oder diese als Jungpflanzen ausstechen und im Garten ansiedeln.

Pflege
Wenn die Pflanze einen leicht feuchten Boden als Standort hat, benötigt sie darüber hinaus keine besondere Pflege.

Anwendung
Die Blätter des Lauchkrauts können von April bis Juni geerntet werden. In der Küche lässt sich das scharf schmeckende Kraut als geruchsneutrale Alternative zu Knoblauch nutzen. Da der Geschmack beim Kochen verloren geht, sollte es nicht mitgekocht, sondern roh verwendet werden. Die Blätter der Pflanze können Sie klein schneiden und als Quark- oder Salatgewürz nutzen. Die in ihnen enthaltenen Senfölglycoside wirken desinfizierend, weshalb die zerquetschten Blätter als Auflage bei Verletzungen und Insektenstichen genutzt werden können.

Lavendel

(Lavandula angustifolia)

Aussehen
Der Halbstrauch mit den filzig behaarten Blättern besticht nicht nur durch seinen wundervollen Duft, sondern auch durch seine herrlichen blauvioletten Blüten.

Der vielseitige Lavendel wird als Heilpflanze, aber auch zum Würzen verwendet

Standort
Aufgrund seiner Herkunft ist der Lippenblütler auf sonnenbeschienene Standorte angewiesen und kann sogar eine gewisse Trockenheit vertragen. Die genügsame Pflanze stellt keine besonderen Ansprüche an den Nährstoffgehalt des Bodens, solange dieser locker genug ist.

Anpflanzung/Aussaat
Lavendel wird am besten im Frühjahr in einem Abstand von 0,5 m gepflanzt.

Pflege
Die Pflanze benötigt nicht viel Wasser und muss allenfalls bei Bedarf mit einem kalkhaltigen Dünger behandelt werden. Da er nicht ganz winterhart ist, sollte Lavendel in frostgefährdeten Gegenden im Winter mit Reisig abgedeckt werden. Er lässt sich durch Stecklinge oder – im Fall von älteren Pflanzen – auch durch Teilung vermehren. Ältere, verholzte Pflanzen können direkt nach der Blüte auf die Hälfte bzw. ein Drittel zurückgeschnitten werden.

Anwendung
Verwendet werden die blühenden Sprossspitzen, die zu Beginn der Blütezeit geerntet werden. Sie werden, zu einem Strauß gebunden, sonnengeschützt zum Trocknen aufgehängt. Hieraus lässt sich dann etwa ein verdauungsregulierender und nervenberuhigender Aufguss herstellen. Sie können die Lavendelblüten auch als Badezusatz nutzen, wobei diese blutdruckanregend und hautpflegend wirken. Auch bei nervöser Erschöpfung hilft ein Lavendelbad.

Liebstöckel

(Levisticum officinale)

Aussehen
Liebstöckel kann bei optimalen Bodenverhältnissen bis zu 1,50 m in die Höhe schießen. Er hat einen aufrechten Stängel, gezackte, an der Unterseite glänzende Blätter und im Juli und August gelbe Doldenblüten.

Standort
Liebstöckel gedeiht am besten auf lehmigen, stark nährstoffhaltigen Böden und liebt sonnige, warme Standortbedingungen.

PFLEGELEICHT-TIPP

Liebstöckel nur in Beeten anpflanzen

Da Liebstöckel sehr groß werden kann und tief Wurzeln treibt, ist er eine reine Beetpflanze, die nicht für die Kultivierung in Balkonkästen oder Töpfen geeignet ist.

Anpflanzung/Aussaat
Schon zeitig im Frühjahr können Sie die Samen in Töpfen aussäen und an einem warmen Standort keinem lassen. Ab Mitte Mai können Sie die Jungpflanzen ins Freiland auspflanzen. Vermehren lassen sich die Pflanzen durch Teilung.

Pflege
Liebstöckel ist eine sehr widerstandsfähige Pflanze, die nicht besonders pflegeintensiv ist. Allerdings sollten Sie der Pflanze genug Feuchtigkeit bieten, da die Blätter in Trockenphasen zum schnellen Vergilben neigen.

Anwendung
Liebstöckel lässt sich die gesamte Vegetationszeit über ernten. Als Gewürzkraut werden die jungen Blätter verwendet, die – sparsam dosiert – Salate, Schweine- und Lammfleischgerichte bereichern.

Löwenzahn

(Taxacum officinale)

Aussehen
Den Korbblütler kennzeichnen eine Rosette aus gezähnten Blättern, ein schwach befilzter Stängel sowie gelbe Zungenblüten. Die Pflanze erreicht eine Wuchshöhe von etwa 10 bis 30 cm. Die „Pusteblume" wird durch den Wind verbreitet und kann sich daher auch im Garten an unerwünschten Plätzen ansiedeln.

Standort
Löwenzahn kann überall gedeihen: Er fühlt sich auf allen Böden wohl und kann sowohl an halbschattigen als auch an sonnigen Plätzen angepflanzt werden.

Anpflanzung/Aussaat
Löwenzahnsaatgut lässt sich z. B. über den Versandhandel erwerben. Ab März können Sie die Samen in Saatreihen von 50 cm Abstand direkt im Beet ausäen.

Anwendung
Zum Verzehr als Salat eignen sich die jungen Blätter. Löwenzahn wirkt verdauungsregulierend und funktionsfördernd auf Galle und Leber.

INFO

Vorsicht vor Milchsaft im Löwenzahn

Verwenden Sie nur die jungen Blätter des Löwenzahns. Der Milchsaft in den älteren Blättern und in den Stängeln ist giftig und kann, in größeren Mengen verzehrt, zu Brechreiz, Durchfall und Bauchschmerzen bis hin zu Herzrhythmusstörungen und Kreislaufkollaps führen. Bei Hautkontakt kann es zudem zu allergischen Reaktionen kommen.

Nur die jungen Blätter des Löwenzahns eignen sich zum Verzehr, z. B. als Salat

Verwenden Sie Majoran eher sparsam, da sein Aroma sehr intensiv ist

Majoran

(Origanum majorana)

Aussehen
Majoran hat seine ursprüngliche Verbreitung in Kleinasien, weshalb seine Überwinterung in unseren Breiten recht kompliziert ist. Die Pflanzenteile der bis zu 50 cm hoch werdenden Pflanze weisen eine graue Behaarung auf. Zwischen Juli und Oktober zieren winzige weiß- bis rosafarbene Blüten die Zweigenden.

Standort
Am liebsten hat Majoran lockere, etwas kalkhaltige Bodenbedingungen. Für ein günstiges Wachstum ist das beliebte Duftkraut auf einen sonnenbeschienenen, warmen Platz im Garten angewiesen.

Anpflanzung/Aussaat
Ab März können Sie die Majoransamen im Haus auf der sonnigen Fensterbank vorkultivieren. Da Majoran ein Lichtkeimer ist, werden die Samen dabei nicht mit Erde bedeckt. Im Mai können die jungen Pflanzen ihren Platz im Kräuterbeet finden. Zudem kann Majoran auch bis Anfang Juni ins Freiland ausgesät werden. Einfacher ist es jedoch, stattdessen Jungpflanzen in der Gärtnerei zu kaufen und dann im Kräuterbeet anzusiedeln.

Pflege
Eine gelegentliche Düngung dankt der Majoran mit einem guten und robusten Wachstum. Zwar ist die Pflanze durch ihre Behaarung und die kleinen Blätter an Trockenheit angepasst, bei längeren Trockenphasen sollte sie jedoch dennoch bewässert werden. Der Austrieb lässt sich zudem durch einen Rückschnitt fördern.

Anwendung
Majoran lässt sich sowohl frisch als auch getrocknet z. B. für Suppen oder Fleischgerichte nutzen. Neben dem rein kulinarischen hat Majoran auch einen gesundheitlichen Nutzen: Er fördert Nierentätigkeit und Fettverdauung.

ÖKO-TIPP

Insekten fernhalten

Mit einigen Töpfen Majoran, Thymian und Lavendel auf der Fensterbank oder auf dem Esstisch können Sie Fliegen abschrecken. Der Duft der Pflanzen wird dazu führen, dass weniger der ungebetenen Besucher ihren Weg von draußen in die Küche suchen. Ein Sträußchen aus diesen Kräutern kann die Plagegeister auch beim Picknick von den mitgebrachten Speisen fernhalten. Die Kräuter können zudem auch Stechmücken daran hindern, in die Wohnung einzudringen.

Malve

(Malva sylvestris)

Aussehen
Die 80 cm hohe Malve mit ihren säulenartigen Blättern trägt zwischen den Monaten Mai und September rosaviolettfarbene Blüten.

PFLEGELEICHT-TIPP

Aussaat in Staudenbeeten und Blumenwiesen

Die sonnenliebende Malve kann auch sehr gut in Staudenbeeten angepflanzt werden und ist zudem eine konkurrenzfähige, selbstaussäende Bereicherung für Blumenwiesen.

Standort
In der freien Natur siedelt sich die Wildform der Malve v. a. an Wegrändern an. Aus diesem Grund ist sie auch im Garten auf lockere, sandige und durchlässige Bodenverhältnisse angewiesen.

Anpflanzung/Aussaat
Die einjährige Pflanze wird ab April ins Kräuterbeet ausgesät.

Pflege
Malven verlangen keinen großen Pflegeaufwand und müssen nur in Phasen längerer Trockenheit gegossen werden.

Anwendung
Zwischen Mitte Juni und September können die voll entwickelten Blätter und Blüten der Malve geerntet werden. Trocknen Sie die Pflanzenteile an einem schattigen Ort. Setzen Sie bei der Herstellung von Heilmitteln wie z.B. beruhigenden und entzündungshemmenden Tees die Pflanzenteile zudem immer erst kalt an, um die Wirksamkeit der Schleimstoffe aufrechtzuerhalten. Hierzu nimmt man ein bis zwei Teelöffel auf eine Tasse Wasser, lässt das Ganze acht bis zehn Stunden stehen und erwärmt den Tee nach dem Abseihen. Hiervon werden zwei bis drei Tassen täglich getrunken.

Meerrettich

(Armoracia rusticana)

Aussehen
Das mehrjährige Gewächs aus der Familie der Kreuzblütler bildet eine grundständige Blattrosette mit langstieligen, gekerbten, leicht gewellten Blättern aus. Im zweiten Jahr entwickelt die Wuchshöhen von 50 bis 120 cm erreichende Pflanze von Mitte Mai bis Juli Blütenstände mit weißen Blüten. Zum Verzehr geeignet ist die kräftige Wurzel der krautigen Pflanze.

Standort
Meerrettich benötigt einen halbschattigen bis sonnigen Standort. Wählen Sie hier einen leicht sandigen, nährstoffreichen Boden, der tiefgründig gelockert sein sollte. Zudem muss die Pflanze einen Platz erhalten, an dem sie sich über mehrere Jahre hinweg ausbreiten kann.

Anpflanzung/Aussaat
Zur Anpflanzung von Meerrettich werden Wurzelableger, sogenannte Fechser, verwendet, die im gut sortierten Fachhandel oder beim Gärtner erhältlich sind. Diese werden entweder im März bzw. April oder aber im Oktober bzw. November in einem ausreichenden Abstand von etwa 30 cm schrägliegend eingepflanzt. Am oberen Ende sollte der Wurzelableger dabei mit einer etwa 1 cm dicken Erdschicht bedeckt sein.

Pflege
Bis die Fechser gut Wurzeln gefasst haben, sollten Sie für einen gut gelockerten und gegossenen Boden sorgen.

Anwendung
Die Meerrettichwurzeln können ganzjährig geerntet werden. Vorzugsweise geschieht dies im Spätherbst. Schlagen Sie die Wurzeln zur Aufbewahrung in feuchten Sand ein und sorgen Sie für einen kühlen Aufbewahrungsort, z. B. im Keller. Zur Nutzung in der Küche wird der Meerrettich frisch gerieben und bereichert z. B. Fleischgerichte und Soßen. Da er zudem antibiotisch wirkt, eignet er sich beim Verzehr auch als Mittel gegen Harnwegsinfektionen, als entzündungshemmende Wundauflage oder, mit Honig vermischt, als Hustenmittel.

Oregano

(Origanum vulgare)

Aussehen
Oregano hat einen oftmals leicht holzigen Wurzelstock, aus dem aufrecht wachsend ein gabelig verzweigter, vierkantiger und leicht behaarter Stängel austreibt. Der mehrjährige Lippenblütler kann etwa 50 bis 70 cm hoch werden. Er hat dunkelgrüne, behaarte Blätter und von Juli bis September weiße bis rosafarbene oder hellviolette rispenbildende Blüten.

Standort
Da Oregano in der freien Natur an sonnenbeschienene Berghänge mit kargen Böden gewöhnt ist, fühlt er sich auch im Garten an sonnigen Terrassen wohl. Er benötigt einen leicht kalkhaltigen, durchlässigen Boden. Auf einem nicht zu stark gedüngten Boden und an einem geschützten Standort können die Pflanzen – auch in der Blumenwiese – viele Jahre alt werden.

Anpflanzung/Aussaat
Das entsprechende Saatgut erhalten Sie über den Versandhandel oder Sie sammeln den Pflanzensamen in der freien Natur. Ab Mai können Sie die Samen dann in einem Reihenabstand von etwa 30 cm direkt ins Beet aussäen. Wenn die Pflänzchen ca. 3 cm groß sind, werden sie auf 30 cm vereinzelt.

INFO

Richtig kochen mit Oregano

Beim Kochen sollte der Oregano mit erhitzt werden, da er nur dann seine Würze richtig entfalten kann. Aufgrund seines sehr intensiven Geschmacks sollte er in der Küche jedoch nur in geringen Mengen zum Einsatz kommen.

Pflege
Außer Unkrautjäten, Hacken und Gießen benötigt Oregano keine besondere Pflege. Sogar die Überwinterung in unseren Breiten ist kein Problem. Wollen Sie für ein besseres Wachstum sorgen, empfiehlt es sich, vertrocknete Zweige im Frühjahr zurückzuschneiden.

Anwendung
Oregano ist v. a. in der französischen und italienischen Küche ein beliebtes Würzkraut und wird meist getrocknet, gemahlen oder gerebelt verarbeitet. Er wird geerntet, indem man das Kraut vor der Blütezeit etwa 5 cm über dem Boden abschneidet. Zum Trocknen wird das Kraut zu Sträußen gebunden an einem geschützten Platz aufgehängt. Da die Pflanze zudem beruhigende und krampflösende Inhaltsstoffe besitzt, kann sie auch als Naturheilmittel eingesetzt werden.

Naturkosmetik mit Kräutern

✿ Natürlich schön

Die sanfte Kraft der Kräuter findet auch in der Kosmetik Verwendung. Kräuter pflegen Haut und Haar. Sie sind rasch aus Ihrem eigenen Kräutergarten zu besorgen und zudem preisgünstig.

✿ Fußbad mit Pfefferminze

Pfefferminze erfrischt und kühlt angenehm bei Hitze. Geben Sie eine Handvoll Minzblätter in eine große Wanne mit heißem Wasser. Gießen Sie den frisch ausgepressten Saft einer Zitrone hinzu und baden Sie Ihre Füße zehn Minuten darin.

✿ Gesichtsmaske mit Zitronenmelisse

Zitronenmelisse macht die Haut weich und hilft gegen Hautunreinheiten. Zerhacken Sie eine Handvoll Zitronenmelisse. Vermengen Sie diese mit 150 g Joghurt und einem Esslöffel Honig. Verreiben Sie die Maske auf dem Gesicht und lassen Sie sie 15 Minuten einwirken. Waschen Sie die Maske mit lauwarmem Wasser ab.

✿ Badezusatz mit Schafgarbe

Als Badezusatz hilft die Schafgarbe bei Hautbeschwerden wie Hautentzündungen oder Wundsein. Übergießen Sie hierzu zwei Handvoll Schafgarbenkraut mit 1 l kochendem Wasser, lassen Sie das Ganze eine halbe Stunde lang ziehen und geben Sie den Badezusatz ins Badewasser, in dem Sie ein Vollbad nehmen sollten.

✿ Salbei-Spülung

Salbei reguliert die Talgproduktion und stärkt die Haarwurzeln. Auch verleiht eine Spülung mit Salbei dem Haar einen seidigen Glanz. Übergießen Sie dafür einen Teelöffel Salbei mit einem Viertelliter kochendem Wasser. Lassen Sie den Sud zehn Minuten ziehen. Sieben Sie die Flüssigkeit ab und lassen Sie sie auskühlen. Massieren Sie sie nun als Spülung in das gewaschene Haar und die Kopfhaut ein. Anschließend gründlich ausspülen.

✿ Basilikum-Bad

Nach einem anstrengenden Tag können Sie mit einem Basilikum-Bad gut entspannen. Fügen Sie einfach dem Badewasser sieben Tropfen Basilikum-Öl und einen Becher Sahne hinzu.

Das Universalkraut Petersilie ist sehr vitamin- und mineralstoffreich

Petersilie

(Petroselinum crispum)

Aussehen

Petersilie gibt es in vielen Sorten, wobei die glattblättrige Varietät zwar intensiver im Geschmack, die krause Form jedoch robuster ist. Sie erreicht eine Höhe von bis zu 30 cm und hat gefiederte, dunkelgrüne Blätter sowie runde, glatte Stängel.

> **PFLEGELEICHT-TIPP**
>
> ### Standortwechsel bei Folgegenerationen
>
> Nach der Erstaussaat ab Mitte März können Sie im August eine zweite Generation von Petersilienpflanzen aussäen, die sich dann bis in den Winter hinein ernten lässt. Bei der Aussaat von Folgegenerationen ist unbedingt der Standort zu wechseln, da die Pflanzen sonst nicht gedeihen.

Standort

Petersilie – egal welcher Sorte – ist in Bezug auf die Bodenverhältnisse relativ anspruchslos und kann sowohl in sonnigen als auch in halbschattigen Lagen gedeihen.

Anpflanzung/Aussaat

Zwischen Mitte März und Mitte Juli können die Samen in Rillen etwa 2 cm tief ins Beet gepflanzt werden. Lassen Sie die Petersiliensamen zuvor einen Tag lang in lauwarmem Wasser vorquellen. Da die Keimung recht langwierig sein kann, ist es empfehlenswert, die Samen in Schalen vorzukultivieren.

Pflege

Achten Sie vor der Aussaat auf eine gute Versorgung mit Humus. Wichtig ist auch das regelmäßige Gießen, da die Blätter bei Trockenheit schnell vergilben. Zudem sollte die Petersilie auch regelmäßig gedüngt werden.

Anwendung

Erntezeit ist i. d. R. von Juni bis Oktober. Die äußeren Blätter können Sie mehrfach schneiden, die Herzblätter müssen jedoch stehen gelassen werden. Normalerweise findet die Petersilie in frischer Form in der Küche Verwendung. Die Pflanze enthält große Mengen an Vitamin A und wirkt verdauungsfördernd und appetitanregend.

Pfefferminze

(Mentha x piperita)

Aussehen
Pfefferminze hat einen rötlichen Stängel und kann zu einer Höhe von 80 cm heranwachsen. Im Hochsommer blüht sie lilafarben.

Standort
Die Standortansprüche erstrecken sich auf feuchte, leichte, humose Böden und halbschattige bis sonnige Lagen. Beachten Sie schon beim Anpflanzen, dass sich das Wurzelwerk der Pfefferminze stark ausbreitet.

Anpflanzung/Aussaat
Zur Anpflanzung können Sie sowohl Jungpflanzen kaufen als auch Wurzelausläufer besorgen, die im Frühjahr flachliegend in die Erde gepflanzt werden.

Pflege
Halten Sie den Boden ausreichend feucht und gießen Sie in Trockenzeiten täglich.

Anwendung
Die appetitanregend wirkenden Blätter können Sie sowohl frisch als auch getrocknet nutzen. Pfefferminztee hilft gegen Kopfschmerzen, Übelkeit und Erbrechen sowie Darm- und Gallenbeschwerden. Übergießen Sie dafür zwei Teelöffel getrocknete Blätter mit einer Tasse kochendem Wasser, lassen Sie das Ganze zehn Minuten ziehen, sieben Sie die Blätter ab und bereiten Sie täglich zwei bis drei Tassen zu.

INFO

Vorsicht mit Pfefferminze bei Säuglingen und Kleinkindern
Da der hohe Mentholgehalt der Pfefferminze bei Babys und Kleinkindern zu Atemstillstand führen kann, darf ihnen kein Pfefferminztee verabreicht werden.

Pimpernelle

(Sanguisorba minor)

Aussehen
Die krautige Pflanze erreicht eine Wuchshöhe von etwa 20 bis 100 cm. Sie hat einen aufrechten Stängel, an dem die gefiederten Laubblätter rosettenförmig angeordnet sind. Die grünen bis rötlichen Blüten zeigen sich im Frühsommer.

Blühende Pfefferminze

INFO

Pimpernellenblätter-Breiumschlag

Bei leichteren blutenden Wunden können Sie die frischen, zerstoßenen Blätter der Pimpernelle zur Herstellung eines Breiumschlags nutzen.

Standort
Bevorzugt anzusiedeln ist die Pimpernelle auf humosen, mageren, leicht kalkhaltigen Böden, die sich an einem sonnigen Platz im Garten befinden sollten.

Anpflanzung/Aussaat
Die Pflanzensamen lassen sich schon ab März im Beet aussäen. Nachdem sich die Keimlinge an der Beetoberfläche gezeigt haben, sollten die Pflänzchen stark ausgelichtet werden.

Pflege
Sorgen Sie in längeren Phasen der Trockenheit für eine ausreichende Bewässerung, achten Sie jedoch darauf, dass keine Staunässe entsteht.

Anwendung
Die Pflanze lässt eine Ernte der frischen Blätter über die gesamte Wachstumszeit zu. Als Gewürzpflanze kann sie Salate und Fischgerichte bereichern. Aber auch als Heilpflanze lässt sich die Pimpernelle verwenden. Ein Tee aus den Blättern der Pflanze hat eine verdauungsfördernde und harntreibende Wirkung. Der Tee wird aus 40 g Pimpernellenblättern zubereitet, die mit kochendem Wasser übergossen werden. Nach dem Abseihen sollte der Tee zehn Minuten lang ziehen und anschließend heiß getrunken werden.

Portulak

(Protulaca oleracea ssp. sativa)

Aussehen
Die einjährige Pflanze, die bis zu einer Größe von etwa 30 cm heranwachsen kann, besitzt einen aufrechten, rötlich-grünen Stängel und eiförmige Blätter. Zwischen Mai und Oktober zeigen sich kleine weiße bis gelbliche Blüten.

Standort
Für ein gutes Gedeihen benötigt Portulak Wärme. Er kann an halbschattigen bis sonnigen Standorten gepflanzt werden und sollte einen durchlässigen, sandigen und feuchten Boden erhalten.

Anpflanzung/Aussaat
Die Direktaussaat erfolgt ab Mitte Mai bis Anfang September. Die Portulaksamen können entweder breitwürfig oder in kurzen Reihen mit einem Abstand von etwa 20 cm dünn ausgesät werden. Drücken Sie die Samen leicht an und bedecken Sie sie nur ganz leicht mit Erde.

Pflege
In der gesamten Wachstumsphase ist für eine ausreichende Bewässerung und ein unkrautfreies Beet zu sorgen.

Anwendung
Schon etwa einen Monat nach der Aussaat können Sie mit der Ernte des Portulak beginnen. Die Pflanze lässt sich den ganzen Sommer hinweg ernten. Verwendet werden die jungen Triebe und Blätter. Diese werden im Regelfall frisch genutzt, da sich Portulak nicht zum Trocknen eignet. Das vitamin- und mineralienreiche Kraut würzt z. B. Soßen, Suppen und Salate. Er wirkt harntreibend, blutreinigend und entzündungshemmend.

Rainfarn wird heute nur in der Homöopathie eingesetzt, da er das Nervengift Thujon enthält

Rainfarn

(Tanacetum vulgare)

Aussehen

Rainfarn kann über 1,20 m in die Höhe streben. Die lindgrünen Blätter sind länglich und im Sommer leuchten die Blüten hellgelb.

Standort

Rainfarn stellt keine besonderen Standortansprüche. Gut gedeiht er an sonnigen Plätzen auf durchlässigen, trockenen Böden.

Anpflanzung/Aussaat

Da der Rainfarn durch seine Wurzelausläufer selbstvermehrend ist, ist es ausreichend, nur wenige Exemplare im Garten anzusiedeln. Die Anzucht aus Samen kann sehr schwierig sein. Daher ist es empfehlenswert, den Rainfarn stattdessen als Jungpflanze ab Mitte April ins Beet zu setzen.

Pflege

Auch bezüglich der Pflege ist die Pflanze genügsam. Zur Anregung der Blattbildung empfiehlt es sich, die Blüten zeitig abzuschneiden.

Anwendung

Rainfarn wird im August geerntet. Die frischen und gehackten Blätter können z. B. Eiergerichten zugegeben werden. Aus den zur Blütezeit gepflückten, getrockneten Sprossspitzen können Sie einen Aufguss herstellen, der gegen Harn- und Magenprobleme hilft. Zudem vertreibt er – zur Blütezeit geerntet und getrocknet zu Sträußen gebunden – Motten, Fliegen, Läuse, Flöhe und Mücken.

PFLEGELEICHT-TIPP

Rainfarn am Wuchern hindern

Der Platz, an dem der Rainfarn angepflanzt wird, sollte eingeschränkt sein, damit die Pflanze am Wuchern gehindert wird. Sehr schmückend kann er z. B. an der Terrasse oder an Wegrändern angesiedelt werden.

Ringelblume

(Calendula officinalis)

Aussehen
Die bis zu 70 cm hoch werdende Pflanze besitzt einen aufrecht wachsenden, behaarten Stängel und ebenfalls behaarte Blätter. Die einjährige Pflanze, die von Juni bis Oktober leuchtend gelb bis orangefarben blüht, gibt es in vielen verschiedenen Sorten.

Standort
Pflanzen Sie Ringelblumen auf einem nährstoffreichen Boden, der zudem ausreichend feucht sein muss. Ideal sind sonnenbeschienene Südlagen.

Anpflanzung/Aussaat
Die Samen der Pflanze können Sie im April direkt im Freiland aussäen. Die Keimung kann etwa drei Wochen dauern. In der Samenreife sind Ringelblumen selbstaussäend.

INFO

Ringelblumen-Kompressen

Äußerlich angewendet werden Ringelblumenblütenblätter z. B. bei entzündlichen Hautveränderungen und kleineren Wunden. Für derartige Anwendungen, z. B. in Form von Kompressen, nehmen Sie 20 g Blütenblätter und übergießen diese mit ¼ l kochendem Wasser. Lassen Sie den Aufguss zehn Minuten lang ziehen und seihen Sie ihn ab. Nachdem er abgekühlt ist, tränken Sie ein sauberes Baumwolltuch in dem Absud, das zehn Minuten lang auf die betroffene Stelle aufgelegt wird. Führen Sie die Behandlung mehrmals täglich durch.

Pflege
Ringelblumen benötigen außer Jäten, Hacken und Gießen keine besondere Pflege.

Anwendung
Die Zungenblüten werden bei sonnigen Wetterverhältnissen zwischen Juni und Oktober gepflückt, wenn sie voll entwickelt sind. Möglichst zeitnah sollten sie getrocknet werden. Ringelblumenblüten haben sich äußerlich angewendet bei der Unterstützung der Wundheilung sowie bei der Behandlung von Blutergüssen und Krämpfen bewährt.

Rosmarin

(Rosmarinus officinalis)

Aussehen
Den angenehm duftende Strauch mit seinen schmalen Blättern zieren zwischen Mai und Juni Blüten von hellblauer Farbe. Die Stängel sind zunächst grün und verholzen bei älteren Pflanzen. In Mitteleuropa wird Rosmarin 50 bis 100 cm hoch, im Mittelmeergebiet kann er sogar 2 m erreichen.

Standort
Rosmarin ist auf einen sehr sonnigen Platz angewiesen. Am besten gedeiht er auf trockenen, kalkhaltigen Böden.

Anpflanzung/Aussaat
Rosmarinsamen werden im Frühjahr gesät. Einen Monat nach der Anzucht werden die Pflänzchen ausgepflanzt. Da die Samen nur sehr langsam keimen, ist es jedoch besser, Rosmarin als Jungpflanzen zu kaufen. Um das Wachstum zu fördern, wird der Erde beim Pflanzen viel organischer Dünger beigemengt.

Pflege
Rosmarin sollte nur sparsam gegossen werden, da er sehr unter Staunässe leidet. Al-

PFLEGELEICHT-TIPP

Rosmarin vermehren

Vermehren lässt sich Rosmarin durch Stecklinge oder Absenker. Schneiden Sie für die Stecklingsvermehrung ab Juli einen Seitentrieb in einer Länge von 10 cm ab, entfernen Sie in den unteren 4 cm des Zweigs die Blätter und stecken Sie ihn in sandreiche Erde. Der Steckling muss anschließend mäßig befeuchtet werden.

lenfalls im Sommer kann man etwas mehr Wasser geben. Im Winter wird die Wassermenge beim Gießen zusätzlich reduziert, damit lediglich der Ballen feucht gehalten wird. Eine Düngung benötigt die Pflanze nicht. Rosmarin kann – mit Reisig abgedeckt – draußen im Kräuterbeet überwintern oder die Wintermonate über ins Haus geholt werden, wobei er in einem hellen Raum stehen sollte.

Anwendung
Rosmarin können Sie während der Sommermonate ernten. Hierbei sollten Sie vorsichtig vorgehen, da er nur sehr langsam nachwächst. Die Triebspitzen und Blätter werden entweder frisch oder getrocknet z. B. zum Würzen von Fleischgerichten verwendet. Bei einem zu niedrigen Blutdruck können Sie einen Rosmarin-Badezusatz herstellen oder täglich zwei Tassen Rosmarintee trinken.

Salbei

(Salvia officinalis)

Aussehen:
Salbei ist ein robustes Mittelmeergewächs mit gräulichen, filzigen Blättern. Violette Blüten schmücken die Pflanze im Hochsommer.

Standort
Platzieren Sie Salbei an einem windgeschützten Ort und wählen Sie einen kalkhaltigen Boden. Der aromatische Duft macht ihn zu einer beliebten Pflanze für Terrassen.

Schneiden Sie ganze Zweige vom Rosmarin ab, nicht die einzelnen Nadeln

INFO

Salbei als Küchenkraut

Salbei kann in der Küche sowohl frisch als auch getrocknet verwendet werden, z. B. zu Wild- und Geflügelgerichten. Gebratene Fleischgerichte können mit einigen frischen Salbeiblättern verfeinert werden, getrockneten Salbei gibt man z. B. zu Lamm- und Hammelfleisch.

Anpflanzung/Aussaat

Salbei lässt sich bis Anfang April vorkultivieren. Hierbei werden die Samen in mit Anzuchterde gefüllten Aussaatkisten ausgesät und später in Töpfe pikiert. Ab Mai können die Pflanzen ausgepflanzt bzw. die Samen auch direkt im Freiland ausgesät werden.

Pflege

Die Pflanze benötigt nur in Trockenphasen eine Bewässerung. Eine einmalige Kompostdüngung im späten Frühjahr reicht aus. In frostgefährdeten Gegenden empfiehlt es sich, den Salbei im Winter mit Stroh zu schützen.

Anwendung

Die Blätter werden kurz vor der Blütezeit geerntet. Als Gewürz regt Salbei die Verdauung an, als Tee wird gerne bei einer Reizung der oberen Atemwege sowie bei Durchfall getrunken. Bei Entzündungen im Mund- und Rachenbereich sollten Sie mit Salbeitee gurgeln.

Sauerampfer

(Rumex acetosa)

Aussehen

Sauerampfer siedelt sich wild auf Wiesen und Weiden sowie an Wegrändern an. Die bis zu 50 cm hohe Pflanze mit ihren pfeilförmigen Blättern trägt im Frühsommer weißrosafarbene Blüten.

Standort

Sauerampfer ist an halbschattigen bis sonnigen Plätzen auf einem humosen und nährstoffreichen Boden anzupflanzen.

Anpflanzung/Aussaat

In seiner Kulturform *Rumex acetosa var. hortensis* kann Sauerampfer im April im Garten gesät werden. Beim Aufgehen werden die Pflänzchen ausgelichtet.

Pflege

Sauerampfer muss allenfalls in längeren Trockenphasen bewässert werden.

Anwendung

Die Sauerampferernte ist die ganze Vegetationsperiode über möglich. Die frischen Blätter verleihen, klein geschnitten, Salaten einen säuerlichen Geschmack. Sie können die vitaminreichen Blätter jedoch auch kochen und als spinatähnliches Gemüse genießen. Daneben können auch kleinere Verbrennungen, Schnittwunden und Abschürfungen mit einigen zerriebenen Blättern behandelt werden, die kühlend und wundheilungsfördernd wirken.

INFO

Vorsichtig dosieren

Sauerampfer sollte nie in zu großen Mengen verzehrt werden. Besonders bei Kindern ist Vorsicht geboten, da die Pflanze durch ihren hohen Oxalsäuregehalt zu Vergiftungen mit Erbrechen und Durchfallserscheinungen führen kann.

Die Heilpflanze Schafgarbe ist auch unter den Namen Wundkraut oder Blutstillkraut bekannt

Schafgarbe

(Achillea millefolium)

Aussehen
Die Wildform der bis zu 40 cm großen Pflanze mit ihren schmalen Blättern und dem gefurchten Stängel weist den ganzen Sommer über leuchtend weiße Blüten auf.

Standort
Die genügsame Pflanze, die sonnige Lagen liebt, ist in Bezug auf die Beschaffenheit des Bodens relativ anspruchslos und gedeiht auch auf der Blumenwiese.

Anpflanzung/Aussaat
Ab April kann die Schafgarbe direkt im Beet ausgesät werden. Einfacher ist es jedoch, wildwachsende Schafgarben umzusiedeln.

Pflege
Hier ist lediglich zu beachten, dass der Boden nicht allzu feucht sein sollte.

Anwendung
Die Blätter und Spitzen werden ab dem Frühsommer geerntet und getrocknet. Hieraus lässt sich z. B. ein blutreinigender Tee herstellen. Ein Vollbad mit Schafgarbe hilft auch bei Periodenbeschwerden.

Schnittlauch

(Allium schoenoprasum)

Aussehen
Der beliebte Schnittlauch wird bis zu 45 cm hoch. Die mehrjährige Zwiebelpflanze mit ihren dünnen Laubblättern trägt im Sommer violette oder rötliche Blüten.

Standort
Am liebsten hat der Schnittlauch leicht kalkhaltige Bodenverhältnisse und gedeiht sowohl in halbschattigen als auch in sonnigen Lagen. Der Geruch kann Schädlinge vertreiben, weshalb sich die Pflanze auch hervorragend für Randbepflanzungen eignet.

Anpflanzung/Aussaat
Anfang April können Sie die Schnittlauchsamen direkt im Freiland aussäen. Sie können die Pflanzen jedoch auch in warm stehenden Kästen vorkultivieren und nach einer Keim-

dauer von 20 bis 30 Tagen büschelweise im Beet auspflanzen.

Pflege
Sorgen Sie für eine gute Nährstoffversorgung. Bei genug Bodenfeuchtigkeit kann Schnittlauch bis in die Sommermonate treiben. Als Zwiebel kann er im Boden überwintern.

ÖKO-TIPP

Schnittlauch auch im Winter ernten

Damit der Schnittlauch auch im Winter frisch zur Ernte zur Verfügung steht, können Sie nach den ersten Frosttagen des Jahres einzelne Triebe ausstechen und in Töpfe pflanzen. Auf diese Weise lässt sich der Schnittlauch auf der sonnigen Fensterbank weiterkultivieren.

Anwendung
Die vitaminreiche Pflanze lässt sich ganzjährig ernten. Die Schnittlauchblätter können Sie sowohl mitkochen als auch zur Garnitur verwenden. Die verdauungsfördernde, appetitanregende Pflanze eignet sich gut für Kräuterbutter und -quark. Auch Kartoffelgerichte oder Salate erhalten durch den Schnittlauch einen pikant-würzigen Geschmack. Zum Konservieren lässt er sich gut einfrieren.

Sellerie

(Apium graveolens)

Aussehen
Die zweijährige Pflanze wächst zu einer Höhe von etwa 50 bis 100 cm empor. Die kantigen, aufrechten, gerillten Stängel enden in dreifach gefiederten Blättern. Im zweiten Jahr entwickeln die Pflanzen im Juli und September kleine weiße bis gelblich-weiße Doldenblüten. Sellerie wird in verschiedenen Sorten (Knollen-, Stangen-, Schnittsellerie) angepflanzt.

Standort
Am besten gedeiht Sellerie an einem sonnigen Standort. Die Pflanze benötigt einen nährstoffreichen Boden mit einem hohen Humusanteil. Der Boden sollte zudem kalkhaltig sein und Wasser speichern.

Anpflanzung/Aussaat
Sellerie sollte entweder als Jungpflanze gekauft oder ab März auf der Fensterbank vorkultiviert werden. Dazu werden die Samen in Schalen mit Anzuchterde gepflanzt. Später werden die Sämlinge in Töpfe pikiert. Ab Mitte Mai können die Pflanzen in einem Abstand von 40 cm ins Beet umgepflanzt werden.

Pflege
Sellerie benötigt regelmäßige Düngergaben und eine gute Bewässerung. Auch Mulchen oder Hacken kann ihm zugute kommen.

Anwendung
Das Sellerielaub kann im Sommer frisch gepflückt werden. Die Stängel des Stangenselleries und die Knollen des Knollenselleries können Sie im Spätsommer bzw. Herbst ernten. Wurzeln und Blätter wirken harntreibend und dadurch therapieunterstützend bei Arthrose und Bluthochdruck. In der Küche wird Sellerie z. B. gern für die Zubereitung von Suppen und Eintöpfen genutzt.

Thymian

(Thymus vulgaris)

Aussehen
Die kleinen Blätter des Gartenthymians, der etwa 30 cm hoch wachsen kann, weisen eine filzige Unterseite auf. Die hellrot gefärbten

Blütenstände erscheinen im Mai und halten sich bis in den Oktober hinein.

Standort

Der Standort des Thymians im Garten sollte regen- und windgeschützt sein. Er benötigt eine sonnige Lage und sandige, leichte Böden und eignet sich gut zur Pflanzung in Steingärten. Aufgrund seines aromatischen Dufts ist er auch für Beete in Eingangsbereichen und an Terrassen eine Bereicherung.

Anpflanzung/Aussaat

Ab April kann Thymian direkt im Freiland ausgesät werden. Da die Ansaat jedoch nicht immer gelingt, ist es besser, die Pflanzen beim Gärtner zu kaufen. Achten Sie auf einen ausreichenden Pflanzabstand, damit die kriechend wachsende Pflanze genug Raum zur Ausbreitung hat. Thymian lässt sich auch durch Stecklinge oder Teilung älterer Pflanzen vermehren.

INFO

Thymian nicht überdosieren

Vermeiden Sie eine Überdosierung von Thymian, da vermutet wird, dass dies zu einer Schilddrüsenüberfunktion führen kann.

Pflege

Da er natürlich vorkommend auf mageren, trockenen Böden wächst, benötigt der Thymian auch im Garten nicht viel an Nährstoffen und Wasser. Allenfalls einmal jährlich sollte eine Kompostgabe für den Boden verabreicht werden. Ältere Thymianpflanzen sollten Sie nach der Blüte auf etwa 20 cm zurückschneiden. Im Herbst ist zudem für einen ausreichenden Kälteschutz durch eine Reisig- oder Strohabdeckung zu sorgen.

Thymian ist ein wirksames Heilmittel bei Erkrankungen der Atemwege

Anwendung
Die Triebspitzen und Blätter des Thymians lassen sich ganzjährig frisch ernten. Wollen Sie einen Vorrat anlegen, ernten Sie das Thymiankraut in den Sommermonaten und trocknen Sie es, zu Sträußen gebündelt, an einem schattigen Platz. Getrockneter Thymian hat einen würzigeren Geschmack als frisch geernteter. Beliebt ist das appetit- und verdauungsfördernde Kraut v. a. zum Würzen von Fleischgerichten, aber auch Fischgerichte, Eierspeisen, Marinaden und Salate erhalten durch Thymian eine würzige Note.

Wermut

(Artemisia absinthium)

Aussehen
Der mehrjährige Halbstrauch wächst stark verzweigt bis auf eine Höhe von 60 bis 150 cm heran und trägt silbergraue, gefiederte Blätter. Seine gelben, rispenbildenden Blüten zeigen sich zwischen Juni und September.

Standort
Für ein gesundes Wachstum ist der Korbblütler auf einen sandigen, durchlässigen und leicht kalkhaltigen sowie lockeren, tiefgründigen Boden und eine sonnige, trockene Lage angewiesen. Da Wermut sich stark ausbreitet und ausladend wächst, benötigt er viel Platz.

Anpflanzung/Aussaat
Damit der Wermut seine Nachbarn nicht verdrängt, sollte man am besten nur eine Jungpflanze kaufen und diese im Frühjahr in einem ausreichenden Abstand zu anderen Kräutern anpflanzen.

Pflege
Wermut benötigt kaum Pflege. Lediglich im Frühling oder im Herbst sollten ein Rückschnitt sowie eine Kompostdüngung erfolgen.

Anwendung
Die blühenden Zweigspitzen werden von Juli bis August geerntet und getrocknet. Wermuttee schützt Pflanzen vor Schädlingen wie z. B. Blattläusen. Er ist zudem ein bewährtes Mittel gegen Magen- und Gallenbeschwerden. Zudem wirkt eine Kur mit Wermuttee abwehrstärkend zur Vorbeugung von Infekten. Wermut sollte nur ab und zu in kleinen Mengen genossen werden, da er sonst gesundheitsschädlich sein kann. Schwangere sollten Wermut deshalb keinesfalls zu sich nehmen.

Ysop

(Hyssopus officinalis)

Aussehen
Die Heil- und Gewürzpflanze besitzt hellgrüne schmale Blätter. Der aufrecht und leicht verzweigt wachsende Lippenblütler kommt auf Wuchshöhen von etwa 60 cm. Die Blüten haben ein helles Blau bis helles Violett. Sie kommen im Juli zum Vorschein und sind noch im September zu bewundern.

Standort
Ysop sollte einen sonnigen, windgeschützten Platz im Garten erhalten und einen lockeren, sandigen Boden vorfinden.

Anpflanzung/Aussaat
Jungpflanzen erhalten Sie in einer Staudengärtnerei. Sie können jedoch auch Samen im Frühjahr in Pflanzkästen auf der Fensterbank vorkultivieren. Ab Mitte Mai werden sie ins Freiland umgesiedelt.

Pflege
Ysop benötigt nur in längeren Zeiten starker Trockenheit eine zusätzliche Bewässerung. Der pflegeleichte Halbstrauch hat einen geringen Nährstoffbedarf und muss allenfalls bei kalkarmen Bodenverhältnissen zusätz-

PFLEGELEICHT-TIPP

Ysop konservieren

Da die Ysopblätter beim Trocknen stark an Aroma verlieren, können Sie sie stattdessen auch zur Aufbewahrung einfrieren. In der Küche sollte Ysop nur sparsam Gebrauch finden, damit der leicht bittere, minzähnliche Geschmack das Gericht nicht zu stark dominiert.

lich mit Kalk versorgt werden. In frostgefährdeten Gegenden ist im Winter zudem für einen ausreichenden Schutz der Pflanzen zu sorgen.

Anwendung

Als Gewürzkraut lässt sich Ysop entweder frisch oder getrocknet z. B. für Suppen oder Salate nutzen. Ernten Sie hierzu vor der Blütezeit die Blätter der Pflanze. Ysop regt den Appetit an, fördert die Verdauung und wirkt schweißregulierend. Bei Husten kann Ysop schleimlösend wirken.

Zitronenmelisse

(Melissa officinalis)

Aussehen

Melisse oder Zitronenmelisse wird ca. 40 bis 90 cm hoch. Die mehrjährige Staude hat einen vierkantigen, spärlich behaarten Stängel, gesägte, gegenständig angeordnete Blätter und kleine, zunächst blassgelbe, später weiße bis rötliche Blüten, die sich in der Blütezeit von Juni bis August zeigen.

Standort

Platzieren Sie die Melisse am besten an einem windgeschützten, sonnigen Standort und sorgen Sie für einen leichten und humosen Boden.

Anpflanzung/Aussaat

Ausgesät werden die Pflanzen im Mai, indem das Saatgut in runden Flächen direkt im

Ysop wird u. a. für Kräuterlikör verwendet, Sie können die Pflanze auch im Kübel ziehen

Zitronenmelisse sollte man möglichst frisch verwenden, da sie beim Trocknen ihr Aroma verliert

Kräuterbeet verteilt wird. Im Lauf des Pflanzenwachstums bilden sich auf diese Weise dichtstehende Büsche, die die trockenheitsempfindlichen Kräuter vor Verdunstung schützen. Einfacher als die Aussaat ist es jedoch, sich im Gartenmarkt Jungpflanzen zu besorgen.

Pflege

Sorgen Sie in trockenen Phasen für eine ausreichende Bewässerung. In frostgefährdeten Regionen sollte die Melisse zudem im Winter mit einer Reisigabdeckung vor der Kälte geschützt werden.

Anwendung

Die wirksamen Pflanzenteile sind die Blätter und Triebe, die im Sommer geerntet und im Schatten getrocknet werden. Als Tee zubereitet (zwei Teelöffel getrocknete Blätter auf eine Tasse Wasser), kann die Melisse bei Schlafstörungen, Nervosität, Kopfschmerzen, Übelkeit und sonstigen Magenbeschwerden oder Migräne eingenommen werden. Zudem entfaltet Melisse eine appetitanregende sowie krampf- und blähungslindernde Wirkung.

INFO

Melissenbad

Für ein entspannendes Bad, das auch bei Einschlafstörungen hilft, verwenden Sie eine Handvoll frischer oder getrockneter Melissenblätter, die Sie mit 1 l kochendem Wasser übergießen. Lassen Sie die Zubereitung zehn Minuten lang ziehen, sieben Sie die Blätter ab und geben Sie den Badezusatz in ein Vollbad. Nehmen Sie bei Schlafstörungen darin etwa ½ bis 1 Stunde vor dem Zubettgehen ein Bad. Das Badewasser sollte eine Temperatur von etwa 34 bis 36 °C haben und die Badedauer sollte etwa 10 bis 15 Minuten betragen.

Gartenkalender

Der Kräutergarten rund ums Jahr

Um bei der Anzucht, beim Pflanzen, bei der Pflege sowie bei der Ernte der einzelnen Kräuterarten in Ihrem Beet nicht den Überblick zu verlieren, können Sie folgende Übersicht nutzen, die zeigt, welche Arbeiten im Kräutergarten in den einzelnen Monaten jeweils zu erledigen sind.

PFLEGELEICHT-TIPP

Ein- und Mehrjährige
Die Arbeiten bei der Anzucht, beim Anpflanzen und bei der Pflege der Kräuter übers Jahr hinweg gesehen richten sich nach der Art der Kräuter. Man unterscheidet hier einjährige Kräuter wie etwa Ringelblumen und mehrjährige Kräuter wie z. B. Pfefferminze oder Salbei. Mehrjährige Gehölze und Stauden halten sich ganzjährig im Außenbereich, während einjährige Pflanzen jährlich neu ausgesät werden.

Januar bis März

Beete vorbereiten
Anfang des Jahres können Sie bereits damit beginnen, neue Beetanlagen zu planen, Standorte auszusuchen und sich zu überlegen, welche Kräuter Sie anpflanzen wollen. Haben Sie im Vorjahr Anzeichen von Bodenmüdigkeit, also Probleme beim Pflanzenwachstum, festgestellt, empfiehlt sich im Februar auch die Durchführung einer Bodenuntersuchung. Falls dies nötig ist, kann der Boden jetzt auch schon mit Kompost o. Ä. verbessert werden und bei Frostfreiheit auch schon vorbereitet werden, indem Sie die Beete festlegen und den Boden lockern (s. S. 24).

Vorbereitung der Aussaat
Zudem können Sie ab Januar auch Jungpflanzen, Saatgut und Substrate wie Anzuchterde etc. kaufen sowie selbst geerntete Samen wie etwa von Majoran oder Ringelblume reinigen. Zur Vorbereitung der Aussaat gehört auch das Dämpfen des reifen Komposts.

Anzucht im Haus
Frische Kresse kann bereits im Januar auf der warmen Fensterbank gezogen werden. Zudem können Sie die Kräuteranzucht vorbereiten, z. B. indem Sie Pflanzentöpfe und -kisten heraussuchen und reinigen, Pikierhölzer kaufen usw. Denken Sie im Februar auch ans rechtzeitige Pikieren – also das Vereinzeln in Töpfe – von Sämlingen und das Aussähen der ersten Langzeitkulturen (wie z. B. Lavendel) im Haus.

Überwintern im Haus
Wer Kräuter wie z. B. Rosmarin im Haus überwintern lässt, sollte auf einen entsprechend hellen und gut temperierten und belüfteten Standort achten (s. S. 36) und für die regelmäßige Pflege wie das Gießen und die Untersuchung auf eventuelle Schädlinge sorgen. Ab März werden Kräuter im Winterquartier abgehärtet, indem bei ausreichend milden Wetterverhältnissen gelüftet wird.

März

Anzucht im Haus
Im März können Sie bereits damit beginnen, frostempfindliche Kräuterarten wie beispielsweise Kapuzinerkresse im Haus vorzuziehen.

Aussaat und Auspflanzen im Freien
Wenn das Wetter entsprechend mild ist, können Sie die ersten Kräuter wie etwa Ringelblumen aussäen beziehungsweise pflanzen, beispielsweise aus Topfkulturen stammenden Schnittlauch ins Beet auspflanzen. Achten Sie bereits bei Sämlingen und Jungpflanzen auf einen Schutz vor Schädlingen, etwa durch Schneckenbarrieren, die Sie im Fachhandel erhalten.

Frostschutz beseitigen
Bei nicht völlig winterharten Pflanzen wie z. B. Lavendel oder Salbei, die bisher mit einem Frostschutz versehen waren, kann dieser nun entfernt werden.

Kräuter vermehren
Ausdauernde Kräuterarten wie Schnittlauch und Pfefferminze können durch Teilung vermehrt werden.

Kräuter schneiden
Nun ist auch die richtige Zeit, gehölzartige Pflanzen wie Lavendel oder Salbei zu schneiden und staudenartige Kräuter wie Pimpernelle, Schafgarbe und Pfefferminze vor dem Austrieb zurückzuschneiden.

April

Aussaat im Haus
Empfindliche Kräuterarten wie z. B. Basilikum können bereits im Haus ausgesät werden.

Jungpflanzen pikieren und abhärten
Jungpflanzen können Sie aus den Saatkisten vereinzelt in Töpfe umsetzen. Zudem können sie schließlich langsam an die Außentemperaturen gewöhnt werden, indem man

Damit Ihr Garten zum Verweilen einlädt, ist regelmäßige Pflege notwendig sie bei milden Wetterverhältnissen an einem geschützten Ort ins Freie stellt.

Kübelpflanzen ausquartieren
Kübelpflanzen wie z.B. Rosmarin, die im Haus überwintert haben, können im April ausquartiert werden. Allerdings sollten sie noch in der Nähe des Hauses bleiben.

Aussaat im Freien
Robuste Arten wie Borretsch oder Dill können Sie im April im Freiland aussäen.

Ernte
Die ersten Arten wie Petersilie oder Schnittlauch können bereits im April und Mai geerntet werden.

April bis September

Unkraut hacken und jäten
Beginnen Sie schon im April mit der Pflege der Beete. Prüfen Sie das bepflanzte bzw. besäte Kräuterbeet auf Unkrautkeimlinge und denken Sie daran, rechtzeitig Unkraut zu hacken und zu jäten. Seien Sie dabei vorsichtig, damit Sie keine Kräutersämlinge beschädigen oder entfernen.

Beete gießen
Trockene Beete sind regelmäßig zu gießen. Denken Sie auch rechtzeitig an die Einrichtung von Bewässerungssystemen wie etwa das Auslegen von Perlschläuchen. Zudem empfiehlt es sich, das Regenwasser für das Gießen der Kräuter in Regentonnen zu sammeln. Besonders bei Trockenheit in den Sommermonaten ist auf eine möglichst durchdringende Bewässerung zu achten. Auch an trockenen Tagen im September ist eine Bewässerung noch nötig. Anschließend ist der Boden durch Hacken zu bearbeiten.

Pflanzen vor Nässe schützen
Tritt hingegen in den Sommermonaten Dauerregen auf, sollten die Kräuter entsprechend vor der Nässe geschützt, z.B. mit einer Folie abgedeckt werden.

Pflanzenschutz
Kontrollieren Sie das Kräuterbeet auf Schädlinge und beugen Sie einem Schädlingsbefall

Ein Pfefferminztee aus dem eigenen Garten ist eine schöne Belohnung für Ihre Gartenarbeiten

Verschenken und Dekorieren

Mitbringsel aus dem eigenen Garten

✿ Lavendel-Duftsäckchen

Ob als Geschenkidee, Dekoration für die eigene Wohnung oder praktischer Mottenschutz im Schrank, ein Duftsäckchen mit Lavendel ist immer eine gute Idee. Und es ist auch noch einfach selbst herzustellen.

Alles, was Sie benötigen, sind ausreichend Lavendelblüten aus Ihrem Kräutergarten, Nähgarn, eine Kordel oder ein Band sowie ein Stück Stoff Ihrer Wahl in der Größe von ungefähr 50 x 12 cm. Gut geeignet ist hierfür ein durchsichtiges Material wie Organza, damit man die Lavendelblüten noch gut sehen kann. Klappen Sie den Stoffstreifen aufeinander und nähen Sie die Schmalseiten zur Hälfte zusammen. Schlagen Sie die obere, nicht zugenähte Seite nun noch einmal nach innen um. Nun können Sie das Säckchen mit den Lavendelblüten füllen und die umgeschlagene Hälfte mit der Kordel zubinden – und schon haben Sie ein schönes Geschenk oder etwas Nützliches für den Gebrauch im eigenen Haushalt.

✿ Kräuterkranz über dem Esstisch

Auch bei der Tischdekoration kommen Kräuter zum Einsatz. Als appetitlich duftenden Blickfang können Sie einen Kräuterkranz über dem Esstisch anbringen. Hierzu nehmen Sie einen Metallkranz zum Aufhängen mit Teelichthaltern, den Sie in Einrichtungshäusern erhalten. Drapieren Sie nun die Kräuter um den Kranz, befestigt mit Draht oder einem dekorativen Band. Am besten eignen sich vielblättrige Pflanzen wie Rosmarin, Thymian, Salbei, Basilikum und Petersilie. Noch besser kommt der Kräuterkranz zur Geltung, wenn Sie die restliche Tischdekoration darauf abstimmen, etwa mit grünen Servietten und Kräutern in kleinen Vasen.

✿ Gedächtnisstützen

Damit Sie auf Anhieb wissen, mit welcher Pflanze Sie es zu tun haben, können Sie für Ihren Kräutergarten Gedächtnisstützen basteln. Aus Ton oder Holz lassen sich hübsche Schildchen herstellen, die Sie mit einem wasserfesten Stift oder einem Brennstift entsprechend beschriften und, auf einem Holzstab o. Ä. befestigt, in Ihr Kräuterbeet stecken können.

Gartenkalender im Überblick

Monat	Jan	Feb	Mär	Apr	Mai	Jun	Jul	Aug	Sep	Okt	Nov	Dez
Überwintern im Haus	✿	✿	✿								✿	✿
Beete vorbereiten	✿	✿							✿	✿	✿	
Aussaat vorbereiten	✿											
Anzucht im Haus	✿	✿	✿									
Aussaat und Auspflanzen im Freien			✿	✿	✿	✿	✿	✿	✿			
Frostschutz beseitigen			✿									
Kräuter vermehren			✿									
Kräuter schneiden			✿									
Pflanzenschutz			✿	✿	✿	✿	✿	✿	✿			
Aussaat im Haus				✿								
Jungpflanzen pikieren und abhärten				✿								
Kübelpflanzen ausquartieren				✿								
Ernte und Konservierung				✿	✿	✿	✿	✿	✿			
Unkraut hacken und jäten				✿	✿	✿	✿	✿	✿			
Bewässerung und Nässeschutz				✿	✿	✿	✿	✿	✿			
Nachdüngen						✿	✿	✿				
Stecklingsvermehrung						✿						
Stecklinge schneiden							✿	✿				
Samen ausreifen lassen							✿	✿				
Samenernte									✿	✿		
Frostschutz									✿	✿	✿	
Wasserleitungen und -becken leeren										✿	✿	
Welke Kräuter entfernen										✿	✿	
Samen reinigen und testen											✿	✿
Frostschutz für winterharte Kräuter												✿
Gartengeräte reinigen und einwintern												✿

Im Frühsommer können Sie bereits die ersten Ernteerfolge verzeichnen

und Pflanzenkrankheiten sanft und pflanzenschonend mit biologischen Mitteln vor, z. B. indem Sie abgestorbene Pflanzenteile entfernen und entsorgen.

Aussaat und Auspflanzen im Freien

Nach dem 15. Mai können schließlich auch die letzten Kräuterarten ausgesät werden. Selbst frostempfindliche Arten wie Kapuzinerkresse und Basilikum finden nun ihren Platz im Beet. Auch in Blumen- und Gemüsebeeten können evtl. vorhandene Lücken für die Pflanzung von Kräutern genutzt werden, z. B. Lavendel als Begleitpflanze im Rosenbeet. Noch in den Sommermonaten bis einschließlich August können Kräuter ausgepflanzt werden, die z. B. im Gartenmarkt vorkultiviert in Töpfen gekauft wurden. Zudem werden jetzt noch schnellwüchsige Kräuterarten wie etwa Ringelblume, Kamille oder Kapuzinerkresse direkt ausgesät. Selbst früh im September können Sie noch mehrjährige Arten pflanzen.

Nachdüngen

Sollten Sie bei Ihren Pflanzen in den Sommermonaten Mangelerscheinungen feststellen, können Sie noch nachdüngen.

Ernte und Konservierung

Kräuter können von Juni bis September geerntet und konserviert werden.

Stecklingsvermehrung

Für die Stecklingsvermehrung (z. B. bei Salbei) ist im Juni die richtige Zeit.

Die Schafgarbe ist ein besonders dankbares Kraut, das Sie auch bei der Schädlingsbekämpfung unterstützt

Samen ausreifen lassen
Im Juli und August lässt man die Kräutersamen für die Ernte im September ausreifen.

Stecklinge schneiden
Schneiden Sie im Juli und August die Stecklinge von mehrjährigen Arten wie Rosmarin oder Salbei.

September bis November

Samenernte
Samen von erhaltenswerten Kräutern wie etwa Ringelblume, Lavendel und Majoran werden im September und Oktober für die Aussaat im nächsten Jahr geerntet.

Frostschutz
Der Frostschutz für sehr frostempfindliche Arten wie z. B. Kapuzinerkresse sollte von September bis November vorbereitet werden, für nicht vollkommen winterharte Sträucher wie etwa Lavendel und Salbei im Oktober. Ebenfalls im Oktober sollten Sie frostgefährdete Kräuter wie z. B. Rosmarin einwintern und für einen Frostschutz der Petersilie auf dem Beet sorgen, die im Winter geerntet wird. Schnittlauch wird im Oktober ausgegraben und in Töpfe gepflanzt, damit er beim Überwintern im Haus vortreiben kann (kann auch noch im November geschehen).

Beete vorbereiten
Bereiten Sie von September bis November bereits die Neuanlage von Beeten für das darauffolgende Frühjahr vor, z. B. indem Sie Teile von Rasenflächen, die Sie später in ein Kräuterbeet verwandeln möchten, umgraben.

Wasserleitungen und -becken leeren
Im Oktober und November sollten Sie frostempfindliche Wasserbecken sowie Wasserleitungen leeren.

Welke Kräuter entfernen
Welke Pflanzen sollten im Oktober und November abgeräumt und kompostiert werden.

November und Dezember

Samen reinigen und testen
Reinigen Sie im November Ihre selbst geernteten Samen und verpacken Sie diese in entsprechend beschriftete Papierbeutel. Führen Sie im Dezember mit den Samen eine Keimprobe auf der Fensterbank durch.

Kräuterpflege im Winterquartier
Im November und Dezember steht die Versorgung der mehrjährigen Kräuter an, die Sie zum Überwintern ins Haus geholt haben. Zwar müssen diese nur sehr wenig gegossen werden, sie dürfen aber auch auf keinen Fall vertrocknen. In dieser Zeit kann auch Kresse auf der Fensterbank gezogen werden.

Dezember

Frostschutz für winterharte Kräuter
Schützen Sie Kräuter, die draußen überwintern, wie beispielsweise Lavendel oder Salbei mit Zweigen von Nadelbäumen vor dem Frost.

Gartengeräte reinigen und einwintern
Reinigen Sie Gartengeräte und Zubehör wie etwa Anzuchthilfen etc., schleifen Sie Gartenscheren und -messer und lagern Sie die Geräte ein (s. S. 32).

Blicken Sie zurück
Überlegen Sie sich, welche Kräuter nach Wunsch gediehen sind und welche nicht. Auf dieser Grundlage können Sie Ihre Entscheidung aufbauen, welche Pflanzen Sie im nächsten Jahr wieder oder und welche Sie neu anpflanzen wollen.

Planung für das kommende Jahr
Planen Sie evtl. neue Beetanlagen und bestellen oder kaufen Sie, wenn nötig, neue Gartengeräte oder benötigtes bzw. zu ersetzendes Zubehör. Lassen Sie sich durch Fachbücher und -zeitschriften sowie Gartenkataloge inspirieren, welche Kräuter Sie im nächsten Jahr pflanzen und welche Gestaltungsideen Sie im Kräuterbeet verwirklichen wollen. Auch hier gilt: Vorfreude ist die schönste Freude!

Schenken Sie Ihren Kräutern auch im Winterquartier die nötige Aufmerksamkeit

Material- und Werkzeugliste

Jede Arbeit im Garten bedarf einer umfassenden Planung und Vorbereitung. Damit Sie wichtiges Zubehör zur Anlage eines Kräuterbeets in Ihrem Garten nicht vergessen, finden Sie auf dieser Seite eine Checkliste zum Abhaken. Diese kann natürlich auch für jedes andere Gartenprojekt herangezogen werden.

CHECKLISTE

Checkliste

Baustoffe (Steinbruch, Schotterwerk, Feldsteine)	**vorhanden**	**bestellt**	**noch zu besorgen**
Natursteine/Klinker aus dem eigenen Garten oder gesammelt	☐	☐	☐
Pflanzen	**vorhanden**	**bestellt**	**noch zu besorgen**
Kräuter in Töpfen (z. B. Basilikum, Estragon, Petersilie, Thymian, Schnittlauch, Salbei) oder Kräutersamen	☐	☐	☐
Substrat, Bodenverbesserungsmittel	**vorhanden**	**bestellt**	**noch zu besorgen**
Kompost	☐	☐	☐
Hornspäne, -dünger	☐	☐	☐
Urgesteinsmehl	☐	☐	☐
Geräte, Werkzeuge	**vorhanden**	**bestellt**	**noch zu besorgen**
Schubkarre	☐	☐	☐
Rechen	☐	☐	☐
Grabeforke	☐	☐	☐
Handschaufel	☐	☐	☐
Gießkanne	☐	☐	☐
Handschuhe	☐	☐	☐

Pflanzenschnitt

Weltbild

Band 2

Planung und Gestaltung

Gartenvielfalt

Auf jeden Raum pflanz einen Baum und pflege sein er bringt es ein.

Diese alte Weisheit gilt auch heute noch, und zwar sowohl für Obstbäume als auch für Ziergehölze. Immerhin ist der Wert der Bäume und Sträucher nicht nur auf ihren Frucht- oder Holzertrag beschränkt. Alle Laub- und Nadelbäume haben auch als Sauerstoffproduzenten und natürlich genauso als Gestaltungselemente einen unschätzbaren Nutzen. Im Garten tragen Gehölze weiterhin zum Sichtschutz bei, oder sie dienen als Schattenspender und als Brutplätze für Singvögel. So bilden die Bäume und Sträucher einen wesentlichen Teil der Flora auf eigenem Gelände. Insbesondere frieden Zier- und Obststräucher in Form von Hecken das Grundstück ein. Die Terrasse bietet Platz für einen schönen kleinen Laubbaum, der sich als zentraler Hausbaum frei entfalten kann. Vielleicht ist sogar genügend Raum für einen großen Walnuss- oder Kirschbaum, der dann mit den Jahren seine prächtige Krone ausbreitet. Die Planung und Gestaltung mit Obst- und Ziergehölzen richtet sich ganz wesentlich nach der Größe des Grundstücks. In den meisten Fällen bleibt das Gehölzsortiment auf wenige ausgewählte Obst- und Ziergehölze beschränkt, zumal die gewöhnlichen Gartengrundstücke gerade genug Platz für einen Hausbaum, einige Obstgehölze und eine kleine Anzahl an Ziersträuchern bieten. Die Kunst der Gartengestaltung besteht darin, den nutzbaren Raum richtig zu begrünen. Immerhin muss auch noch ausreichend Fläche für einen Rasen, für einen Teich, für Wege, Sitzplätze, Staudenrabatten und Gemüsebeete sowie für andere Elemente bleiben – je nach Art und Nutzung der Anlage.

Bäume und Grünflächen an einem Sommertag

ÖKO-TIPP

Vorhandene alte Bäume erhalten

Alte Nussbäume, gute Apfelsorten oder andere vorhandene Gehölze sind wertvoll und erhaltungswürdig. Immerhin dauert es viele Jahre, bis neu gepflanzte Exemplare ins ertragsfähige Alter kommen oder schöne Kronen bilden. Außerdem tragen alte Bäume oft besondere Früchte, die nicht im Handel zu bekommen sind. Versuchen Sie also – etwa beim Hausneubau oder bei der Übernahme eines alten Grundstücks – vorhandene Obst- und Ziergehölze zu erhalten. Selbst teilweise morsche Bäume haben ihren Wert als Nisthöhlen für Vögel oder andere Nützlinge. Sie können immer noch gefällt werden, wenn sie verfallen. Bis dahin haben sich auch die Jungpflanzen entwickelt.

Standortwahl

Die Auswahl der erwünschten Gehölze richtet sich natürlich nach dem Standort. Insbesondere sind neben der verfügbaren Fläche auch die Grundstückslage und die Klimaverhältnisse zu beachten. So hat es wenig Sinn, etwa in rauen Mittelgebirgslagen Pfirsichbäume, Weinreben, Sommerflieder oder andere wärmebedürftige Arten anzusiedeln, die nur in milden Regionen langfristig gute Entwicklungschancen haben. Allerdings können die Kleinklimaverhältnisse im Gartengrundstück unterschiedlich sein. Eine geschützte Gartenecke an einer Südwand macht die Pflanzung anderer Gehölze möglich als eine ungeschützte zugige Nordseite. Außerdem lassen sich die Klimaverhältnisse im Grundstück durch gezielte Schutzpflanzungen oder Vorrichtungen verändern. So kann etwa die Pflanzung einer dichten Hecke an einer zugigen Nordseite ganz wesentlich zur Klimaverbesserung im Garten beitragen. Es dauert nach der Pflanzung natürlich einige Jahre, bis die junge Hecke einen dichten Schutzstreifen bildet. Normalerweise sind die in regionalen Baumschulen und Gartenmärkten angebotenen Gehölze aber für die Gärten in der Umgebung geeignet. Das Sortiment macht eine recht großzügige Auswahl möglich, zumal es von verschiedenen Bäumen und Sträuchern etliche Züchtungen gibt, die sich durch eine besondere Toleranz auszeichnen. So können Sie beispielsweise in der Obstabteilung aus einem Angebot von mehr als 100 Kirsch-, Apfel-, Birnen- oder Beerenobstzüchtungen wählen. Das gilt auch für Blütensträucher oder Nadelgehölze.

Wuchs beachten

Hinsichtlich der Standortwahl ist deshalb neben den speziellen Bedürfnissen der erwünschten Pflanzen deren Wuchsverhalten zu beachten. Insbesondere sollten nur solche Gehölze an den vorgesehenen Plätzen zum Einsatz kommen, die sich dort auch langfristig entwickeln können. Viele Obst- und Ziergehölze sind Anschaffungen fürs Leben. Die meisten Bäume können ein Alter von mehr als 100 Jahren erreichen. Sträucher werden zwar nicht ganz so alt wie ihre großen, hochstämmigen Verwandten. Ein Fliederbusch, ein Holunderstrauch oder eine Wildrose bringt es dennoch auf ein Alter von mehr als 50 Jahren.

Die ausgewählten Gehölze sollen ungehindert aufwachsen dürfen. Es wäre schade, wenn sich schon nach wenigen Jahren Störungen durch benachbarte Pflanzen oder durch Gebäude ergäben. In diesem Sinne lässt sich schon durch eine geschickte Pflanzen- bzw. Standortwahl eine gewisse Vorsorge für die spätere Pflege treffen. So kann sich beispielsweise ein wilder Walnussbaum nur dann frei entfalten, wenn er den nötigen Raum zur Entwicklung seiner mächtigen Krone bekommt. Wenn nur ein verhältnismäßig kleiner Platz vorhanden ist, passt besser ein veredelter Nussbaum, der von Natur aus eine kleinere Krone entfaltet. Hier sei erwähnt, dass der Schnitt keine Pflegemethode ist, die zur Maßregelung der Gehölze beiträgt (außer bei Formschnitthecken und dergleichen). Ein richtiger Schnitt fördert die Entwicklung und unterstützt das natürliche Wuchsverhalten vielmehr. Im Übrigen lassen sich Bäume ohnehin nicht durch den Schnitt klein halten. Sie bringen nach einem Rückschnitt sogar noch kräftigere Triebe hervor.

Pflanzenkombinationen

Bäume und Sträucher sind in Gartencentern, Gärtnereien, beim Pflanzenversand und manchmal auch in Baumärkten erhältlich. Die größte Auswahl und die beste Beratung bieten aber die Baumschulen, zumal die Gehölze dort auch vermehrt und kultiviert werden. Gute Baumschulen führen Sortimentslisten und Kataloge, die bei der Pflanzenauswahl helfen. Einige verfügen über Schauanlagen, wo bereits ausgewachsene Bäume und Sträucher zu begutachten sind. Markenbaumschulen gewähren eine Anwachsgarantie für Ballen- und Container-

Baumschulen führen Bäume und Sträucher in großer Zahl

Ballenpflanzen haben intakte Wurzeln

pflanzen (Gehölze mit Wurzel- oder Topfballen). Sie gehören dem Bund deutscher Baumschulen (BdB) an und unterliegen strengen Gütebestimmungen, was natürlich dem Käufer zugute kommt. U. a. sind Mindestgrößen, die Sortenechtheit und andere Eigenschaften vorgeschrieben, und sie müssen der Art entsprechend gewachsen sein (Sträucher z. B. mehrtriebig; Hochstämme mit geradem Stamm und verzweigter Krone etc.). Aber v. a. dürfen nur gesunde Pflanzen in den Handel kommen. Gehölze, die den BdB-Vorschriften unterliegen, sind mit einem speziellen Etikett gekennzeichnet.

Preise vergleichen

Natürlich spielt auch der Preis für die Pflanzen eine Rolle, insbesondere bei der Neuanlage eines Gartens. Grundsätzlich sind Gehölze ohne Ballen billiger als „Ballenware“ (mit Container- oder Erdballen). Sie brauchen jedoch einen Pflanzschnitt und können nur im Frühjahr oder im Herbst gepflanzt werden. Ballenpflanzen brauchen keinen Pflanzschnitt, weil die Wurzeln intakt sind. Das gilt auch für Containerpflanzen, die man jederzeit in den Garten holen kann; sie sind nicht an eine Pflanzzeit gebunden.

Größe beachten

Schon bei der Auswahl und beim Kauf ist die endgültige Größe der Gehölze zu beachten. Der momentane Zustand kann täuschen, zu-

PFLEGELEICHT-TIPP

Gute Auswahl

Solitärs, das sind Bäume oder Sträucher für besondere Plätze, wählen Sie am besten direkt in der Baumschule oder im Gartencenter selbst aus. Weniger wertvolle Gehölze, wie etwa Heckenpflanzen, können Sie auch ungesehen liefern lassen, weil sie ohnehin die Bestimmungen erfüllen müssen. Selbstverständlich eignen sich nur solche Gehölze für den Garten, die den regionalen Bedingungen standhalten, die also das Klima, den Boden etc. vertragen. Auch diesbezüglich sind Sie in den örtlichen Baumschulen und Gärtnereien gut bedient, zumal diese nur geeignete Pflanzen kultivieren.

mal die Jungpflanzen nicht im selben Alter sind! Gleich große Jungpflanzen verschiedener Arten entwickeln sich völlig unterschiedlich. Scheinbar kleine Pflänzchen starkwüchsiger Arten erwachsen in wenigen Jahren zu üppigen Büschen, während kräftig erscheinende Jungpflanzen schwach wachsender Arten kaum noch zulegen. Bei der Zusammenstellung des Gehölzsortiments bzw. bei der Arrangierung der Gehölzgruppen ist unbedingt Pflanzenkenntnis erforderlich oder die Beratung durch eine(n) Fachfrau/-mann. Am besten lassen Sie die Gehölze vom Gärtner im Garten auslegen, sodass die richtigen Pflanzabstände eingehalten werden. Jedenfalls sind Namensetiketten wichtig, damit jede Pflanze je nach Art ihren passenden Standort bekommt.

Unterscheidung nach der Größe

Wesentliche Unterscheidungsmerkmale sind die Wuchsgrößen. Es gibt große Bäume mit über 20 m Höhe, u. a. den Bergahorn *(Acer pseudoplatanus)*, den Ginkgo *(Ginkgo biloba)* oder den Mammutbaum *(Sequoiadendron giganteum)*, mittelgroße Bäume mit zehn bis 20 m Höhe, so z. B. den Eschenahorn *(Acer negundo)*, die Hainbuche *(Carpinus betulus)* oder die Scheinzypresse *(Chamaecyparis nootkatensis)*, und kleine Bäume unter 10 m, wie etwa Apfel-Sorten *(Malus)*, den Weißdorn *(Crataegus)* oder Lebensbaum-Sorten *(Thuja)*. Zudem umfasst das Gehölzsortiment strauchartige Bäume bzw. baumartige Sträucher, wie etwa die Felsenbirne *(Amelanchier)*, den Feldahorn *(Acer campestre)* und den Holunder *(Sambucus nigra)*, dann große Sträucher über 250 cm, wozu beispielsweise der Feuerahorn *(Acer ginnala)*, die Purpurweide *(Salix purpurea)* oder auch der Pfitzerwacholder *(Juniperus chinensis „Pfitzeriana")* gehören. Weiterhin gibt es mittelgroße Sträucher mit 150 bis 250 cm Höhe, das sind beispielsweise der Sommerflieder *(Buddleia)*, die Forsythie oder auch die Krummholzkiefer *(Pinus mugo var. mughus)*, dann noch kleine Sträucher mit 60 bis 150 cm Höhe, wie etwa Zierquitten *(Chaenomeles)*, Buchsbäume *(Buxus sempervirens)* oder auch Zuckerhutfichten *(Picea glauca „Conica")*, und schließlich noch sehr kleine Sträucher unter 50 cm, insbesondere kleine Berberitzen-Sorten, Felsenmispeln (*Cotoneaster*-Sorten) oder Zwergwacholder (z. B. *Juniperus squamata „Blue Star"*). Zudem gibt es noch sogenannte Halbsträucher. Das sind ziemlich frostempfindliche Sträucher, deren Triebe gewöhnlich im Winter absterben, die aber im Frühjahr wieder aus dem Wurzelstock austreiben (z. B. *Perovskia, Caryopteris* u. a.).

Thujen eignen sich gut als Sichtschutz

Unterscheidung nach der Wuchsform

Ein wichtiges Kriterium bei der Auswahl, Pflanzung und Pflege ist auch die Wuchsform. Zu unterscheiden sind säulenförmige Bäume (z. B. Säulenpappel, Säulenwacholder etc.), kegel- oder eiförmige (z. B. Hainbuche, Zirbelkiefer etc.), kugelig-rundliche (z. B. Apfel, Zwergkiefer etc.), breitkronige (z. B. Walnussbaum, Pfitzerwacholder etc.), sowie Bäume mit hängenden Kronen (z. B. Hängezierkirsche, Hängezeder etc.). Hinzu kommen noch bodendeckende bzw. kriechende Gehölze (z. B. Felsenmispeln, Kriechwacholder etc.) und einige Sonderformen, so z. B. Gehölze mit gedrehten Ästen (z. B. Korkenzieherhasel) oder mit Verbänderungen (z. B. die Sachalinweide).

Gestaltungsideen

Ebenso wie die Pflanzenauswahl schränkt die Grundstücksgröße auch die Gestaltungsmöglichkeiten ein. Ein großzügiger Einsatz von Gehölzen ist nur in Parks oder großen Gartenanlagen möglich. Gewöhnliche Hausgärten lassen nur eine sehr beschränkte Auswahl zu. Wer sich beispielsweise auf einen schönen Hausbaum festlegt, muss diesem Gehölz auch den nötigen Platz einräumen, und zwar langfristig. Ein großer Baum nimmt diesen Platz dann auch für sich ein. Er lässt nur wenige Einsatzmöglichkeiten für andere Gehölze zu. Allenfalls ist die Unterpflanzung der Krone mit schattenverträglichen Sträuchern möglich oder die Begrünung mit Bodendeckern, die den Wurzeldruck des Baumes vertragen.

Normalerweise genügen zur Ausstattung eines durchschnittlichen Gartens ungefähr 100 Bäume und Sträucher. In dieser Anzahl sind die Heckenpflanzen schon mit einberechnet. Der Spielraum für die Gestaltungsmöglichkeiten hält sich also von Haus aus in Grenzen. Hinzu kommt, dass gewisse Grundregeln einzuhalten sind. So dürfen aus gestalterischen Gründen die Gehölze nicht beliebig im Gelände verteilt werden. Vielmehr sind Gruppen zu schaffen und Pflanzflächen insbesondere in den Randbereichen, die das Grundstück dicht einfrieden. Anders als bei Blütenstauden, die niedrige, überschaubare Bestände bilden, stellen Gehölze, die willkürlich im Garten herumstehen, eher eine Störung dar. Die Gestaltungsmöglichkeiten beschränken sich deshalb auf den Einsatz einiger ausgewählter Exemplare auf passenden Plätzen als Solitärs (Gehölze in freiem Stand) und auf geschickt arrangierte Gehölzgruppen in Randlagen oder als Raumteiler.

Kleine Obstpflanzen für kleine Gärten

Während in Obstwiesen oder als Hausbäume starkwüchsige Hochstämme zum Einsatz kommen, die große Kronen entwickeln, passen in kleine Gärten besser schwach wachsende Obstgehölze. Das große Sortiment bietet für jeden Garten und jeden Geschmack etwas.

Weinreben müssen jedes Jahr kräftig zurückgeschnitten werden

Es gibt Obstbäume, die von Natur aus starkwüchsig sind. Sie brauchen genügend Raum zur Entfaltung ihrer prächtigen Kronen. So haben etwa Walnuss-, Vogelkirschen- oder Holzbirnbäume nur in großen Gärten Platz. In kleinen Anlagen entwickeln sich diese Exemplare in wenigen Jahren über ihren vorgesehenen Standraum hinaus und bedrängen bald andere Gehölze oder Gebäude. Durch den Schnitt lassen sich solche Gehölze langfristig nicht klein halten. Sie müssten dann immer wieder gestutzt werden, zumal ein starker Rückschnitt einen kräftigen Austrieb zur Folge hat. Der Schnitt soll aber nicht dazu

Quitten - unterschätzte Kleinode der Natur

✿ Gelbe Vitaminbombe

Die Quitten sind auf den ersten Blick nicht von Äpfeln oder Birnen zu unterscheiden. Beim näheren Hinsehen entdeckt man jedoch einen Wollflaum, der sie als eine Quitte deutlich zu erkennen gibt. Quitten waren früher in jeder Küche zu Hause, heute jedoch sind Gerichte mit Quitten eine Seltenheit. Zu Unrecht – ist diese Sorte doch sehr lecker und gesund mit zahlreichen Vitaminen und Mineralstoffen. Jeder Teil der Quittenfrucht ist heilsam: Das Fruchtfleisch enthält effektive Substanzen gegen Darmkrankheiten und Halsentzündungen. Die Quittenkerne besitzen Schleimstoffe, die einen Hustenreiz abmildern und gegen Verstopfung wirken. Die Quittensamen helfen bei Hautrissen und Verbrennungen.

✿ Quittenkonfekt mit Kokosflocken

Zutaten: 1 kg Quitten, 2 EL in Sirup eingelegte Ingwerstücke, Saft von 2 Orangen, 500 g Gelierzucker 3:1, 1 Päckchen Zitronensäure, 40 g Kokosflocken
Zubereitung: Quitten vierteln, die Schale entfernen, entkernen und in kleine Stücke schneiden. Mit Ingwer, 1 EL Ingwersirup und Orangensaft aufkochen. Anschließend pürieren und abkühlen lassen. Die Masse mit Gelierzucker und Zitronensäure mischen. Nochmals aufkochen und unter Rühren 6-10 Minuten kochen lassen. Gelierprobe machen. Dafür eine kleine Portion Gelee auf einen Unterteller geben. Erstarrt es auf dem kalten Porzellan, ist das Gelee ausreichend geliert. Die Masse in eine flache Form (ca. 30 cm x 20 cm) geben, glatt streichen, abkühlen lassen und portionsweise mit Kokosflocken bestreuen. Dann ca. 2 Tage trocknen lassen und anschließend in Rauten schneiden.

✿ Quittenaroma zur Raumerfrischung

Quitten haben einen wohltuenden Duft. Hierfür einfach eine Schale mit Quitten füllen und tief durchatmen, so riecht der Raum bis Weihnachten nach dieser herrlichen Frucht.

✿ Quittenlikör

Zutaten: 500 g Quitten, 1 l Weinbrand, 1 cm Ingwerwurzel, Schale von 1 ungespritzten Zitrone
Zubereitung: Reiben Sie die Quitten mit einem Tuch ab und schneiden Sie sie in große Stücke. Geben Sie diese in eine Flasche mit einer weiten Öffnung und gießen Sie den Weinbrand nach. Anschließend fügen Sie den Ingwer und die Zitronenschale hinzu. Lassen Sie den Likör 5 Wochen ruhig stehen und gießen dann die groben Teile ab. Nach Belieben können Sie noch Zucker hinzufügen.

dienen, störende Bäume zu stutzen. Vielmehr soll er die natürliche Kronenentwicklung fördern. Es ist deshalb grundsätzlich besser, Bäume zu pflanzen, die auf Dauer den verfügbaren Raum einnehmen und nicht über die vorgesehenen Grenzen hinweg wachsen. Wie immer gibt es auch hier Ausnahmen. So lassen sich beispielsweise Weinreben, die ja von Natur aus ein mehr als 20 m hohes Geäst entwickeln, durchaus kompakt halten. Sie werden dazu jedes Jahr im Winter kräftig zurückgeschnitten. Apfelbäumen, Süßkirschen, Walnussbäumen und dergleichen schadet dieser radikale Rückschnitt. Er würde die Kronen nur unnötig verstümmeln.

Früher kamen solche Obstbäume nur in großen Gärten zum Einsatz oder vereinzelt auf geräumigen Gartenplätzen. Mittlerweile haben die Züchter eine Reihe verschiedener Unterlagen entwickelt, die kleine und große Kronenformen möglich machen. Als Unterlagen zum Veredeln bestimmter Sorten dienten früher nur Sämlinge, die von Natur aus starkwüchsig sind. Heute gibt es sogenannte Typen-Unterlagen, die sich beliebig vermehren lassen.

Unterlagen sind Bäume, die nicht wegen ihrer Früchte oder anderer Eigenschaften gewonnen werden, sondern nur als Träger für ausgewählte Obstsorten dienen. Dazu werden sie im Frühjahr oder im Sommer veredelt. Eine bekannte Apfel-Unterlage ist beispielsweise der Typ M 9. Sie dient für besonders kleine Bäumchen, die in den Obstplantagen als Hecken kultiviert werden. Apfelbäumchen auf dieser Veredelungsunterlage eignen sich auch für kleine Hausgärten. Beim Einkauf und der Auswahl von Obstjungpflanzen sind deshalb die Etiketten genau zu beachten. Auf diesen Beschreibungen ist normalerweise neben der Obst-Sorte (z. B. „Golden Delicious") auch die Unterlage vermerkt. Auskunft gibt in guten Baumschulen das Verkaufspersonal. In den Katalogen der Versandgärtnereien lässt sich die Wuchsstärke an der beschriebenen Baumform erkennen. So sind etwa Hochstämme nie auf schwach wachsende Unterlagen veredelt. Sie sollen ja große Kronen bilden.

Auf kleine Baumformen wird meistens gezielt hingewiesen (z. B. „pflegeleicht wegen geringer Größe" oder „Ernte ohne Leiter möglich").

Seit einiger Zeit gibt es besonders schwach wachsende Züchtungen, die sich sogar in Kübeln kultivieren lassen. Die „Ballerinas" oder „Säulenobstbäume" bleiben natürlich auch im Garten klein (s. S. 111 ff.). Falls möglich, sollten die Jungpflanzen in einer regionalen Baumschule besorgt werden. Hier ist eine direkte Auswahl möglich. Außerdem sind neben schwach wachsenden Apfel-, Birnen- oder Kirschen-Veredelungen auch weitere klein bleibende Obstgehölze zu bekommen. Bewährt haben sich Quittenbäumchen. Sie bilden mit Sicherheit nur wenige Meter hohe Kronen. Es gibt Sorten mit apfel- oder birnenförmigen Früchten. Diese Kernobstgehölze sind selbstfruchtbar. Es genügt also ein Exemplar, um Früchte zu bekommen. Quitten lassen sich nicht nur als Solitärs (einzeln, in freiem Stand) pflanzen, sondern auch neben anderen Obstgehölzen in gemischten Obsthecken einsetzen. Dazu können Apfelspindelbüsche dienen und schwach wachsende Birnbäume, die auf Quitten-Unterlagen veredelt sind. Solche Hecken sind recht streng erziehbar – etwa wie die Obstreihen in den Plantagen. Die kleinen Bäumchen brauchen ohnehin ein Stützgerüst aus Pfählen und Drähten, zumal sie nur ein schwaches Wurzelwerk entwickeln. Auch im freien Stand sind Stützpfähle nötig – jedenfalls in ungeschützten Lagen.

Himbeeren brauchen als Erziehungshilfe ein Spalier

Außer diesen kleinen Kernobstbäumen, die in verschiedenen Sorten zu bekommen sind, haben sich einige Steinobstgehölze in kleinen Gärten etabliert. Neben Pfirsichbäumchen, Sauerkirschen, Pflaumen und Aprikosen gibt es mittlerweile sogar Süßkirschen-Züchtungen, die kompakte Kronen bilden. Die Sorte „Sunburst" ist von Versandgärtnereien zu bekommen. Bei den Steinobstbäumchen ist ebenso wie beim

Kernobst die Veredelungsunterlage ausschlaggebend. Es kommen nur solche Züchtungen infrage, die tatsächlich auf schwach wachsende Unterlagen veredelt sind. Süßkirschen auf Vogelkirsch-Sämlingen sind beispielsweise ungeeignet. Sie lassen sich nicht klein halten.

Eine große Auswahl ermöglichen die vielen Beerenobst-Züchtungen. Neben Stachelbeeren eignen sich Johannisbeeren, Himbeeren und Brombeeren in vielen Sorten besonders für kleine Gärten. Sowohl die Stämmchen als auch die Sträucher erreichen nur eine geringe Höhe. Für Himbeeren und Brombeeren ist eine Erziehungshilfe nötig. Sie gedeihen am besten an sonnigen Südspalieren. Spaliere bieten sich auch für andere Obstarten, etwa für Apfel- oder Birnbäume oder für Weinreben und Kiwis an. Diese Kletterpflanzen fallen aus der Reihe. Sie sind von Natur aus starkwüchsig, vertragen aber eine strenge Erziehung als Schnurstöcke oder an Spalieren.

In kleinen Gärten können zudem einige Wildobstgehölze aufgenommen werden. Wo ein Holunderbusch zu groß wäre, hat auf jeden Fall ein Apfelbeerstrauch *(Aronia)* noch genügend Platz oder ein Kulturheidelbeerbusch. Diese Moorbeetpflanzen brauchen ebenso wie Preiselbeeren und Gaultherien einen sauren Boden. Statt oder auch neben einer Kornelkirsche *(Cornus mas)* kann ein Mispelbäumchen *(Mespilus germanica)* zum Einsatz kommen.

Nicht zu vergessen sind Kübelpflanzen mit essbaren Früchten. Feigen- oder Zitrusbäumchen haben auf einer sonnigen Terrasse günstige Wachstumsbedingungen. Schließlich sei noch auf staudenartige Obstpflanzen hingewiesen. Erdbeeren kommen auf geringen Pflanzflächen gut zurecht.

Ballerinas oder Säulenobstbäume – schlanke Spindelbuschbäume für kleine Gärten

Wenn Sie ein großes Obst-Sortiment haben möchten, Ihnen aber nur wenig Platz zur Verfügung steht, sind kleine Baum-Typen ideal. Wie in Obstplantagen lassen sich solche sogenannten schlanken Spindeln in Reihen oder in Hecken pflanzen.

Eine Obsthecke etwa an der Grenze fruchtet reichlich und sieht gut aus, besonders im Frühjahr, wenn sie blüht, und im Herbst zur Reifezeit der Früchte. Mittlerweile sind Zwergbäumchen erhältlich, die sogar in Kübeln gedeihen. Sie bilden gerade, schwache Stämmchen und keine Seitenäste, sondern setzen ihr Fruchtholz direkt an den Stämmchen an. Von diesen „Ballerinas“ gibt es mehrere Sorten.

Kultur in Kübeln

Die Ballerinas eignen sich auch als Balkon- und Terrassenpflanzen, zumal sie in Kübeln gedeihen. Die Jungpflanzen sind in der Baumschule schon an die Kultur in Pflanzgefäßen gewöhnt. Sie werden vorzugsweise als Containerpflanzen in den Gartenmärkten oder von Versendern angeboten. Dadurch ist die Umpflanzung in den Garten oder die Umstellung auf die Terrasse jederzeit möglich, zumal die Wurzelballen nicht beschädigt werden. Manchmal sind auch zwei Sorten auf einem Exemplar zu bekommen. Diese wurden jeweils auf ein Stämmchen veredelt.

Die Ballerinas bleiben viele Jahre als Kübelpflanzen vital, wenn sie ausreichend mit Wasser und Nährstoffen versorgt werden. Sie blühen und fruchten regelmäßig – obwohl sich die Erträge natürlich in Grenzen halten.

Ballerinas im Topf bleiben lange vital, wenn sie ausreichend gegossen und mit Nährstoffen versorgt werden

Den Winter überstehen diese typischen Freilandpflanzen auf dem Balkon oder der Terrasse. Nur bei anhaltendem Frost brauchen sie einen Schutz. Insbesondere sollten die Töpfe eine luftige Dämmung bekommen (z. B. mit Stroh oder Styropor®). Pflanzen, die im Regenschatten stehen, brauchen auch im Winter gelegentlich Gießwasser.

Ballerinas pflanzen

Für den Garten bieten sich die säulenförmigen Ballerinas an, wenn statt gewöhnlicher Apfelbäume etwa aus Platzmangel oder für schmale, kleine Obsthecken lieber schwach wachsende Typen erwünscht sind. Auch hier entwickeln sie nur einen senkrechten Mitteltrieb und seitliches Fruchtholz. Zweige bilden sie nicht. Allerdings ist für eine Hecke aus diesen Bäumchen etwa ein Exemplar pro Meter nötig. Eine gemischte Sortenwahl fördert – wie bei gewöhnlichen Bäumchen – die Befruchtung. Solche Obsthecken eignen sich vorzüglich als Grundstücksgrenzen zwischen Nachbargärten, zumal die kleinen Obstreihen auch zur Befruchtung großer Einzelexemplare beitragen. Die kleinen Fruchtgehölzreihen können aber auch im Garten zur Abgrenzungen von Teilbereichen nützlich sein, so etwa als Windschutz an der Nordseite des Gemüsegartens oder als Sichtschutz im Wohngarten.

Bewährte Sorten

Seit einigen Jahren sind verschiedene Sorten zu bekommen, die nach Tänzen benannt wurden. Sie heißen „Waltz" (Walzer), „Polka", „Bolero" und „Flamenco". Die Bäumchen bringen bereits im ersten Frühjahr nach der Pflanzung Blüten hervor und tragen dann schon im Herbst einige Früchte, die etwa im September erntereif sind. Es lohnt sich, mehrere Sorten zu pflanzen, zumal sie sich in der Farbe und im Geschmack der Früchte unterscheiden.

INFO

Kürzere Lebenszeit

Die schwach wachsenden Obstbäume kommen schon früh in den Ertrag. Sie vergreisen allerdings auch früher als kräftige Hochstämme. Dementsprechend haben sie eine geringere Lebenszeit als gewöhnliche Obstbäume auf starkwüchsigen Veredelungsunterlagen.

Zeichen setzen: einen Baum pflanzen

Große alte Bäume sind schon beeindruckend. Fügen sie sich von der Ferne betrachtet noch unauffällig ins Landschaftsbild ein, so wird ihre Größe oft erst in direkter Nähe erkennbar.

Solche Zeitzeugen, die mehr als 1000 Jahre „auf dem Buckel" oder auf dem Geäst haben, sind leider selten. Umso mehr brauchen sie Schutz und Schonung. Natürlich lässt sich der Verfall der Baumriesen nicht ganz aufhalten. Eine Verzögerung – falls nötig durch Stützmaßnahmen und Wundbehandlungen – ist aber durchaus möglich. Nebenher ist durch die Nachpflanzung junger Bäume für Nachwuchs zu sorgen. Gelegenheiten für Baumpflanzungen gibt es bei Familienfeiern, Geburten oder Firmenjubiläen.

Langlebige Arten wählen

Es kommen nur Baumarten infrage, die eine lange Lebenserwartung haben. Dazu zählen Linden, Eiben, Eichen, Buchen oder Eschen. Angeblich ist der älteste lebende Baum in Europa eine Eibe, die in England seit mehr als 2.000 Jahren mit knorrigem Geäst den Zeiten trotzt. Sicher sind auch in der näheren Umgebung schöne, alte, schützenswerte Bäume zu finden. Das Alter lässt sich ungefähr durch das Messen des Umfangs in Schulterhöhe und die Teilung der Zahl durch 2,5 bestimmen. So wäre beispielsweise bei einem Stammumfang von 250 cm ein Alter von 100 Jahren zu errechnen. Allerdings gibt es Unterschiede in der Art und in der Wüchsigkeit. Bei Pappeln, die sehr schnell aufwachsen, sind Abzüge nötig. Bei sehr alten Baumriesen müssen Lebensjahre dazugezählt werden. Immerhin lässt das Wachstum mit zunehmendem Alter merklich nach. Sobald die Bäume langsam vergreisen, nimmt auch der Umfang nur noch wenig zu.

Freie Plätze wählen

Im Gegensatz zur Eibe, die sehr langsam wächst und eine kleine Krone bildet, bringen Eichen, Eschen, Linden oder Buchen mächtige Stämme mit breit ausladendem Geäst hervor. Während sich Eiben also auch in kleinen Gärten als Bäume mit Zukunft ansiedeln lassen, brauchen die großen Laubgehölze freie Flächen zur Entfaltung ihrer prächtigen Kronen. Allerdings dauert es viele Jahre, bis auch sie zu stattlichen Exemplaren herangewachsen sind. So lassen sich solche Laubbäume zehn bis 20 Jahre Zeit, bis ihr typischer Charakter erkennbar wird. Zu große Erwartungen an erkennbare Wuchsleistungen sind jedenfalls fehl am Platz. Nur bei günstigen Standortverhältnissen wachsen sie zügig an und bringen dann, nach der Anwachsphase, endlich meterlange Jahrestriebe hervor. Tief-

Eine Linde ist ein stattlicher Baum

ÖKO-TIPP

Gemeinschaftlich pflanzen

Damit er wächst und gedeiht, braucht der junge Baum in den ersten Jahren Schutz und Pflege. In diesem Sinne kommt ihm die gemeinschaftliche Pflanzung etwa aller Familienmitglieder, der Gartenbesitzer oder der Vereinsangehörigen zugute, zumal sich alle Beteiligten verantwortlich fühlen und eventuelle Schäden vermeiden helfen. Vor jeder Baumpflanzung müssen selbstverständlich alle rechtlichen Regelungen geprüft sein. So ist der nötige Grenzabstand einzuhalten und langfristig eine Störung – etwa durch einen Straßenbau oder andere Eingriffe in den Boden – zu vermeiden. Falls nötig, lässt sich der Standort jetzt noch verändern. Auch wenn sich Nachbarn gestört fühlen, hat der Baum wenig Chancen auf ein langes Leben.

Magnolien setzen schöne Akzente im Garten

gründige, nährstoffreiche Böden fördern die Entwicklung ganz wesentlich. Es lohnt sich kaum, einen „Lebensbaum" auf ungünstigen Böden anzusiedeln. Auf felsigem Gelände etwa oder bei verdichtetem Untergrund, bei Staunässe und anderen Unpässlichkeiten wird er eher schlecht als recht dahinsiechen als gesund und kräftig aufwachsen. Das Wurzelwerk eines Baums breitet sich normalerweise im doppelten Kronendurchmesser aus.

Entscheidend sind die ersten Jahre

Die Anwachsphase wirkt sich wesentlich auf eine langfristig gesunde Entwicklung aus.

ÖKO-TIPP

Baumschutzverordnung

Die heute noch lebenden Baumriesen haben ihre Existenz wahrscheinlich Pflanzenfreunden zu verdanken, die sie im Lauf der Zeit vor Feinden bewahrten. Bäume haben viele Feinde. So haben sie nicht nur mit Sturm, Trockenheit, Bodenunpässlichkeiten, Pilzkrankheiten und tierischen Schädlingen zu kämpfen, sondern sind ständig von Nutznießern bedroht. Sobald sie nach der schwierigen Anwachsphase aus dem Schlimmsten heraus sind und sich endlich mit weitverzweigtem Wurzelwerk im Boden verankert haben, können sie schon ihres Holzes wegen gefährdet sein. Je kräftiger und schöner der Stamm eines Baumes entwickelt ist, umso wertvoller wird er auch als Nutzholzproduzent. In vielen Städten und Gemeinden, die den ökologischen Wert schöner Bäume auch als Luftverbesserer, Schattenspender und Gestaltungsobjekte erkannt haben, gibt es glücklicherweise Baumschutzverordnungen. Hier ist das Fällen von Bäumen nur mit Genehmigung erlaubt. Dafür muss es aber triftige Gründe geben.

Dementsprechend muss der Boden gründlich vorbereitet werden. Ein Rindenmantel aus Jute verhindert Wildverbiss und Risse durch die Wintersonne. Genauso wirksam sind ein Weißanstrich und die Einfassung mit einer Drahtmanschette. Das Pfählen und Binden sichert sein Anwachsen, zumal es vor Windwurf verschont. Das Mulchen der Baumscheibe (Gießmulde) hält störende Konkurrenzpflanzen zurück und erhält die Bodenfeuchtigkeit.

Kleine Hausbäume

Kleine Gärten bieten nur wenig Raum für große Bäume. Dennoch ist die Pflanzung eines Hausbaumes selbst in Reihenhausparzellen oder Siedlungsgärten möglich. Das Gehölzsortiment umfasst neben großkronigen Wildformen auch klein bleibende Arten und etliche Züchtungen.

Hausbäume prägten früher den Charakter vieler Bauernhöfe. So gehörte beispielsweise ein alter Lindenbaum zum Haus, dessen zartgrünes Blattwerk das rote Ziegeldach schon von der Ferne sichtbar abschirmte. Die grüne Krone gab den Bewohnern und Tieren einen angenehmen Schatten. Im Winter störte sie nicht. Im Zuge der Rationalisierung sind viele schöne alte Bäume dem Umbau zu Agrarfabriken oder dem Ausbau der Hofstätten zu Rangierplätzen für die großen Maschinen

INFO

Kleine Hausbäume (Auswahl)

Art	Kronengröße (ca.)
Kugelahorn *Acer platanoides* „Globosum“	3–5 m
Kugelakazie *Robinia pseudoacacia* „Umbraculifera“	3–5 m
Tulpenmagnolie *Magnolia soulangiana*	10 m
Trompetenbaum *Catalpa bignonioides*	10 m
Fächerahorn *Acer palmatum*	3–5 m
Säulenzierkirsche *Prunus serrulata* „Amanogawa“	3–5 m
Hängebirke *Betula verrucosa* „Youngii“	3–5 m
Eberesche *Sorbus aucuparia*	8–10 m

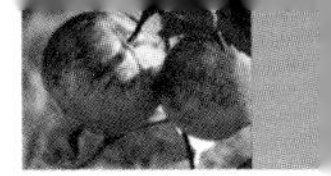

zum Opfer gefallen. Heute wird ihre Anpflanzung wieder gefördert. Wie auf dem Bauernhof kann ein Baum auch im Wohngarten zum Haus gehören. Hier passt auf eingeschränktem Raum natürlich weniger eine Linde dazu als ein kleinkroniger Schattenspender. Ein Trompetenbaum, ein Kugelahorn oder eine Eberesche hat aber selbst in kleinen Reihenhausgärten genügend Raum zu Entfaltung. Der Hausbaum muss kein Laubbaum sein. Als „Charakterpflanze" kann auch ein Nadelgehölz dienen. Eine Kiefer, eine Zeder oder eine Eibe, die hochstämmig gezogen wird, prägt das Gartenbild das ganze Jahr hindurch. Natürlich muss besonders für ein immergrünes Gehölz der Standort richtig gewählt sein. Die Krone wirft auch im Winter einen Schatten. An einer Südterrasse kann sie dann störend wirken. Ein Laubgehölz passt hier u. U. besser. Es schattiert im Sommer, lässt aber vom Herbst bis zum Frühjahr das Sonnenlicht durch.

Formen und Farben

Die Fülle an verschiedenen Gehölzen lässt keine Wünsche offen. Jede Baumschule bietet ein Sortiment an breitbuschigen, säulenförmigen, hochstämmigen und anderen Formen sowie ein reichhaltiges Angebot an buntblättrigen Arten und natürlich eine Menge an blühenden Bäumen und Sträuchern. Übrigens zählen auch Edelrosen zu den Gehölzen, die besonders während der Sommermonate zur farbigen Gestaltung des Gartens beitragen. Hier sei erwähnt, dass sich Gehölze durch ihr Astwerk von den Stauden unterscheiden. Stauden ziehen im Herbst ein und überwintern im Boden. Sie bringen erst im Frühjahr wieder neue Blätter hervor, die je nach Art dann während des Jahres aufblühen. Dazu gehören beispielsweise Primeln, Margeriten oder Astern.

Gehölze prägen dagegen das ganze Jahr hindurch das Gartenbild. Selbst sommergrüne Arten wie Flieder, Spiersträucher oder Wildrosen bleiben auch im Winterhalbjahr wirkungsvoll, etwa wenn der Reif die Zweige mit Eiskristallen bedeckt oder wenn sie mit Früchten aufwarten (z. B. Hagebutten, Sanddorn oder Schlehen). Die immergrünen Arten, insbesondere die Nadelgehölze, tragen rund ums Jahr zur Gestaltung bei. Sie lassen sich als Solitärs gezielt in Szene setzen (z. B. Säuleneiben am Eingang) oder auch als ganzjähriger Sichtschutz nutzen (z. B. Koniferenhecken an der Straße). Neben großkronigen Bäumen, breitbuschigen Sträuchern, flach wachsenden Büschen oder anderen ungewöhnlichen Formen bietet das Sortiment eine Reihe an strauchartigen Kletterpflanzen, die sich beliebig an bereitgestellten Gerüsten, Spalieren oder direkt an Wänden hochlenken lassen. Auch sie tragen zur Gartengestaltung bei, zumal sie neben dem Blattwerk auch bunte Blüten und Früchte hervorbringen (z. B. Clematis, Kletterrosen und Blauregen oder Kiwis, Weinreben und Efeu). Ein Blick in einen Katalog einer gut sortierten Baumschule gibt einen Überblick über das umfassende Gehölzsortiment. Es lohnt sich, solche Kataloge von mehreren Versendern und Baumschulen zu bestellen, zumal sie auch Preisvergleiche möglich machen.

INFO

Blütezeitkalender

Blütensträucher von A bis Z (Auswahl)

Art	Blütezeit	Farbe	Größe (ca.)
Amelanchier (Felsenbirne)	April	weiß	2–3 m
Buddleia (Sommerflieder)	Juni–September (je nach Sorte)	rot, weiß, blau	2–3 m
Caryopteris (Bartblume)	August–Oktober	blau	1 m
Chaenomeles (Zierquitte)	April–Mai	rot	1–2 m
Cornus (Hartriegel)	je nach Art	weiß, gelb, rot	0,20–4 m je nach Art
Corylus (Hasel)	Januar–März	gelb oder rot	3–5 m
Forsythia (Forsythie)	April	gelb	2–3 m
Hamamelis (Zaubernuss)	Januar–April	gelb, rot	2–3 m
Hibiscus syriacus (Eibisch)	Juli–August	weiß, rot, blau	1–2 m
Hydrangea (Hortensie)	Juni–August	rot, blau, weiß	1–2 m
Jasminum nudiflorum (Winterjasmin)	Dezember–März	gelb	überhängend (Spreizklimmer)
Kerria japonica (Ranunkelstrauch)	April–Mai	gelb	1–2 m
Kolkwitzia (Kolkwitzie)	Mai–Juni	rosa	2 m
Lonicera (Straucharten) (Heckenkirsche)	Mai–Juni	weiß-gelb, weiß, rot	2–3 m

INFO

Art	Blütezeit	Farbe	Größe (ca.)
Lonicera (Kletterpflanzen) (Geißblatt)	Mai–Juni	weiß-gelb, weiß, rot	2–5 m
Malus (Zierapfel)	April–Mai	weiß, rot	3–4 m
Perovskia (Blauraute)	August–Oktober	blau	1 m
Philadelphus (Pfeifenstrauch)	Juni–Juli	weiß	2–4 m
Potentilla (Fünffingerstrauch)	Mai–Oktober	gelb	1 m
Prunus (Zierkirsche)	April–Mai	rosa	1–5 m
Rhododendron (Alpenrose)	April–Mai	rot, blau, gelb, weiß	0,50–3 m
Ribes sanguineum (Zierjohannisbeere)	April–Mai	rot	1–2 m
Rosa (Wildrose)	Mai–Juni	weiß, rosa, gelb	1–4 m
Rosa (Edelrose)	Mai–Oktober	je nach Sorte	0,50–1,50 m
Spiraea (Spierstrauch)	je nach Art unterschiedlich	weiß, rosa	0,50–2 m
Syringa vulgaris (Flieder)	Mai	weiß, blau, rot	3–5 m
Viburnum-Arten (Schneeball)	je nach Art unterschiedlich	weiß	0,50–3 m je nach Art
Weigelia (Weigelie)	Mai–Juni	rosa	1–3 m

Anlage und Vorarbeiten

Die wichtigsten Gartengeräte

Zum Schneiden ist eine gute, scharfe Schere nötig. Sie muss glatt abschneiden und darf nicht quetschen, denn glatte Schnittwunden heilen besser als gequetschte oder ausgefranste. Eine Backenschere ist besser als eine Ambossschere, weil sie sich glatt an der Austriebstelle ansetzen lässt. Große Wunden sind unverzüglich mit künstlicher Rinde zu behandeln. Das bewahrt sie vor Austrocknung und vor Pilzinfektionen. Allerdings darf das Wundbehandlungsmittel nicht auf krankes oder mit Pilzsporen infiziertes Holz aufgetragen werden. Sonst wuchert das Pilzgeflecht unter der schützenden Kunstharzschicht weiter.

Schere mit langen Holmen, Schleifstein, Schere, Messer, Klappsäge (v. l. n. r.)

Zum Abtrennen dicker Äste ist eine Baumsäge nötig. Das kann eine Bügelsäge mit verstellbarem Blatt sein oder eine Klappsäge mit schmaler Klinge. Die Anschaffung von Qualitätswerkzeugen macht sich langfristig bezahlt. Gute Scheren und Sägen sind wesentlich teurer als Billigprodukte. Sie halten aber viele Jahre höchsten Belastungen stand und erleichtern die Arbeit. Zum Schneidwerkzeug-Sortiment gehört noch ein Gärtnermesser, das zum Nachschneiden großer Sägewunden, aber auch sonst zum Schneiden von Stecklingen oder Veredeln nötig ist.

Die Kronen hoher Gartenbäume sind nur mit einer ausreichenden Steighilfe zu pflegen. Eine lange Leiter dient zur eigenen Sicherheit. Sie muss natürlich sicher stehen, bevor der Aufstieg erfolgt. Manchmal lassen sich störende Äste in luftiger Höhe auch ohne Klettern erreichen. Dazu dienen Sägen oder Scheren mit Teleskopstiel.

Schere

Es gibt zwei verschiedene Scherentypen, und zwar Amboss- und Backenscheren, und davon wiederum ein ganzes Sortiment verschiedener Hersteller. Ambossscheren haben ein schneidendes Scherenblatt und als Gegenstück einen Metallblock. Beim Schneiden drückt das Scherenblatt auf diesen Metallblock, allerdings ohne ihn zu berühren. Dabei wird das Schnittgut durchtrennt. Backenscheren haben ebenfalls ein schneidendes Scherenblatt, jedoch als Gegenstück einen stumpfen Metallbacken. Anders als bei der Ambossschere gleitet das Scherenblatt am Backen vorbei. Auch dabei wird das Schnittgut durchtrennt. Gute Backenscheren schaffen Zweige mit mehr als 3 cm Dicke. Sie dienen vorwiegend im Obstbau zum Gehölzschnitt und sind auch für den Hausgarten zu empfehlen. Es gibt verschiedene Modelle sowohl für Rechtshänder als auch für Linkshänder. Vor dem Kauf sollten Sie die Scheren testen und ein Exemplar wählen, das gut in der Hand liegt. Zu empfehlen sind Geräte mit auswechselbaren Einzelteilen. Insbesondere sollte das Scherenblatt zu ersetzen sein.

Schere mit langen Holmen

Die Pflege von Gehölzen mit bewehrten Zweigen wie Stachelbeeren, Sanddorn und dergleichen erleichtert eine Astschere mit langen Holmen. Auch davon gibt es verschiedene Produkte. Wählen Sie wiederum ein hochwertiges Exemplar mit Metallteilen aus Edelstahl und Eschenholzstielen.

Säge

Zum Schneiden dicker Äste eignet sich eine kleine Bügelsäge mit einem verstellbaren Blatt oder ein Modell mit einem dünnen, aber stabilen Blatt gleichermaßen gut. Wer einen größeren Gehölzbestand hat, ist am besten mit zwei Sägen verschiedener Bauart bedient. Die Bügelsäge dient als Universalsäge. Die Astschere ohne Bügel macht auch den Schnitt an schlecht erreichbaren Stellen möglich. Von Vorteil ist ein Modell mit klappbarem Sägeblatt. Sie stört beim Klettern wenig.

Schneidgeräte mit Teleskopstiel

Sehr hilfreich ist eine Säge mit ausziehbarem, langem Stiel. Sie erspart das Klettern und schneidet dennoch gut ab. Manche Hersteller bieten mehrere Geräte mit Wechselstiel an. Sie lassen sich per Klick aufstecken oder abnehmen. Auch Scheren für Teleskopstiele sind erhältlich. Sie werden mit einem Zugseil bedient.

Messer

Wer selbst veredeln möchte, braucht wenigstens ein Kopuliermesser. Damit lassen sich im Frühjahr Bäume pfropfen. Es dient genauso für andere Pflege- und Schneidarbeiten wie etwa zur Nachbehandlung von Sägewunden oder zum Schneiden von Stecklingen. Für die Sommerveredelung ist ein Okuliermesser besser geeignet, zumal es einen Rindenlöser hat. Weiterhin gibt es Hippen in verschiedenen Ausführungen. Die Messer mit geschwungener Klinge lassen sich leichter führen. Für den Hausgarten sind Spezialmesser nicht unbedingt nötig.

Hippe im Einsatz

Schleifstein

Zum gelegentlichen Nachschärfen der Scherenklinge eignet sich am besten ein rauer Schleifstein. Das Messer darf dagegen nur mit einem feinen Stein behandelt werden. Zur Nachbehandlung („Abziehen“) der geschliffenen Klingen genügt ein Lederriemen.

Leitern und Steighilfen

Hohe Bäume sind nur mit Steighilfen erreichbar. Auch davon gibt es eine große Auswahl. Am besten sind Sie mit einer wetterfesten und verstellbaren Aluminiumleiter bedient, die sich je nach Bedarf verlängern lässt. Wichtig ist ein guter Stand.

Erntehilfen

Zur Erntezeit sollten geeignete Kisten, Körbe und Kübel bereitstehen. Hilfreich ist eine Schürze mit Bauchtasche. Sie erleichtert die Ernte in hohen Kronen. Ebenso eignet sich ein Behälter zum Umhängen.

Transporter

Zum Befördern von Erde, Pflanzen, Erntegut und dergleichen auf engen, kurvigen Wegen eignet sich vorzugsweise eine Schubkarre mit einem Rad. Eine Zweiradkarre kann bei ausgebauten Wegen als Transporter dienen.

Schaufel

Für den Erdaushub wird eine Spitzschaufel gebraucht. Sie dient ebenso für alle anderen Erdarbeiten wie etwa das Umsetzen von Kompost, das Verbessern der Pflanzerde u. Ä.

Spaten, Gabel und Schaufel

Spaten

Ein geschmiedeter Gärtnerspaten mit Eschenholzstiel ermöglicht das Ausgraben und Pflanzen von Gehölzen. Hier macht sich wiederum der Kauf eines Qualitätswerkzeuges bezahlt. Spaten mit Blechblatt verbiegen sich und sind eher lästig als hilfreich.

Spitzhacke

Ein Pickel oder eine Spitzhacke wird zum Lockern von verdichtetem Boden, zum Ausgraben von störenden Wurzelstöcken sowie zum Aushebeln von großen Steinen bei der Pflanzung gebraucht.

Weitere Utensilien

Zum Pfählen der jungen Bäume werden Baumpfähle sowie Kokosstricke benötigt. Zum Veredeln gibt es Bast und Baumwachs. Bast und Bambusstäbe werden auch zum Stäben und Heften der Triebe benötigt. Als Rindenschutz dient Jutegewebe. Für die Rindenpflege gibt es Schaber.

Bodenbeschaffenheit

Der Boden im Gehölzgarten sollte tiefgründig und humos sein. Staunässe ist schädlich. Bodenverdichtungen müssen beim Pflanzen durchbrochen werden. Als Bodenverbesserungsmittel ist Kompost ideal. Er lockert, fördert die Speicherfähigkeit und wirkt als Dünger.

Jeder gute Gartenboden macht den Anbau von Obst- und Ziergehölzen ohne besondere Verbesserungen möglich. Unnötige Nährstoffgaben – insbesondere von schnell löslichen Mitteln – schaden mehr, als sie bringen. Viele Stoffe gelangen ungenutzt ins Grundwasser, zumal der Boden nur eine gewisse Menge aufnehmen und speichern kann. Bevor Sie also Kalk ausbringen, Dünger einarbeiten, Steinmehl streuen oder auch Kompost verteilen, ist es gut zu wissen, wie der Boden beschaffen ist. Willkürliche „Verbesserungen" verursachen unnötige Kosten und helfen nichts. Immerhin sind die meisten Gartenböden überversorgt, d.h. sie enthalten mehr Nährstoffe als nötig.

Bodenprobe mit der Hand

Bodenproben

Schon ganz einfache Testsets, die im Gartenfachhandel zu bekommen sind, geben recht sichere Hinweise auf den Zustand des Bodens oder auf bestimmte Inhaltsstoffe. So lässt sich mittels Indikatorflüssigkeit oder Tabletten und entsprechenden Farbskalen der pH-Wert, also der Säuregrad, erkennen. Dieser macht sich ganz wesentlich bemerkbar. So haben Moorbeetpflanzen wie Heidelbeeren oder Preiselbeeren auf Böden mit hohem pH-Wert keine Chance. Sie verkümmern früher oder später, weil sie sauren Boden brauchen. Die meisten anderen Obstpflanzen kommen dagegen auf sauren Böden schlecht zurecht, sie gedeihen nur auf neutralem bis alkalischem (kalkhaltigem) Boden. Normalerweise sind Gartenböden ohnehin neutral oder leicht kalkhaltig und für Obstpflanzen günstig beschaffen. Dennoch lohnt es sich, besonders vor Neuanlagen oder aber wenn die Pflanzen offensichtlich kümmern oder schlecht gedeihen, mit einfachen Tests nachzuprüfen und der Sache auf den Grund zu gehen.

Mehr Sicherheit gewähren genaue Bodenanalysen, die für geringe Beträge von einer Landesuntersuchungsanstalt durchgeführt werden. Dazu brauchen Sie nur eine kleine Menge der zu prüfenden Erde an das zuständige Labor senden. Sie bekommen dann mit dem Untersuchungsergebnis auch Düngeempfehlungen. Nähere Auskünfte gibt Ihnen das zu-

ständige Gartenamt (u. a. Anschriften der Labors, Kosten, Entnahme der Probe usw.).

Wachstum fördern

Obwohl die meisten Pflanzen recht tolerant sind – sie müssen ja auch in der Natur oft mit unterschiedlichsten Gegebenheiten zurechtkommen –, machen sich günstige Bodenverhältnisse natürlich schon bemerkbar. Immerhin sollen auf eigenem Grund und Boden ja keine Bonsaibäumchen wie auf steinigem Bergboden dahinvegetieren, sondern gesunde, kräftige Exemplare gedeihen. Deshalb sollte der Boden schon passen oder passend gemacht werden. Das gilt natürlich auch für den Garten, in dem durch das Abernten von Früchten ständig Nährstoffe verloren gehen. Obwohl Obst- und Ziergehölze in tieferen Erdschichten nach Nährstoffen suchen können, breitet sich ein Teil des Wurzelwerks in oberen Erdschichten aus. Es kommt den Pflanzen durchaus zugute, wenn sie etwa mittels Kompostgaben von oben her versorgt werden.

Tiefgründig lockern

Bodenverdichtungen vertragen nur die wenigsten Pflanzen, insbesondere solche, die mit kräftigen Pfahlwurzeln die Krusten durchdringen können. Weniger vitale Arten, die ein feines Faserwurzelwerk entwickeln, sitzen sozusagen in der darüberliegenden lockeren Bodenschicht wie in Pflanzgefäßen fest. Tiefgründiges Lockern ist deshalb die beste Vorsorge für gutes Gedeihen aller Obst- und Ziergehölzarten. Es erschließt einen großen Wurzelraum und macht das Vordringen und Verankern in tiefen Schichten möglich. Zudem verbessert es den Wasserabzug und verhindert schädliche Staunässe.

Durchlüftung fördern

Eine gründliche Lockerung kommt ebenso der Durchlüftung zugute. Pflanzenwurzeln sind auf den ungehinderten Gasaustausch angewiesen. Immerhin bildet sich bei der Umsetzung von organischen Stoffen durch unzählige Bodenlebewesen Kohlendioxid, das nach oben entweicht. Umgekehrt dringt Sauerstoff in den Boden ein, den die Tierchen zur Atmung benötigen. Eine gute Durchlüftung fördert deshalb die Aktivität der Bodenlebewesen und die Umsetzung von Nährstoffen. Sie wirkt sich so auch günstig auf die Pflanzen aus. Selbstverständlich erleichtert lockerer Boden den Würmern, Asseln und anderen Tierchen die Fortbewegung und ermöglicht den Wurzeln ein einfacheres Eindringen und Ausbreiten. Mit der tiefgründigen Lockerung kann etwa bei schweren Lehm- oder Tonböden die Einarbeitung von Sand und Kompost die Struktur ausdauernd verbessern helfen.

Wasserspeicherfähigkeit erhöhen

Lockere, luftige Erde kann aber auch mehr Wasser speichern als schwerer, verdichteter Boden. Immerhin bietet sie mehr Hohlräume und Poren zum Sammeln von Wassertröpfchen. Das Lockern und Einarbeiten von luftigem Material, wie etwa Kompost, Sand und Blähtongranulat, hat also auch günstige Auswirkungen auf die Wasserspeicher- und -leitfähigkeit. Besonders bei schwerem Lehm- oder Tonboden, der rasch verklumpt und verschmiert, machen sich solche Bodenhilfsstoffe positiv bemerkbar. Andererseits lässt sich leichter Sandboden durch das Einarbeiten von Lehm oder auch von Kompost bindiger und speicherfähiger machen.

Pufferungsvermögen verbessern

Mit der Lockerung und Verbesserung der Bodenstruktur mittels Hilfsstoffen wie Kompost und Sand wächst auch das Pufferungsvermögen. Das bedeutet, nachhaltig lockerer Boden kann nicht nur den Gasaustausch und die Wasserverteilung besser bewältigen, sondern auch die Aufnahme und gleichmäßige Abgabe von Nährstoffen. Düngemittel bleiben also länger erhalten und bewirken keine Schäden an den Wurzeln.

Schweren Lehmboden lockern

Bodenbearbeitung und Vorbereitung nach dem Hausbau

Nach der Fertigstellung umgibt meistens eine Wüste das neue Haus. Es bedarf einer gründlichen Bearbeitung, damit daraus eine gute Wachstumsgrundlage für die gewünschten Obst- und Ziergehölze entsteht. Mit dem Lader wird zunächst der beim Hausbau aufgeschobene Humushaufen oder die zugekaufte Erde verteilt. Humus ist übrigens bei Transportunternehmen (im Branchentelefonbuch unter „Transporte" oder im Anzeigenteil der Tageszeitung) günstig zu bekommen, zumal bei Hausbauten eine Menge ausgebaggert und weggefahren wird. Obwohl auch der Minilader Spuren und Bodenverdichtungen hinterlässt, sind die Schäden geringer als durch schwere Baumaschinen. Auch deshalb lohnen sich die Erdarbeiten in Eigenregie. Außerdem kann das Gelände genau nach eigenen Vorstellungen modelliert werden. So ist es etwa möglich, einen kleinen Wall an der Grundstücksgrenze aufzuschieben oder auch das Bett für einen Gartenteich auszuheben. Die Spuren und Bodenverdichtungen lassen sich im Übrigen nach dem Verteilen der Erde recht leicht wieder mit der Bodenfräse ausgleichen oder auflockern.

Selbstverständlich werden alle Erdarbeiten bei trockenem Wetter erledigt. Dann ist die Erde tragfähig und krümelig. Bei nassem Wetter verschmiert sie, und die Maschinen verursachen arge Verdichtungen. Auch hier kommt wieder ein Vorteil der eigenen Arbeiten zur Geltung: Man kann nämlich die günstigste Zeit zur Anlage abwarten. Den Gartenbaufirmen ist dies anhand des Terminplanes oft nicht möglich. Sie können dann keine Rücksicht auf den Zustand des Bodens nehmen.

Tiefgründiges Lockern bei Bodenverdichtungen

Wenn das Grundstück bei Hausbauarbeiten von Baumaschinen malträtiert wurde, genügt eine oberflächliche Lockerung kaum. Dann kommt ein Tiefenlockerer zum Einsatz, der die versiegelten Bodenschichten durchbricht. Auf kleiner Fläche genügt evtl. spatentiefes Umgraben. Mit dem Spaten oder der Grabegabel lassen sich Bodenverdichtungen besser durchbrechen als mit einer Fräse. Die abgewinkelten Fräshaken laufen rund um die Fräswalze und dringen nicht sehr tief in den Boden ein. Mit dem Spaten oder der Grabegabel kann man senkrecht nach unten stoßen und die Verkrustungen durchbrechen. Falls nötig, d. h. wenn die Bodenverdichtungen in tieferen Schichten liegen, ist es empfehlenswert, stellenweise Dränagelöcher zu graben und diese zunächst mit Kies und dann erst mit der Aushuberde zu füllen. Dadurch ist wenigstens stellenweise der Wasserabzug nach Regengüssen möglich.

INFO

Der optimale Boden für jeden Baum

Wenn der Standort passt oder richtig vorbereitet wurde, können sich die Obst- und Ziergehölze von Grund auf gut entwickeln. Natürlich gibt es Unterschiede je nach Art. So gedeihen Birnbäume vorzugsweise auf sandigem Boden, der sich gut erwärmt. Apfelbäumen bekommt gut durchfeuchteter Boden besser. Kirschbäume brauchen lehmhaltigen, aber tiefgründigen Boden usw. Beachten Sie dazu die Sortenbeschreibungen.

Obst- und Ziergehölzgarten planen und anlegen

Die Auswahl der Bäume und Sträucher richtet sich im Wesentlichen nach der Größe des Grundstücks sowie nach der Zeit zur Pflege und der benötigten Menge. Es wäre unsinnig, mehr Obstbäume zu pflanzen, als Früchte für den Eigenbedarf gebraucht werden. Natürlich lassen sich die Äpfel, Birnen oder Zwetschgen auch konservieren, und eigene Säfte, selbst gemachte Marmeladen und Eingemachtes haben einen besonderen Wert. Dennoch sollte der Obstbestand überschaubar bleiben. Gewöhnlich genügen einige Bäume und Sträucher verschiedener Sorten, so etwa zwei bis drei Apfelbäume, zwei bis drei Birnbäume, ein Süßkirschenbaum, ein Sauerkirschenbaum, ein Zwetschgenbaum, mehrere Beerensträucher und noch dazu – je nach Geschmack und Platz – Aprikose, Pfirsich, Walnuss, Haselnuss und Quitte. Weinreben und Kiwis dürfen als kletternde Obstpflanzen am Haus nicht fehlen, ebenso wenig wie Erdbeeren in einem eigenen Beet.

Ein Duftschneeball trägt im Winter schöne Blüten

Neben den Obstgehölzen ist noch ausreichend Raum für ausgewählte Ziergehölze nötig. Obwohl natürlich auch Obstgehölze dekorative Erscheinungen sind, zumal sie im Frühjahr mit einer Fülle an weißen Blüten aufwarten, dürfen einige Ziersträucher nicht fehlen, auch wenn sie „nur" Blüten entwickeln und keine Früchte tragen. Insbesondere sollten einige Frühblüher, wie Forsythien oder Zierjohannisbeeren, sowie typische Sommerblüher wie Sommerflieder und Strauchrosen zum Bestand jeder Anlage gehören. Weiterhin tragen Zierkirschen, Spiersträucher oder Flieder zur Gartenflora im Frühjahr bei. Eine Zaubernuss *(Hamamelis)* und ein Duftschneeball *(Viburnum fragrans)* setzen noch im Winter Akzente. Diese und andere Ziergehölze lassen sich sehr gut mit Obstgehölzen kombinieren. Sie brauchen im Übrigen nicht viel Pflege. Es genügt, wenn sie gelegentlich einen Auslichtungsschnitt bekommen. Einige Arten wie die Zaubernuss oder Strauchpaeonien bleiben gänzlich von der Schere verschont. Weitere Arten finden Sie unter „Pflanzenkunde" (s. S. 175 ff.).

Alle Gehölze müssen langfristig genügend Raum zur Entfaltung haben – Hochstämme mehr, Buschbäumchen und Büsche weniger. Wenn Sie also nicht nur einen Apfelbaum haben wollen, sondern mehrere Sorten, kommen statt eines Hochstamms vorzugsweise schwach wachsende Züchtungen zum Einsatz. Solche klein bleibenden Bäumchen haben in jedem Garten Platz. Die besten Plätze bekommen die wärmebedürftigen, wie Pfirsich und Aprikose oder Sommerflieder und Strauchrosen.

Apfelbäume wachsen, blühen und fruchten auch an absonnigen Plätzen etwa an der Nordseite des Grundstücks noch zufriedenstellend. Süßkirschen, Walnussbäume oder Rosskastanien brauchen ohnehin freie Plätze, wo sie ihre mächtigen Kronen ausbreiten können. Die Beerensträucher oder auch Sichtschutzpflanzen wie Liguster oder Felsenmispeln passen am besten an Randlagen, etwa als Hecken neben den Gemüsegarten oder an die Grundstücksgrenzen. Wildobstgehölze und Blütensträucher, wie

Apfel - das Kraftpaket am Baum

✿ Gesund und knackig

Äpfel sind langweilig? Das denken Sie – wenn Sie wüssten, dass diese kleinen Früchtchen voller Vitamin C und anderen Wohlfühlstoffen aus der Natur stecken, würden Sie nichts anderes mehr wollen. Und das Gute ist: Äpfel schmecken immer frisch, sind gesund und knackig lecker. Ein wichtiger Inhaltsstoff im Apfel ist das Pektin. Diese Substanz senkt den Cholesterinspiegel und schwemmt Schadstoffe aus dem Körper. Ein bekanntes englisches Sprichwort besagt nicht umsonst: An apple a day keeps the doctor away! Deshalb: Bedienen Sie sich aus den Schätzen der Natur und beißen Sie zu.

✿ Apfel-Chips

Zutaten: Äpfel (z. B. Elstar), Zitronensaft, frisch gepresst
Zubereitung: Legen Sie ein Backblech mit Backpapier aus und heizen Sie den Ofen auf ca. 80 °C vor (Umluft). Schälen Sie die Äpfel und entfernen Sie das Kerngehäuse. Anschließend schneiden Sie die Äpfel in ca. 3 mm dünne Scheiben, wenden diese im Zitronensaft und legen sie auf das Backblech. Backen Sie die Apfelscheiben ca. 1,5 - 2 Stunden im Ofen. Die Äpfel sollten dann eine gummiartige Konsistenz haben, an der Luft werden sie später knackig-knusprig.

✿ Apfelkuchen

Zutaten (für ca. 12 Stücke): 250 g Mehl, 125 g Zucker, 125 g Margarine, 1 Ei, Fett für die Form; für die Füllung: 120 g Margarine, 75 g Zucker, 1 Eigelb, 1 Ei, 30 ml Alpro Soya Drink ohne Salz- und Zuckerzusatz, 60 g Mehl, 120 g gemahlene Nüsse nach Wahl, 2 Äpfel, Aprikosenkonfitüre
Zubereitung: Mehl, Zucker, Margarine und das Ei in eine Rührschüssel geben und mit dem Knethaken des Handrührgeräts zunächst gut vermengen. Dann höher schalten und alles gut verkneten. Den Teig ca. 1 Stunde kalt stellen. Backofen auf 180 °C vorheizen. Den Mürbeteig ausrollen und in eine gefettete Tarte- oder Springform (26 cm Durchmesser) legen, dabei einen 3 cm hohen Rand bilden. Für die Füllung die Margarine mit dem Handrührgerät schaumig schlagen. Zucker, Eigelb und das ganze Ei hinzugeben und alles kräftig durchrühren. Anschließend den Alpro Soya Drink, Mehl und die gemahlenen Nüsse unter die Masse rühren. Äpfel schälen, entkernen, in dünne Spalten schneiden und die Hälfte auf dem Mürbeteig verteilen. Die Teigmasse über die Apfelspalten geben und den Rest der Äpfel auf die Teigmasse legen. Den Kuchen im vorgeheizten Backofen ca. 40 Minuten backen. Danach abkühlen lassen. Etwas Aprikosenkonfitüre in einem kleinen Topf erwärmen und den abgekühlten Kuchen damit bestreichen.

Haselnüsse, Kornelkirschen, Schlehen, Forsythien, Deutzien und Weigelien, lassen sich in einer eigenen Wildstrauchhecke arrangieren. Nicht zu vergessen sind die Nadelgehölze. Auch wenn Koniferen aus der Mode gekommen sind, können sie jeden Garten bereichern. So geben einige Eiben, die den Schatten hoher Bäume vertragen, auch im Winter einen Sichtschutz. Säulenwacholder setzen in niedrigen Heidebeeten Akzente, und Scheinzypressen dienen als immergrüne Windschutzhecken.

Pflanzung

Früher waren die Pflanzzeiten für Laubgehölze vorgegeben, und zwar im Herbst und im Frühjahr. Mittlerweile können Sie rund ums Jahr pflanzen – Containerpflanzen, das sind Gehölze in schwarzen Kunststofftöpfen oder in Folienbeuteln, machen es möglich. Nur Bodenfrost verhindert das Pflanzen dieser Gehölze. Die Container müssen beim Pflanzen selbstverständlich entfernt werden, obwohl dies leider nicht immer geschieht. Anders als Gehölze mit losen Wurzeln brauchen Containerpflanzen keinen Pflanzschnitt. Sonst sind dieselben Vorbereitungen zu treffen. Wichtig ist die richtige Standortwahl und, falls nötig, eine Bodenverbesserung.

Die Pflanzgruben müssen doppelt so breit und tief sein wie die Wurzelballen. Der Boden sollte humos und locker sein. Staunässe ist zu verhindern. Bodenverdichtungen, etwa durch Baumaschinen oder Tonschichten, müssen durchbrochen und aufgelockert werden. Schwerer Lehmboden lässt sich mit Sand lockerer machen; sehr durchlässiger, sandiger Boden wird durch lehmige Gartenerde bindiger. Beim Pflanzen brauchen die Gehölze noch keinen Dünger, zumal sie erst anwachsen müssen und die Nährstoffe noch nicht verwerten können. In guter Gartenerde sind ohnehin genügend Nährstoffe enthalten. Kompostgaben sind allerdings zur Humusversorgung und Bodenlockerung nützlich. Anders als bei schnell löslichen minerali-

Die Pflanzgrube muss ausreichend tief und breit sein

INFO

Bauvorschriften beachten

Beachten Sie vor der Pflanzung die Bauvorschriften. I. d. R. gilt ein Pflanzabstand von mindestens 2 m zur Grundstücksgrenze. Andernfalls darf der Nachbar die Rodung fordern. Selbstverständlich wird niemand vorsätzlich durch ungünstige Pflanzungen Anlieger stören oder sich selbst schaden. So sollte etwa der Gemüsegarten keinesfalls durch hohe Bäume beschattet sein.

schen Düngemitteln, die leicht ausgewaschen werden, sind die Nährstoffe im Kompost gut gespeichert.

Die besten Pflanzzeiten für Gehölze ohne Ballen sowie für Ballenpflanzen, die keinen Topfballen haben, sondern einen in Jute gepackten Erdballen, ist nach wie vor im Frühjahr oder im Herbst. Bei diesen Gehölzen werden die Wurzeln beim Ausgraben durchtrennt und die wichtige Wurzelsubstanz vermindert. Dadurch ist die Wasserversorgung der Pflanzen beeinträchtigt. In der Wachstumszeit im Sommer würden sie welken oder müssten Trockenschäden hinnehmen. Im zeitigen Frühjahr (etwa im März/April) vor dem Austrieb oder im Herbst nach dem Triebabschluss (etwa von September bis November) vertragen sie das Umpflanzen besser.

Insbesondere Gehölze ohne Ballen, also mit losen Wurzeln, die einen Pflanzschnitt brauchen, pflanzt man grundsätzlich nur im Frühjahr oder im Herbst, wenn sie keine Blätter haben. Sie brauchen einen Pflanzschnitt, der das Anwachsen erleichtert. Und zwar sind die Triebe etwa um ein Drittel ihrer Länge einzukürzen, damit die wenigen Wurzeln die Versorgung bewältigen. An den Wurzeln wird möglichst wenig geschnitten. Nur die Wurzelspitzen schneidet man mit einer scharfen Schere nach. Zudem werden abgebrochene und zu lange Wurzeln eingekürzt.

Alle Gehölze, also sowohl Gehölze mit losen Wurzeln als auch Container- und Ballenpflanzen, kommen ebenso tief in die Erde wie vorher. Maßgeblich ist der Wurzelhals. Das ist die Übergangsstelle von den Wurzeln zum Stamm oder zum Strauchwerk. Nach dem Einfüllen der evtl. verbesserten Aushuberde muss gut festgetreten werden, damit die Wurzeln einen „Bodenschluss“ (Bodenkontakt) bekommen. Dabei darf natürlich nicht auf die Wurzelballen getreten werden, sondern nur rundherum. Gehölze mit losen Wurzeln rüttelt man vorher, damit die Erde zwischen die Wurzeln rieselt. Nach dem Pflanzen ist gut anzugießen. Dabei werden die Faserwurzeln eingeschlämmt, sodass sie Bodenkontakt bekommen und anwachsen können.

INFO

Pfählen und binden

Große Gehölze brauchen in der Zeit des Anwachsens Stützen, bis sie sich selbst verankert haben. Gehölze mit Ballen werden schräg gepfählt und gebunden, Gehölze ohne Ballen senkrecht. Zum Binden bietet sich z. B. Kokosschnur an. Sie muss straff sein und darf nicht an der Rinde scheuern. Nach etwa zwei bis drei Jahren – bevor die Schnur das Holz einschnürt – sind die Stützen rechtzeitig zu entfernen.

PFLEGELEICHT-TIPP

Einfrieden

Besonders in Ortsrandlagen, etwa am Waldrand, darf der Schutz der jungen Obstgehölze nicht vernachlässigt werden. Andernfalls können Wildtiere den Bestand in einer Winternacht vernichten. Hasen oder Kaninchen nagen die Rinde an den jungen Stämmchen ab und zerstören die Leitungsbahnen. Stark verbissene Bäumchen sind zum Absterben verurteilt oder auf Lebenszeit verkrüppelt. Den besten Schutz vor solchen Schäden bietet ein dichter Wildschutzzaun. Dieser muss natürlich hoch genug sein. Sonst wirkt er weniger als Schutz, sondern kann zur Falle werden. Wenn ein Hase über den Zaun springt, wird er sämtliche Bäumchen verbeißen. Bewährt haben sich zudem Draht- oder Kunststoffmanschetten, die dicht angelegt werden und bis in die Krone reichen müssen. Andernfalls verbeißen Hasen oder Kaninchen die Kronenäste, zumal sie auf festgefrorenem Schnee gut stehen können. Der Stammschutz lässt sich gleich mit dem Schutz vor der Wintersonne verbinden. Vor dem Anlegen der Manschetten bekommen die Stämmchen einen Kalkmilchanstrich oder einen Juteverband. Später, wenn die Bäume erwachsen sind, brauchen sie keinen Schutz mehr. Sie bilden eine raue Borke und schützen sich selbst.

Umpflanzen mit Ballen

Bäume und Sträucher versetzen

In den Baumschulen werden die Gehölze immer wieder umgepflanzt, damit sie kompakte Faserwurzelballen entwickeln. Auch im eigenen Garten lassen sich Bäume und Sträucher erfolgreich umpflanzen, wenn sie mit Ballen ausgestochen werden.

Ab September, sobald die Gehölze den Jahrestrieb abgeschlossen haben, beginnt die Zeit zum Umpflanzen. Rechtzeitig versetzte Pflanzen treiben noch in demselben Jahr Wurzeln. Auch während der Wintermonate können störende oder zu eng stehende Bäume und Sträucher umgepflanzt werden. Im Frühjahr beendet dann der Austrieb die Pflanzaktion. Spätestens im Mai sollten die Laub- und Nadelgehölze an ihrem neuen Platz stehen.

Das Gehölz freistellen

Zunächst muss das Gehölz, das einen anderen Standort erhalten soll, frei stehen. Dazu sind störende Stauden auszugraben und abseits zu lagern. Sobald der Wurzelraum frei zugänglich ist, werden dürre Äste am Stamm abgetrennt und grüne, brauchbare aufgebunden. Auf diese Weise lassen sich bis zum Boden beastete Gehölze leichter ausgraben. Dazu wird ein Naturfaserstrick (Kokos- oder Pressschnur) unten am Stamm festgebunden. Durch das Hochdrücken der störenden Äste und das Umwickeln des Stammes mit der Schnur bleiben sie beim Ausgraben in dieser Stellung.

Ballen stechen

Sobald der Wurzelhals gut zugänglich ist, kann das Ausgraben eines angemessenen Wurzelballens beginnen. Ein zu kleiner Ballen würde zu wenige Faserwurzeln beinhalten, ein zu großer Ballen ließe sich kaum

Ballenware vor der Pflanzung auf einem Anhänger

transportieren und würde beim Transport zerbrechen. Ideal ist ein Ballen mit etwa fünffachem Stammdurchmesser. Vor dem Maßnehmen wird zunächst die lose Erde mit der Laub- oder Nadelstreu abgeräumt. Das Ausstechen erfolgt so, dass der vorher gut geschliffene Spaten im richtigen Abstand schräg vom Stamm weg in die Erde gestoßen wird. Die ausgestochene Erde landet mitsamt den durchtrennten Wurzeln in ausreichendem Abstand vom Stamm. Sobald der Spaten auf die ersten dicken Wurzeln trifft, kommt die Schere oder die Säge zum Einsatz. Keinesfalls darf der Ballen durch mehrere Hiebe mit dem Spaten auf dicke Wurzeln geprellt werden. Diese lassen sich besser mit der Schere oder Säge abtrennen, sobald sie freigelegt wurden. Durch das weitere Ballenstechen mit dem Spaten rund um den Stamm herum kommt zunehmend eine Halbkugel zustande. Nachdem die obere Halbkugel geformt ist, wird der Spaten mit Kraft schräg nach unten gestoßen. Beim Nachtreten ist das Drücken auf den Ballen zu vermeiden, damit er nicht auseinanderbricht. Dennoch sind alle Ankerwurzeln zu durchtrennen, bis der Ballen völlig gelöst ist. Falls senkrechte Wurzeln nicht erreichbar sind, muss ein schmaler Graben rund um den Ballen gezogen werden. Abschließend ist es noch nötig, die durchtrennten Wurzeln mit der Schere nachzuschneiden.

Ballieren

Mittlerweile wurde das Ballentuch vorbereitet. Das ist ein quadratisches Tuch aus Jute oder aus einem anderen natürlichen Textilgewebe, das während des Transports den Ballen hält, es verrottet aber in der Erde und muss deshalb beim Pflanzen nicht entfernt werden. Es genügt, die Verknotung am Stamm zu lösen. Die Pflanze wird nun vorsichtig aus der Grube gehoben, auf das Tuch gestellt und eingepackt, bis es den Ballen fest zusammenhält.

Frostballen stechen
Mit einem einfachen Trick lassen sich auch solche Gehölze noch erfolgreich umpflanzen, die bereits seit mehreren Jahren angewachsen sind und keinen Faserwurzelballen haben. Bei solchen Gehölzen bröckelt die Erde beim Ausstechen vom Wurzelwerk ab. Der Wurzelballen fällt dann auseinander, sodass die Anwachschancen wesentlich geringer sind. Bei kompakten Wurzelballen bleiben dagegen viele feine Wurzeln in der Erde erhalten, die für die Versorgung der Pflanzen wichtig sind. Das Auseinanderfallen lässt sich an kalten Wintertagen vermeiden. Dazu wird der Wurzelballen wie gewohnt ausgestochen. Er darf aber noch nicht völlig abgetrennt sein. Einige Wurzeln bleiben zunächst erhalten. Sie halten das Gehölz weiterhin fest. Am Abend vor einer kalten Nacht wird der Wurzelballen nun mit Wasser übergossen. Er friert bis zum nächsten Morgen fest und lässt sich dann – nach dem Abtrennen der letzten Wurzeln – sicher aus der Grube auf das Ballentuch heben und fest verschnüren.

Drahtballierung
Der Erdballen eines Großgehölzes hält beim Transport besser, wenn man das Tuch mit einem Drahtgeflecht verstärkt. Dazu wird ein Stück Maschendraht unter das Ballentuch gelegt. Sobald das Tuch verknotet ist, verdrillt man den Draht mithilfe einer Metallstange. Im Drahtballen hält die Erde auch bei Erschütterungen während des Transports. Der Draht verrottet nach dem Umpflanzen in der Erde. Die Pflanze nimmt keinen Schaden. Zu schwere Ballen packt man am besten in der Grube ein. Das Ballenleinen und der Maschendraht werden dazu auf Ballengröße zurechtgeschnitten und zusammengerollt. Dann legt man die Stoff-Draht-Rolle unter den Ballen und befestigt Tuch und Draht mit jeweils zwei Enden am Stamm. Der Ballen ist damit schon zur Hälfte eingewickelt. Der Baum wird nun möglichst weit auf die ballierte Seite umgelegt, damit sich die Rolle unter dem Ballen durchschieben lässt. Nach dem Einwickeln und Verknüpfen der Tuchenden ist nur noch das Drahtkorsett anzulegen. Die losen Drähte lassen sich mit einem Metallstift oder einer Zange verdrillen, bis sich das Gitter fest um den Ballen spannt. Der Baum ist nun transportbereit.

In zwei Etappen umpflanzen
In den Baumschulen „verschulen“ die Gärtner sogar Gehölze mit mehr als 30 cm Stammumfang. Allerdings bedienen sie sich besonderer Techniken und Hilfsmittel. Dennoch lassen sich Großgehölze auch zu Hause ohne Ballenstechmaschine oder andere Spezialgeräte noch umpflanzen. Doch sollten Sie Gartengehölze, die länger als etwa fünf Jahre an demselben Ort stehen und dort tüchtig festgewurzelt sind, auf das Umpflan-

INFO

Umpflanzen lassen

Bei alten, bereits eingewachsenen Gehölzen oder bei schönen, wertvollen Exemplaren ist die Umpflanzung stets ein Risiko. Nach vielen Standjahren verkraften machen Arten die Aktion nicht mehr ohne Anwachsschwierigkeiten. In solchen Fällen lohnt es sich, einen Gärtner einer Baumschule zu beauftragen oder vorab die Anwachschancen einschätzen zu lassen. Einige Betriebe haben sich auf die Großbaumverpflanzung spezialisiert. Sie versetzen sogar alte Bäume mit eigens dafür gebauten Maschinen.

Das Einpacken in Ballentuch und Maschendraht hält den Ballen sicher zusammen

zen vorbereiten. Ein Jahr vor der Aktion werden die Gehölze teilweise vom Standort gelöst, indem man jeweils im richtigen Abstand zum Stamm einen schmalen, etwa 50 cm tiefen Graben rund um jede Pflanze zieht. Während des Grabens werden dicke Wurzeln glatt durchtrennt. Die Wurzelstücke entfernt man mitsamt der losen Erde. Schließlich wird der schmale Graben mit lockerem Humus (z. B. Rindenhumus) gefüllt, der die alten Wurzeln zur Verzweigung und zur Faserwurzelbildung anregt. Schon ein Jahr nach dem Umgraben dürften die präparierten Gehölze kompakte Wurzelballen entwickelt haben. Jetzt kann man sie völlig lösen, ballieren und mit vereinten Kräften umpflanzen.

Pflanzung eines Wurzelballens

Am neuen Standort wird die Pflanzgrube ausgehoben. Dabei ist die endgültige Wuchshöhe der Pflanze zu beachten. Das Raumangebot muss dem Gehölz langfristig genügen. Leitungen oder andere Bauelemente dürfen beim Wachsen nicht hindern. Das Gehölz wird richtig postiert, dann füllt man Erde ein und tritt gut fest. Das Ballentuch wird nur am Stamm gelöst, da es mit zunehmendem Dickenwachstum in die Saftbahnen einschnüren könnte. Schließlich pfählt man die windwurfgefährdete Pflanze und schlämmt die Erde mit Wasser ein, damit alle Hohlräume verdichtet werden. Schon ein Jahr nach dem Pflanzen müsste das Gehölz wieder kräftige Jahrestriebe hervorbringen.

Pflegearbeiten

Pflege

Obst- und Ziergehölze sind leicht zu pflegen – vorausgesetzt sie stehen richtig. Die Pflanzen- und Standortwahl ist deshalb maßgeblich für ihr Gedeihen bestimmend. Insbesondere brauchen sie tiefgründigen Boden und einen ausreichenden Pflanzabstand, damit sie sich entfalten können – Bäume und Großsträucher mehr, Kleinsträucher weniger. Nach der Pflanzung benötigen sie bei Trockenheit regelmäßig Wasser, damit sie zügig anwachsen. Das Mulchen, etwa mit Gras, Stroh oder Rinde, hält den Boden feucht und unterdrückt Disteln, Quecken und andere störende Kräuter. Die Mulchschicht muss dick genug sein oder erneuert werden, damit sie hält, bis die jungen Gehölze den Unterwuchs selbst unterdrücken oder – bei Hochstämmen – angewachsen und kräftig entwickelt sind.

Günstig wirkt sich auch das Mulchen mit Herbstlaub aus, zumal die verlorenen Nährstoffe dem Boden wieder zugutekommen. Dünger brauchen Laubgehölze in guter Gartenerde kaum oder selten. Ihnen genügen die im Boden vorhandenen Nährstoffe. Nur bei Dichtpflanzungen, insbesondere bei Hecken, sind Kompostgaben oder verrotteter Mist günstig, zumal sie geschnitten werden und mit dem Schnittgut Nährstoffe verloren gehen. Mineralischen Dünger brauchen sie gewöhnlich nicht. Nur bei akutem Nährstoffmangel sind evtl. solche schnell wirksamen Mittel nützlich. Natürlich gilt das hier Gesagte nur für Freilandpflanzen. Laubgehölze, die als Kübelpflanzen kultiviert werden, sind auf die regelmäßige Wasserversorgung und auf die Düngung angewiesen.

Kennzeichnend für viele Gehölze ist ihre enorme Vitalität. Gehölze, die sich stark durch Wurzelausläufer ausbreiten, wie etwa der Essigbaum, der Hartriegel u. a., oder durch Samen, wie etwa Weiden, Ahorne u. a., müssen ständig im Zaum gehalten werden.

Schädlinge und Krankheiten sind bei Laubgehölzen zum Glück recht selten, zumal große Bäume kaum behandelt werden können. Mit saugenden oder beißenden Insekten werden sie gewöhnlich selbst fertig oder von Nützlingen befreit. Ein paar Blattläuse oder Raupen schaden nicht. Nur wenige Gehölze sind ständig bedroht, so etwa Ulmen vom Splintkäfer oder Heckenkirschen *(Lonicera)* von Gespinstmotten. Sie werden am besten durch resistente oder andere Arten ersetzt.

Mulchmaterial hält den Boden feucht

ÖKO-TIPP

Winterschutz

Heimische Gehölze sind völlig frosthart und brauchen gewöhnlich keinen Winterschutz. Die Wechselwirkung zwischen Frost und Wintersonne kann jedoch den Stämmen junger Ahorne, Linden oder Eschen zu schaffen machen, zumal die noch empfindliche Rinde leicht reißt. Sie bekommen wie Obstbäume einen Kalkmilchanstrich oder einen Jutemantel. Später, im Alter, entwickeln sie eine raue, schützende Borke. Einen Frostschutz brauchen auch alle Gehölze, die nicht völlig winterhart sind, insbesondere Jungpflanzen von Sommerflieder, Hibiskus, Blauglockenbaum *(Paulownia)* und dergleichen. Am besten bekommt ihnen ein luftiger Mantel aus Strohmatten, Fichtenreisig oder ähnlichem Material. Mit der Zeit werden sie frosthärter und sind nur noch in rauen Regionen auf einen Frostschutz angewiesen. Edelrosen, Johanniskraut *(Hypericum calycinum)*, Bartblumen *(Caryopteris)* und andere Arten, die jedes Jahr zurückfrieren und im Frühjahr ohnehin regelmäßig zurückgeschnitten werden, schützt man vorzugsweise im Wurzelbereich, etwa durch Anhäufeln mit Laub.

Gartengehölze vermehren

Bäume und Sträucher lassen sich durch Aussaat und durch verschiedene ungeschlechtliche Techniken gewinnen.

Rosen vermehren

Wildrosen, die oft in Hecken aufgehen, werden von Singvögeln vermehrt. Sie verzehren die Hagebutten und verbreiten die Samen. Wildrosen dienen auch als Wurzelunterlagen für Edelrosen.

In den Rosenschulen wachsen in wenigen Jahren Tausende von Edelrosen heran. Dazu schulen die Gärtner im Herbst oder im Frühjahr reihenweise Rosensämlinge auf (aufschulen = in Reihen pflanzen). Im folgenden Sommer setzen sie dann jedem Sämling ein Edelauge von ausgewählten Sorten ein. Meistens geschieht dies im Akkord, zumal die Veredelungszeit nur wenige Wochen andauert. Bereits im Herbst des nächsten Jahres sind die jungen Edelrosen verkaufsfertig. Auf diese Weise sind beliebig viele Jungpflanzen aller Rosentypen vermehrbar, und zwar Beet-, Strauch- und Kletterrosen verschiedener Sorten. Die Züchter bekommen pro Stück eine Lizenzgebühr von den Rosenschulen. Genauso lassen sich Edelrosen für den Garten ziehen. Bei wenigen Exemplaren für den Eigenbedarf ist keine Genehmigung erforderlich. Auf diese Weise sind v. a. alte, unbekannte Sorten vermehrbar, die es nicht im Handel zu kaufen gibt. Mit ein wenig Übung und Geschick ist die Okulation durch-

aus eine praktikable Veredelungsmethode. Dazu sind Rosensämlinge nötig und Edelreiser (Triebe von einer edlen Mutterpflanze). Edelreiser gibt es von vorhandenen Rosenbüschen. Wildrosen zum Veredeln sind ebenfalls gelegentlich im Garten zu finden.

Aussaat von Wildrosen

Die Aussaat von Wildrosen ist sehr langwierig und bedarf einer besonderen Behandlung der Samen. Dazu werden die reifen Hagebutten im Herbst geerntet und die Samen vom Fruchtfleisch befreit. Um ihre Keimkraft zu fördern bzw. damit keimungshemmende Stoffe abgebaut werden, kommen die Samen schichtweise in Kisten oder Töpfe mit feuchtem Sand. Hier bleiben sie mindestens ein Jahr liegen. Im Frühjahr nach dieser Sonderbehandlung (Stratifikation genannt) werden die Samen dann auf Beete oder in Gefäße mit Anzuchtsubstrat gesät. Die Keimung erfolgt nach der Aussaat recht zügig. Bis die Sämlinge reif zum Veredeln sind, dauert es noch ein oder zwei Jahre. Sie müssen etwa bleistiftstark sein. Aus Samen entwickeln sich übrigens immer nur Wildrosen, die der Mutterpflanze, also der Hagebuttenrose oder Hundsrose *(Rosa canina)*, ähnlich sind. Edelrosen sich nicht durch Samen vermehrbar. Ihre Anzucht ist nur ungeschlechtlich etwa durch Triebstücke (Stecklinge) oder durch Okulation möglich. Auf diese Weise lassen sich aber beliebig viele Pflanzen einer Sorte gewinnen. Alle Rosen einer bestimmten Sorte stammen so von ein und derselben Mutterpflanze. Die „Mutter" aller „Gloria Dei" wurde beispielsweise 1945 von der Rosenschule Meilland gezüchtet. Diese Sorte ist mittlerweile weltweit auch unter dem Namen „Peace" verbreitet.

Rosen okulieren

Die Edelreiser (Triebe von ausgewählten Sorten) können unmittelbar vor dem Veredeln geschnitten werden; eine Lagerung ist unnötig. Wenn bestimmte Sorten gewünscht werden, können Sie diese im Sommer gezielt auswählen und gewinnen, zumal die Mutterpflanzen dann blühen. Allerdings bleiben die Sommerreiser nur kurze Zeit frisch. Am besten werden sie nach dem Schnitt (z. B. in einem Rosengarten) entblättert, in ein feuchtes Tuch gewickelt und so bald wie möglich verarbeitet.

Übung macht den Meister

Es lohnt sich, stets mehrere Reiser zu gewinnen – als Reserve, wenn Veredelungsversuche misslingen. Ideal sind kräftige, elastische Triebe, die also nicht mehr weich, aber auch noch nicht verholzt sind. Damit ist die Veredelungszeit vorgegeben. Die Reiser sind nur von etwa Juli bis August brauchbar. In dieser Zeit wachsen die Augen (Knospen) gut an, sobald sie in der Veredelungsunterlage sitzen. Zudem lässt sich die Rinde an der Veredelungsunterlage in diesen Monaten leicht lösen. Das ist wichtig, damit das Edelauge ohne Beschädigung eingeschoben werden kann. Übrigens ist es ratsam, zunächst an an-

INFO

Wildrosen als Veredelungsunterlage

Achten Sie bei der Gartenpflege auf Rosensämlinge. Wildrosen gehen immer wieder im Rasen, in den Beeten oder in Hecken auf. Diese Jungpflanzen sind als Veredelungsunterlagen brauchbar. Dazu werden sie im Frühjahr oder Herbst ausgegraben und an eine ungestörte Stelle gepflanzt. Hier dienen sie dann zum Veredeln, sobald sie kräftig genug sind.

Okulation im Sommer – T-Schnitt an der Unterlage

deren Pflanzen zu üben, um die wenigen Rosenunterlagen nicht unnötig zu verschneiden. Gärtnerlehrlinge bekommen zunächst Weidenruten als Übungsmaterial. Erst wenn die Okulation damit gelingt, dürfen sie ins Rosenfeld.

Ein Auge pro Veredelungsstelle genügt

Trennen Sie jeweils ein Auge mit einem scharfen Messer vom entblätterten Trieb, und zwar so, dass ein flaches, ovales Rindenstück erhalten bleibt. In diesem Rindenschildchen sitzen teilungsfähige Zellen (Kambiumzellen), die an der Unterlage anwachsen. Jedes Auge ist vorsichtig zu behandeln, v. a. ohne Berührung der Schnittstelle, damit die Kambiumzellen sauber und fettfrei bleiben. Beim Schneiden und Abtrennen vom Edelreis bleibt gewöhnlich eine dünne Rindenzunge erhalten, die sich zum Handhaben und Einsetzen des Edelauges anbietet. Schneiden Sie dann an der Unterlage, einer Wildrose, die Rinde T-förmig ein und lösen Sie die Rindenlappen mit dem Messerrücken oder einem speziellen Rindenlöser. Jetzt lässt sich das Auge hinter die Rinde schieben, und zwar möglichst tief. Die Triebknospe muss noch hervorschauen, damit sie nach dem Anwachsen leicht austreiben kann. Schließlich ist es nur noch nötig, die Rinde wieder festzudrücken und die Veredelungsstelle wasserdicht zu verbinden (z. B. mit Bast und Baumwachs oder einem Veredelungsgummi).

Pflege der Okulanten

Schon etwa drei bis vier Wochen nach dem Okulieren ist erkennbar, ob die Veredelung gelungen ist. Wenn das Blattstielchen, das nach dem Entblättern erhalten blieb, abfällt oder leicht zu entfernen ist, hat sich das Edelauge mit der Unterlage verbunden; wenn es aber schwarz wird oder austrocknet, ist die Veredelung misslungen. Mit frischen Reisern kann dann noch nachveredelt werden. Bei Veredelungen von Rosenstämmchen ist es ratsam, zwei Augen in der gewünschten Kronenhöhe einzusetzen, damit sich bald eine buschige Krone daraus entwickelt. Im Herbst werden bodennahe Veredelungsstellen mit Laub oder Erde angehäufelt und vor Frost geschützt. Bei jungen Rosenbäumchen ist es nötig, die Stämmchen umzulegen und die Veredelungen mit Erde anzuhäufeln. Im Spätwinter nach dem Abräumen der Erde („Abhäufeln“) werden die Okulanten „abgeworfen“. Schneiden Sie dazu jeweils über der Veredelungsstelle die Wildrose ab. Im Frühjahr geht dann die ganze Kraft in die Veredelung, sodass die Rose kräftig treibt und schon bis zum Sommer einen blühfähigen Strauch bildet. Die Verzweigung lässt sich fördern, indem der edle Trieb entspitzt (abgeschnitten) wird. Während der Anzucht ist es wichtig, Wildtriebe unterhalb der Veredelungsstelle immer wieder zu entfernen. Die Jungpflanzen bringen bereits im Sommer Blütentriebe hervor. Sie können am Ort stehen bleiben oder im Herbst an eine andere Stelle gesetzt werden.

Stecklingsschnitt

Veredelte Rosen sind frosthärter und starkwüchsiger als Stecklingspflanzen, zumal die robuste Hundsrose als Veredelungsunterlage dient. Bei Topfrosen, die geschützt überwintert werden, oder auch bei Bodendeckerrosen ist die Vermehrung durch Stecklinge gebräuchlich. Dazu dienen junge Triebspitzen, die im Sommer geschnitten und in ein Sand-Torf-Gemisch gesteckt werden. Sie wachsen bei hoher Luftfeuchte (z. B. durch Aufstülpen einer Folie) und genügend Wärme in wenigen Wochen an.

Rosenstecklinge stecken

Heckenpflanzen aus Stecklingen ziehen

Liguster, Buchsbäumchen oder Heckenkirschen sind recht einfach und in großer Zahl durch Sommerstecklinge vermehrbar. Schwieriger ist die Anzucht von immergrünen Nadelgehölzen durch kurze Triebabschnitte.

Hecken haben einen besonderen Wert als Gartengestaltungselemente. Sie schirmen dicht ab und tragen mit grünem Blattwerk dennoch zur Gehölzflora bei. Wildstrauchhecken bringen zudem Blüten und Früchte hervor, die das Gesamtbild auflockern. Die Vermehrung von Heckenpflanzen lohnt sich, zumal einige Arten recht erfolgreich durch Stecklinge zu bekommen sind. Sie kann im Winter geschehen oder im Sommer. Winterstecklinge, sogenannte Steckhölzer, werden im Januar/Februar von ausgewählten Mutterpflanzen geschnitten. Es sind etwa scherenlange Hölzchen von jungen vorjährigen Trieben. Sie kommen in tiefe Töpfe mit Sand-Humus-Gemisch oder direkt ins Freiland, wo sich während des folgenden Sommers Wurzeln bilden. Durch Steckhölzchen lassen sich u. a. Gehölzarten wie Liguster, Forsythien, Weigelien und Spiräen in großer Stückzahl gewinnen. Genauso ist die Vermehrung dieser und anderer Gehölze durch

Rose - Königin der Blumen

✿ Aroma-Wunder

Diesen majestätischen Titel erhielt die Rose bereits in der Antike. Als Zierpflanze wird sie bereits seit 2.000 Jahren gezüchtet und ist - egal ob als Wild- oder Kulturrose - in fast jedem Garten, auf jedem Balkon oder auf jeder Terrasse zu finden, denn sie ist relativ einfach zu handhaben, wenn man auf ihre Bedürfnisse (richtiger Standort, Nachbarpflanzen und Boden) eingeht. Aber Achtung: Die Rose weiß sich mit ihren Dornen gegen unliebsame Fressfeinde zu wehren!

✿ Rosenöl selbst machen

Dieses kostbare Öl kann man gut selbst herstellen. Sammeln Sie reichlich Blütenblätter von Rosen und trocknen Sie diese an einem kühlen, schattigen Ort. Bitte die Blütenblätter hierzu in einer dünnen Schicht verteilen. Schütten Sie die getrockneten Blütenblätter in eine saubere, trockene Flasche und geben Sie Raps- oder Sonnenblumenöl hinzu. Lassen Sie die Flasche 4 Wochen bei Zimmertemperatur ruhen und füllen Sie anschließend das Öl in eine andere Flasche um. Heben Sie das Öl im Kühlschrank auf, so hält es lange Zeit und wird nicht ranzig.

✿ Rosenmarmelade

Zutaten: 12 Handvoll frische Rosenblätter, 1 Pckg. Gelierzucker (2:1 oder 3:1), 1 l Wasser, Saft von 3 Zitronen, 1 Päckchen Vanillezucker, 1 Schuss Rum
Zubereitung: Die Zutaten verrühren und 20 Minuten kochen lassen. Spülen Sie saubere Einmachgläser mit Rum aus und füllen Sie die heiße Marmelademasse ein. Die Gläser sofort gut verschließen.

✿ Kandierte Rosenblätter

Zutaten: 25 Rosenblätter (ungespritzt aus dem eigenen Garten oder Gärtnerei), 2 Eiweiß, 100 g Zucker, grob
Zubereitung: Waschen Sie die Rosenblätter, lassen Sie diese gut abtropfen und entfernen Sie den grünen Stielansatz. Schlagen Sie das Eiweiß zu einem steifen Schnee. Geben Sie die Rosenblätter in das steif geschlagene Eiweiß und legen Sie diese auf ein mit Zucker bestreutes Backpapier. Anschließend benetzen Sie die Blüten nochmals von allen Seiten mit Zucker und lassen diese im lauwarmen Ofen trocknen. Schichten Sie die Blütenblätter anschließend auf sauberem Backpapier und lagern Sie diese in gut verschlossenen Behältern.

Sommerstecklinge möglich. Dazu dienen junge Triebe von ausgewählten Sträuchern aus dem eigenen Garten oder in freier Natur. Den Mutterpflanzen schadet der Schnitt einiger junger Triebe nicht. Sie werden dadurch nur zur Verzweigung angeregt. Möglicherweise lässt sich die Schnittgutgewinnung gleich mit dem Heckenschnitt verbinden, dann fällt ohnehin eine Menge Material an, das zur Stecklingsvermehrung geeignet ist. Die Zeit dazu beschränkt sich normalerweise auf die Sommermonate. Die Triebe dürfen nicht mehr zu weich sein, sonst faulen sie im Anzuchtsubstrat. Ein zu später Schnitt ist ebenso wenig empfehlenswert. Sommergrüne Laubgehölze beenden ihr Wachstum im Spätsommer. Die Stecklinge von solchen Gehölzen treiben dann natürlich nicht mehr aus. Nur bei immergrünen Arten lohnt sich die Stecklingsvermehrung noch im August/September. Die reifen Triebabschnitte wachsen sogar besser an als Frühsommer-Stecklinge.

„Einfache" Arten wie Liguster, Forsythien oder Buchsbäumchen lassen sich aber den ganzen Sommer hindurch schneiden, stecken und zur Bewurzelung anregen. Das kann bereits Ende Juni geschehen. Dann haben diese Gehölze bereits den Hauptjahreszuwachs vollendet. Es zeichnen sich schon elastische, aber noch nicht verholzte Jahrestriebe ab, die als Stecklingsmaterial gut geeignet sind. Die noch weichen Triebspitzen werden einfach abgetrennt. Sie würden im Anzuchtsubstrat welken. Die brauchbaren Triebstücke lassen sich zu Stecklingen verarbeiten. Das geschieht mithilfe einer scharfen Schere und einem geschliffenen Gärtnermesser. Die Triebe werden auf etwa 10 cm lange Stücke zugeschnitten. Jeder dieser Stecklinge bekommt unten an einer Knospe einen schrägen Anschnitt. Die Blätter im unteren Drittel werden entfernt. Sie würden im Anzuchtsubstrat verfaulen.

Vegetative Vermehrung durch Steckhölzer

Bei Stecklingen mit großen Blättern empfiehlt es sich, die noch vorhandenen Blätter einzukürzen. Das vermindert die Verdunstung und ermöglicht einen geringeren Abstand zwischen den Stecklingen. Dennoch bleibt noch genügend Blattsubstanz, die für die Wurzelbildung nötig ist. Bei günstigen Bedingungen können die Anwachsquoten fast 100 Prozent betragen. Die Baumschulen nutzen dazu optimale Einrichtungen. Die Anzuchtkästen stehen in Warmhäusern, die mit Sprühnebelanlagen ausgestattet sind. Dadurch bekommen die Stecklinge ein beständig warmes, helles Klima mit hoher Luftfeuchte. Zu Hause können nur selten vergleichbare Bedingungen geschaffen werden (z. B. in einem Wintergarten oder Kleingewächshaus). Dadurch vermindern sich natürlich auch die Anwachsergebnisse.

Bei einem großen Bedarf an Jungpflanzen ist es nötig, entsprechend viele Stecklinge zu schneiden. Für eine gewöhnliche Formschnitthecke werden pro Meter etwa vier bis fünf kräftige Jungpflanzen benötigt. Bei einer Heckenlänge von beispielweise 10 m besteht also ein Bedarf an ca. 50 Pflanzen. Es lohnt sich also, entsprechend mehr Stecklinge zu schneiden, v. a. bei solchen Gehölzarten, die von Natur aus geringere Anwachschancen haben. Während beispielsweise Buchsstecklinge recht zuverlässig Wurzeln bilden, halten sich die Bewurzelungsergebnisse bei Nadelgehölzen sehr in Grenzen. Die Stecklingsvermehrung von Thujen, Eiben oder Scheinzypressen bleibt deshalb den Baumschulen vorbehalten. Zu Hause lohnt sich die Vermehrung von Nadelgehölzen in großer Stückzahl kaum, zumal die Wurzelbildung im Vergleich zu Laubgehölzen selbst bei besten Bedingungen sehr zögerlich einsetzt.

Stecklingsvermehrung Schritt für Schritt
Stecklinge sind von der Mutterpflanze abgetrennte Triebe, die in einem genügend tiefen Gefäß bei ausreichender Bewässerung und hoher Luftfeuchte zu neuen Pflanzen heranwachsen. Diese Jungpflanzen sind mit der Mutterpflanze genetisch identisch. Achten Sie deshalb darauf, dass die Mutterpflanzen völlig gesund sind.

1. Die beste Zeit zur Stecklingsvermehrung beginnt im Juni und dauert bis in den Sommer hinein. Suchen Sie sich Sträucher Ihrer Wahl und schneiden Sie so viele Stecklinge, wie Sie brauchen. Die Stecklinge sollten zwischen 10 und 15 cm lang sein. Achten Sie darauf, dass sie weder zu weich, aber auch noch nicht holzig sind. Ideal sind elastische Jahrestriebe. Danach entfernen Sie die untersten Blätter, ohne dabei die Knospen in den Blattansätzen zu verletzen. Nun schneiden Sie mit einem kleinen Messer den Steckling am letzten Auge schräg ab.

Beschriftete Steckhölzer in einem Sand-Pflanzerde-Gemisch

   Mit der Baumschere schneiden Sie den Steckling oben gerade ab.

2. Mischen Sie ein Sand-Pflanzerde-Gemisch und geben Sie dieses in die Pflanzschale. Danach stecken Sie die Stecklinge mit der angespitzten Seite nach unten in die Erde. Gießen Sie das Substrat gut an.

3. Sorgen Sie für eine hohe Luftfeuchtigkeit. Dies lässt sich erreichen, indem Sie ein passendes Glas über die Pflanze setzen oder eine Folienhaube darüberstülpen. Wenn sich Wasserperlen an der Schutzhülle bilden, entlüften Sie für kurze Zeit.

PFLEGELEICHT-TIPP

Weniger Aufwand

Gelegentlich sind in den Baumschulen bewurzelte Stecklinge zu bekommen. Diese kleinen Pflänzchen ersparen die Anzucht und kosten dennoch weniger als handelsübliche Heckenpflanzen.

4. Bei günstigen Bedingungen bilden sich innerhalb der nächsten sechs Wochen Wurzeln. Dazu ist es wichtig, dass das Pflanzsubstrat genügend Feuchtigkeit bekommt, aber nicht vernässt. Die Stecklinge brauchen viel Wärme und weiterhin eine hohe Luftfeuchte.

5. Sobald die Pflänzchen Wurzeln haben und langsam im Herbst die Blätter verlieren, sollten sie vereinzelt werden. Jeder bewurzelte Steckling kommt in einen angemessenen Topf mit nährstoffreichem Substrat. Ende Herbst bringen Sie die Gefäße mit den bewurzelten Stecklingen an einen kühlen, aber frostfreien Platz. Sie bleiben hier bis zum nächsten Frühjahr. Kräftige Jungpflanzen lassen sich dann schon zur Anlage einer Hecke nutzen.

Bäume und Sträucher aus Steckhölzern gewinnen

Viele Bäume und Sträucher sind ganz leicht vermehrbar, und zwar aus kurzen Zweigstücken, die einfach in den Boden gesteckt werden. Die Baumschulen gewinnen durch die Steckholzvermehrung fast alle ihre Ziersträucher und viele Laubbäume.
Wer diese Methode erfunden hat, ist nicht mehr zu ergründen. Wahrscheinlich war es wie bei vielen Entdeckungen der Zufall, vielleicht beim Zaunbau, als jemand Weidenpfähle in den Boden schlug und nach wenigen Wochen sah, wie diese frische Triebe hervorbrachten und zu mächtigen Bäumen erwuchsen. Weiden sind wohl auch die

INFO

Laubgehölze für Hecken, die durch Stecklinge vermehrbar sind (Auswahl)

Art	Eigenschaften	Höhe
Liguster	wintergrünes Laubgehölz	bis 3 m
Buchs	immergrünes Laubgehölz	ca. 1 m
Feuerdorn	immergrünes Laubgehölz	bis 1 m
Kirschlorbeer	immergrünes Laubgehölz nicht ganz frosthart	bis 2 m
Forsythien	sommergrüner Blütenstrauch	bis 2 m

wüchsigsten Bäume, die es gibt. Sie können einen Weidenpfahl sogar verkehrt herum in den Boden stecken, und er wird wurzeln.

Vermehrung mit System

Ganz so leicht wie Weiden oder auch Pappeln lassen sich andere Gehölze nicht vermehren. Grundsätzlich ist es daher empfehlenswert, die Erfahrungen und Kenntnisse der Baumschulen zu nutzen und gezielt zu schneiden und zu stecken. Die beste Zeit dazu ist in der Saftruhe etwa vom Herbst bis zum Spätwinter. Dann haben die Gehölze eine Menge Assimilate (Nährstoffe) im Holz eingelagert, die für die Wurzelbildung wertvoll sind. Auf wunderbare Weise wandeln sie Triebknospen in Wurzelorgane um, genauer gesagt: aus den Knospen sowie z. T. aus Lentizellen und Schnittstellen wachsen im Boden Faserwurzeln. Damit die Steckhölzer viele Wurzeln entwickeln und rasch anwachsen, steckt man sie möglichst tief in den Boden, und zwar so tief, dass nur noch eine Knospe herausschaut.

Einjährige Triebe schneiden

Doch zunächst müssen die Steckhölzer geschnitten werden. Dazu wählt man gesunde, kräftige Mutterpflanzen mit guten Eigenschaften (z. B. üppige Blüte, besondere Gestalt, reicher Ertrag etc.) aus dem eigenen Garten, aus Nachbars Garten oder aus öffentlichen Anlagen (falls nötig mit Genehmigung) und schneidet davon einige kräftige Jahrestriebe, Triebe also, die im vergangenen Jahr gewachsen und bereits verholzt sind. Das schadet den Mutterpflanzen nicht, zumal sie im Winter evtl. sowieso ausgelichtet werden. Natürlich nimmt man nur so viele Triebe von einer Pflanze, wie sie verkraften kann. Das ist ganz unterschiedlich. Während Kopfweiden einen radikalen Rückschnitt schadlos hinnehmen und sogar brauchen, wenn ihre typische Gestalt erhalten bleiben soll, dürfen von Gehölzen mit natürlichem lockeren Wuchs nur wenige Triebe aus der Krone bzw. aus dem Strauch genommen werden. Ein gesunder Jahrestrieb bringt etwa drei bis vier Steckhölzer, und diese bringen wiederum entspre-

Steckhölzer scherenlang schneiden und beschriften

chend viele Jungpflanzen. Bei großem Bedarf an Jungpflanzen – etwa für eine Hecke – dienen mehrere Mutterpflanzen zur Schnittgutgewinnung. Aber auch beim Rückschnitt einer Hecke fallen brauchbare Triebe an.

Triebe sortieren

Verwechslungen sind zu vermeiden, wenn die Triebe von verschiedenen Gehölzen nach Sorten getrennt, gebündelt und etikettiert werden. Zu Hause ist dann sogleich die Verarbeitung möglich, oder sie geschieht erst nach einer Zwischenlagerung in einer Kiste mit feuchtem Sand. In einem kühlen, dunklen Keller bleiben die Triebe bis zum Zuschneiden frisch.

Scherenlange Hölzchen schneiden

Jedes Steckholz sollte etwa vier bis fünf Knospen haben, sodass drei bis vier in der Erde stecken, um Wurzeln zu entwickeln, und eines herausschaut, um zu treiben. Meist ergeben sich so etwa scherenlange Hölzchen. Beim Holunder beispielsweise werden sie wohl etwas länger, bei Johannisbeerbüschen können sie auch etwas kürzer sein. Achten Sie beim Schnitt auf die Knospen und schneiden Sie jeweils oben knapp über einer Knospe gerade ab und unten an einer Knospe schräg. Dadurch werden Oben und Unten nie verwechselt, und die Hölzchen kommen immer richtig in die Erde. Sie lassen sich auch leicht stecken. Schärfen Sie die Schere vor dem Schneiden, damit glatte Schnittflächen entstehen, obwohl die Hölzchen wenig empfindlich sind und sogar anwachsen, wenn man sie – wie in den Baumschulen üblich – mit der Bandsäge schneidet! Jedenfalls geht die Arbeit mit einer geschliffenen Schere leicht von der Hand.

Sofort stecken oder lagern

Die einzelnen Hölzchen können unverzüglich gesteckt werden, und zwar entweder in ausreichend tiefe Töpfe mit Sand-Erd-Gemisch oder bei frostfreiem Boden direkt ins Freiland. Bei frostempfindlichen Arten (z. B. *Buddleia*) ist dann eine Laubdecke oder ein anderer, gleichwertiger Frostschutz nötig. Jedes Hölzchen kommt etwa zu drei Vierteln seiner Länge in die Erde, sodass alle Knospen bis auf eine in der Erde stecken. Im Freiland steckt man entweder in Reihen oder in Beete, wobei die Hölzchen etwa einen Abstand von 3 cm haben sollten. Im Topf sind geringere Abstände möglich, dann lässt sich der Platz besser nutzen. In den Baumschulen schneiden die Gärtner die Steckhölzer zunächst, bündeln sie dann wieder und bewahren sie in Folienbeuteln im Kühlhaus bis zum Frühjahr auf. Das ist auch zu Hause möglich, wobei der Kühlschrank als Kühlhaus dient. Unverzügliches Stecken hat jedoch den Vorteil, dass die Wurzelbildung sofort beginnt – frostfreies Wetter bzw. geschützter Stand natürlich vorausgesetzt. Am schnellsten bewurzeln die Steckhölzer in frostfrei, aber kühl platzierten Töpfen (z. B. in einem unbeheizten Kleinglashaus oder im Hausflur). Eine besondere Pflege brauchen die Steckholz-Beete oder -Töpfe nicht. Nur die Wasserversorgung ist wichtig und das Freihalten von störenden Kräutern.

In ein bis zwei Jahren umpflanzen

Die meisten Steckhölzchen sind bereits im Herbst nach der Vermehrung gut bewurzelt

> **PFLEGELEICHT-TIPP**
>
> ## In Reihe
>
> Für eine dichte, lockere Hecke kann man die Steckhölzer direkt in einer Reihe stecken. Sie bewurzeln dann am Ort und entwickeln sich ohne Umpflanzung in wenigen Jahren zu einem üppigen Gehölzstreifen.

INFO

Durch Steckholz vermehrbare Gehölze (Auswahl)

Bäume	Pappeln *(Populus)* Weiden *(Salix)*	Platanen *(Platanus acerifolia)* Ulmen *(Ulmus)*
Sträucher	Forsythien *(Forsythia)* Liguster *(Ligustrum)* Flieder *(Syringa)* Sommerflieder *(Buddleia)* Deutzien *(Deutzia)* Hortensien *(Hydrangea)* Goldregen *(Laburnum)* Geißblatt *(Lonicera)* Pfeifenstrauch *(Philadelphus)* Johannisbeeren *(Ribes)* Wildrosen *(Rosa)* Holunder *(Sambucus)* Haseln *(Corylus)*	Spiräen *(Spiraea)* Kolkwitzien *(Kolkwitzia)* Schneebeeren *(Symphoricarpos)* Tamarisken *(Tamarix)* Schneeball *(Viburnum)* Felsenmispeln *(Cotoneaster)* Weigelien *(Weigelia)* Zierquitten *(Chaenomeles)* Quitten *(Cydonia)* Hartriegel *(Cornus)* Erbsenstrauch *(Caragana)* Sanddorn *(Hyppophaea)* Feigen *(Ficus carica)*
Kletter-pflanzen	Knöterich *(Fallopia)* Waldreben *(Clematis montana)* Scheinreben *(Ampelopsis)*	Weinreben *(Vitis)* Wilder Wein *(Parthenocissus quinquefolia)* Wilder Wein *(P. tricuspidata)*

und können dann umgepflanzt oder schon an ihren bestimmten Standort gesetzt werden. Wenig bewurzelte oder empfindliche Steckhölzchen bleiben noch im Anzuchtquartier, bis sie kräftig genug sind. Bedarf an Bäumen und Sträuchern gibt es überall im Garten. So etwa für eine Wildstrauchhecke, eine Formschnitthecke oder eine Beerenobst-Reihe.

Gute Beerensorten durch Stecklinge ziehen

Frische Früchte von eigenen Sträuchern
Johannisbeeren, Stachelbeeren, Brombeeren und andere Beerenobst-Arten sind selten in Obstmärkten zu bekommen. Die Früchte bleiben nur kurze Zeit frisch und vertragen keine langen Lieferzeiten. Umso mehr lohnt sich der Anbau im eigenen Garten. Gute Sorten sind recht einfach durch Stecklinge vermehrbar.

Die Züchter sind ständig damit beschäftigt, neue Obst-Sorten zu gewinnen, die sich durch besondere Eigenschaften auszeichnen. Gefragt sind v. a. solche Sorten, die große Früchte und reiche Erträge bringen und dennoch im Geschmack den bewährten Züchtungen gleichen. Wichtig ist weiterhin eine besondere Widerstandsfähigkeit gegen Krankheiten, zumal Beerenobstbüsche oft mit Mehltau und anderen Pilzen zu kämpfen haben. Mittlerweile gibt es einige Züchtungen, die eine gewisse Resistenz gegen Krankheiten haben und auch geschmacklich zufriedenstellen. Gute Sorten lassen sich im Sommer für den Hausgebrauch recht einfach durch Stecklinge ziehen. Dazu sind ausgewählte Mutterpflanzen nötig, die evtl. schon im eigenen Garten gedeihen oder bei Nachbarn angesiedelt wurden. Übrigens ist der Nachbau geschützter Sorten nur für den Hausgebrauch erlaubt. Die Vermehrung für gewerbliche Zwecke ist verboten. Im Hausgarten genügen einige wenige Sträucher verschiedener Sorten. Obwohl Johannisbeer-, Stachelbeer- oder Brombeerbüsche selbstfruchtbar sind und keine Befruchter-Sorten brauchen (anders als etwa Apfelbäume), lohnt sich die Pflanzung mehrerer Sorten. Dadurch lässt sich die Vielfalt an roten, schwarzen und gelben Früchten vergrößern. Zudem verlängert sich die Erntezeit. So sind beispielsweise bei Johannisbeeren schon von Ende Juni bis in den August hinein frische Früchte zu bekommen. Neben neuen Züchtungen sollten natürlich auch altbewährte in den Bestand aufgenommen werden. Zu empfehlen sind beispielsweise bei Roten Johannisbeeren u. a. „Heros", die schon Ende Juni reift, „Rondom", die dann im Juli fruchtet, und „Heinemanns Rote Spätlese", die erst im August trägt. Ähnliche Kombinationen sind ebenso bei anderen Arten zu empfehlen. Im Sommer ist eine gute Gelegenheit zur Sortenwahl, zumal die Sträucher jetzt fruchten und neben Kostproben auch die Beurteilung der Pflanzen möglich ist. Für gut befundene Sträucher können sogleich als Mutterpflanzen zur Vermehrung durch Stecklinge dienen.

Holunder lässt sich gut durch Steckholz vermehren

INFO

Steckholzvermehrung

Genauso einfach wie durch Sommerstecklinge lassen sich Beerenobststräucher durch Steckhölzchen gewinnen, die im Winter geschnitten werden. Dazu dienen einjährige Triebe, die im letzten Jahr gewachsen sind. Etwa scherenlange Teilstücke, die in tiefe Töpfe oder direkt in den Gartenboden gesteckt werden, bilden Wurzeln und treiben im Frühjahr aus.

Einsatzbereiche für Beerensträucher

Neben Roten, Schwarzen und Weißen Johannisbeeren, Grünen, Gelben und Roten Stachelbeeren, Himbeeren, Brombeeren und Holunderbeeren sind auch Heidelbeeren,

Beeren - die kleinen Powerfrüchte aus dem Garten

✿ Leckere Tausendsassas

Beeren, wie z. B. Johannisbeeren, Himbeeren, Brombeeren oder auch Blaubeeren, stecken voller Vitamine und Mineralstoffe. Aber der absolute Clou sind die sekundären Pflanzenstoffe, die diese kleinen Früchtchen enthalten. Sekundäre Pflanzenstoffe? Das sind Stoffe, die den kleinen Paketen die rote oder blaue Farbe geben, unser Immunsystem stärken und freie Radikale im Körper bekämpfen. So schlagen wir gleich zwei Fliegen mit einer Klappe: Erstens schmecken Beeren super, und zweitens sind sie gesund. Also Genuss pur!

✿ Beeren-Crumble mit Walnüssen

Zutaten: 600 g gemischte Beeren (z. B. Himbeeren, Heidelbeeren, Johannisbeeren und Brombeeren), 2 Päckchen Vanillezucker, 50 g kalifornische Walnüsse, 2 EL Mehl (25 g), 2 EL Zucker, 2 EL weiche Butter

Zubereitung: Beeren verlesen, abspülen und putzen. Beeren mit Vanillezucker mischen und auf vier ofenfeste Tassen oder Schalen verteilen. Walnüsse fein hacken. Mehl mit Walnüssen, Zucker und Butter zu Streuseln vermengen. Die Streusel über die vorbereiteten Beeren bröseln. Im vorgeheizten Backofen bei 200 °C (Gas: Stufe 3-4, Umluft: 180 °C) ca. 12-15 Minuten backen.

✿ Beeren-Kefir-Shake

Zutaten: 250 g Beeren, 1 cm frische Ingwerwurzel, 1/2 Vanilleschote, 1/2 l Kefir, 200 ml Milch, 1 EL Zitronensaft, 2 EL Zucker, 8 Eiswürfel, 200 g Joghurt, 4 Erdbeeren

Zubereitung: Beeren putzen, evtl. waschen und abtropfen lassen. Ingwer schälen und reiben. Vanilleschote halbieren und das Mark herauskratzen. Beides mit Beeren, Kefir, Milch, Zitronensaft, Zucker und Eiswürfeln in den Mixer geben, das Ganze durchpürieren und den Shake in vorbereitete Gläser füllen. Joghurt glatt rühren, vorsichtig eingießen und mit einem Holzstirrer spiralförmig durchziehen. Erdbeeren waschen, putzen, halbieren, auf den Glasrand stecken und die Shakes mit Strohhalmen garniert servieren.

Weinbeeren und Apfelbeeren sowie Kornelkirschen, Felsenbirnen und andere Strauchfrüchte in der Küche willkommen. Für ein kleines Sortiment lassen sich in jedem Garten Plätze finden, zumal Weinreben und Brombeeren auch am Zaun oder an einer Wand wachsen und Himbeeren, Heidelbeeren oder auch Erdbeeren als typische Waldpflanzen auch im Halbschatten gedeihen. Manchmal eignen sich Obststräucher vorzüglich, um das Schöne mit dem Nützlichen zu verbinden, und zwar in Form einer Hecke etwa zur Einfriedung des Gemüsegartens. Ein kurzer Streifen von etwa 10 m nimmt leicht fünf verschiedene Stachelbeer-Sorten, fünf verschiedene Johannisbeer-Sorten, einige Jostabeerbüsche (eine Kreuzung zwischen Schwarzen Johannisbeeren und Stachelbeeren) und einen Holunderbusch auf. Zur Unterpflanzung bzw. als Bodendecker bieten sich z. B. Monatserdbeeren an, die anders als die großfrüchtigen Züchtungen ausdauernd sind. So ist ein fruchtender Pflanzstreifen eine ideale Abschirmung zur windigen Nordseite.

Stämmchen ziehen

Johannisbeerstämmchen werden i. d. R. durch Veredelung vermehrt. Als Wurzelunterlagen dienen dafür Jungpflanzen der Goldjohannisbeere *(Ribes aureum)*, die kräftige Stämmchen bilden. Allerdings lassen sich auch Stecklingspflanzen als Kronenbäumchen ziehen, wenn sie von Seitentrieben befreit und als Stämmchen aufgeputzt werden.

Weinreben selbst vermehren

Weinstöcke gedeihen nicht nur in begünstigten Anbaugebieten am Rhein oder Main. Die Weinrebe ist auch eine ideale Kletterpflanze für Hausgärten von Flensburg bis Garmisch. Sie lässt sich an Wänden und Zäunen ziehen oder auf Pergolen lenken, wo sie eine dichte Laube bildet. Zudem trägt diese „Zierpflanze“ Früchte.

Für den Hausgebrauch in Gärten, die nicht in Weinbaugebieten liegen, lassen sich Jungpflanzen selbst ziehen. Das gelingt recht einfach und erfolgreich durch Steckhölzer. Dazu

Johannisbeeer-Stämmchen werden durch Veredelung vermehrt

dienen junge Triebe von gesunden Mutterpflanzen bestimmter Sorten. Diese werden im Zuge des Pflegeschnitts im Winter gewonnen und im Haus entsprechend zugeschnitten. Und zwar sollte jedes Steckholz etwa Scherenlänge haben. Unten erhält es direkt neben einer Knospe einen schrägen Schnitt. Oben wird es gerade über einer Knospe abgetrennt. Die fertigen Hölzchen kommen zu zwei Dritteln ihrer Länge in Töpfe mit einem Erdgemisch aus Sand und Humus zu gleichen Teilen. Sie treiben wenige Wochen nach dem Stecken aus und bilden Wurzeln. Dazu brauchen sie einen hellen, warmen Standort, etwa auf einer Fensterbank.

INFO

Nicht überall erlaubt

In Weinbaugebieten ist diese Art der Vermehrung verboten, zumal diese „wurzelechten" Weinstöcke nicht reblausresistent sind. Durch Steckholz dürfen nur Jungpflanzen der Amerikanerrebe *(Vitis labrusca)* vermehrt werden. Alle anderen Sorten sitzen auf reblausresistenten Veredelungsunterlagen. Diese Pfropfreben gibt es im Gartencenter.

Die Gehölz-Veredelung

Bäume und Sträucher mit besonderen Eigenschaften werden veredelt. Dazu sind verschiedene Techniken gebräuchlich.

Frühjahrsveredelungen – einfache Methoden

Wildäpfel oder Wildbirnen heißen bezeichnenderweise auch Holzäpfel oder Holzbirnen. Nur in wenigen Fällen tragen Sämlinge brauchbare Früchte. Die gezüchteten Sorten sind jedenfalls nur durch die Veredelung vermehrbar. Dazu dient jeweils ein Stämmchen als sogenannte Unterlage und ein Zweig von einer ausgewählten Sorte als Edeltrieb. Es vertragen sich nur Veredelungspartner der gleichen Art miteinander, also etwa Kirsche mit Kirsche, Apfel mit Apfel usw. – einige Arten ausgenommen.

So wachsen z. B. Zweige von Birnbäumen auch auf Quitten an. Quittenbäumchen dienen besonders für klein bleibende Birnbäume als Unterlagen. Hochstämme der Birne werden dagegen auf Sämlinge veredelt, die wesentlich stärker wachsen als Quitten. Es ist daher ganz entscheidend, ob ein Birnbaum gepflanzt wird, der auf Quitte veredelt ist oder auf einen Sämling. Das gilt übrigens auch für Apfelbäume. Davon gibt es nicht nur zwei Unterlagen-Typen, sondern mehrere. U. a. werden Apfel-Sorten auf schwach wachsenden, mittelstark wachsenden und stark wachsenden Unterlagen angeboten. Beim Steinobst ist die Auswahl an geeigneten Unterlagen weniger groß. Süßkirschen werden oft immer noch auf Vogelkirschen *(Prunus avium)* veredelt, und die sind von Natur aus starkwüchsig. Gelegentlich sind auch schon klein bleibende Süßkirschenbäume zu bekommen, die auf schwach wachsenden Unterlagen veredelt sind.

Pfropfen im Frühjahr

Die einfachste Frühjahrsveredelung ist das Rindenpfropfen. Dabei wird ein Edelreis (kurzes Triebstück mit etwa fünf Knospen) hinter die Rinde der Unterlage gesteckt. Die Edelreiser müssen natürlich zur Veredelungszeit frisch sein. Sie werden im Winter von gesunden Bäumen geschnitten, die gute Früchte tragen, und in einem kühlen, dunklen Keller in feuchtem Sand gelagert. Notfalls eignet sich auch der Kühlschrank als Lagerraum. Die Unterlage kann etwa ein wildes Obstbäumchen sein, das im Garten aufgegangen ist. Es wird vorher in der bestimmten Kronenhöhe abgeschnitten. Dann ritzt man die Rinde ein und klappt die beiden Rindenlappen auseinander. Jetzt lässt sich das Edelreis, das unten lang und schräg angeschnitten wurde, hinter die Rinde stecken. Nach dem Verbinden mit Bast und dem Versiegeln mit Baumwachs wächst das Edelreis – mit etwas Glück – an und entwickelt sich zu einer Krone, die genau dieselben Früchte trägt wie der Baum, von dem es geschnitten wurde. Bei dicken Unterlagen (z. B. bei älteren Obstbäumchen) lohnt es sich, mehrere Edelreiser einzusetzen. Das erhöht die Anwachschancen. Veredelte Jungpflanzen aus der Baumschule sind an einer Verdickung am Stamm leicht zu erkennen.

Nach dem Einsetzen des Edelreis in die Unterlage mit Bast verbinden

Kopulation im Frühjahr

Neben dem Rindenpfropfen gibt es noch weitere Techniken, die in den Baumschulen zur Vermehrung von Obstbäumchen dienen. Sie bleiben normalerweise den Profigärtnern vorbehalten, zumal sie einige Übung erfordern. Neben dem Rindenpfropfen kann für den Hausgebrauch noch die Kopulation empfohlen werden. Diese Pfropftechnik kommt bei der Veredelung von jungen Bäumchen infrage, die noch sehr dünne Stämmchen haben.

Die Kopulation kann auf jungen Stämmchen oder dünnen Seitentrieben erfolgen. Beide Veredelungspartner haben dieselbe Stärke. Die langen, ovalen Schnittstellen müssen deckungsgleich aufeinanderliegen. Jeweils an der Rückseite der Schnittfläche muss eine Knospe sitzen („Zugauge").

Das Edelreis und die Unterlage wachsen zunächst nur am grünen Kambiumring zusammen. Das ist eine dünne, teilungsfähige Gewebeschicht, die direkt unter dem Rindenmantel liegt. Ein Bastverband hält die Veredelungspartner einstweilen zusammen.

INFO

Professionelle Hilfe
Übrigens können Sie auch Bäume veredeln lassen, wenn Sie mit dieser Vermehrungsmethode nicht vertraut sind. Ein Gärtner einer Baumschule übernimmt dies auf Anfrage sicher gerne (Adressen sind im Branchenbuch zu finden).

Gehölze veredeln durch das Verbinden eines Edelreises mit einer gleich starken Unterlage

Während der Anwachsphase darf kein Regenwasser in die Veredelung eindringen. Das Verstreichen mit Baumwachs oder künstlicher Rinde schützt vor Nässe und zugleich vor Austrocknung. Auch die Schnittstelle oben am Edelreis erhält ein Wachshäubchen.

Schon wenige Wochen nach der Veredelung zeigt sich am Austrieb, dass sich beide Partner verbunden haben. Im Frühsommer darf das Lösen des Bastverbandes nicht vergessen werden, sonst schnürt er mit zunehmendem Dickenwachstum in die Rinde ein.

Termine

Das Rindenpfropfen ist erst dann möglich, wenn die Säfte steigen und sich die Rinde nach dem Einschneiden leicht vom Holz lösen lässt. Erfahrungsgemäß beginnt die Zeit dazu etwa Ende April. Sie dauert bis in den Mai an. Das Kopulieren ist bereits ab Februar möglich.

Schnitt

In den ersten Jahren nach der Pflanzung lassen sich Gehölze noch leicht korrigieren, solange die Triebe noch jung und elastisch sind. Meist empfiehlt es sich, krumme Gipfel zu stäben, störende Triebe zu entfernen und Wildtriebe aus der Veredelungsunterlage zu beseitigen (z. B. bei Zieräpfeln, Zierkirschen und dergleichen). Später brauchen sie kaum noch geschnitten werden. Allenfalls sind dürres und krankes Holz zu entfernen, zu dichte Kronen oder Büsche auszulichten und, falls nötig, einzelne störende Äste zu beseitigen.

Schon mit der Pflanzenauswahl wird die Wuchsform (Habitus) bestimmt, je nachdem, ob man einen Hochstamm, einen Halbstamm, einen Busch, einen Heister (nach dem BdB ein wenig beastetes Stämmchen), ein mehrstämmiges Gehölz oder einen Strauch wählt. Von Anfang an, also schon bei der Erziehung, richtet sich der Schnitt nach dem Gehölztyp. Bei allen Gehölzen – vom Hochstamm bis zum Strauch – hilft der Schnitt dabei, eine typische Form zu entfalten, also je nach Art eine flachkugelige Krone, eine ovale, eine säulenförmige etc. Der Schnitt der Gehölze kommt stets dem natürlichen Wuchs nahe und fördert ihn.

Gehölze ohne Wurzelballen brauchen zunächst einen Pflanzschnitt, wobei die Triebe etwa um ein Drittel eingekürzt werden. Bei Gehölzen mit Ballen ist kein Pflanzschnitt nötig.

Erziehungsschnitt

Grundsätzlich hat ein starker Schnitt einen kräftigen Austrieb zur Folge, ein schwacher Schnitt bewirkt einen schwachen Austrieb. Es gilt daher mit Maß und Ziel einzugreifen. Bei allen Stammformen wird zunächst der Stamm aufgeputzt, d. h., unerwünschte Austriebe aus dem Wurzelstock (sogenannte Stockausschläge) und aus dem Stamm werden bis zur gewünschten Kronenhöhe entfernt. Und zwar schneidet man stets glatt am Stamm ab. Zapfen (Aststummel) dürfen nicht stehen bleiben, denn sie trocknen aus oder bringen wieder unerwünschte Triebe hervor. Die Krone soll sich möglichst gleichmäßig und offen entwickeln. I. d. R. sind an einem durchgehenden senkrechten Mittelleittrieb waagrechte Seitenäste angeordnet. Die Seitenäste sollten gut verteilt sein, in alle Richtungen weisen und nicht zu steil stehen. Steile Äste werden entfernt oder abgelenkt, wenn sie brauchbar sind (bis auf einen waagrechten Seitentrieb oder auf eine nach außen weisende Knospe zurückgeschnitten). Zu lange Triebe kürzt man ein, damit sie sich verzweigen und eine gleichmäßige Krone entsteht. Grundsätzlich ist stets über einem Außenauge, also einer Knospe, die nach außen weist, abzuschneiden. Daraus entwickelt sich wieder ein Trieb, der nach außen wächst. Auf diese Weise bleibt die Krone licht und offen. Auch dabei und beim „Schnitt auf Augen" dürfen keine Zapfen stehen bleiben. Allerdings schneidet man auch nicht zu knapp am Auge, sonst trocknet es aus. Nach innen

„Schnitt auf Augen" bei der Rose

wachsende Triebe werden entfernt, ebenso steile Konkurrenztriebe zum Mittelleittrieb. Dies ist rechtzeitig nötig, sonst bilden sich „Zwisteln“ (Astgabeln), in denen sich Regenwasser sammelt. Dies verursacht häufig Fäulnis und hat schließlich das Ausbrechen eines der Äste zur Folge.

Die wenigen Eingriffe während der Erziehung im Jugendstadium haben eine große Wirkung und sind nicht zu vernachlässigen. Wenn sie versäumt werden, hat dies bei nachträglichen Korrekturen stets große Wunden zur Folge, die das Gehölz natürlich Kraft kosten und ihm schaden.

Ebenso wie die Kronen der Stammformen sind auch Sträucher licht und offen zu erziehen. Zu dichte Sträucher vergreisen bald und müssen schon nach wenigen Jahren kräftig verjüngt werden. I. d. R. genügt es, alle drei bis vier Jahre einige alte Äste direkt am Boden zu entfernen. Dadurch bleiben die Sträucher locker und wüchsig. Nur beim Sommerflieder, bei Bartblumen und bei anderen Sommerblühern ist ein radikaler Rückschnitt bis nahe zum Boden erforderlich, wenn die Triebe erfroren sind. Den Verjüngungsschnitt im zeitigen Frühjahr nehmen sie aber schadlos hin und blühen schon im Sommer wieder.

Pflegeschnitt nach der Erziehung

Von Natur aus müssen alle Bäume und Sträucher ohne Schnitt zurechtkommen. Dennoch können kleine Eingriffe durchaus zur Gesunderhaltung und Formgebung der Pflanzen beitragen.

Die meisten Fehler beim Schnitt der Bäume und Sträucher im Garten werden durch willkürliches Abschneiden irgendwelcher Zweige gemacht. Bevor Sie also zur Schere greifen und Ihren Obst- und Ziergehölzen ans Geäst gehen, sollten Sie prüfen, ob der Schnitt nötig ist und welche Zweige wirklich stören. Andernfalls schadet der Eingriff mehr, als er hilft. Zudem ist es ratsam, die Wirkung des Schnitts im Auge zu behalten. So hat das Abschneiden eines Zweiges immer einen Austrieb zur Folge. Und zwar regt der Schnitt speziell die Knospen zum Austreiben an, die unterhalb der Schnittstelle am Zweig sitzen. Durch einen gezielten Schnitt „auf Augen“ (jeweils knapp an einer bestimmten Knospe) lässt sich der Austrieb fördern. Auf diese Weise ist es beispielsweise möglich, einen wenig verzweigten Blütenstrauch zu buschigerem Wuchs anzuregen. Dazu werden nur die wenigen langen Triebe eingekürzt. Sie bringen dann im folgenden Sommer Seitentriebe hervor. Normalerweise ist ein solcher Rückschnitt nur bei Jungpflanzen nötig oder bei alten Büschen, die in Bodennähe kahl geworden sind. Bei natürlich entwickelten Exemplaren ist der Rückschnitt einzelner Zweige unnötig oder sogar schädlich. Sie wachsen ohnehin recht buschig und bilden nach dem

INFO

Zeit zum Schneiden

Im Spätwinter oder zeitigen Frühjahr ist ohnehin die beste Zeit zum Schneiden aller Laubgehölze, zumal sie noch in der Saftruhe sind und die Schnittwunden nicht bluten. Nur bei den Frühjahrsblühern, wie etwa bei der Forsythie, ist es günstiger, erst nach der Blüte auszulichten, weil sonst mit dem Schnittmaterial auch Blütenknospen verloren gehen. Formschnitthecken sind natürlich ausgenommen. Sie werden im Sommer, etwa Ende Juni, getrimmt.

Rückschnitt dichte „Besen", die kein Licht mehr in das Strauchwerk eindringen lassen. Dadurch verkahlen sie in Bodennähe. Vielmehr ist bei älteren Gehölzen, die zu üppig verzweigt sind und sehr dichte Büsche oder Kronen entwickelt haben, ein Auslichtungsschnitt zur Gesunderhaltung förderlich. Dazu genügt es, einige offensichtlich zu eng stehende Zweige oder solche, die andere, richtig platzierte Zweige behindern, direkt an der Austriebstelle zu entfernen. Auf diese Art bleiben Blütensträucher oder auch Beerenobstbüsche und Obstbäume vital und verjüngungsfähig, zumal ein maßvoller Auslichtungsschnitt auch zum Austrieb neuer Zweige anregt.

Unterschiede je nach Gehölztyp

Erziehung der sommergrünen Laubgehölze

Beim Erziehungsschnitt der sommergrünen Laubgehölze, der Bäume und Sträucher also, die im Herbst ihr Laub verlieren, wird zunächst das zukünftige Kronengerüst festgelegt. Je nach Kronenhöhe bzw. Stammhöhe werden einige geeignete Zweige ausgewählt, die sich nach der Pflanzung, insbesondere infolge des Pflanzschnitts, gebildet haben. Die erhaltenswerten Zweige sollen möglichst gleichmäßig angeordnet sein und in alle Himmelsrichtungen weisen. Sie dürfen weder zu

Beim Auslichten von Johannisbeersträuchern schwache und zu eng stehende Triebe ausschneiden

eng stehen, zumal sie ja dicker werden, noch nach innen in die Krone wachsen. Zu eng stehende, nach innen wachsende und überkreuzende Triebe werden entfernt. Dann wird ein geeigneter Mitteltrieb ausgewählt, der evtl. schon beim Pflanzschnitt freigestellt wurde. Er soll sich zum Mittelleitast entwickeln, der für die weitere Kronenentwicklung nach oben wichtig ist. Dazu bietet sich ein gesunder, kräftiger Trieb an, der gerade aufrecht wächst. Er wird frei geschnitten, d.h. von Konkurrenztrieben befreit, die ihn evtl. behindern könnten. Dadurch wirkt man von Anfang an der schädlichen Zwistelbildung entgegen. Denn Zwisteln, das sind steile Astgabeln, schlenzen (brechen) leicht aus. In diesen Astgabeln staut sich häufig Regenwasser, das Fäulnis verursacht und schließlich zum Ausbrechen eines der beiden Äste führt. Es lohnt sich, die Zwistelbildung möglichst früh zu verhindern, denn in jungen Jahren vertragen die Bäume den Schnitt noch gut. Außerdem ist er jetzt mit einem Handgriff bzw. einem Schnitt mit der Schere erledigt.

Nachdem einige gleichmäßig angeordnete Seitentriebe und ein senkrechter Mitteltrieb herausgestellt sind und die junge Krone bilden, ist der erste Erziehungsschnitt vollendet. Diese Triebe sollen sich in der nächsten Saison kräftigen und verzweigen. Sie sind das Grundgerüst für die weitere Entwicklung. Natürlich richtet sich der Erziehungsschnitt nach dem Gehölztyp und nach der Kronenform. Den meisten sommergrünen Laubbäumen kommt diese Art der Erziehung entgegen, d.h. die Erziehung mit einem geraden Mittelleittrieb und gleichmäßig angeordneten Seitenleitästen; so etwa den Eichen, Linden, Buchen, Ahorn-Arten, Zierapfelbäumen und den meisten anderen. Obwohl sich der Mittelleittrieb im Alter dann bei vielen dieser Bäume verzweigt und selten deutlich bis zum Gipfel durchgehend ist, erleichtert ihnen diese Erziehungsform doch das Aufwachsen und die Entwicklung einer schönen, gleichmäßigen Krone. Ausnahmen, wie etwa Säulenzierkirschen, Säuleneichen, Hängebuchen u.a., die weder einen Mittelleittrieb noch Seitenleitäste entwickeln, brauchen ohnehin keine Erziehung oder nur geringe Korrekturen.

Sträucher werden natürlich anders behandelt. Sie sollen ja keinen Stamm, sondern stark verzweigte Büsche bilden. Dazu kürzt man gut angeordnete, erhaltenswerte Triebe ein, damit sie sich kräftigen und verzweigen. Wie bei den Kronenformen wird auch hier jeweils knapp über einer nach außen weisenden Knospe abgeschnitten, damit sich daraus nach außen wachsende Triebe entwickeln und ein lichtes Astwerk entsteht. Alle störenden, insbesondere die schwachen und nach innen wachsenden Triebe, werden gleichermaßen wie bei der Kronenerziehung entfernt.

Bei Veredelungen – bei Kronenformen wie z.B. Zierkirschen oder Zieräpfeln ebenso wie bei Sträuchern, wie etwa der Zaubernuss oder der Korkenzieherhasel – dürfen von Anfang an keine Wildtriebe aufkommen. Diese und andere Sorten sind meistens auf wilde Unterlagen (Sämlinge) veredelt, die sehr starkwüchsig sind und selbst durchtreiben, wenn sie nicht rechtzeitig entfernt werden. Viele veredelte Gehölze gehen daran zugrunde oder werden von den Wildtrieben unterdrückt. Gewöhnlich sind sie gut erkennbar; so z.B. bei der Korkenzieherhasel, deren verdrehte Äste völlig anders aussehen als die Wildtriebe der Waldhasel, auf die sie veredelt ist. Wenn nicht, lassen sich die Wildtriebe anhand der Veredelungsstelle finden, die an einer Verdickung in Bodennähe bzw. am Kronenansatz zu erkennen ist. Triebe, die unterhalb der Veredelungsstelle aus dem Boden oder aus dem Stamm wachsen, sind Wildtriebe und werden entfernt.

Erziehung der immergrünen Laubgehölze
Buchsbäume, Kirschlorbeer, Rhododendren und dergleichen brauchen i. d. R. weder einen Pflanzschnitt, weil sie mit Ballen gepflanzt werden und auch ohne Rückschnitt gut anwachsen, noch einen Erziehungsschnitt, weil sie von Natur aus kein symmetrisches Kronengerüst bilden und deshalb auch keine Korrekturen nötig haben. Nur bei streng gezogenen Formen, wie etwa Kegeln, Kugeln und dergleichen, ist der Formschnitt von Jugend an wichtig.

Erziehung der Nadelgehölze
Sommergrüne und immergrüne Nadelgehölze werden grundsätzlich mit Ballen verpflanzt und brauchen keinen Pflanzschnitt. Bei Thujen, Scheinzypressen und ähnlichen Säulenformen ist auch kein Erziehungsschnitt nötig, zumal sie von Natur aus gleichmäßig aufwachsen. Bei Tannen, Fichten, Lärchen und anderen Arten mit senkrechtem Mittelleittrieb und Seitenleitästen sind jedoch durchaus gelegentlich Korrekturen im Jugendstadium nötig. So etwa das Entfernen

Junge Zierkirschen verschönern im Frühjahr jeden Garten

von Konkurrenztrieben zum Gipfel, das Stäben eines krummen Mittelleittriebes insbesondere bei Veredelungen oder das Abspreizen von zu steilen, aber brauchbaren Seitentrieben. Einen regelrechten Erziehungsschnitt, wie die sommergrünen Laubgehölze, brauchen sie jedoch nicht.

Erziehung der Kletterpflanzen und Spalierbäume

Mit Ausnahme der Weinreben und der Spalierbäume, die von Anfang an streng am Klettergerüst erzogen werden, brauchen Waldreben, Glyzinen und andere Schlinger sowie die Selbstklimmer, wie etwa der Efeu oder der Wilde Wein, keinen Erziehungsschnitt.

Erziehung der Kübelpflanzen

Oleander, Engelstrompeten und andere Kübelpflanzen sollen v. a. buschig wachsen und reich blühen. Dazu werden sie immer wieder zurückgeschnitten, damit sie sich ständig verjüngen. Einen Erziehungsschnitt brauchen sie nicht.

Kletterrosen setzen an der Hausfront farbenfrohe Akzente

Der richtige Termin

Die beste Zeit zum Schneiden der Gehölze ist in der Saftruhe, also im Winter. Obwohl der Saftfluss niemals stillsteht und auch in dieser Zeit Pflanzensäfte von den Wurzeln in die Krone und umgekehrt fließen, so ist dann der Saftverlust, der zwangsläufig durch den Schnitt verursacht wird, dennoch recht gering. Die ziemlich lange Periode wird allerdings noch eingeschränkt, denn bei Frost wird nicht geschnitten, weil es den Gehölzen schadet, und natürlich auch weil es unangenehm ist. Es hat sich daher bewährt, den Gehölzschnitt in der Zeit zwischen Dezember bis etwa Ende Februar bei mildem Wetter zu erledigen. Frostempfindliche Gehölze – v.a. Jungpflanzen von Weinreben, Kiwis und anderen Arten – werden grundsätzlich erst nach dem Winter im zeitigen Frühjahr geschnitten; jedoch nur solange die Wunden nicht bluten. Denn mit zunehmender Tageslänge und Wärme wird der Saftfluss stärker. Verletzungen durch einen zu späten Schnitt im Frühjahr würden einen unnötigen Saftverlust zur Folge haben. Der Schnitttermin ist daher vom Wetter abhängig und kann sich bis ins Frühjahr verzögern bzw. verlängern. Der Pflanzschnitt ist im Frühjahr ohnehin länger möglich, zumal bei den Jungpflanzen die Wunden noch nicht oder kaum bluten. Ein günstiger Termin für den Pflanzschnitt ist ebenso im Herbst – je nach Herbst- oder Frühjahrspflanzung.

Sommerschnitt

Alle Gehölze vertragen auch den Sommerschnitt. Im Sommer ist ein günstiger Termin etwa zum Heckenschneiden, wobei nur die jungen Triebe entspitzt (eingekürzt) werden, oder auch zum Auslichten der Kronen und Sträucher. Zu beachten sind aber Vogelnester. Wenn brütende Vögel in den Kronen oder Hecken zu erkennen sind, wird der Schnitttermin verschoben, bis die Jungen flügge sind. Der Sommerschnitt sollte allerdings nicht zu spät geschehen. Es hat sich gezeigt, dass die Wundheilung etwa ab August sehr zögerlich erfolgt.

Beim Sommerflieder werden im Sommer die welken Blütenstände ausgeschnitten

Winterschnitt

Beim Winterschnitt der Gehölze wird ins Holz geschnitten, wenn Zweige einzukürzen sind oder Äste abgetrennt werden müssen. Am besten heilen Schnittwunden im Spätwinter, denn dann bilden die Gehölze besonders viel Wundgewebe. Natürlich schaffen sie die Abschottung großer Schnittwunden auch dann nicht in wenigen Wochen. Das Überwallen, die Abschottung mit Wundgewebe, großer Schnittstellen kann mehrere Jahre dauern.

Pflegeschnitt

Sommergrüne Laubgehölze

Wenn die Laubgehölze in den ersten Jahren nach der Pflanzung gut erzogen wurden, las-

Kirsche - die kleine Rote

✿ Gesunde Powerfrüchte

Ob süß oder sauer - die kleinen Früchte mit dem Kern schmecken immer und sind gesund. In den kleinen Früchtchen stecken viele B-Vitamine, Vitamin C, Eisen und Kalium, das den Körper entwässert.

✿ Kirsch-Smoothie

Zutaten: 300 g frische Kirschen, 2 EL Kokossirup, 1 Limette, Zitronensaft, 1 TL Kokosraspel, 1 Kirsche zum Garnieren

Zubereitung: Kirschen waschen, entsteinen und für ca. 1 Stunde in den Kühlschrank stellen. Kirschen mit dem Kokossirup im Standmixer fein pürieren. Limette auspressen und Kirschpüree damit abschmecken. Rand eines Cocktailglases in Zitronensaft tauchen, anschließend in den Kokosraspeln drehen und das Kirschpüree vorsichtig ins Glas gießen. Kirsche auf einen Zahnstocher stecken und das Glas damit garniert servieren.

✿ Kirschkernkissen

400 Kirschkerne sammeln und einige Minuten kochen lassen, damit das Fruchtfleisch gänzlich entfernt ist. Dann die getrockneten Kirschkerne in ein Leinensäckchen einnähen. Dies lässt sich dann schnell in der Mikrowelle erhitzen und gibt eine lang anhaltende Wärme ab.

✿ Kirschstreusel

Zutaten (für ca. 12 Stücke): 1 Glas Sauerkirschen (370 g Abtropfgewicht), 35 g Speisestärke, 1/4 l Kirschsaft, 1 EL Zucker, 1 Päckchen Vanillinzucker, 1/2 EL Kirschwasser; für den Teig: 200 g Mehl, 50 g Speisestärke, 1/4 TL Backpulver, 1 Eigelb, 150 g Zucker, 150 g Butter, weich, Fett für die Form

Zubereitung: Für die Füllung Kirschen in einem Küchensieb gut abtropfen lassen. Anschließend die Speisestärke in einer Tasse mit etwas Kirschsaft verrühren. Den restlichen Kirschsaft mit Zucker und Vanillinzucker aufkochen, Speisestärke hinzufügen und unter Rühren kurz kochen lassen. Die abgetropften Kirschen dazugeben und nach Belieben mit dem Kirschwasser abschmecken. Anschließend den Backofen auf 200–250 °C vorheizen.

Für die Streusel Mehl, Speisestärke und Backpulver in eine Schüssel geben. Eigelb, Zucker und Butter daraufgeben und mit den Knethaken des Handrührgeräts auf kleinster Stufe so lange gut kneten, bis sich Streusel bilden.

Eine Springform (26 cm Durchmesser) einfetten. Drei Viertel der Streusel auf den Boden der Form geben und etwas andrücken. Die Kirschfüllung auf dem Teig verteilen. Die restlichen Streusel darüberkrümeln und den Kuchen im Ofen 25–30 Minuten backen. Anschließend aus dem Ofen nehmen, erkalten lassen und in 12 Stücke schneiden.

sen sie sich leicht pflegen. Besonders ist es nötig, die Kronen der Bäume weiter auszubauen bzw. dafür zu sorgen, dass sie sich gleichmäßig und artgerecht entfalten. Das ist recht einfach, wenn durch den Erziehungsschnitt bereits ein gut geordnetes, lichtes Kronengerüst herausgestellt wurde. Gewöhnlich genügt es dann, störende Triebe, insbesondere steile, nach innen wachsende und zu eng stehende, zu entfernen. Dieses Auslichten ist wichtig, damit – wie der Name sagt – wieder Licht in die Krone kommt. Andernfalls entwickelt sich in der Krone ein zu üppiges, meistens wild durcheinander wachsendes Geäst, das zunehmend verkahlt und dürr wird.

Nach dem Auslichten ist schon viel geschehen. Jetzt brauchen nur noch die jungen Triebe geordnet zu werden, die sich außen an der Krone an älteren Zweigen gebildet haben. Sie sind für die weitere Entfaltung der Krone zuständig und sollen möglichst gleichmäßig rundherum verteilt sein, damit sich das Geäst entsprechend gleichmäßig entwickelt. Zu eng stehende, zu steile und zu schwache Triebe werden entfernt, kräftige und gut angeordnete bleiben erhalten. Nachdem noch der Mittelleittrieb bzw. ein brauchbarer junger Gipfeltrieb frei geschnitten wurde, ist die Krone wieder licht und gut geordnet. Bei veredelten Laubbäumen, wie etwa bei Zierkirschen oder Zieräpfeln, ist es evtl. noch nötig, Wildtriebe zu beseitigen. Der Pflegeschnitt wird vorzugsweise im Spätwinter erledigt, wenn keine strengen Fröste mehr zu erwarten sind. Kleinere Eingriffe, insbesondere das Ausputzen dürrer Zweige, sind auch im Sommer möglich und günstig, zumal die dürren Zweige dann gut erkennbar sind.

Wenn das Auslichten einige Jahre versäumt wurde und der Baumbestand etwa bei der Übernahme eines älteren Gartens in einem ungepflegten Zustand ist, haben sich viele störende Triebe zu kräftigen Ästen ausgewachsen. Dann muss zunächst ein neues Kronengerüst freigestellt werden. Dazu wählt man gut angeordnete Hauptleitäste aus und schneidet sie frei, indem die unbrauchbaren konkurrierenden Äste beseitigt werden. So ein radikaler Eingriff ist grundsätzlich nur in der Saftruhe im Winter ratsam und erfordert eine sorgfältige Nachbehandlung der großen Schnittwunden. Ein kräftiger Rückschnitt hat stets einen kräftigen Austrieb zur Folge. Nach dem starken Auslichten braucht der Baum im nächsten Winter eine Nachbe handlung, weil sich viele neue unbrauchbare Triebe entwickeln, die zu beseitigen sind. Der Pflegeschnitt beschränkt sich i. A. bei allen Laubgehölzen auf das Auslichten, insbesondere bei den Sträuchern. Die meisten Sträucher haben kein symmetrisch angeordnetes Astwerk (mit Mittelleittrieb und Seitenleitäs-

Dürre Triebe am Baum entfernen

ten) und brauchen deshalb auch nicht geordnet zu werden. Bei ihnen genügt es i. d. R., gelegentlich einige zu eng stehende alte Äste am Boden zu entfernen, um die Entwicklung junger Triebe zu fördern und den lockeren Wuchs zu bewahren. Die Triebspitzen werden nicht eingekürzt, sonst verzweigen sich die Triebe, und die Sträucher wachsen zu dicht und besenartig. Halbsträucher wie etwa die Bartblume *(Caryopteris)*, die im Unterschied zu den Sträuchern nicht völlig frosthart sind und im Winter bis zum Boden zurückfrieren, werden entsprechend weit zurückgeschnitten. Nach diesem radikalen Rückschnitt verjüngen sie sich im Sommer wieder. Natürlich wird jedes Gehölz je nach Art ein wenig anders geschnitten; die Sonderbehandlungen sind aus den speziellen Beschreibungen ersichtlich.

Immergrüne Laubgehölze

Rhododendren, Buchsbäume, Kirschlorbeer und andere Immergrüne sind durchaus schnittverträglich. Sie brauchen aber i. d. R. keinen besonderen Schnitt, es sei denn, sie werden – wie etwa Buchsbäume – streng geformt. Allerdings lassen sich ältere Sträucher dieser und anderer Arten recht gut verjüngen, wenn sie beispielsweise unten verkahlen oder wenn sie bei strengem Frost zurückfrieren. Immergrüne Laubgehölze wachsen i. d. R. ziemlich langsam. Es dauert deshalb einige Jahre, bis sie sich nach einem strengen Rückschnitt erneuert haben. Einen starken Rückschnitt vertragen sie am besten im zeitigen Frühjahr, den Rückschnitt einzelner, etwa zu langstieliger, Zweige verkraften sie aber jederzeit. Die beschnittenen Zweige sollten noch einige Blätter haben. Das begünstigt den neuen Austrieb.

Nadelgehölze

Mit Ausnahme der Thujen, Scheinzypressen, Eiben und anderer typischer schnittverträglicher Heckenpflanzen vertragen Nadelgehölze den Schnitt schlecht, v. a. die Koniferen unter den Nadelgehölzen. Koniferen, das sind die Zapfen tragenden Nadelgehölze, wie etwa Fichten, Tannen oder Kiefern, entwickeln i. d. R. von Natur aus einen durchgehenden Mittelleittrieb, der sich ständig nach oben durch einen jungen Gipfel verlängert (für die kriechenden Arten oder die Zwergkoniferen gilt dies natürlich nicht). Wenn sie oben zurückgeschnitten werden, geht dieser typische Wuchs verloren. Sie verzweigen sich und bringen mehrere Gipfel hervor. Der kräftigste dieser jungen Gipfeltriebe übernimmt zwar mit der Zeit die Führung und richtet sich nach oben auf, einen geraden, durchgehenden Mittelleittrieb bringt er jedoch nicht mehr zustande. Der Rückschnitt ist immer erkennbar und auf Lebenszeit ein Makel für den Baum. Der Schnitt ins alte Holz ist bei Nadelgehölzen – anders als bei Laubgehölzen – ohnehin schädlich, weil die Wunden stark harzen. Das kostet natürlich Kraft und sieht außerdem unschön aus. Wenn der Schnitt nötig ist, um beispielsweise einen Stamm aufzuputzen, d. h. um alle Äste am Stamm bis in eine bestimmte Höhe zu beseitigen, ist es günstig, kurze Stummel stehen zu lassen, also anders als bei Laubgehölzen nicht direkt am Stamm abzuschneiden. Erst wenn die Stummel vertrocknet und dürr sind, werden sie weggeschnitten. Dadurch sind harzige Wunden zu vermeiden. Grundsätzlich ist es jedoch besser – falls nötig –, nur junge Triebe zu beschneiden, etwa um Konkurrenztriebe zum Gipfel zu beseitigen oder um langstielige Seitenzweige einzuschränken. Am besten geschieht dies im Sommer, solange die Triebe noch weich und elastisch sind. Zudem ist es aus optischen Gründen und zur Gesunderhaltung der Nadelgehölze günstig, dürres Holz im Kroneninneren auszuputzen. Die schnittverträglichen Arten wie etwa Thujen und Scheinzypressen vertragen übrigens auch nur das Beschneiden der jungen Triebe. Ins alte Holz darf

nicht geschnitten werden (z. B. bei Säulenformen, Hecken etc.), denn Zweige ohne Nadeln treiben nicht mehr aus und bleiben kahl.

Klettergehölze

Bei Kletterpflanzen sind verschiedene Typen zu unterscheiden. Es gibt Selbstklimmer (z. B. Efeu), die flächig auf Wände wachsen, Schlinger (z. B. Glyzinen), die sich um Schnüre oder Spanndrähte winden, Ranker (z. B. Wilder Wein), die sich mit Haftorganen an Zäunen oder Spalieren festhalten, und Spreizklimmer (z. B. Kletterrosen), die ihre Triebe zwischen die Kletterhilfe klemmen. Beim Schnitt ist natürlich neben der Pflanzenart auch die Klettertechnik zu beachten. Selbstklimmer brauchen i. d. R. keinen Schnitt, denn sie sollen ihre Triebe möglichst rasch über die ganze Wand verteilen. Schlinger lenkt man auf die Kletterhilfe; nur abweisende Triebe werden geheftet oder entfernt, wenn sie stören. Auch die Ranker dürfen ungehindert wachsen; nur die im Sommer blühenden Waldreben-Sorten vertragen einen Rückschnitt im

Beim Auslichten der Kletterrose schwache und überkreuzende Triebe entfernen

Frühjahr. Spreizklimmer, insbesondere Kletterrosen und der Winterjasmin, werden nur ausgeputzt. Je nach Art und Sorte sind besondere Schnitttechniken zu beachten, die im Kapitel „Pflanzenkunde" (s. S. 175 ff.) beschrieben sind.

Kübelpflanzen

Oleander, Feigen, Engelstrompeten und andere südländische Kübelpflanzen sollen v. a. buschig wachsen und reichlich blühen bzw. fruchten. In der Jugend lassen sich die Verzweigung und der buschige Wuchs durch den Rückschnitt fördern. Buschige, blühfähige Pflanzen brauchen gewöhnlich keinen Rückschnitt, wenn sie richtig überwintert werden. Sie vertragen aber auch einen kräftigen Rückschnitt, der evtl. infolge von Frostschäden nötig ist oder um langstielige Triebe zur Verzweigung anzuregen. Allerdings dauert es nach dem Rückschnitt länger als bei ungeschnittenen Pflanzen, bis sie im Sommer blühen.

Formschnitt

Gehölze sollen naturnah wachsen und schöne Kronen oder kräftige Büsche entfalten. Sie vertragen aber auch einen mehr oder weniger starken Schnitt, je nach Art und Sorte. Einige Arten eignen sich besonders gut zum Formieren und bieten sich als Gestaltungselemente insbesondere für Hecken oder für Sonderformen an; so etwa die Buchsbäume für Beeteinfassungen oder die Weiden als sogenannte Kopfweiden.

Hecken

Dichte Pflanzstreifen aus Gehölzen sind willkommene Grundstückseinfriedungen, zumal sie je nach Gehölzart in verschiedenen Höhen gezogen werden können und rund ums Jahr grün oder bunt sind. Hecken lassen sich streng oder locker gestalten. Eine Formschnitthecke entsteht aus schnittverträglichen Laub- oder Nadelgehölzen, die dicht in eine Reihe gepflanzt werden, und zwar i. d. R. drei bis vier Pflanzen pro Meter. Nach dem Anwachsen wird die Hecke bald dicht, wenn sie jedes Jahr im Sommer, etwa Ende Juni, sobald sie den Hauptzuwachs vollendet hat und nur noch wenig wächst, den regelmäßigen Schnitt bekommt.

In den ersten Jahren nach der Pflanzung werden nur die Flanken getrimmt, d. h. man schneidet sie nur an den Seiten, und zwar so, dass sie unten breiter ist als oben. Durch diese konische, sich nach oben verjüngende Form bekommt sie überall genügend Sonnenlicht – anders als bei senkrechten oder gar oben breiteren Flanken.

Beim Trimmen mit der Heckenschere werden immer nur die Jahrestriebe eingekürzt. Der Schnitt ins alte Holz ist zu vermeiden, v. a. bei Nadelholzhecken, die verkahlen, wenn die Seiten zu stark zurückgeschnitten werden. Oben bleibt die junge Hecke zunächst unbeschnitten, bis sie die gewünschte Höhe erreicht hat. Erst dann wird sie – wie an den Flanken – auch oben jährlich getrimmt. Der Formschnitt frei Hand erfordert ein wenig Übung. Wichtig ist, dass die He-

Wildstrauchhecken werden locker gepflanzt, damit alle Sträucher gut ineinanderwachsen

ckenschere beim Schnitt der Flanken flach angesetzt und von unten nach oben gleichmäßig durchgezogen wird. Bei starkwüchsigen Hecken (Buchen, Feldahorn etc.) ist es besser, zunächst den Grobschnitt zu erledigen und dann fein nachzuschneiden, als gleich bis zur gewünschten Tiefe vorzudringen. Dadurch lassen sich „Löcher" (Kahlstellen) in den Flanken vermeiden. Bei starkwüchsigen Hecken kann evtl. ein zweiter Schnitt im Sommer durchgeführt werden. Spätestens Ende August sollte der Schnitt jedoch vollendet sein, denn danach wächst die Hecke nicht mehr und sieht bis zum nächsten Frühjahr ziemlich gerupft aus. Beim Heckenschnitt im Sommer ist auf brütende Vögel zu achten. Falls nötig, wird erst geschnitten, wenn die Jungen flügge sind.

Frei wachsende Hecken, so etwa Wildstrauchhecken aus Schlehen, Kornelkirschen, Wildrosen und anderen heimischen Gehölzen oder Blütenhecken aus Forsythien, Weigelien und anderen Blütensträuchern, werden locker gepflanzt und erzogen. Jeder Strauch in der Hecke bekommt so viel Raum, dass er sich recht frei entfalten kann und dennoch dicht mit den benachbarten Sträuchern zusammenwächst. Dazu werden die Sträucher etwa im Abstand von 1,50 bis 2 m in die Reihe gepflanzt oder – wenn genügend Raum für besonders üppige Hecken ist – im zwei- oder dreireihigen Verband. Dabei setzt man die Sträucher der zweiten Reihe jeweils in Lücken zur ersten Reihe usw.

Der Schnitt der frei wachsenden Hecken aus Wildgehölzen oder Blütensträuchern beschränkt sich im Wesentlichen nur auf das Auslichten zu dichter Sträucher, wobei immer nur einige alte Zweige direkt am Boden abgeschnitten werden. Die Sträucher verjüngen sich dadurch ständig und bleiben wüchsig und blühfähig. An den Triebspitzen wird nichts geschnitten, sonst verlieren sie den lockeren, natürlichen Wuchs und sehen besenartig aus. Die beste Zeit zum Auslichten der Wildstrauch- und Blütenhecken ist im Spätwinter. Bei früh blühenden Gehölzen wie etwa Forsythien, Zierjohannisbeeren und dergleichen ist es jedoch besser, bis nach der Blüte zu warten, zumal keine Blütenknospen verloren gehen und sie den Schnitt auch dann noch gut vertragen.

Bei mehrreihigen Verbänden aus Groß- und Kleinsträuchern, in denen die großen Gehölze wie etwa Hainbuchen, Feldahorne oder Kornelkirschen in der Mitte stehen und mit Heckenkirschen, Wildrosen und anderen unterpflanzt sind, wird in den ersten Jahren nur ausgelichtet. Später, wenn sich die Gehölze bedrängen, empfiehlt es sich, die Großgehölze aufzuputzen, damit die kleineren mehr Platz haben. Beim Aufputzen werden die unteren Äste bis in eine gewünschte Kronenhöhe entfernt und die Stämme frei geschnitten.

Sonderformen

Gehölze mit ungewöhnlichen Formen wie z. B. Hängeweiden und Trauerbirken, Säulenhainbuchen und Säulenwacholder oder Kriechmispeln und Kriechwacholder brauchen eine spezielle Behandlung, die ihren Formen entspricht. Gewöhnlich genügt es, bei diesen Arten und Sorten abweisende Triebe zu beseitigen, so etwa steile Triebe bei Hängeformen, insbesondere Wildtriebe aus der Veredelungsunterlage (z. B. bei Hängezierkirschen oder beim Kugelahorn) oder überhängende Triebe bei Säulenformen (z. B. bei windzerzausten Säulenwacholdern). Sonst werden sie wie andere Gehölze – je nach Art – nur ausgelichtet und ausgeputzt (von dürrem Holz befreit). Nur wenige Sonderformen brauchen eine besondere Behandlung, so etwa die Kopfweiden, die jedes Jahr im Winter radikal gestutzt werden, und natürlich die „künstlichen“ Sonderformen, wie etwa die Buchsbaumkegel, Eibenpyramiden und dergleichen, die wie Formschnitthecken zu behandeln sind.

Schnitt für besondere Fälle

Alte Bäume behandeln

Alte Bäume sollten möglichst wenig geschnitten werden. Dennoch kann der Schnitt nötig sein, wenn z. B. ein Ast stört oder eine Krone sehr verwildert ist. Große Eingriffe sind grundsätzlich im Spätwinter und mit besonderer Sorgfalt zu erledigen. Sägewunden brauchen eine Nachbehandlung mit einem Messer und einen Wundverschluss mit künstlicher Rinde. Besonders beim Abtrennen dicker Äste ist das Ausschlenzen zu verhindern. Sie werden stückweise abgesägt und vorsichtig aus der Krone genommen, ohne andere Äste zu beschädigen. Erst zum Schluss wird dann der jeweils übrig gebliebene Stummel direkt am Stamm abgetrennt.

Verletzungen an alten Bäumen – etwa durch den Schnitt oder auch durch Blitzschlag, Windbruch oder Baumaschinen – sind oft der Anfang vorzeitigen Verfalls. Besonders wenn die

Wundverschluss

Wunden unbehandelt bleiben, dringt Wasser in den Holzkern ein und verursacht Fäulnis. Pilzkrankheiten lassen dann nicht lange auf sich warten und beschleunigen den Verfall. Schäden an alten Bäumen sind deshalb umgehend zu behandeln.

Falls nötig, erfordert dies ein gründliches Ausschneiden bis ins gesunde Holz und einen umfassenden Wundverschluss. Bei sehr alten Bäumen lässt sich dadurch der Verfall allerdings nur verzögern und nicht aufhalten. Manchmal ist es besser, einen jungen Baum nachzupflanzen, als einen alten Baum mit allen Mitteln zu erhalten.

Rückschnitt bei Frostschäden

Nussbäume, Zedern und andere Gehölze, die nicht völlig winterhart sind, werden bei strengem Frost immer wieder stark angegriffen. Manchmal sterben ganze Kronenpartien ab. Es bleibt dann nur ein starker Rückschnitt bis ins gesunde Holz übrig. Der geschieht am besten erst im Frühjahr, wenn das Ausmaß der Frostschäden deutlich erkennbar ist. Vitale Gehölze erneuern die verlorene Substanz gewöhnlich schon in wenigen Jahren wieder. Sie brauchen allerdings bei der Verjüngung Unterstützung bzw. eine Erziehungshilfe, damit sich wieder ein schönes Geäst entwickelt.

Rückschnitt beim Umpflanzen

Einen alten Baum pflanzt man nicht um, lautet eine alte Regel. Dennoch kann dies gelegentlich die letzte Rettung sein, wenn er z. B. bei Bauarbeiten stört. Selbstverständlich ist dies nur bis zu einer bestimmten Größe und einem gewissen Alter machbar, zumal der Transport noch möglich sein muss. Mit Umpflanzaktionen in den Baumschulen, die oft ausgewachsene Exemplare versetzen, ist eine Umpflanzung im Garten übrigens kaum vergleichbar, denn diese Bäume sind mehrmals verpflanzt und für das Umpflanzen vorbereitet. Außerdem geschieht dies i. d. R. mit Spezialmaschinen und Transportern. Jedenfalls verkraften alte Bäume das Umpflanzen leichter, wenn sie zurückgeschnitten werden, weil sie dann nach dem Umpflanzen weniger Substanz zu versorgen haben und leichter anwachsen. Dazu wird die Krone insgesamt ein wenig reduziert, indem die Äste jeweils auf einen Seitentrieb zurückgeschnitten werden. Der Habitus (die Gestalt) soll dabei möglichst erhalten bleiben. Besonders bei Nadelgehölzen beschränkt sich der Rückschnitt beim Umpflanzen auf das Entfernen einiger störender Äste und das Zurückschneiden zu langer Zweige jeweils an einem Seitentrieb. Grundsätzlich werden Gehölze mit Ballen umgepflanzt. Das erleichtert ihnen das Anwachsen, weil viele Faserwurzeln erhalten bleiben.

Bäume freischneiden und aufputzen

Oft bedrängen sich zu dicht stehende Gehölze. Wie im Wald versuchen sie dann nach oben zu streben und entwickeln lange Stämme ohne Verzweigung. Schwächere werden unterdrückt und verkümmern. Im Wald, insbesondere im Forst, ist dies erwünscht, weil schöne, gerade Stämme wertvolles Holz bringen. Im Garten gedeihen die Gehölze weniger aus wirtschaftlichen Gründen. Vielmehr werden sie aus gestalterischen Gründen kultiviert. Hier sollen sie sich sogar ausbreiten und schöne Kronen entwickeln. Oft geschieht dies jedoch auf Kosten benachbarter Gehölze. Dann ist zu entscheiden, welcher Baum

Baumstämme können bis in die gewünschte Kronenhöhe aufgeputzt werden

„wertvoller" und zu erhalten ist und welcher weichen muss oder zu beschneiden ist, sodass er nicht mehr bedrängt. Selbstverständlich sind die optimalen Abstände schon bei der Pflanzung einzuhalten. Dennoch ist das Freischneiden nach einigen Jahren bei dichten Pflanzungen nötig, v. a. bei Hecken oder gemischten Grundstückseinfriedungen aus Bäumen und Sträuchern. Bei Bäumen, die bis zum Boden beastet sind, ist es bei dichtem Stand oder wenn sie etwa mit Stauden unterpflanzt sind, ohnehin nötig, die Stämme aufzuputzen. D. h. die unteren, störenden Äste werden bis in eine gewünschte Kronenhöhe direkt am Stamm entfernt. Natürlich lassen sich auch freistehende, bis zum Boden beastete Bäume auf diese Weise in Kronenbäume umwandeln. Dies sollte jedoch rechtzeitig geschehen, um das Absägen dicker Äste zu vermeiden. Und selbst aus Forsythien, Holunder und anderen Sträuchern lassen sich Kronenbäumchen bilden, wenn jeweils ein gerader Trieb freigestellt und zum Stämmchen erzogen wird.

Ergänzende Pflege zum Schnitt

Pfählen

Nach der Pflanzung sind Stützen wertvolle Anwachshilfen. Besonders bei Hochstämmen ist das Pfählen wichtig, sonst drückt sie der Wind und reißt die frischen Würzelchen immer wieder ab. Gehölze mit Ballen werden schräg gepfählt, d. h. der Pfahl wird mit der vorherrschenden Windrichtung (gewöhnlich von West nach Ost) knapp am Stamm vorbei in den Boden getrieben. Der Ballen bleibt dabei unverletzt. Zum Binden bietet sich ein Kokosfaserstrick an, der in Form einer doppelten Acht um den Pfahl und den Stamm geschlungen wird, sodass ein puffernder Knoten entsteht. Die Bindung muss straff sein, sonst scheuert der Strick an der Rinde. Bei Solitärs sind je nach Größe zwei oder drei Pfähle nötig. Sie werden in ausreichendem Abstand zum Stamm beiderseits bzw. an drei Seiten senkrecht in den Boden geschlagen, ohne den Ballen zu verletzen. Straffe Bindungen aus gedrilltem Kokosstrick, die zwischen den Pfählen und dem Stamm angelegt

Kirschbaum pfählen und binden

werden, halten den Baum sicher fest, sodass er in Ruhe anwachsen kann. Bei Gehölzen ohne Ballen genügt meistens ein Pfahl, der senkrecht knapp am Stamm vorbei in den Boden geschlagen wird. Dabei ist darauf zu achten, dass er zwischen den Wurzeln durchgleitet, ohne diese zu verletzen. Ein „doppelter Achterschlag" (so heißt die Bindung) gibt sicheren Halt. Die Stützen bleiben i.d.R. zwei bis drei Jahre stehen, dann sind die Gehölze angewachsen. Zwischendurch muss man die Bindungen kontrollieren und, falls nötig, nachbinden, wenn sie an der Rinde scheuern, oder lösen, wenn sie einschnüren. Leider wird das oft vergessen, sodass viele Bäume von ihren Haltestricken „erdrosselt" werden.

Stäben

Eine weitere wertvolle Hilfe zur Erziehung schöner Gehölze ist das Stäben. Mittels Bambusstäben (Tonkinstäben) und Bast lassen sich insbesondere krumme Stämmchen oder Gipfel gerade richten oder brauchbare, steile Seitentriebe abspreizen und zum Aufbau der Krone nutzen. Letzteres gelingt natürlich ebenso durch das Absenken mit Gewichten oder mit speziellen Klammern. Um einem krummen Stämmchen oder Gipfel die richtige Richtung zu geben, wird der Bambusstab zunächst in den Boden gesteckt bzw. an einem geraden Stammstück festgebunden. Dann lässt sich der krumme Trieb gerade richten,

Krumme Apfelbaumstämmchen lassen sich mithilfe von Stäben aufrichten

indem er an den Bambusstab gedrückt und festgebunden wird. Gleichermaßen werden Seitentriebe abgespreizt. Sie lassen sich aber auch mit geeigneten Gewichten (z. B. selbst gegossenen Betonzylindern) absenken, wenn sie zu steil sind, oder mit sogenannten Asterziehungsklammern abspreizen. Auch diese Erziehungshilfen sind regelmäßig zu kontrollieren und zu erneuern, wenn sie sich lockern, oder zu lösen, sobald die Triebe verholzt sind und in der gewünschten Stellung bleiben.

Wundbehandlung

Nötige Eingriffe mit der Schere, aber auch der Frost, Stürme oder Schädlinge verursachen oft Wunden, die den Gehölzen schaden und Kraft kosten. Sie sollten unverzüglich behandelt werden, um den natürlichen Wundverschluss zu beschleunigen, den Saftverlust zu vermindern, die Austrocknung zu verhindern und Krankheitserreger abzuhalten. Zunächst müssen Wunden nachgeschnitten werden, wenn sie infolge eines Bruchs oder eines Sägeschnitts rissig sind.

Glatte Wunden heilen schneller als rissige, zumal die Oberfläche wesentlich kleiner ist. Rissige Wunden am Stamm oder an Ästen, etwa durch Maschinen (z. B. Grasmäher) oder durch Wildverbiss, sind mit einem scharfen Messer nachzuschneiden. Am besten werden sie mit Wundholz überwallt, wenn sie eine hochovale Form haben. Dann versorgt sie der Saftfluss optimal mit Korkzellen, sodass sie zügig verschlossen werden.

Die Gehölze bilden nur in der Rinde Wundgewebe. Die Rinde ummantelt den Holzzylinder, der aus abgestorbenen Zellen besteht. Nur in der Rinde fließen die Pflanzensäfte in Leitungsbahnen und befördern Wasser und Nährstoffe nach oben und Assimilate (gebildete Stärke) nach unten. Mit dem Saft werden auch Korkzellen transportiert, die im Herbst die Blätter vom Saftfluss abtrennen und den Blattfall bewirken, aber auch Wunden verschließen. Im Holzkern selbst sind keine Leitungsbahnen, hier ist also auch kein Saftfluss möglich. Schäden unter der Rinde im Holz sind deshalb unheilbar. Fäulnis durch Wasser oder durch Pilze zerstört das Holz und höhlt den Ast oder Stamm mit der Zeit aus.

Wundbehandlung mit künstlicher Rinde

Es gilt daher die Wunden so zu verschließen, dass kein Wasser und keine Pilze ins Holz eindringen können. Gefährlich sind v. a. die Pilzsporen von benachbarten Hutpilzen („Baumschwämmen“) sowie vom Rotpustel und anderen Schädlingen, die mit dem Wind verbreitet werden und nach dem Befall der

Wunden ein Pilzgeflecht (Hyphen) bis ins gesunde Holz treiben. Befallsstellen sind neben Schnittwunden durch abgetrennte Äste auch Rindenrisse durch Frost oder Verletzungen durch Wildverbiss. In der Zeit der Abschottung, in der Wundgewebe über die Verletzung wächst, schützt ein künstlicher Wundverschluss mit einem speziellen Mittel (z. B. „künstliche Rinde“) die Wunden vor Infektionen. Das Wundverschlussmittel darf jedoch nicht auf erkranktes Holz aufgetragen werden, sonst schützt es nicht den Baum, sondern die schädlichen Pilze und fördert die Fäulnis!

Der natürliche Wundverschluss kann sich so ungehindert vollziehen, indem die Schnittstelle oder die Verletzung rundherum vom Wundgewebe überwallt wird. Dabei darf natürlich nichts stören. Deshalb werden Äste – falls nötig – stets an der Austriebstelle abgetrennt, sodass keine Stummel oder Zapfen stehen bleiben. Sie verhindern sonst den Wundverschluss! Aststummel ohne Knospen oder Zweige sind ohnehin schädlich. Sie werden nicht mehr vom Saftfluss versorgt und vertrocknen. Das dürre Holz ist dann eine günstige Basis für Pilzkrankheiten.

Schnitt am Astring

Eine wesentliche Orientierungshilfe beim Schnitt ist der sogenannte Astring. Dieser Gewebering ist bei vielen Gehölzen deutlich zu sehen. Er umringt die Äste und Zweige jeweils an der Austriebstelle. Wenn ein Ast oder Zweig am Astring abgeschnitten wird, bildet sich dort verstärkt Wundgewebe, das die Schnittstelle zügig überwallt. Allerdings darf der Astring dabei nicht verletzt werden! Schneiden Sie also nicht zu knapp ab, doch lassen Sie auch keine Zapfen oder Stummel stehen! Beim Schneiden ist es wichtig, das Werkzeug richtig anzusetzen, insbesondere beim Schneiden mit der Schere. Und zwar wird die Schere mit der Klingenaußenseite knapp am Astring angesetzt, sodass der Backen nicht quetscht. Bei Gehölzen ohne deutlichen Astring (z. B. bei Hainbuchen) werden die Äste und Zweige gleichermaßen jeweils knapp an der Austriebstelle abgetrennt, ohne dass Stummel oder Zapfen stehen bleiben.

Wenn ein dicker Ast abgetrennt werden muss, und der Schnitt nicht mehr mit einer Astschere zu schaffen ist, erfolgt das Abtrennen mit einer Baumsäge. Auch dann gibt der Astring die Schnittstelle vor. Beim Absägen ist jedoch darauf zu achten, dass der Ast nicht ausschlenzt (ausreisst). Vorbeugend wird er vorher ein kurzes Stück von unten eingesägt und erst dann von oben ganz durchgesägt. Bei einem sehr dicken Ast ist es empfehlenswert, zunächst nicht direkt am Astring abzusägen, sondern ein Aststück stehen zu lassen. Dieses wird erst dann abgesägt, nachdem der größte Teil des Astes beseitigt wurde.

Schnitt am Astring mit einer Backenschere

Pflanzenkunde

Obst

Süßkirschen

(*Prunus-avium*-Sorten)

Wuchsformen
Neben vielen Sorten mit großen Bäumen sind mittlerweile auch kleine Züchtungen auf schwach wachsenden Veredelungsunterlagen zu bekommen (z. B. „Gisela“). Sie unterscheiden sich nur in der Größe, aber nicht im Wuchs. Süßkirschen bilden lichte Kronen mit schönen geraden Leitästen.

Erziehungsschnitt
Falls nötig, sollten junge Bäume in den ersten Jahren nach der Pflanzung erzogen werden. Es genügt, einige gut geordnete Seitenäste und einen senkrechten Mitteltrieb zu erhalten. Schwache und überkreuzende Triebe werden entfernt.

Pflegeschnitt
Mit den Jahren lässt sich aus diesem Grundgerüst die für Kirschbäume typische hochovale Krone ausbauen. Erwachsene Exemplare brauchen keinen Schnitt mehr, zumal ein Rückschnitt starker Zweige oft den Ausfluss von harzigem Pflanzensaft verursacht („Gummifluss“). Nur dürres Holz ist am besten im Sommer, wenn es sich gut erkennen lässt, gründlich zu entfernen.

Sauerkirschen

(*Prunus-mahaleb*-Sorten)

Wuchsformen
Anders als Süßkirschen halten sich Sauerkirschbäumchen in Grenzen. Sie breiten keine lichten Kronen mit geraden Leitästen aus, sondern bilden kleine Bäumchen mit dichten Kronen.

Erziehungsschnitt
Nach der Pflanzung ist es empfehlenswert, ein gleichmäßiges Astgerüst zu erziehen, auch wenn Sauerkirschbäume von Natur aus – anders als Süßkirschenbäume – keine typischen Hauptleitäste bilden. Dieses Astgerüst kann dann später weiter ausgebaut werden und als Orientierungshilfe beim Auslichten dienen.

Pflegeschnitt
Sauerkirschbäume sollten im Winter ausgelichtet werden. Es ist besonders nötig, die langen, überhängenden Zweige („Peitschentriebe“) einzukürzen und zu dicht stehende Triebe zu entfernen. Zudem ist dürres Holz auszuputzen. Das kann auch im Sommer geschehen, zumal es dann besser zu erkennen ist.

Pflaumen, Zwetschgen, Renekloden und Mirabellen

(Prunus domestica)

Wuchsformen
Dieses Steinobst bildet zusammen eine große Gruppe an kleinen Bäumen, die sich weniger im Wuchs als vielmehr durch ihre Früchte unterscheiden. Pflaumen sind rund, Zwetschgen bilden die typischen ovalen Früchte, Renekloden sind wiederum groß und rund, und die Mirabellen bringen kleine, runde Früchte hervor. Sie wachsen gleichermaßen auf hochovalen Kronen, die ein dichtes Geäst entwickeln.

ordneten Hauptleitästen. Sie bringen vielmehr sparrige Großsträucher oder kleine Bäume hervor, die wild durcheinanderwachsen. Junge Aprikosenbäume lassen sich aber durchaus auch streng in Form bringen, wenn etwa gut geordnete Spalierbäume erwünscht sind.

Erziehungsschnitt
Die Formgebung muss schon in den ersten Jahren nach der Pflanzung beginnen, denn Aprikosenbäume sollten nicht ins alte Holz geschnitten werden. Schnittwunden sind oft die Ursache für Erkrankungen, die dann das Absterben ganzer Zweige zur Folge haben. Solange die jungen Triebe noch schwach sind, lassen sie sich leichter ausschneiden oder aber in die gewünschten Richtungen lenken, insofern sie für die Kronen- oder Spaliererziehung gebraucht werden.

Pflegeschnitt
Die Anfälligkeit für Pilzkrankheiten und andere biotische Schädlinge sollte von zu starken Eingriffen ins Astwerk abhalten. Allerdings ist es nötig, kranke Zweige unverzüglich bis ins gesunde Holz zurückzuschneiden und zu vernichten. Die Wunden sind nach dem Schnitt mit künstlicher Rinde zu behandeln.

Erziehungsschnitt
In der Jugend lohnt es sich, die Kronenäste dieser kleinen Steinobstbäume möglichst waagrecht zu erziehen. Sie wachsen sonst von Natur aus straff aufrecht und stören sich gegenseitig. Nach oben sollte nur ein senkrechter Mittelleittrieb erhalten bleiben. Das Grundgerüst lässt sich mit den Jahren weiter ausbauen.

Pflegeschnitt
Nach der Erziehung ist es nur noch nötig, die Kronen möglichst licht zu halten. Das geschieht durch das Entfernen zu eng stehender Zweige und solcher, die steil aufrecht oder nach innen wachsen. Nicht zu vergessen ist das gründliche Beseitigen von wilden Wurzelausläufern. Zudem trägt das Ausputzen von dürrem und krankem Holz zur Gesunderhaltung dieser Obstgehölze bei.

Aprikosen

(Prunus armeniaca)

Wuchsformen
Diese recht kleinen Steinobstgehölze bilden keine symmetrischen Kronen mit streng ge-

Apfelbäume

(Malus domestica)

Wuchsformen
Die Vielfalt an Apfelbäumen ist wohl die größte innerhalb aller Obstgehölze. Es gibt Hochstämme, Halbstämme, Buschbäume und Spindelbuschbäume. Die Wuchsform richtet sich nach der Veredelungsunterlage. So werden Hochstämme vorzugsweise auf stark wachsende Sämlinge veredelt. Dagegen sind schwach wachsende Züchtungen nur auf sogenannten Typen-Unterlagen kultivierbar. Der Schnitt richtet sich ganz wesentlich nach der Wuchsform.

Erziehungsschnitt
Wie bei allen Obstbäumen, die ein mehr oder weniger streng geordnetes Astgerüst entwickeln sollen, ist besonders bei Apfelbäumen die Erziehung in den ersten Jahren ganz entscheidend für die Kronenentwicklung. Insbesondere sollte bei Stammformen (z. B. Hochstamm, Halbstamm) ein gleichmäßig geordnetes Astgerüst erzogen werden, das mit den Jahren nur noch weiter auszubauen ist.

Pflegeschnitt
Gut erzogene Apfelkronen lassen sich recht einfach in Form halten. Es genügt, jeweils im Winter die störenden Triebe zu entfernen oder – wenn sie für die weitere Erziehung zu gebrauchen sind – in Lücken zu lenken. Das kann durch den Schnitt jeweils über einer Knospe geschehen, die in die bestimmte Richtung gerichtet ist, oder auch durch das Abspreizen brauchbarer Triebe mit Hölzchen oder anderen Hilfen. Apfelbäume vertragen auch einen Sommerschnitt (s. Birnbäume).

Birnbäume

(Pyrus communis)

Wuchsformen
Die Auswahl bei Birnbäumen beschränkt sich anders als beim Apfel auf wenige Wuchsformen. Es gibt stark wachsende Hochstämme und schwach wachsende Buschbäume, zumal für dieses Kernobst entweder Sämlinge als Veredelungsunterlagen dienen oder Quitten. Buschbäume auf Quitten-Unterlagen halten sich in Grenzen. Hochstämme können dagegen mächtige Bäume bilden.

Erziehungsschnitt
Wie beim Apfel ist auch bei der Birne die Erziehung in den ersten Jahren nach der Pflanzung für den weiteren Wuchs prägend. Versäumnisse oder Fehler bei der Kronenerziehung lassen sich später nur noch schwer korrigieren. Insbesondere gilt es ein möglichst gleichmäßiges Kronengerüst herauszustellen. Birnbäume bringen oft steil aufrecht gerichtete Triebe hervor. Diese sollten bei der Erziehung zu Leitästen möglichst waagrecht gestellt werden.

Pflegeschnitt
Gut erzogene Birnbaumkronen lassen sich leicht in Form halten. Es genügt, wenn jeweils im Spätwinter alle störenden und zu dicht stehenden Triebe ausgelichtet werden. Wie die Apfelbäume vertragen Birnbäume auch einen Sommerschnitt. Im Juni etwa ist es bereits möglich, offensichtlich störende

Triebe einfach auszuknipsen, solange sie krautig und weich sind.

Quitten

(Cydonia oblonga)

Wuchsformen
Diese kleinen Kernobstbäume zeichnen sich durch eine ungewöhnliche Fruchtbarkeit aus. Ein einziger Buschbaum trägt jedes Jahr reichlich große, birnen- oder apfelförmige Früchte, auch wenn er keinen besonderen Schnitt bekommt. Quitten sind übrigens – anders als etwa Apfel- oder Birnbäume – selbstfruchtbar. Die Blüten sind also nicht auf Blütenstaub von anderen Quitten-Sorten angewiesen. Im Wuchs sind sie etwa Apfelbuschbäumen ähnlich.

Erziehungsschnitt
Ein strenger Erziehungsschnitt ist möglich, aber nicht nötig, zumal Quitten von Natur aus keine Leitäste entwickeln. Falls gewünscht, lassen sich die kleinen Bäumchen aber wie Apfelbuschbäumchen erziehen, solange die Triebe noch jung und elastisch sind.

Pflegeschnitt
Der Pflegeschnitt beschränkt sich auf das Auslichten von störenden Trieben. Falls nötig, nehmen Quitten auch einen starken Verjüngungsschnitt hin, wenn sie mangels Pflege zu dichte und verwilderte Kronen gebildet haben.

Beerenobst

(*Ribes*-Arten)

Wuchsformen
Johannis- und Stachelbeer-Sorten werden sowohl als Sträucher als auch mit Stämmchen angeboten. Sie bilden gleichermaßen ein dichtes Zweigwerk ohne Leitäste.

Erziehungsschnitt
Nach der Pflanzung genügt es, einige kräftige Triebe zu erhalten. Schwache oder zu dicht stehende Triebe werden direkt an der Austriebstelle oder in Bodennähe entfernt. Die Erziehung eines Kronengerüsts oder Strauchwerks ist nicht nötig, zumal die Sträucher oder Kronen immer wieder ausgelichtet und neu geordnet werden.

Pflegeschnitt
Die Büsche und Stämmchen bleiben gesund und ertragfähig, wenn sie jeweils im Spätwinter einen Schnitt bekommen. Dabei genügt es, jeweils einige alte Ruten (holzige Zweige) zu entfernen. Der Auslichtungsschnitt regt sie zur Entwicklung neuer Triebe an, die dann im nächsten Jahr tragen.

Weinreben

(Vitis vinifera)

Wuchsformen
Weinreben sind starkwüchsige Kletterpflanzen, die als Wildformen auf Waldbäumen hochranken. Sie können 20 m Höhe erreichen. Genauso gut lassen sich diese uralten

Kulturpflanzen als Spaliere ziehen oder als kompakte Weinstöcke halten.

Erziehungsschnitt

Der Schnitt richtet sich nach der gewünschten Erziehungsform. Zunächst wird die eintriebige Jungpflanze bis zu einer bestimmten Höhe an das Spalier, an die Pergola oder an ein anderes Stützgerüst gelenkt. Sie lässt sich dann durch einen gezielten Rückschnitt in dieser Höhe zur Verzweigung anregen. Die Seitentriebe, die sich aus den Knospen unterhalb der Schnittstelle entwickeln, dienen als Haupttriebe. Sie werden an das Spalier geheftet. Das kann ein Fächerspalier sein, ein waagrechter Schnurstock oder eine andere Erziehungsform. Die Haupttriebe verholzen mit den Jahren und bringen Seitentriebe hervor, die als Fruchtholz dienen.

Pflegeschnitt

Weinreben brauchen den regelmäßigen Schnitt im Winter. Und zwar ist es nötig, alle Fruchttriebe auf kurze Stummel (Zapfen) mit etwa drei bis fünf Knospen zurückzuschneiden. Aus diesen Knospen entwickeln sich wieder junge Triebe, die im folgenden Sommer fruchten. Weiterhin ist es nötig, alle schwachen und offensichtlich kranken Triebe zu entfernen. Im Sommer ist ein Auslichtungsschnitt möglich. Und zwar sollten dann die Triebe, die Früchte angesetzt haben, so weit zurückgeschnitten werden, dass noch einige Blätter erhalten bleiben. Geiztriebe (schwache, fruchtlose Seitentriebe) werden entfernt.

Ziergehölze

Forsythie, Zierjohannisbeere, Felsenbirne, Kornelkirsche und andere Frühblüher

(*Forsythia, Ribes sanguineum, Amelanchier, Cornus mas* u. a.)

Wuchsformen

Blütensträucher bringen kräftige Triebe aus dem Wurzelstock hervor, die zunehmend verholzen und sich zu dicken Zweigen entwickeln. Dadurch entstehen je nach Art recht lockere Büsche (z. B. *Amelanchier*), die keinen besonderen Schnitt brauchen, oder sehr dicht verzweigte Sträucher (z. B. Forsythien), denen ein gelegentlicher Auslichtungsschnitt gut bekommt.

Erziehungsschnitt

In den ersten Jahren nach der Pflanzung lassen sich wenig verzweigte Jungpflanzen durch

den Rückschnitt sehr langstieliger Triebe zu buschigem Wuchs anregen.

Pflegeschnitt
Sobald sich die Sträucher zu buschigen Gehölzen ausgewachsen haben, brauchen sie nur noch einen gelegentlichen Auslichtungsschnitt. Und zwar genügt es, jedes Jahr einige alte Zweigen direkt am Boden zu entfernen, um Freiräume für die Entwicklung junger Triebe zu schaffen. Dieser Auslichtungsschnitt sollte bei diesen Sträuchern, die ihren Flor im Frühjahr entfalten, erst nach der Blüte geschehen. Sie bilden dann im Sommer neue Blütentriebe für das nächste Jahr.

Sommerflieder, Fünffingerstrauch, Rispenhortensie, Eibisch, Blauraute und andere Sommerblüher

(*Buddleia, Potentilla fruticosa, Hydrangea panicula, Hibiscus syriacus, Perovskia* u. a.)

Wuchsformen
Wie die Frühblüher bilden auch die Sommerblüher unter den Ziersträuchern kleine oder große Büsche mit holzigen Zweigen. Allerdings entwickeln sie – mit wenigen Ausnahmen – kein kräftiges Astwerk, zumal die Zweige gelegentlich zurückfrieren.

Erziehungsschnitt
Nach der Pflanzung regt der Rückschnitt langer Triebe zur Verzweigung an. Zudem werden schwache Triebe zugunsten kräftiger Zweige entfernt.

Pflegeschnitt
Anders als Frühblüher, die ihre Blütentriebe bereits im Jahr vor dem Blühtermin entwickelt haben, bringen Sommerblüher ihre Blütentriebe erst im Lauf des Jahres hervor. Sie lassen sich deshalb im Spätwinter, wenn keine strengen Fröste mehr zu erwarten sind, kräftig zurückschneiden. Der Rückschnitt regt sie – wie bei Edelrosen – zur Entwicklung kräftiger Jahrestriebe an, die schon im Sommer wieder in voller Blüte stehen.

Rosen

(*Rosa*-Arten und -Sorten)

Wuchsformen
Die Fülle an Wildrosen-Arten und Edelrosen-Sorten ist fast unbeschreiblich. Es gibt Sträucher, die mehrere Meter Höhe erreichen (z. B. *Rosa roxburghii, Rosa canina*), aber auch Zwergrosenbüsche und Bodendeckerrosen, die nur kniehohe Büsche bilden. Zudem sind Veredelungen auf Stämmchen zu bekommen. Kletterrosen zählen im Prinzip zu den Strauchrosen. Sie werden nur wie Kletterpflanzen behandelt.

Erziehungsschnitt
Wildrosen brauchen keinen besonderen Erziehungsschnitt. Sie bilden von Natur aus

dichte Büsche, die je nach Art kräftige bewehrte Äste entwickeln (z. B. Hundsrose) oder schwache, borstige Zweige (z. B. Kartoffelrose). Bei allen veredelten Rosen (Teehybriden, Kletterrosen etc.), die vorzugsweise auf wilde Hagebuttenrosen okuliert sind, lässt sich durch einen kräftigen Rückschnitt in den ersten Jahren nach der Pflanzung ein buschiger Wuchs fördern.

Pflegeschnitt

Bei Wildstrauchrosen beschränkt sich die Pflege auf das Auslichten zu dichter Büsche jeweils im Spätwinter. Zudem sind wuchernde Wurzelausläufer zu entfernen. Strauchförmige Edelrosen (Teehybriden, Beetrosen u. a.) brauchen jedes Jahr im Spätwinter einen kräftigen Rückschnitt auf kurze Stummel mit wenigen Knospen. Im Herbst ist nur das Ausputzen von kranken Trieben und das Entfernen von Fruchtansätzen nötig. Rosenstämmchen werden im Prinzip wie Edelrosen behandelt. Bei stark wachsenden veredelten Rosen – insbesondere bei Kletterrosen und Strauchrosen – ist jeweils im Spätwinter nur ein maßvoller Rückschnitt nötig. Dieser richtet sich nach den Frostschäden, die sie hinnehmen mussten.

Zierkirschen

(*Prunus*-Arten und -Sorten)

Wuchsformen

Hier gibt es ein großes Sortiment an kleinen Bäumen und Sträuchern. Darunter schlank aufrecht wachsende (z. B. Säulenzierkirsche), breit buschige (*P. serrulata „Kanzan“*), überhängende (Hängezierkirsche) oder auch buntblättrige (Zierpflaume oder Blutpflaume). Sie bilden alle kein streng geordnetes Astgerüst.

Erziehungsschnitt

Zierkirschenbäume brauchen i. d. R. keine strenge Erziehung. Es genügt, nach der Pflanzung einige kräftige Zweige auszuwählen, die gleichmäßig am Stamm angeordnet sind. Damit lässt sich die typische Kronenform ausbauen, die je nach Zierkirschensorte straff aufrecht, breit buschig oder überhängend sein kann.

Pflegeschnitt

Der Schnitt beschränkt sich auf das Auslichten störender Triebe und das Ausputzen von dürrem Holz. Ein starker Rückschnitt ist zu vermeiden, zumal er oft „Gummifluss“ verursacht. Hier scheidet die Pflanze dann eine farblose Flüssigkeit aus. Nicht zu vergessen sind aber die Wildtriebe aus der Veredelungsunterlage, zumal alle Sorten meistens auf die starkwüchsigen Vogelkirschen veredelt sind.

Eine Ausnahme stellt das Mandelbäumchen *(P. triloba)* dar. Bei dieser kleinen Zierkirsche, die übrigens – anders als der echte Mandelbaum *(P. edulis)* – keine Früchte trägt, sollten jedes Jahr nach der Blüte im Frühjahr die abgeblühten Triebe auf kurze Stummel zurückgeschnitten werden. Sie bildet dann neue Blütentriebe für das nächste Jahr.

Nadelgehölze

Thujen, Scheinzypressen, Fichten, Eiben und andere Nadelgehölze

(*Thuja, Chamaecyparis, Picea, Taxus* u. a.)

Wuchsformen
Die Gestalten (Habitus) der Nadelgehölze sind vielfältig. So breiten Weißtannen *(Abies alba)* waagrechte Äste aus. Fichten (*Picea*-Arten) entwickeln ebenfalls kräftige, breite Äste, die anders als bei Tannen stark durchhängen. Neben den Wildarten gibt es etliche Züchtungen, die entweder straff aufrecht wachsen (z. B. Säuleneibe) oder überhängend (z. B. Hängezeder) oder aber flach und kriechend (z. B. Tafeleibe).

Erziehungsschnitt
So richtet sich die Erziehung nach der jeweiligen Gehölzart oder Züchtung. Insbesondere ist es nötig, bei solchen Formen, die einen senkrechten Stamm mit Mittelleittrieb ausbilden – falls nötig –, den Gipfel gerade zu richten und zu stäben. Konkurrenztriebe sind zu entfernen.

Pflegeschnitt
Anders als die meisten sommergrünen Laubgehölze, die selbst einen radikalen Rückschnitt hinnehmen, verkraften Koniferen den Schnitt ins Holz äußerst schlecht. Sie treiben nach einem starken Rückschnitt nicht mehr aus und bleiben an den Schnittstellen kahl. Das ist besonders bei Hecken zu beachten. Thujen- oder Scheinzypressenhecken dürfen also an den Flanken nicht ins Holz geschnitten werden. Die Zweige der Nadelgehölze besitzen keine schlafenden Augen (geschlossene Knospen). Sie trocknen nach dem Rückschnitt aus und werden dürr. Eine Ausnahme stellen Eiben dar. Diese Nadelgehölze sind aus dem Holz austriebsfähig. Allerdings erfolgt die Entwicklung neuer Triebe sehr zögerlich. Deshalb sollten auch bei diesen Gehölzen nur die jungen, benadelten Triebe eingekürzt werden. Eiben, Wacholder und einige andere Nadelgehölze zählen übrigens nicht zu den Koniferen, zumal sie Beeren tragen. Nur Fichten, Kiefern, Tannen, Lärchen und dergleichen sind Koniferen (*conus* = Kegel bzw. Zapfen; *ferre* = tragen). Falls ein Rückschnitt ganzer Äste bei Fichten, Kiefern oder anderen Arten nötig ist, etwa wenn sie in Bodennähe stören, sollten diese erst bis auf kurze Stummel zurückgeschnitten werden. Sobald diese vertrocknet sind, erfolgt ein Rückschnitt am Stamm. Dadurch ist ein starker Harzausfluss zu vermeiden.

Gute Nachbarn/schlechte Nachbarn

In der Nachbarschaft zwischen Obst- und Ziergehölzen gibt es normalerweise keine Unverträglichkeiten. Allerdings sind ausreichende Pflanzabstände nötig, sodass sich jeder Baum oder Strauch ungehindert entfalten kann (Hecken ausgenommen). Zudem müssen natürlich die Standortbedingungen für die jeweiligen Gehölzarten geschaffen sein bzw. für die ausgewählten Arten vorbereitet werden.

So kommen beispielsweise Edelrosen langfristig nur auf vollsonnigen Plätzen zurecht. Im Schatten von Bäumen bleiben sie selten vom Mehltau oder anderen Pilzkrankheiten verschont. Mischkulturen können wie im Gemüsebau auch bei Gehölzgruppierungen zur Gesunderhaltung beitragen. So lassen sich Edelrosen vorzüglich mit Lavendel und anderen Kräutern kombinieren, die eine abwehrende Wirkung gegen Krankheiten und tierische Schädlinge haben. Gehölze, die bestimmte Böden brauchen, sind nicht mit beliebigen Pflanzen kombinierbar. So gedeihen Rhododendren nur auf saurem Boden. Sie können mit anderen verwandten Moorbeetpflanzen, wie Eriken, Heidelbeeren oder Lavendelheide, in Gruppen gesetzt werden. Auf kalkhaltigen Böden bekommen diese Pflanzen früher oder später Blattchlorosen.

Bodenunpässlichkeiten, insbesondere durch einen hohen Kalkgehalt, zeigen sich auch bei Kartoffelrosen, Esskastanien, Quitten und einigen anderen Gehölzen durch gelbe Blätter.

Zu erwähnen ist in diesem Zusammenhang, dass Walnussbäume einen hohen Gerbsäuregehalt in ihren Blättern aufweisen. Wenn das Falllaub im Herbst abgerecht und an anderer Stelle entsorgt wird, schadet es der Unterpflanzung oder den unmittelbar benachbarten Pflanzen nicht.

Schnittkalender

Pflanzenschnitt rund ums Jahr

Die Pflege von Obst- und Ziergehölzen bringt immer Arbeit mit sich. In diesem übersichtlichen und kompakten Schnittkalender finden Sie alle Tätigkeiten Monat für Monat aufgeteilt, die vom Frühjahr bis zum Winter in Ihrem Garten anfallen. So gedeihen Ihre Gehölze optimal!

Januar/Februar

(Außenarbeiten nur bei frostfreiem Wetter)

- Erziehungs- und Auslichtungsschnitt bei Bäumen, Sträuchern und Kletterpflanzen
- Verjüngung von verwilderten Kronen
- Wunden behandeln
- Stammschutz gegen Frostrisse
- Alte Hecken verjüngen
- Kopfweiden und ähnliche Kronenbäume stutzen
- Stämme aufputzen (aufasten, z. B. bei eng stehenden Bäumen)
- Wildtriebe bei veredelten Gehölzen abschneiden (z. B. bei Zierkirschen)
- Schneiden und Lagern von Edelreisern (z. B. von Zierkirschen, Zieräpfeln, Goldulmen etc.)
- Abwerfen von Kronen zum Umveredeln
- Schneiden und Lagern von Steckhölzern (z. B. Forsythien, Zierjohannisbeeren etc.)
- Topfpflanzen im Haus veredeln (z. B. Goldulmen auf Feldulmen-Sämlinge, Blaufichten auf Waldfichten-Sämlinge)
- Kübelpflanzen im Winterquartier oft belüften und mäßig gießen
- Störende Bäume und Sträucher mit Frostballen versetzen (Wurzelballen ausstechen, angießen und nach dem Gefrieren umsetzen)
- Frostschutz bei empfindlichen Gehölzen

März

- Erziehungs- und Auslichtungsschnitt bis etwa Mitte März, solange die Wunden nicht bluten
- Pflanzschnitt/Pflanzung/Pfählen
- Wundbehandlung und Rindenpflege; Frostschäden heilen
- Veredeln von Zierkirschen, u. a. durch Pfropfen

Obstbaum im Winter schneiden

Sommerschnitt beim Kirschbaum

- Kübelpflanzen wieder mehr gießen und langsam düngen; oft lüften
- Rosen schneiden
- Gehölze düngen oder mit Kompost versorgen
- Veredeln von Obstgehölzen durch Pfropfen. Dafür sind Edelreiser nötig, die bereits im Winter geschnitten wurden. Sie bleiben in einem kühlen, dunklen Lager bis zur Veredelungszeit frisch.

April

- Kübelpflanzen vor dem Ausräumen evtl. schneiden
- Steckhölzer ausbringen (z. B. in ein Frühbeet stecken)
- Pflanzschnitt/Pflanzung und Pfählen von Jungpflanzen
- Veredeln durch Pfropfen
- Gehölze düngen oder mit Kompost versorgen

Mai

- Veredeln von Ziergehölzen durch Pfropfen
- Stäben und Heften junger Triebe (z. B. Gipfeltriebe und Kletterpflanzen)
- Pinzieren von Rosen (junge Triebe einkürzen, damit sie sich verzweigen und die Pflanzen buschiger werden)
- Welke Blüten ausbrechen (besonders bei Rhododendren)

Juni

- Sommerschnitt bei Bäumen und Sträuchern (störende junge Triebe ausschneiden, lange Triebe einkürzen und zur Verzweigung anregen sowie dürres Holz ausputzen)
- Bänder bei angewachsenen Veredelungen lösen, damit sie nicht einschnüren
- Stäben und Heften junger Triebe

Juli

- Sommerschnitt bei Bäumen und Sträuchern (wie im Juni)
- Stäben und Heften junger Triebe
- Veredeln durch Okulation (u. a. Rosen, Zieräpfel, Zierkirschen)
- Gehölze durch Stecklinge vermehren
- Hecken schneiden, streng geformte Gehölze trimmen (z. B. Kugel- und Kegelformen von Buchsbaum, Eiben u. a.)

August

- Sommerschnitt von Bäumen und Sträuchern; jetzt besonders von Nadelgehölzen und immergrünen Laubgehölzen
- Hecken schneiden, streng geformte Gehölze trimmen
- Stäben und Heften
- Veredeln durch Okulation
- Ab Monatsende Pflanzung und Umpflanzung von Immergrünen
- Gehölze durch Stecklinge vermehren

Stammschutz mit Jute

Ein Kalkmilchanstrich schützt vor Rindenrissen

September

- Pflanzschnitt/Pflanzung/Pfählen
- Kübelpflanzen einräumen
- Frostempfindliche Gehölze einwintern

Oktober

- Pflanzschnitt/Pflanzung/Pfählen
- Kübelpflanzen einräumen
- frostempfindliche Gehölze einwintern (u. a. Rosen anhäufeln)
- Stammschutz gegen Frostrisse bei gefährdeten Bäumen. Dazu hat sich ein Weißanstrich mit Kalkmilch bewährt (Präparate gibt es im Fachhandel). Er schützt die Stämme vor der Wechselwirkung durch Wintersonne und Nachtfrost.

November

- Pflanzschnitt/Pflanzung/Pfählen
- Frostschutz

Dezember

- Frostschutz
- Auslichtungs- und Verjüngungsschnitt von Bäumen, Sträuchern und Hecken

Material- und Werkzeugliste

Jedes neue Gartenprojekt erfordert eine intensive Planung. Um dabei nicht den Überblick zu verlieren, ist eine Checkliste sehr hilfreich. Im nachfolgenden Beispiel dient sie zum Anpflanzen und Beschneiden der Obst- und Ziergehölze. Diese Liste soll eine Anregung sein und lässt sich natürlich für jedes andere Projekt abwandeln und anwenden.

CHECKLISTE

Checkliste

Pflanzen (Gartencenter, Züchter, eigene Ableger)	vorhanden	bestellt	noch zu besorgen
Obstbäume	☐	☐	☐
Ziergehölze	☐	☐	☐
Substrate, Bodenverbesserungsmittel (Gartencenter, eigener Garten)	**vorhanden**	**bestellt**	**noch zu besorgen**
Kompost	☐	☐	☐
Knochen- oder Hornmehl	☐	☐	☐
Kuhmist	☐	☐	☐
Geräte, Werkzeuge (Baumarkt, evtl. beim Nachbarn ausleihen)	**vorhanden**	**bestellt**	**noch zu besorgen**
Schubkarre, Transporter	☐	☐	☐
Spaten	☐	☐	☐
Grabegabel	☐	☐	☐
Gießkanne	☐	☐	☐
Schere	☐	☐	☐
Säge	☐	☐	☐
Messer	☐	☐	☐
Handschuhe, Leiter, Steighilfe	☐	☐	☐

Biogarten

Weltbild

Band 3

Planung und Gestaltung

Leben und leben lassen

Grün ist Leben. Dieser schon betagte Werbespruch der Baumschulen und Gärtnereien hat immer noch Gültigkeit. Er lässt sich auch auf den Garten übertragen. Im Biogarten könnte sogar gelten: je grüner, umso lebendiger. Dieser Gartentyp zeichnet sich durch eine besondere Fülle an Pflanzen aus. Einheitliche Beete oder Monokulturen sind hier nicht zu finden.

Bio kommt vom griechischen *bios*, und das heißt Leben. Ein Biogarten ist tatsächlich ein lebendiger Garten. Hier dürfen auch Gräser und Kräuter wachsen, die im konventionellen Gartenbau bekämpft werden – oft noch dazu mit chemischen Mitteln. So ist die Toleranz gegenüber Pflanzen und Tieren eine wichtige Tugend in dieser besonderen Gartenkultur. Selbstverständlich bedarf auch der Biogarten der Pflege. Allerdings bleiben viele Arbeiten erspart. Insbesondere erleichtern ausgewählte Pflanzen die Bearbeitung, die einen dichten Bewuchs bilden und den Boden vor Austrocknung und unerwünschten Pflanzen bewahren. Dazu gehören beispielsweise Ringelblumen, Tagetes und Kapuzinerkresse, die, unter oder zwischen Kulturpflanzen eingestreut, als Bodendecker dienen. Diese und andere Arten lassen sich auch auf freien Flächen als Gründüngerpflanzen nutzen.

Der Biogarten ist ein in sich funktionierendes System, bei dem Bäume, Sträucher, Stauden, Blumen, Gräser und Kräuter, der Boden und die Tierwelt eine gewachsene Gemeinschaft bilden. Die Fachleute sprechen dann von einem „reifen" Garten. Mit richtiger Planung können Sie jeden Garten in ein intaktes Ökosystem verwandeln. Wenn Sie der Natur geschickt auf die Sprünge helfen, wird sich Ihr Garten wie von selbst erhalten. Viele Eingriffe und Hilfestellungen sind dann bald nicht mehr nötig.

Standortwahl

Der Biogarten ist eine kleine Welt für sich. Eine natürlich geordnete Mischung aus Zier- und Nutzgarten. Nun bieten nur wenige Grundstücke den Platz, um dort einen großen Gemüse-, Kräuter- und Blumengarten anzulegen. Was Sie als Hobbygärtner aber machen können: Nehmen Sie einfach die besten Pflanzideen und gestalten Sie sich Ihren eigenen, individuellen Garten. Ideale Form könnte ein Bauerngarten sein, der zurzeit eine Renaissance erlebt. Vorbild waren die Klostergärten der Benediktiner. Die Mönche brachten aus Italien Pflanzen, Samen und Fachwissen mit. Mit diesem Know-how legten sie ab dem achten Jahrhundert Klostergärten an.
Natürlich können Sie sich als künftiger Biogärtner den Standort für Ihren Garten nur in den wenigsten Fällen aussuchen. Der Garten wird üblicherweise zu Ihrem Haus gehören. Sie müssen sich also mit den Gegebenheiten

Ein malerischer Blickfang in einem Biogarten: ein schmiedeeisernes Tor

arrangieren. Die Ressource, mit der Sie sich als Biogärtner ständig auseinandersetzen werden, ist der Boden.

Beginnen Sie mit einer Belastungsrecherche an Ihrem Gartenstandort. Erkundigen Sie sich bei Ihrer Umweltbehörde vor Ort nach lokalen Schadstoffmessungen in Boden und Luft. Und fragen Sie nach möglichen Emittenten in Ihrer Umgebung. Viele Böden in Großstadtnähe sind heutzutage so belastet, dass sie sich nicht mehr für den Anbau von Nahrungsmitteln eignen. In Gebieten mit natürlich hohen Schwermetallgehalten im Boden oder in Gebieten mit starken Schwermetallimmissionen (an stark befahrenen Straßen, in der Nachbarschaft bestimmter Industriebetriebe) sollte generell kein Gemüse produziert werden. Ab bestimmten Schadstoffkonzentrationen ist der gewerbliche Gemüseanbau ohnehin verboten. Sie können Ihren Gartenboden in Umweltlaboren analysieren lassen. Für rund 70 € können die Schwermetalle Blei, Cadmium, Chrom, Kupfer, Nickel, Quecksilber, Zink sowie Arsen aus einer Gartenbodenmischprobe gemessen werden. Beim KATALYSE-Institut sind nähere Informationen über das Verbrauchertelefon zu erhalten (Tel.: 02 21/94 40 48 88 jeweils am Dienstag zwischen 14 und 17 Uhr).

Nutzen Sie auch die Pflanzenwelt selbst als Indikator für den Zustand Ihres Bodens. Viele „wilde“ Pflanzenarten sind Zeigerpflanzen für dessen Beschaffenheit. Rosettenpflanzen zeugen z. B. von einem verdichteten Boden. Wo Brennnesseln *(Urtica dioica)* oder die Vogel-Sternmiere *(Stellaria media)* sprießen, ist der Stickstoffgehalt im Boden besonders hoch. Für Schwermetalle gibt es besondere Indikatoren, die sich durch eine hohe Schwermetallresistenz auszeichnen, z. B. Taubenkropf *(Silene vulgaris)*, Zink-Viola *(Viola calaminaria)*.

Schwermetalltolerante Arten kann man geradezu als „Akkumulatoren“ für Schwermetalle im Boden einsetzen: Die Pflanzen „ziehen“ die giftigen Stoffe aus dem Boden und verbessern so die Bodenqualität. Allerdings dürfen diese Pflanzen später nicht auf den Kompost, da die gebundenen Schwermetalle dort wieder freigesetzt würden. Viele Arten reagieren auf Schwermetalle u. a. mit Zwergwuchs.

Gemüsearten mit großer Blattoberfläche wie Spinat, Grünkohl, Blattsalate und Wirsing nehmen mehr Schadstoffe aus der Luft auf als andere pflanzliche Nahrungsmittel. Die Anreicherung von Cadmium, das schon bei relativ hohen pH-Werten in pflanzenverfügbarer Form im Boden vorliegt, hängt stark von der Pflanzensorte ab. Langsam und lange Zeit wachsende Pflanzen weisen höhere Werte auf. Die Cadmiumgehalte nehmen in der Reihenfolge Blätter, Stängel, Früchte, Körner, Wurzel ab. Die Bleibelastung ist seit Einführung der bleifreien Treibstoffe zurückgegangen. Es wird auch von den Pflanzen kaum aufgenommen und befindet sich daher meist auf den Pflanzen, sodass es durch gründliches Reinigen des Gemüses entfernt werden kann.

Durch geeignete Düngung, Fruchtwechsel, Mischkulturen und aufmerksame Beobachtung der Lebensgemeinschaft in Ihrem Garten können Sie auf zusätzliche Chemie vollkommen verzichten. So verringern Sie den Eintrag von Schadstoffen in Ihre Ernte und in die Umweltmedien Boden, Wasser und Luft. Doch Vorsicht: Selbst „umweltgerechte“ Düngung wie Küchenabfall-Kompost kann den Gehalt des Gartenbodens an Kupfer, Zink, Blei, Cadmium und Chrom in kurzer Zeit beträchtlich erhöhen. Am besten lassen Sie Ihren Kompost einmal testen, bevor Sie ihn verwenden.

Die Nitratgrenzwerte für Gemüse sind viel zu hoch angesetzt. Verglichen mit den Grenzwerten der Trinkwasserverordnung (50 mg Nitrat/l) liegen die Richtwerte für Gemüse rund 50-mal höher. Wer nur 100 g eines mit Nitrat belasteten Salates isst, hat bereits mehr Nitrat aufgenommen, als es die Weltgesundheitsorganisation für vertretbar hält.

Stickstoff ist zwar ein Grundnährstoff der Pflanze, doch als Nitratrückstand in Nahrungsmitteln absolut unerwünscht. Daraus

Äpfel aus eigenem Anbau sind nicht nur gesund, sondern auch besonders lecker

kann im Körper Nitrit entstehen, was wiederum zu stark krebserregenden Nitrosaminen umgebaut werden kann. Bis zu 70 % des vom Menschen aufgenommenen Nitrates stammen aus Gemüse. Die Nitratgehalte in Gemüsen sind schließlich abhängig von mehreren Faktoren:

- von der Intensität der Düngung und der Art des Düngemittels: steigende Düngergaben erhöhen den Nitratgehalt der Pflanze. Häufig enthält ökologisch angebautes Gemüse weniger Nitrat, da hier kein Mineraldünger eingesetzt wird.

- von der Pflanzenart: die Nitratkonzentration in der Pflanze ist in gewissem Rahmen genetisch festgelegt. Niedrige Nitratgehalte weisen Grüne Bohnen, Gurken, Paprika, Tomaten, Rosenkohl, Zwiebeln, Kartoffeln und Chicorée auf. Endivien, Feld- und Kopfsalat, Spinat, Mangold, Rote Rüben, Radieschen und Rettich hingegen enthalten viel Nitrat. Bei den genutzten Pflanzenteilen ist im Allgemeinen der höchste Nitratgehalt in den Blattstielen und der niedrigste in den Früchten zu finden.

- von der Anbaumethode: Treibhausgemüse enthält mehr Nitrat als Freilandgemüse.

- vom Erntetermin: Eine spätere Ernte verringert – außer im Spätherbst – die Nitratkonzentration im Gemüse. Eine abendliche Ernte weist gegenüber einer morgendlichen Ernte geringere Nitratwerte auf, da die Nitratreduzierung in der Pflanze vom Sonnenlicht abhängig ist.

- von der Sortenwahl: Derzeit werden Pflanzen gezüchtet, die weniger Nitrat anreichern. Fragen Sie Ihren Gärtner danach.

INFO

Praktische Umsetzung

Kräuter – schön und gut

Ein Kräuterbeet mitten im Rasen ist nicht nur eine schöne Alternative zum Blumenbeet, Sie haben auch noch etwas davon. Am besten wählen Sie eine sonnige, nicht zu feuchte Stelle im Rasen. Dann stechen Sie ein kleines Beet aus, etwa einen Quadratmeter groß. Dann entfernen Sie große Klumpen und Steine aus dem Boden. Für die Saat eignen sich Basilikum, Thymian, Beifuß, Zitronenmelisse, Dill, Kerbel, Petersilie und Schnittlauch.

Die Harmonie der Farben

Eine rosafarbene Blüte wirkt neben leuchtendem Orange oder Scharlachrot verwaschen. Wählen Sie bei Ihren Blumen Farben, die einander ergänzen: Blau und Gelb für frische Frühlingsblumen, Silber mit Purpur oder Scharlachrot für ein üppiges, edles Bild und lebendige Rottöne, Orange und Gelb für den hohen Sommer.

Zweite Blüte garantiert

Wenn Sie die Blütenrippen des Rittersporns gleich nach der Blüte abschneiden, blüht er im Herbst ein zweites Mal.

Der eigene Nutzgarten

In Deutschland werden mehr als 60, weltweit über 300 Gemüsearten aus 16 botanischen Familien angebaut. Während der Importanteil für sogenannte Feingemüse, wie z. B. Spargel, Fenchel, Erbsen etwa 60 % beträgt, stammt das sogenannte Grobgemüse wie Kohl-, Wurzel- und Bohnensorten zu 90 % von hiesigen Feldern. Aus ökologischer Sicht ist also besonders der Anbau von Feingemüse im eigenen Garten erstrebenswert. Das sollten Sie bereits bei der Planung des eigenen Nutzgartens berücksichtigen.

Wählen Sie die Arten und Sorten, die Sie in Ihrem Garten anbauen, bewusst aus. Damit können Sie dazu beitragen, den Naturhaushalt, die heimische Arten- und Gartenvielfalt zu erhalten und zu bereichern. Leisten Sie einen Beitrag zum Schutz der genetischen Ressourcen. Auch seltenere Gemüsearten wie z. B. Mangold, Gartenmelde, Erdbeerspinat, Rote Rüben, Wurzelsellerie, Wurzel- und Knollenpetersilie, Schalotten, Winterzwiebeln bereichern Ihren selbst angelegten Biogarten und Ihren Speiseplan.

Der ökologische Nutzgarten trägt grundsätzlich zur ressourcen- und energiesparenden Produktion bei, z. B. durch bewusste Auswahl der Gartengeräte, Dünge- und Lagermethoden.

Ein mustergültiger bäuerlicher Biogarten: Auffallend ist die besondere Fülle an Pflanzen, einheitliche Beete oder Monokulturen sind hier nicht zu finden

Pflanzenkombinationen

Die richtige Kombination bringt nicht nur Form und Farbe in Ihren Biogarten. Vielmehr schaffen Sie dadurch ein ökologisches Gleichgewicht und müssen, wenn das System funktioniert, nur noch ein wachsames Auge auf Ihren kleinen Park haben. Besonders wenn Sie auf eine gesunde Mischkultur setzen.

Königskerze, Eisenhut und Monarda harmonieren gut im Staudenbeet

Ideal – Stauden

Staudenbeete können Zusammenstellungen von einer Gattung sein (z. B. Taglilien) oder eine Mischung von Arten, um die Blütezeit lang und farbenreich zu gestalten. Der Boden im Staudenbeet muss nährstoffreich sein und auch gut gedüngt werden. Viele der Pflanzen müssen aufgebunden werden, damit sie bei heftigem Regen und Windstößen nicht umfallen bzw. umknicken.
Ein guter Tipp sind „Insel-Beete", bei denen die verschieden hohen Staudenpflanzen von allen Seiten bewundert werden können. Ein solch klassisch-schönes Rundbeet lässt sich mit alten Pfingstrosen-Sorten und blauen Iris gestalten. Dazu reichen zwei Pfingstrosen, z. B. die weinrote „Felix Crousse" und die rosafarbene „Edulis superba" (beide harmonieren sehr schön miteinander), kombiniert mit fünf Bart-Iris-Pflanzen.
Auch Stauden, die über Jahre hinweg am gleichen Ort stehen, bringen farblichen Kontrast zum Grün der Nutzpflanzen wie Buchsbaumhecken. Als Bodendecker eignen sich Funkien und Astilben. Rittersporn, Enzian, Glockenblumen und Lavendel passen oft gut ins Bild. Astern, Rudbeckia oder Anemonen empfehlen sich für den Herbst. Steinkraut, Blaukissen und Moossteinbrech bilden sozusagen einen Teppich auf dem Boden.
Hochwüchsige Stauden wie die Fackellilie, die schon erwähnten Pfingstrosen, die Lupine oder der Fingerhut geben dazu den richtigen Rahmen.

Viele Blumen duften gut. Das fängt schon im Frühjahr mit den Veilchen und den Maiglöckchen an. Dufthöhepunkt ist dann im Sommer mit Wicken, Lilien, Phlox und Levkojen. Im Herbst verströmen die Chrysanthemen ihren Duft. Diese Gerüche ziehen Bienen und Schmetterlinge an, machen den Garten noch romantischer. Vorsicht aber vor zu vielen verschiedenen Düften. Faustregel: Im kleinen Garten nur eine Duftnote, im größeren Ensemble wirken zwei oder drei stark duftende Pflanzen.

Gewürze – selbst gezogen

Auf die richtige Mischung von Blumen, Gemüse und Gewürzkräutern kommt es an. Sogenannte „einjährige Gewürzkräuter" werden im Frühjahr einfach dort ausgesät, wo Platz ist. Dazu gehören u. a. Anis, Basilikum, Borretsch, Dill, Kamille, Kerbel, Koriander, Majoran und Senf.

Und diese Pflanzen treiben jedes Jahr wieder: Baldrian, Beifuß, Bohnenkraut, Eberraute, Estragon, Fenchel, Knoblauch, Lavendel, Liebstöckel, Meerrettich, Melisse, Oregano, Pfefferminze, Pimpinelle, Poleiminze, Raute, Rosmarin, Salbei, Sauerampfer, Schnittlauch, Thymian, Wintermajoran, Wermut, Zitronenmelisse und Ysop.

Die Mischkultur

Gemüse und Blumen, Bäume und Sträucher brauchen Nahrung, um wachsen zu können. Sie alle entnehmen dem Boden, was sie zum Leben benötigen. Deshalb müssen die verbrauchten Nährstoffe in der Erde in Zusammenarbeit mit den Bodenlebewesen immer wieder ersetzt werden, sonst entsteht bald ein Mangel an bestimmten Nährstoffen, und die Pflanzen kümmern vor sich hin. In einem ökologisch konzipierten Garten muss der Gärtner die Reserven des Bodens mit Kompost und organischem Dünger immer wieder ergänzen.

Fruchtwechsel

Die Ansprüche der einzelnen Gewächse sind sehr unterschiedlich. Die einen brauchen „Kraftfutter", die anderen sind mit sehr bescheidenen Gaben zufrieden. Der seit unzähligen Gärtnergenerationen bewährte Fruchtwechsel ist auf diese Abstufungen eingestellt: Er berücksichtigt die Stark-, die Mittel- und die Schwachzehrer (s. auch Tabelle S. 230/231).

Wenn Sie nach der biologischen Methode gärtnern möchten, dann zeichnen Sie sich am besten einen einfachen Plan, auf dem alle Beete Ihres Nutzgartens eingetragen sind. Teilen Sie die gesamte Anlage in drei große Zonen ein. Im ersten Abschnitt wachsen die anspruchsvollen, nahrungshungrigen Starkzehrer, zu denen z. B. alle Kohlarten, Lauch, Sellerie, Gurken, Kartoffeln und Kürbis gehören. Alle Beete, auf denen diese Gemüse angebaut werden, düngen Sie mit Kompost und einem Dünger aus tierischen und pflanzlichen Rohstoffen mit Horn und Knochenmehl. Während der Hauptwachstumszeit sind die Starkzehrer für eine Zusatznahrung aus Brennnesseljauche dankbar.

Die Mittelzehrer haben auch mittelmäßige Nahrungsansprüche. Sie werden im zweiten Abschnitt angebaut und brauchen v. a. eine gute Kompostgrundlage. Im Sommer bekommen diese Kulturen ab und zu etwas Brennnesseljauche. Zu den Mittelzehrern gehören z. B. Möhren, Zwiebeln, Rote Bete, Salate, Spinat, Schwarzwurzeln, Radieschen und Kohlrabi.

Die „bescheidenen“ Schwachzehrer wachsen im dritten Quartier. Zu ihnen gehören Erbsen, Bohnen und Kräuter. Sie kommen alle mit einer Kompostgabe aus.

Das System des Fruchtwechsels sieht die alljährliche Rotation der drei Quartiere vor. Im nächsten Jahr stehen auf Ihren Gartenbeeten die Mittelzehrer auf dem früheren Platz der Starkzehrer; die Schwachzehrer wandern ins Quartier der Mittelzehrer, und die Starkzehrer wechseln auf das Beet der Schwachzehrer, das vorher wieder kräftig mit Naturdünger bearbeitet wurde. Im dritten Jahr rücken alle Pflanzen noch einen Platz weiter, und im vierten Jahr ist schließlich die alte Reihenfolge wieder erreicht.

Nur Tomaten und Erdbeeren tanzen aus der Reihenfolge des Fruchtwechsels. Erdbeeren bleiben zwei bis drei Jahre lang auf demselben Beet, und Tomaten gedeihen auch zwei- bis dreimal hintereinander auf der gleichen Stelle. Diese Pflanzen lieben viel Kompost und eine Mulchschicht aus ihren eigenen Abfällen.

Wenn Sie das System des Fruchtwechsels sorgfältig beachten, werden Sie den Boden niemals einseitig auslaugen. Die vorhandenen Nährstoffe werden dennoch gut genutzt. Denn was die Starkzehrer übrig lassen, verbrauchen nun die Mittelzehrer, und die Schwachzehrer löffeln gewissermaßen den letzten Rest der „Nährstoffsuppe“ aus.

Eine durch mangelnden Fruchtwechsel und Bodenversauerung bei Kohlpflanzen auftretende Seuche ist die Kohlhernie. Nur durch eine Erweiterung der Fruchtfolgezeiten beim Anbau von Kohl (und anderen Kreuzblütlern) sowie Aufkalkung des Bodens lässt sich diese Krankheit auf Dauer aus Ihrem Garten vertreiben.

Bunte Mischung

„Mutter Natur“ macht es vor: In der freien Wildnis finden sich immer diejenigen Pflanzen zu einer natürlichen Lebensgemeinschaft zusammen, die sich in ihren Ansprüchen sowohl oberirdisch als auch unterirdisch gut ergänzen. Eine harmonische Pflanzengesellschaft wird auch in der Mischkultur angestrebt. Ein Wechsel findet hier auf dem gleichen Beet von einer Reihe zur anderen statt. Biogärtner wissen aus langjährigen Erfahrungen, dass es unter den Pflanzen des Nutzgartens gute und schlechte Nachbarschaften gibt. Manche Gewächse beeinflussen sich gegenseitig sehr günstig im Wachstum. Sie gedeihen besonders gesund und prächtig, wenn sie nebeneinanderstehen. Andere Pflanzen sind sich gewissermaßen nicht „grün“. Sie können sich so sehr hemmen, dass Wachstumsstörungen auftreten.

Wissenschaftliche Untersuchungen haben bisher ergeben, dass sowohl bestimmte Wurzelausscheidungen als auch Düfte an diesen eigenartigen Sympathie- und Antipathiebeweisen unter Pflanzen beteiligt sein können. Für biologisch arbeitende Gärtner ist aber v. a. die Praxis wichtig. Wenn Sie nach den Regeln der Mischkultur arbeiten möchten, prägen Sie sich zunächst einmal die Grundlagen ein:

- Die Pflanzenmischung darf niemals dem Zufall überlassen werden. Richten Sie sich zunächst nach den bewährten Erfahrungen. Später können Sie aber auch selbst experimentieren.

- Die Kombinationen müssen so gewählt sein, dass die Pflanzen sich weder im Wurzelraum bedrängen noch sich oberirdisch Sonne und Luft wegnehmen. Wenn Sie z. B. tief wurzelnde Möhren

und flach wachsende Zwiebeln in abwechselnde Reihen säen, dann wird die Beetfläche ideal ausgenutzt.

Richtig angelegte Mischkulturen bieten dem Biogärtner folgende Vorteile:

- Die Pflanzen ergänzen sich im Nahrungsbedarf, weil sie unterschiedliche Nährstoffmengen aufnehmen. Sie scheiden aber auch über ihre Wurzeln verschiedene Substanzen aus ihrem Stoffwechsel aus. So wird der Boden niemals einseitig beansprucht oder ermüdet.
- Im Sommer bedecken die bunt gemischten Pflanzenreihen die Erde sehr dicht. So entsteht von selbst eine gesunde Schattengabe. Die lebenswichtige Feuchtigkeit kann nicht so schnell verdunsten. Unkraut hat kaum eine Chance. Deshalb bleiben Hacken, Jäten und Gießen auf ein Minimum beschränkt. Sobald die früh reifenden Nebenkulturen geerntet sind, entsteht wieder genügend freier Raum, damit sich die Hauptfrüchte entwickeln können.
- Bestimmte Mischkulturen schützen sich gegenseitig vor Schädlingen und Krankheiten. So vertreibt z. B. das Bohnenkraut die Läuse von den Buschbohnen. Möhren und Zwiebeln wehren sich gegenseitig die Möhren- und die Zwiebelfliege ab. (s. Tabelle S. 249). Auch das Aroma der einzelnen Pflanzen kann – wenn die Nachbarn stimmen – verbessert werden.

Versuchen Sie einmal „auf den Geschmack" zu kommen, indem Sie Radieschen und Kresse oder Kümmel sowie Kartoffeln nebeneinander anbauen.

Vorbild Natur: Pflanzen, die harmonieren, finden immer zusammen. Im Biogarten muss der Mensch ein wenig nachhelfen

Probieren Sie es einmal mit folgenden Mischkulturen:

1. Früher Kopfsalat, Kohlrabi, Radieschen, Kresse
2. Tomaten und Sellerie oder Tomaten und Petersilie
3. Erdbeeren und Knoblauch
4. Kohl (Rotkohl oder Weißkohl), Lauch und Spinat
5. Zwiebeln und Möhren oder Lauch und Möhren
6. Grünkohl und Endivien
7. Erbsen und Gurken
8. Buschbohnen und Rote Bete
9. Kartoffeln und Kohl
10. Schwarzwurzeln und Pflücksalat

Pflanzen, die in Mischkultur nicht miteinander harmonieren:

1. Erbsen und Bohnen
2. Tomaten mit Gurken oder Fenchel
3. Kartoffeln und Tomaten
4. Zwiebeln und Kohl
5. Gurken und Rettiche
6. Rote Bete und Spinat

Was blüht zu welcher Jahreszeit?

- Im Frühjahr und Frühsommer:
  Akelei, Gämswurz, Kaiserkrone, Küchenschelle, Pfingstrose, Schachbrettblume, Stiefmütterchen, Tausendschön, Tränendes Herz, Veilchen, Vergissmeinnicht

- Im Hochsommer:
  Bartnelke, Eisenhut, Fingerhut, Gladiole, Jungfer im Grünen, Lichtnelke, Lilie, Lupine, Nelke, Phlox, Ringelblume, Rittersporn, Schafgarbe, Sonnenhut, Stockrose

- Im Herbst:
  Dahlie, Herbstanemone, Herbstaster, Lampionblume, Zinnie, Goldrute, Fetthenne

Ein typischer Bauerngarten: rechteckig oder quadratisch angelegt, durch zwei Wege so geteilt, dass vier kleine Teile entstehen

Gurke – ein Feuchtigkeitsspender aus der Natur

✿ Gesund und lecker

Die Gurke ist ein wahres Wasserwerk der Natur, denn sie besteht zu rund 96 % aus Wasser – und ist somit sehr kalorienarm. Gurken enthalten viele wertvolle Inhaltstoffe wie Mineralstoffe und Vitamine und wirken entwässernd. Sie schmecken nicht nur im Salat, sondern sind auch lecker als (kalte) Suppe, (warmes) Gemüse oder erfrischend als Saft oder Cocktailzugabe.

✿ Gurkenmaske I – der Klassiker

Hierfür müssen Sie nur eine Gurke (Bio) in Scheiben schneiden und auf die Gesichtshaut legen. Lassen Sie die Gurkenscheiben ungefähr 10 bis 20 Minuten einwirken und nehmen Sie sie dann ab. Fertig ist die schnelle Kur für müde Haut!

✿ Gurkenmaske II – Schönheitspflege für Profis

Hierfür benötigen Sie Gurkensaft. Diesen gewinnen Sie mithilfe eines Entsafters, oder Sie reiben die Gurke zu kleinen Schnitzeln und pressen diese dann in einem Sieb aus. Anschließend vermischen Sie den Saft mit Joghurt oder Quark und bringen diese Masse auf Ihrem Gesicht auf (die Augen aussparen). Lassen Sie die Maske nur so lange einwirken, wie es angenehm ist. Sollte es spannen, waschen Sie diese mit lauwarmem Wasser ab.

✿ Avocado-Gurken-Suppe

Zutaten (für 4 Personen): 2 Salatgurken, 1 reife Avocado, Saft von 2 Limetten, 150 g Magermilchjoghurt, 2 EL Olivenöl, 400 ml kalte Gemüsebrühe, Salz, Pfeffer, Muskatnuss, je 1/2 rote und grüne Paprikaschote, 40 g Walnüsse, Schnittlauch zum Garnieren

Zubereitung: Gurken schälen und in Stücke schneiden. Avocado längs halbieren, Stein entfernen und Fruchtfleisch aus der Schale lösen, dann ebenfalls klein schneiden. Gurken- und Avocadostücke in einen Mixer geben. Limettensaft, Joghurt, Olivenöl und kalte Brühe dazugeben. Das Ganze kräftig durchmixen. Suppe mit Salz und Pfeffer würzig abschmecken. Etwas frisch geriebene Muskatnuss dazugeben. 2 Stunden kühl stellen. Rote und grüne Paprika halbieren, von Kernen sowie weißen Innenhäuten befreien, waschen und sehr fein würfeln. Walnüsse grob hacken und in einer Pfanne ohne Fettzugabe anrösten. Kalte Avocado-Gurken-Suppe auf Suppenschüsseln verteilen. Mit Paprikawürfeln und Walnüssen bestreuen und mit Schnittlauch garniert servieren.

Gestaltungsideen

Wege und Beete können mit niedrigem Buchsbaum umpflanzt werden

Wie groß Sie Ihren Garten konzipieren, hängt ganz davon ab, ob Sie den gesamten zur Verfügung stehenden Raum ökologisch bearbeiten möchten oder ob Sie, vielleicht erst probeweise, einen Teil als Nutz- und Gemüsegarten einrichten wollen. Wichtig ist auf alle Fälle, dass Sie Ihrem Garten eine Struktur geben. Das geht ganz leicht, wenn Sie folgende Tipps beachten:

- Die Beete sind klar gegliedert. Daneben setzen Gehölze wie Flieder, Magnolien, Zaubernuss, der echte Jasmin oder Rhododendron, Forsythie, Hängebirke, Hochstammrosen oder Zwerggehölze, z. B. Ginster oder Berberitzen, Schwerpunkte.

- Alle Pflanzen sollen gut zu sehen sein, d. h. die großen hinten, halbhohe davor, und die niedrigen finden ihren Platz am Beetrand.

- Die meisten Blumen brauchen Sonne. Nur Akelei, Maiglöckchen, Vergissmeinnicht und Tränende Herzen wachsen auch im Schatten.

- Damit es von Frühjahr bis Herbst immer irgendwo blüht, kombinieren Sie die richtigen Pflanzen: von den ersten Stiefmütterchen im Frühling bis zu den farbenprächtigen Dahlien im Herbst.

- Gelb leuchten Sonnenblumen, strahlendblau ist der Rittersporn, rot die Pfingstrosen.

- Nutz- und Zierpflanzen werden nicht streng getrennt, sondern wachsen bunt durcheinander.

Ein Beispiel: Rechteckig oder quadratisch angelegt, durch zwei Wege so geteilt, dass vier kleine Teile entstehen, eine Kreuzform also – das ist die ursprüngliche Anlage eines Bauerngartens, in dem alles fröhlich durcheinander, aber dennoch geordnet wachsen kann. Diese Struktur ist unter praktischen Gesichtspunkten so angelegt, denn gerade Pfade sind für die Einteilung der Beete am zweckmäßigsten. Doch die entsprechende Gestaltung der Kreuzung (z. B. durch ein Rondell) beugt der Eintönigkeit vor.

Die ideale Breite für den Gartenweg beträgt zwischen 80 cm und 1 m. Auf Beton oder Pflasterstein sollten Sie verzichten. Wesentlich schöner sind natürliche Materialien, z. B. gestampfter Lehm, gewaschene Kieselsteine, Rindenmulch, die zur Umgebung passen. Mit Wegen, Blumen, Gewürz- und Gemüsepflanzen allein ist es aber noch nicht getan. Ein schlichter Staketenzaun aus senkrechten Hölzern, wetterfest imprägniert, kann gleichzeitig ein Spalier für Kletterpflanzen, wie z. B. Wicken und Winden sein. Und er grenzt Ihren Biogarten ab. Vielleicht haben Sie noch ein wenig Platz? Eine schlichte Holzbank, weiß oder blau gestrichen, könnte etwa direkt am Haus stehen, denn Hauswände speichern die Sonnenwärme und geben sie auch wieder ab.

Formen und Farben

Wenn Sie nur wenig Platz für üppige Blütenfülle haben, sollten Sie die Pflanzen ganz gezielt in den Garten setzen. Hohe Stockrosen neben die Haustür, einen üppig blühenden Hortensienbusch vor die Wand. Eine störende, hässliche Mauer lässt sich leicht mit dem schnell wachsenden Geißblatt verdecken. Wege und Beete mit niedrigem Buchsbaum umpflanzt, darin leuchtend gelbe Sonnenblumen, Pfingstrosen, Tränende Herzen – gleich wirkt's ländlich-prächtig. Blumen, die in den verschiedensten Nuancen einer Farbe blühen, sorgen – in einem Beet zusammen – selbst an trüben Tagen für einen leuchtenden Blickfang. Besonders in Gelb bis Orange: Gämswurz, Sonnenhut, Alant, Schafgarbe, Lupinen, Ringelblumen, Goldlack, Kapuzinerkresse und Nelkenwurz.

Auf keinen Fall fehlen sollten die Stockrose oder Stockmalve. Sie wird bis zu 2 m hoch und blüht am richtigen Platz, sonnig und windgeschützt, ganz prächtig. Die Farbpalette reicht von Weiß, Gelb über Rosa bis hin zu verschiedenen Rottönen. Schmetterlinge, Bienen und Hummeln umschwärmen sie während der Blütezeit von Juli bis September.

Farbige Akzente setzen: Duftsteinrich, Tagetes, Margeriten, Sommersalbei

Dekorative und duftende Nutzpflanzen

Der dekorative Wert von Tomaten, Zucchini, Kürbissen und vielen anderen Gemüsepflanzen ist unbestritten. Ausgewählte Arten, insbesondere buntblättrige wie roter Mangold, panaschierter Zierkohl und purpurfarbener Grünkohl, kommen deshalb auch gezielt in Schmuckbeeten zum Einsatz. Einige Nutzpflanzen tragen zudem mit schönen Blüten zur Gartengestaltung bei.

Kartoffelvielfalt

Kartoffeln wurden nach ihrer Einführung aus Südamerika nach Europa zunächst nur als Zierpflanzen kultiviert. Beliebt waren insbesondere die zarten Blüten. Die essbaren Knollen blieben lange Zeit ungenutzt im Boden. Gelegentlich kam es sogar zu Vergiftungen, zumal statt der braunen Wurzelknollen die grünen Früchte verzehrt wurden, die sich oberirdisch aus den Blüten entwickeln.

Heute gehört dieses Nachtschattengewächs längst zu den unverzichtbaren Gemüsepflanzen. Mittlerweile sind viele Sorten im Anbau, die zum Teil wegen ungewöhnlicher blauer oder roter Knollen kultiviert werden, aber auch dank der großen Anpassungsfähigkeit der Pflanze. Im Hausgarten lassen sich Kartoffeln v.a. auf leichten Sandböden anbauen. Dazu können Knollen aus dem Gemüsehandel dienen, die im Frühjahr in den vorbereiteten Boden gesteckt werden. Zum Ausprobieren genügen einige Knollen von verschiedenen Sorten. Sie bringen zunächst ihre grünen Blätter hervor. Nach der Blüte im Sommer stirbt das Kraut ab. Dann ist Erntezeit. Aus einer Mutterknolle entwickeln sich bis dahin zehn und mehr Tochterknollen.

Wer nur einen kleinen Garten hat, kann die Kartoffeln sogar als Kübelpflanzen kultivieren. In großen Gefäßen mit lockerem, nährstoffreichem Substrat reifen recht üppige Erträge. Während der Wachstumszeit tragen die Kübelkartoffeln zur Gestaltung der Terrasse bei. Bis zur neuen Anbauzeit im nächsten Frühjahr besteht zur Erntezeit sowie im Herbst und Winter reichlich Gelegenheit, verschiedene Sorten zu probieren. Manchmal sind ungewöhnliche Knollen für den Anbau dann auch von Pflanzenversendern zu bekommen.

Früher wurden Kartoffeln nur als Zierpflanzen kultiviert. Die essbaren Knollen blieben lange Zeit ungenutzt im Boden

Gemüse mit duftenden Blüten

Nicht zu den Nachtschattengewächsen, sondern zu den Asterngewächsen gehört eine andere Nutzpflanze mit ungewöhnlichen Eigenschaften. Die Erdbirne oder Topinambur *(Solanum tuberosum)* hat sich als Gemüse für Diabetiker einen Namen gemacht. Die knackigen Knöllchen enthalten Inulin (nicht Insulin!). Dieser Wirkstoff fördert die Dickdarmflora und wirkt sich günstig auf den Insulinhaushalt aus.

Anders als Kartoffeln sind Topinamburknollen nicht lange lagerfähig und sollten möglichst frisch zubereitet werden. Sie schmecken klein gehackt oder geraspelt im Salat leicht nussig. Vor der Verwertung größerer Mengen empfiehlt es sich, kleine Wurzelstücke zu probieren. Die Knollen entsprechen nämlich nicht jedem Geschmack. Wer sie im Garten ansiedeln möchte, sollte dieser ausdauernden Staude genügend Platz bieten. Sie sind sehr vital und breiten sich durch ihre Wurzelrhizome stark aus. Gelegentlich wachsen Topinamburpflanzen auf Schuttplätzen oder an Waldrändern. Sie wurden aus Privatgärten ausgesiedelt, da sie wegen ihrer Wüchsigkeit nicht mehr erwünscht waren. Wo sie verwildern dürfen, bilden sich dichte Bestände mit meterhohen, krautigen Büschen. Alte Bestände bringen im Spätsommer eine Fülle an leuchtend gelben Blüten hervor, die nach Schokolade duften. Die Erntezeit beginnt im Herbst, sobald die Pflanzen einziehen. Sie dauert bis zum neuen Austrieb im Frühjahr an.

Duft nach Schokolade

Wie die Topinamburblüten duften auch die Blüten der Schwarzwurzel *(Scorzonera hispanica)* nach Schokolade. Dieses Gemüse aus der Familie der Asterngewächse bildet ebenso wie Topinambur staudenartige Horste. Wurzeln, die in einem vorbereiteten Gartenbeet einen Platz erhalten haben, entwickeln zunehmend größere Bestände, wenn sie ungestört wachsen, blühen und wieder einziehen können. Zur Erntezeit sollten jeweils nur Teilstücke mit der Grabgabel ausgestochen werden. Ein kleiner Bestand bleibt erhalten, der sich im nächsten Jahr wieder vermehrt.

Die nützlichen Stauden sehen zur Blütezeit im Sommer recht dekorativ aus. Bis zum Herbst reifen lange, fleischige Wurzeln, die wie Spargel zubereitet werden. Die ursprünglich südeuropäischen Pflanzen sind völlig winterhart und lassen sich sogar in Kübeln kultivieren.

Buntblättrige Gemüse

Sie duften zwar nicht, sehen aber ganz dufte aus, die Gemüse mit farbigen Blättern. Dazu gehören der rote Mangold („Vulkan"), der

Mangold duftet zwar nicht, ist jedoch aufgrund der einzigartigen Blätter eine besondere Zierde im Biogarten

weißgrüne Mangold („Glatter Silber“), der purpurrote Grünkohl („Redbor“) oder der weißgrüne Zierkohl. Solche Sorten tragen während der Wachstumszeit im Garten zur Gestaltung bei. Nach der Ernte landen sie im Kochtopf, wo ihre Blätter weiterhin dekorativ wirken.
Die Pflanzung von roten Kohlrabis, schwarzen Rettichen oder auch von bunten Salaten ist noch im Sommer möglich. Rote Salate gedeihen sowohl im Garten, wo sie etwa in den Blumenbeeten als Farbtupfer wirken, als auch in Balkonkästen, die genügend Wurzelraum bieten.

Pflanzen mit medizinischer Wirkung

Der Rhabarber *(Rheum palmatum)* wurde ursprünglich als Heilpflanze aus China eingeführt. Der geschälte Wurzelstock wirkt in Pulverform appetitanregend und magenstärkend. In größeren Dosen hat er eine abführende Wirkung. Das Knöterichgewächs enthält eine hohe Dosis an Oxalsäure und darf bei Nierenbeschwerden nicht eingenommen werden. Das gilt auch für Rhabarberstängel und Produkte daraus.

Die kräftige Staude hat sich sowohl als Nutzpflanze in Gemüsegärten etabliert als auch in den Rabatten vieler Ziergärten. Hier bleiben die Blattstängel stehen, damit sie die nötige Kraft zur Entwicklung der prächtigen Blüten liefern.

Welche Energie in der Pflanze steckt, ist bereits am jungen Spross zur Zeit des Austriebs im Frühjahr sichtbar. Im Sommer entfalten sich dann die typischen großen Blätter. Nach der Blattentfaltung schiebt sich der meterhohe Blütenstand ans Licht. Rhabarberstauden lassen sich sehr wirkungsvoll neben Wasserstellen, etwa am Gartenteich ansiedeln.

Die kräftige Rhabarberstaude hat sich als Nutzpflanze in Gemüsegärten etabliert, aber auch in den Rabatten vieler Ziergärten

INFO

Auswahl für die nächste Pflanzzeit treffen

Während des Sommers bieten sich in Gartenschauen, in Nachbargärten oder in den Gemüsemärkten gute Gelegenheiten zum Begutachten und Probieren besonderer Nutzpflanzen. Dazu zählen natürlich auch Obstpflanzen, wie Hängeerdbeeren, neue Sorten der Weinrebe, kleine Kiwizüchtungen oder Ballerina-Apfelbäumchen. Gute Sorten lassen sich jetzt in einer Pflanzenliste vormerken und dann zur nächsten Pflanzzeit in den Garten aufnehmen.

Anlage und Vorarbeiten

Die wichtigsten Gartengeräte

Umgraben oder nicht umgraben? Eine Frage, über die sich Biogärtner die Köpfe heißreden können und dennoch zu keiner allgemein akzeptierten Lösung kommen. Denn einerseits haben Regenwürmer und andere Mikroorganismen in der Mutterbodenschicht ein Bodengefüge geschaffen. Andererseits liegen im oberen Bodenbereich die Krümel lockerer als unten, sodass der Boden hier besser belüftet ist. Wer also umgräbt, stellt den ganzen Rhythmus der Mikroorganismen auf den Kopf.

Größere Konfusionen vermeiden kann man mit den richtigen Werkzeugen. Denn gerade bei der ersten Bearbeitung eines Gartens kommt man nicht um Grabearbeiten herum. Später liegt es dann an der Sorgfalt des Einzelnen, ob Umgraben überhaupt noch nötig wird. Die Werkzeuge Doppel-Grabgabel, Grabgabel und der sogenannte Sauzahn sind für den Biogärtner in diesem Zusammenhang unabdingbar.

Doppel-Grabgabel

Ohne Kraftaufwand graben, lockern und wurzeltief lüften: Die Doppel-Grabgabel (Biogabel) bringt schwere Lehm- sowie Tonböden im Biogarten rückenschonend auf Vordermann, ohne dass man Erdschollen wenden muss. Denn man sticht das Gerät etwa alle 10 bis 20 cm hintereinander in den Boden und kippt es anschließend einfach auf sich zu. Die Doppel-Grabgabel eignet sich von der Beetvorbereitung ab März/April über das Umgraben und Ernten von Wurzelgemüse bis zur Einwinterung des Gartens.

Grabgabel

Nicht ganz so boden- und rückenschonend wie die Doppel-Grabgabel, aber eine einfachere Alternative ist die Grabgabel. Man sticht sie in den Boden und bewegt sie einmal vor und zurück. Dies wiederholt man im Abstand von wenigen Zentimetern hintereinander.

Der Sauzahn zählt zu den Universalgeräten eines jeden Biogärtners

Sauzahn

Das Universalgerät eines Biogärtners durchlüftet die verschiedenen Bodenschichten, ohne sie zu verändern, und bringt Sauerstoff an die Wurzeln. Es schont damit nicht nur die natürliche Beschichtung, sondern auch den Lebensraum der Regenwürmer sowie der Mikroorganismen. Durch den aufgelockerten Boden ist eine stärkere Bodenkohlensäure-Entwicklung möglich. Mit dem Sauzahn, der

ohne größeren Kraftaufwand zu bedienen ist, kann man Kompost und Zwischendüngung oberflächig einbringen. Außerdem eignet er sich zur Ernte aller Wurzelfrüchte.

Neben diesen „biologischen Spezialwerkzeugen" sind aber nach wie vor noch konventionelle Geräte auf dem Markt, die einem die Gartenarbeit erleichtern:

Doppelhacke

Gemeinsam stellen sie jeden Boden auf den Kopf. Mit der Duohacke ist Hacken, Lockern und Lüften im Garten kein Problem. Die Zinken graben sich in den schweren Boden ein. Das Breitblatt arbeitet sich lieber durch den leichten Boden.

Kompostgabel

Ein ideales Werkzeug zum Umsetzen, Entnehmen, Befördern und Ausbringen von Kompost. Die Zinkenstellung und die Zinkengabel sind speziell auf diese Aufgaben abgestimmt.

Mit der Pendelhacke wird die Oberschicht des Bodens wirkungsvoll bearbeitet

Die Lüfterhacke dient zum Jäten und Lüften auf begrenztem Raum

Lüfterhacke

Wenn es um Jäten und Lüften auf begrenztem Raum geht, ist man mit der Lüfterhacke gut bedient. Der Lüfterzinken bahnt sich seinen Weg durch ganz eng stehende Kulturen selbst, während das Breitblatt für normale Pflanzenabstände verwendet wird.

Rechen

Der Rechen ist ein wertvolles Hilfsmittel zum Glätten. Wenn man z. B. ein Saatbeet anlegt, muss die Oberfläche feinkrümelig geglättet sein. Dabei, und zum Festdrücken der Erde, kommt der Rechen zum Einsatz.

Pendelhacke

Umweltfreundliches Werkzeug, mit dem sich die Oberschicht des Bodens wirkungsvoll bearbeiten lässt, ohne in die tieferen Bodenschichten zu gehen und ohne dabei die Mikroorganismen zu stören.

Mulcher

Zum Verteilen von Mulchdecken, zum Einarbeiten von Mist und zum Abräumen von Pflanzenresten ist der Mulcher prädestiniert. Seine schmalen, gekrümmten Zinken eignen sich auch hervorragend für die oberflächliche Bodenbearbeitung und für die kleine Kartoffelernte.

Wiedehopf

Ein Hackblatt und ein Wurzelbeil sind die Bestandteile des Wiedehopfs, die beim Roden und Pflanzen, Umpflanzen und Kultivieren große Hilfe leisten. Kurzum: ein Universalgerät.

Schlaghacke

Mit dem traditionellen Werkzeug kann man die obersten Bodenschichten unterschneiden und lockern. So kommt man schnell an das Unkraut heran, das über der Wurzel abgeschnitten wird.

Spaten

Mit dem ersten Spatenstich geht immer ein Neuanfang einher. So auch im Garten. Zum Umgraben und Umstechen von härteren Böden ist der Spaten gefragt.

Spatengabel

Die lanzenförmigen Zinken unterscheiden den herkömmlichen Spaten schon optisch von der Spatengabel. Die Spatengabel dient zum Tiefenlüften und Bodenlockern oder zum Ausheben von Knollen und Wurzeln.

Der Mulcher dient der oberflächlichen Bodenbearbeitung

Der Boden lebt

Einen guten Start geben Sie Ihren Pflanzen durch günstige Standortwahl und gute Nachbarschaft, durch naturgemäße Pflege und v.a. durch die richtige Bodenvorbereitung.

Voller Leben stecken die braunen Krümel der „Muttererde“. Regenwürmer, Tausendfüßer und Asseln, Algen, Pilze, Bakterien und Mikroorganismen haben in jedem Kubikzentimeter dieser Gartenerde ihr Zuhause.

Alle zusammen bilden einen Mikrokosmos, der die fruchtbare Gartenerde ständig erneuert. Denn sie verarbeiten mit den Regenwürmern und anderen Bodentieren alle organischen Abfälle des Gartenjahres. So entsteht aus welken Blättern, Gras und dürren Zweigen wieder nährstoffreicher Humus.

Alle wichtigen Arbeiten spielen sich in der Humusschicht ab. Mutter Erde ist der Nährboden für alles Pflanzenleben. In der oberen, etwa 5 cm dicken Zone findet der erste Prozess der Rotte statt. Bakterien, Pilze und Algen lösen Gemüseblätter, Strohhalme und Staudenstängel auf. Regenwürmer, Tausendfüßer, Bodenmilben, Insektenlarven und Asseln helfen ihnen dabei. Auch unzählige Springschwänze sind in der Rotteschicht zu Hause. Sie alle benötigen für ihre Arbeit während der Umsetzung viel Sauerstoff, Wärme und Feuchtigkeit.

Unterhalb der Rottezone beginnt die eigentliche Humusschicht. Sie kann 10 bis 30 cm dick sein. Hier leben ganz andere Mikroorganismen, die die groben Stoffe aus der „oberen Etage“ in stabile Humuskrümel und z. T. direkt in Pflanzennahrung umwandeln. Die Azotobakter-Bakterien binden Luftstickstoff im Boden und stellen ihn für die Pflanzenernährung zur Verfügung. Mineralischer Stickstoffdünger stört diesen Prozess. In der Humusschicht breitet sich deshalb auch das dichteste Wurzelnetz aus.

Alle im Boden lebenden Tiere und Mikroorganismen erzeugen auch Kohlensäure, welche ebenfalls das Wachstum der Pflanzen fördert. Zwischen den Milliarden winziger Lebewesen und dem Versorgungssystem der Pflanzen besteht eine enge Symbiose. Solange dieses System der wechselseitigen Abhängigkeiten intakt bleibt, ist für Fruchtbarkeit und gesundes Wachstum gesorgt. Als Biogärtner werden Sie natürlich versuchen, das Leben in den verschiedenen Erdschichten zu schützen und zu fördern.

Bodenanalysen

Der Boden ist natürlich als Wachstumsgrundlage der Gartenpflanzen besonders wichtig. Obwohl die meisten Gewächse eine geringe Bodenqualität hinnehmen, lässt sich ihre Vitalität durch Verbesserungen durchaus begünstigen.

Untersuchung der Wachstumsgrundlage
Bodenart und -zustand haben eine ganz entscheidende Wirkung auf die Verfügbarkeit der Nährstoffe. So sind etwa in schweren Lehmböden reichlich Nährstoffe eingelagert. Sie kommen aber den Pflanzen, die darauf wachsen, nur langsam zugute. Man sagt, Lehmboden sei geizig. Er gibt die Nährstoffe nur allmählich ab. Sie sind fest an die Bodenteilchen (Kolloide) gebunden. Das hat allerdings auch wieder den Vorteil, dass die Gefahr einer Überdüngung geringer ist als etwa bei Sandböden. Diese leichten Böden haben keine Speicherfähigkeit. Sandige Böden enthalten deshalb auch weniger Nährstoffe als beispielsweise Lehmboden. Neben Sand- und Lehmboden kommt eine dritte Bodenform häufig in Gärten vor, und zwar Humus. Humusböden unterscheiden sich von Lehm- oder Sandböden, die vorwiegend mineralische Bestandteile beinhalten, durch einen hohen Gehalt an organischen Stoffen. Reifer Kompost ist beispielsweise eine reine Humusform. Auch gewöhnlicher Mutterboden ist reich an organischen Stoffen. Er enthält allerdings je nach Lage auch Sand, Lehm oder Steine. Wie der Boden in Ihrem Garten beschaffen ist, können Sie ganz einfach durch sogenannte Handproben feststellen. Lehmiger Boden lässt sich kneten und zu einer

INFO

Bestimmung der Bodenart

Bodenart	In feuchtem Zustand	In trockenem Zustand
Tonboden	sehr elastisch, fein, glitschig, klebrig, leicht knetbar, zu Würstchen ausrollbar	sehr hart, nur schwer zu zerbrechen
Lehmboden	plastisch, knetbar, ausrollbar, rau, leicht bröckelnd	bricht leicht auseinander
Sandboden	bröckelnd, nicht feinkörnig	leicht zerbröckelnd
Moorboden	faserig, schwammig	torfig, leicht

Wurst rollen. Sandboden rieselt durch die Finger. Humus ist weich und faserig. Meistens liegen allerdings Mischungen vor. Ein Gartenboden, der aus verschiedenen Stoffen zusammengesetzt ist, lässt sich mithilfe einer Wasser- oder Schlämmprobe bestimmen. Ein Löffel davon, in einem Glas Wasser aufgelöst, zeigt die Zusammensetzung an. Die Sandanteile sinken nach einer Weile zu Boden. Die Humusteilchen schwimmen obenauf. Die Lehmteile schweben im Wasser und bilden eine trübe Brühe. Je nach Anteilen wird so sichtbar, ob es sich beispielsweise um einen sandigen Lehmboden mit Humusgehalt handelt, einen lehmigen Sandboden mit Humus oder um eine andere Bodenart.

Die Bodenart wird hauptsächlich durch die Zusammensetzung des mineralischen Bodengerüstes bestimmt. Dieses besteht aus großen und kleinen Steinen, unterschiedlichen Sandfraktionen, Lehm, Schluff und Tonmineralen. Durch die Art der Zusammensetzung wird der Wasser- und Lufthaushalt, die Nährstoffspeicherung und die Bearbeitbarkeit stark beeinflusst. Je kleiner die Teilchen sind, umso größer ist ihr Zusammenhalt (Bindigkeit) und damit die Speicherfähigkeit des Bodens für Wasser und Nährstoffe. Tonteilchen sind kleiner als zwei tausendstel Millimeter und schaffen damit eine sehr große Oberfläche. Sandteilchen sind wesentlich größer (0,5 bis 2 mm Ø) und verhindern dadurch eine allzu dichte Lagerung. Das erleichtert die Bodenbearbeitung. Und so beurteilen Sie die Hauptbodenarten: Erdprobe in der Hand kneten und ausrollen.

Der **Tonboden** ist kalt und erwärmt sich im Frühjahr sehr langsam. Dadurch kann die biologische Aktivität nur schwierig entwickelt werden. Außerdem bindet er viele Nährstoffe an sich und gibt sie nur schwer wieder ab. Tonböden neigen zu Staunässe und Verdichtungen und sind daher schwierig zu durchlüften. Hier müssen Sie also das Bodenleben durch Strukturverbesserungen besonders stark fördern, damit Nährstoffe freigesetzt werden können. Achten Sie bei der Bearbeitung eines Tonbodens auf die richtige Feuchtigkeit: Ist er zu nass, werden die aneinander haftenden Bodenteilchen (Krümel) zerstört; ist er zu trocken, so wird er wie eine „Betondecke“.

Der Tonboden lässt sich nachhaltig verbessern, wenn Sie Sand beimischen und große Mengen organischer Substanz zuführen. Am besten Reifkompost in Mengen von 5 kg/m². Die Bodenbedeckung ist in feuchten Gegenden nur dünn gestaffelt aufzutragen, in trockeneren Gebieten ist eine dichtere Mulchschicht von Vorteil. Auch Steinmehle sind hier besonders in Kombination mit der Mulchschicht zu empfehlen.

Lehmböden können gut Wasser und Nährstoffe speichern

Lehmböden weisen ein gutes Wasser- und Nährstoffspeicherungsvermögen auf, sie sind warm, gut durchlüftet und durchlässig. I. d. R. ist die Bearbeitbarkeit leicht, und damit sind Voraussetzungen für eine gute Fruchtbarkeit gegeben.

Sandböden erwärmen sich rasch, kühlen sich aber auch schnell wieder ab. Auf eine Düngung sprechen diese Böden gleich an, ohne aber eine nachhaltige Wirkung zu zeigen, was einen ständigen Nachschub an Nährstoffen und Wasser notwendig macht. Eine nachhaltige Bodenverbesserung lässt sich durch jährliche Beimischung von Tonerde (Bentonit) erreichen. Besonders wichtig ist hier eine ständige Bodenbedeckung, damit der Wasser-

Sandböden sprechen auf eine Düngung gleich an, jedoch ohne eine nachhaltige Wirkung

bedarf und die Nährstoffauswaschung verringert werden können. Kompost und organische Dünger können noch zeitig im Frühjahr gegeben werden. In diesen Böden gedeihen Kartoffeln, Spargel, Wurzelgewächse und Schwarze Johannisbeeren besonders gut.

Moorböden sind sauer und reagieren i. d. R. wie ein Schwamm. Bei lang anhaltendem Regen sind sie sehr feucht, bei längerer Trockenheit vermögen sie kein Wasser zu spei-

Moorböden können viel Wasser aufnehmen, können es jedoch bei langer Trockenheit nicht speichern

chern. Die Bearbeitbarkeit ist gut. Besonders wichtig sind überwinternde Gründüngungskulturen, um hohe Abbau- und Nährstoffauswaschungen zu verhindern. Eine nachhaltige Verbesserung von Moorböden erreichen Sie durch die periodische Zumischung von Tonerde, Steinmehlen und Algenkalk.

Magerer Boden, fetter Boden

Schon beim Anblick sind Eigenschaften eines Bodens erkennbar. Lehmboden glänzt speckig und wird daher auch als fetter Boden bezeichnet. Er ist meistens reich an Nährstoffen. Sandboden lässt sich als magerer Boden erkennen. Sand hat nur ein geringes Speichervermögen und enthält dementsprechend wenige Nährstoffe. Die Farbe sagt allerdings wenig über den Wert eines Bodens aus! So kann ein rötlicher Lehmboden nährstoffreicher sein als ein dunkelbrauner Humusboden. Genaue Angaben sind diesbezüglich nur mithilfe von Nährstoffanalysen möglich.

Test-Sets und Labore

Das Messen des Säuregrades bzw. des Kalkgehalts (pH-Wert-Messung) ist ganz einfach mit Test-Sets aus dem Gartenfachhandel möglich. Ebenso gibt es solche Minilabors zum Messen des Stickstoffgehalts (Nitrat-Test). Damit lassen sich – neben der Hand- und Wasserprobe – weitere Erkenntnisse sammeln. Eine umfassende Bodenuntersuchung ist jedoch nur in einem Labor möglich. Das kann ein privates Unternehmen sein oder eine staatliche Untersuchungsanstalt. Adressen bekommen Sie bei Ihrem Gartenamt. Zur Prüfung sind etwa 500 g Gartenboden nötig. Dazu wird die entsprechende Menge in eine Tüte gepackt und an das zuständige Labor geschickt. Anleitungen, Verpackungsmaterial und eine Preisliste bekommen Sie beim Labor.

pH-Wert

Dieser Fachbegriff aus der Chemie ist die lateinische Abkürzung von *potentia hydrogenii* und bedeutet soviel wie Potenz des Wasserstoffs. Der pH-Wert ist eine Messzahl für den Säuregrad einer Substanz. Die Säurewirkung wird von positiv geladenen Wasserstoffteilchen und negativ geladenen Hydroxidionen verursacht. Der pH-Wert zeigt das Verhältnis an. Die Werte reichen von 0 bis 14. 0 ist sehr sauer, 14 ist sehr alkalisch (basisch). Bei 7 ist das Verhältnis ausgeglichen oder neutral. Die meisten Gartenböden sind neutral oder leicht alkalisch und damit für fast alle Pflanzen verträglich. Nur wenige bestimmte Böden wirken sauer (z. B. Torf) oder alkalisch (z. B. Kalkmergel). Sie lassen sich durch Kalkgaben bzw. durch Torf neutralisieren.

Hinweise

Zum Vergleich einige Werte: Essig hat einen pH-Wert von 3. Wasser liegt im neutralen Bereich um 7. Torf ist sauer bei 4 bis 5. Düngekalk ist alkalisch (ca. 8). Gartenkompost hat einen Wert zwischen 6,5 und 8.

INFO

pH-Wert:

0–3	4–5	6–7	8–9	ab 10
extrem sauer	stark sauer	neutral	stark alkalisch	extrem alkalisch

Sonnenblume – die reichhaltige Schönheit aus dem Garten

✿ Die Kerne haben es in sich

Die Sonnenblume liebt – wie der Name es schon verrät – sonnige Plätze und wendet ihr Köpfchen der Sonne zu. Sie ist eine rechte Augenweide in jedem Garten, aber auch die nach der Blüte entstandenen Samen haben es in sich. Diese finden Verwendung als Öl, Margarine oder in Mayonnaise und schmecken auch in unverarbeitetem Zustand lecker über Salat oder im Müsli. Das kalt gepresste Sonnenblumenöl enthält viele gute, ungesättigte Fettsäuren und viel Vitamin E. Aber auch die Motoren lieben dieses Öl, denn es findet als Biodiesel nachhaltige Verwendung!

✿ Florentiner

Zutaten: 650 g Zucker, 350 g Honig, 450 g Butter, 600 g Sahne, 650 g Mandeln (Blättchen), 450 g Sonnenblumenkerne, 600 g Kuvertüre (halbbitter)

Zubereitung: Zucker, Honig, Butter und Sahne in einem Topf heiß werden lassen. Ungefähr 5 Minuten bei kleiner Flamme köcheln lassen, dabei ständig umrühren. Mandelblättchen und Sonnenblumenkerne hinzugeben und weitere 5 Minuten unter Rühren köcheln lassen. Backofen (Ober- und Unterhitze) auf 200 Grad vorheizen. Die heiße Masse mit dem Messer auf ein mit Backpapier ausgelegtes Backblech streichen und im Ofen auf der mittleren Schiene ungefähr 12 Minuten backen. Dann auf dem Blech auskühlen lassen, stürzen und das Backpapier entfernen. Die Kuvertüre klein hacken und im Wasserbad schmelzen. Die Florentinerplatte damit bestreichen. Danach erkalten lassen, die Platte umdrehen und in Rauten schneiden.

✿ Sonnenblumenkernmaske gegen unreine Haut

Mahlen Sie in einer Kaffeemühle eine Handvoll Sonnenblumenkerne sehr fein. Anschließend geben Sie einen Teelöffel Honig in warmes Wasser, lösen diesen durch Umrühren auf und fügen einen Teelöffel Olivenöl hinzu. Zum Schluss geben Sie die fein gemahlenen Sonnenblumenkerne in die Honig-Öl-Lösung und vermischen das Ganze zu einer streichfähigen Masse. Bestreichen Sie Ihr Gesicht damit (die Augen aussparen) und lassen Sie die Packung 30 Minuten einwirken. Mit lauwarmen Wasser abspülen.

Zeigerpflanzen
Schnelle Rückschlüsse auf den Zustand des Bodens und den pH-Wert machen typische Pflanzen, sogenannte Zeigerpflanzen, möglich. Sie siedeln sich vorzugsweise auf bestimmten Böden an. So weist etwa der Huflattich eindeutig auf einen hohen Kalkgehalt hin. Die Brennnessel zeigt wiederum einen typischen Humusboden mit hohem Nährstoffgehalt an, und die Ackerdistel macht erkennbar, dass der Boden lehmig und offenbar verdichtet ist.

Mehr basisch = pH-Wert über 7 (pH 7 = neutral):
Wiesensalbei *(Salvia partensis)*, Esparsette *(Onobrychis viciifolia)*, Stiefmütterchen *(Viola tricolor)*, Zierliche Wolfsmilch *(Euphorbia exigua)*, Ackersteinsamen *(Lithospermum arvense)*, Ackersenf *(Sinapis arvensis)*

Mehr sauer = pH-Wert unter 7:
Hederich *(Raphanus raphanistrum)*, Arzneiehrenpreis *(Veronica officinalis)*, Ackerziest *(Stachys arvensis)*, Stechpalme *(Ilex aquifolium)*, Hohlzahn *(Galeopsis ochroleuca)*

Bei zu tiefem pH-Wert (kleiner als 6) erfolgt die notwendige Korrektur am besten durch Algenkalke, die sich auch zur Aktivierung des Bodenlebens eignen, und ebenfalls durch Kalksteinmehle, Dolomitkalk, kohlensauren Kalk oder andere kalkhaltige Gesteinsmehle. Die Höhe der Mengen richtet sich entscheidend nach dem Boden und dem Kalkgehalt der Düngung.

Bodenverbesserungen
Anhand der eigenen Bodenbestimmungen oder mithilfe des Untersuchungsergebnisses vom Labor können dann gezielte Bodenverbesserungen durchgeführt werden – falls nötig. Dabei sind natürlich auch nicht messbare, aber dennoch ungünstige Verhältnisse zu verändern. So vertragen nur wenige Gartenpflanzen Bodenverdichtungen. Sie erschweren die Wurzelbildung und hemmen das Wachstum. Häufig bildet sich auf solchen Schichten auch Staunässe. Im Zuge der Bodenverbesserung gilt es, Bodenverdichtungen zu durchbrechen und nachhaltig zu lockern. Besonders nach dem Hausbau, wenn der Gartenboden unter die Räder schwerer Baumaschinen gekom-

INFO

Häufige Zeigerpflanzen

Art	Hinweis
Huflattich	hoher Kalkgehalt
Brennnessel	Humusboden, hoher Stickstoffgehalt
Löwenzahn	nährstoffreicher Lehmboden
Ackerdistel	nährstoffreicher Lehmboden
Vogelmiere	Humusboden, hoher Nährstoffgehalt
Franzosenkraut	Humusboden, hoher Nährstoffgehalt

ÖKO-TIPP

Kein Torf!

Torf ist, entgegen früherer Meinungen, ein Zusatzstoff, auf den man verzichten sollte. Er ist extrem sauer (pH-Wert 3) und weist in trockenem Zustand Wasser ab. Außerdem ist Torf ein inzwischen rarer Rohstoff, der aus wertvollen Moorbiotopen geholt wird, die erhalten werden sollten.

men ist, lohnt sich eine tiefgründige Lockerung. Dazu gibt es spezielle Anbaugeräte für Traktoren. Nach dem Einsatz eines Tiefenlockerers kann das Grundstück dann noch gründlich mit einer Fräse bearbeitet werden. Auf kleinen Flächen, etwa im Gemüsegarten, wo kein Maschineneinsatz möglich ist, genügt das Lockern mit dem Spaten oder einer Grabgabel. Bei der Gelegenheit kann ein geeignetes Bodenverbesserungsmittel (z. B. Sand, Kompost etc.) eingearbeitet werden.

Bodenarten in Bezug auf Bepflanzung

Die meisten Pflanzen sind recht tolerant, was die Beschaffenheit des Bodens betrifft. Es bleibt ihnen ja auch in freier Natur nichts anderes übrig. Allerdings machen sich Unterschiede schon bemerkbar. So wird beispielsweise ein Kirschbaum auf steinigem Boden stets zu kämpfen haben, während er in tiefgründigem Lössboden ohne Schwierigkeiten gedeihen kann. Dementsprechend sind

Ganz in Grün: Kartoffeln, Mangold, Rote Bete, Bohnen

INFO

Nährstoffgehalt von Gesteinsmehlen

	Quarz	Silizium	Kalzium	Magnesium	Kalium
Basalt	unter 1 %	20 – 50 %	8 – 15 %	8 – 10 %	1 – 2 %
Granit	20 – 30 %	50 – 70 %	2 – 8 %	2 – 5 %	4 – 6 %

natürlich auch die Unterschiede in der Wuchskraft und nicht zuletzt in der Ertragsfähigkeit sichtbar. Es gilt also besonders im Biogarten beste Bedingungen für die jeweiligen Pflanzen zu schaffen oder aber passende Pflanzen für die vorhandenen Verhältnisse auszuwählen. Dabei gibt es wesentliche Unterschiede hinsichtlich der Arten. So dringen Gehölze in tiefe Bodenschichten vor, die sich kaum ändern oder beeinflussen lassen. Gemüse, Stauden und Sommerblumen brauchen dagegen nur eine recht geringe Bodenschicht. Für sie lässt sich der Boden leichter optimal zubereiten.

Bodenpflege

Solange „die eigene Scholle" üppige Ernten hervorbringt, gibt es keinen Grund für tief greifende Veränderungen. Jeder gute Gartenboden macht den Anbau von Zier- und Nutzpflanzen ohne besondere Verbesserungen möglich. Unnötige Nährstoffgaben – insbesondere von schnell löslichen Mitteln – schaden mehr, als sie bringen. Viele Stoffe gelangen ungenutzt ins Grundwasser, zumal der Boden nur eine gewisse Menge aufnehmen und speichern kann. Bevor Sie also irgendeinen Dünger streuen, ist es gut zu wissen, wie der Boden beschaffen ist. „Viel hilft viel" stimmt bei der Düngung nicht. Die meisten Gartenböden sind ohnehin überversorgt, d. h. sie enthalten mehr Nährstoffe als nötig. Hier sei noch einmal auf den entscheidenden Grundsatz hingewiesen: Das Wachstum der Pflanzen richtet sich nach dem Nährstoff, der im geringsten Maß vorhanden ist. Wenn also beispielsweise reichlich Stickstoff gegeben wird, aber Kali fehlt, nützt das nichts. Es kann sogar schädlich sein.

Steinmehle

Im biologischen Gartenbau werden seit längerer Zeit Steinmehle mit Erfolg eingesetzt. Sie enthalten zwar auch Pflanzennährstoffe, dienen aber wie Kalk in erster Linie der Verbesserung der Bodenstruktur. Es gibt verschiedene Arten, die unterschiedlich wirken. Bei den Silikatgesteinen lassen sich Basalte und Granite unterscheiden. Basalte enthalten wenig Quarz, dagegen mehr dunklere Minerale, die reich sind an Kalzium, Magnesium und Eisen. Die helleren Granite bestehen zum großen Teil aus Quarz und Feldspat, die Kalium enthalten. Die Wirkung im Boden ist von der chemischen Zusammensetzung und vom Vermahlungsgrad abhängig. Basaltmehle sind reich an Spurenelementen. Sie wirken basisch und eignen sich v. a. für leichte, zur Versauerung neigende Sandböden. Ihr Einsatz hat sich ebenso zur Versorgung mit Spurenelementen bei Obst und Gemüse bewährt. Granitmehle setzt man auf schweren Böden ein. Dort sorgen sie für mehr Durchlüftung und eine bessere Wasserführung. Mehle aus basischem Gestein wie Basalt enthalten meistens viele Nährstoffe. Allerdings liegen diese nicht wie bei synthetischen Düngern in leicht wasserlöslicher Form vor. Sie wirken langfristig. Eine Überdüngung mit Gesteinsmehlen ist praktisch nicht möglich. Dennoch müssen sie gleichmäßig und sparsam gestreut werden, damit sie nicht verkrusten.

Bearbeitung

Sie sollten den Boden nur mit einer Grabgabel lockern. Allenfalls die Nutzfläche bei der Neuanlage einmal kräftig umgraben. Im Herbst wird der Boden gelockert und mit einer Gründüngung eingesät. Im Frühjahr genügt es, den Boden nur oberflächlich zu bearbeiten.

Kompost

Kompost aus dem eigenen Garten gibt gute Erde. Er benötigt etwa sechs Monate zur Reife

Ein Allheilmittel im Biogarten ist Kompost. Er stärkt die Pflanzen mit ausgewogenen Nährstoffen und führt dem Boden Humus zu, der für die Umsetzung der Nährstoffe sowie für die Lockerung und die Wasserspeicherfähigkeit wichtig ist. Der Rohkompost enthält außerdem viele Mikroorganismen, die für die Umsetzungsprozesse – u. a. auch für den Abbau und die Vernichtung von schädlichen Pilzen – nützlich sind. Allerdings wird die Güte des Komposts von einer ausgewogenen Zusammensetzung aus vielen verschiedenen Abfällen und einer guten luftigen Verrottung bestimmt. Bei Bedenken ist eine Analyse in einer landwirtschaftlichen Untersuchungsanstalt zu empfehlen.

Die anfallenden organischen Gartenabfälle sind wertvolle Rohstoffe, aus denen im Komposthaufen ein nährstoffhaltiger Humusdünger heranreift, mit dem Sie einerseits die Fruchtbarkeit Ihres Gartenbodens langfristig erhöhen können, andererseits die Pflanzen zum optimalen Wachstum anregen. Gleichzeitig fördern Sie den biologischen Kreislauf, was der Pflanzengesundheit dient.

Die lockere Humusschicht ist ungefähr 20 cm dick

Zum Kompostieren eignet sich fast alles: Rasenschnitt genauso wie die Reste abgeernteter Gemüsebeete, Stiele von Stauden, das Herbstlaub, selbst Schnittholz aller Gehölze, natürlich auch sämtliche rohen, pflanzlichen Küchenabfälle (kein Plastik, keine Metalle und kein Glas). Entscheidend für den Erfolg ist richtiges Aufsetzen. Guter Gartenboden ist die beste Grundlage; durch ihn besiedeln Bodenlebewesen die Kompostmiete von unten.

So kompostieren Sie richtig

1. Aufgesetzt wird schichtweise bis zu einer Höhe von ca. 150 cm. Nach jeder etwa 10 cm starken Abfallschicht sollten Sie einen biologischen Kompost-Beschleuniger einstreuen. Um der Austrocknung vorzubeugen, wird der fertig aufgeschichtete Kompost mit einer Lage Laub oder Rasenschnitt abgedeckt. Die Größe der Grundfläche richtet sich nach der anfallenden Menge der Abfälle und liegt erfahrungsgemäß bei 100 cm x 200 cm.
2. Kompost reift schneller, wenn Sie ihn vor Sonne und austrocknenden Winden schützen. Denn das Austrocknen unterbricht nicht nur den Reifeprozess, es kann ihn sogar beenden. Trotzdem sollte die Kompostmiete nicht künstlich überdacht, sondern an einem leicht schattigen Platz eingerichtet werden. Unter einem Baum oder Busch fühlt sie sich besonders wohl.
3. Anstelle der frei gelagerten Kompostmiete bietet der Fachhandel sogenannte Kompostlegen bzw. Silos an. Sinnvoll sind nur solche Modelle, die möglichst viel Luft durchlassen und unten nicht abgeschlossen sind, damit Bodentiere, z. B. Regenwürmer, ungehindert in den Kompost einwandern können.

PFLEGELEICHT-TIPP

So erhöhen Sie die biologische Aktivität Ihres Bodens

- Häufiges Mulchen mit zerkleinertem, leicht verrottendem Material (angewelkter Rasenschnitt, halbverrotteter Kompost usw.)
- Mechanische Durchlüftung des Bodens. Evtl. Zufügen von Struktur verbessernden Materialien, wie Perlit, Sand usw.
- Evtl. Impfung des Bodens mit Regenwürmern, z. B. mittels Kompost, in dem Regenwürmer und Wurmeier vorhanden sind
- Förderung der Umsetzungsvorgänge im Boden mit Brennnesseljauche

Geruchsprobe bestanden: Guter Humus, auch Muttererde genannt, ist nicht nur locker, er riecht auch frisch

4. Die Reifezeit bis zum krümeligen Kompost richtet sich nach dem eingebrachten Material, der Behandlung und der Größe. Zerkleinern (z. B. von holzigen Abfällen) verkürzt den Verrottungsprozess. Mit den handelsüblichen biologischen Kompost-Beschleunigern erzielen Sie eine schnellere Verrottung und dank deren Wasserbindekraft eine bessere Durchfeuchtung der Kompostmasse.
5. Der Regenwurm und die ihn begleitende Schar kleiner Kerbtiere und anderer Bodenlebewesen wie Asseln, Springschwänze, Tausendfüßer etc. sind die Hauptakteure des Verrottungsvorganges und zusätzlich die Produzenten von organischem Dünger.
6. Wenn Zwiebelschalen, Lauchabfälle und Kaffeesatz im Kompost verarbeitet werden, wird der Regenwurm aktiv. Nach sechs bis zwölf Monaten ist aus welken Blumen, Garten- und Küchenabfällen wertvoller Humus entstanden.
7. Reifer Kompost ist krümelig, dunkelbraun und duftet nach Walderde. In einer Schicht von 2 bis 3 cm auf die Beete ausgebracht und leicht eingearbeitet, findet eine weitere Bodenverbesserung statt. Wenn Ihr Kompost stinkt, ist er zu wenig durchlüftet. Setzen Sie ihn um und verteilen Sie schichtweise trockenes, grobes Material (Stroh oder Gehölzschnitt).

Mulchen und Flächenkompost

Das Mulchen ist das Abdecken des Bodens mit organischem Material (z. B. Rindenmulch). Es ist nicht nur die ideale Bodenpflege (wie im Wald), sondern es kostet auch nichts und macht vergleichsweise wenig Arbeit. Unter Neuanpflanzungen (z. B. Staudenbeete oder Gehölzstreifen) erleichtert eine dicke Mulchschicht sogar die Pflege, zumal sie Unkräuter unterdrückt und die Feuchtigkeit erhält. Auch die Fruchtbarkeit des Bodens verbessert eine Mulchschicht. Das Material verrottet langsam und wird von Bodenlebewesen zu Humus umgewandelt, der wiederum dem Boden zugutekommt. Währenddessen schützt die Mulchdecke im Sommer vor Hitze und Austrocknung und im Winter vor Kahlfrost. Das regelmäßige Mulchen macht besonders sandige Böden humoser und bindiger. Es trägt aber auch zur Lockerung schwerer Böden bei. Die Flächenkompostierung ist eine Art des Mulchens. Dazu dienen allerdings ausgewählte Rohstoffe wie Gemüseabfälle oder halbverrotteter Kompost.

Anlage von Wegen

Um im Biogarten Wege anzulegen, eignen sich natürliche Materialien wie beispielsweise Holz ganz besonders gut

Die Wege im Biogarten sind wichtig, denn Sie müssen Ihre Beete ja schließlich auch erreichen. Wie Sie Ihren Weg gestalten, ist Geschmackssache. Beim Biogarten allerdings sollten Sie bedenken, dass auch die Materialien einem Naturgarten entsprechen sollten wie z. B. Holz, Kies, Natursteine. Ganz einfach sind getretene Wege im Beet. Oder Sie lassen zwischen den Pflanzflächen einfach einen festen Streifen stehen, auf dem kurz geschorenes Gras wächst. Solche Wege sind sogar für eine Schubkarre ausreichend stabil. Allerdings müssen Sie regelmäßig mähen und die Kanten sauber mit einem Spaten abstechen, da der Weg sonst außer Form gerät.

Wege aus Holz

Eine naturnahe Möglichkeit der Wegegestaltung ist die Verlegung eines Weges aus Holzpflaster, denn es lässt sich relativ einfach verlegen. Die Klötze (Rechteck- oder Rundholz) werden dicht an dicht in ein Sandbett gelegt und mehrmals mit Wasser und Sand eingeschlämmt. Die Klotzhöhen betragen zwischen 10 bis 15 cm.

Rundholzpflaster wirkt in Kombination mit kurzen Palisaden sehr harmonisch. Problemlos lassen sich mit dem Holzpflaster auch Stufen und Treppen im Garten gestalten. Kantholzpalisaden gewährleisten den festen Stufenhalt. Sie werden zu etwa einem Drittel in den Boden eingelassen und evtl. einzementiert. Den Trittbereich der Stufen füllen Sie am besten mit Kantholz- bzw. Rundholzpflaster in kleinerem Durchmesser aus. Der Fantasie sind keine Grenzen gesetzt. Einen kleinen Nachteil hat Holzpflaster: bei Nässe herrscht Rutschgefahr!

- Stecken Sie den Weg bzw. Platz ab und heben den festen Boden ca. 25 cm tief aus. Darauf bringen Sie eine wasserdurchlässige Kiesschicht und darüber eine 5 bis 10 cm dicke Sandschicht auf. Die Sandschicht mit einer Latte eben abziehen. Die seitlichen Richtplatten werden später entfernt.

- Dann stellen Sie die Pflasterholzstücke einzeln dicht nebeneinander auf (durch Auswahl verschiedener Durchmesser erreichen Sie eine möglichst geringe Fugenbildung). Zuerst mit der Wasserwaage ausrichten und mit einem Gummihammer festklopfen.

- Die Fugen mit Sand ausfüllen und einschlämmen. Danach mit Stampfer bzw. Rüttelplatte verdichten und noch einmal mit Sand auffüllen und sauber fegen. Ähnlich verlegen können Sie Wege aus Gehwegplatten und Pflastersteinen. Dazu muss der Untergrund gut verdichtet werden. Auch die verlegten Steinplatten sollten vor dem Verfugen mit Sand fest gestampft werden.

Anlage von Beeten

Das Hügelbeet

Durch seine Form erlaubt das Hügelbeet eine bessere Flächenausnutzung, wobei in Kombination mit der Mischkulturtechnik ein Optimum an pflanzlichen Produkten hervorgebracht werden kann. Das Hügelbeet vereinigt in sich die Eigenschaften eines guten Kompostes und einer sogenannten Wärmepackung in Frühbeetkästen. Wegen der

Verwendung eines erheblichen Anteils an verrottbarem Material (Holz, Gras, Laub, andere Pflanzenteile, Kompost usw.) erwärmt sich der Boden stärker, und das Beet kann im Frühling eher bepflanzt werden. Im Herbst lässt sich die Vegetationszeit etwas länger hinausziehen. Bei Trockenheit muss das Hügelbeet aber unbedingt rechtzeitig und nachhaltig gegossen werden, da es schneller zur Austrocknung neigt.

Anlage eines Hügelbeetes

Ein Hügelbeet legen Sie am besten im Herbst an, da sich das Material dann noch setzen kann. Besonders vorteilhaft wäre auch die Begrünung des Hügelbeetes noch im Herbst, z. B. mit Feldsalat (Nüssler). Natürlich können Sie Ihr Hügelbeet genauso im Frühling oder Sommer anlegen, wobei auch dann eine kurzfristige Begrünung mit einer schnell wachsenden Gründüngung zu empfehlen ist, bevor die eigentliche Hauptkultur gepflanzt wird. Und so wird's gemacht:

Hochwüchsige Stauden, Indianernesseln, Glockenblumen, Margeriten

- Das Hügelbeet sollte möglichst in Nord-Süd-Richtung angelegt werden. Auf einer Breite von 160 cm und beliebiger Länge wird die Erde etwa 25 cm tief ausgehoben und auf die Seite gelegt, da sie für das Hügelbeet später noch gebraucht wird.
- Falls Sie das Beet auf einer Wiese anlegen, heben Sie die Grassoden (Grasziegel) sorgfältig heraus; sie werden später zum Bau des Beetes verwendet.
- In der Mitte der flachen Grube schütten Sie nun einen etwa 50 cm hohen und 100 cm breiten flachen Hügel aus zerkleinerten Ästen, Stauden oder ähnlichem Material auf. Dieser Hügel muss an beiden Enden etwa 60 cm kürzer sein als das Beet.
- Legen Sie dann die Grassoden mit dem Gras nach unten auf diesen Hügel und klopfen Sie sie mit dem Spaten an. Bei sehr sperrigem Material im Kern des Hügelbeetes werden die Grasziegel etwas angestampft.
- Falls keine Grassoden vorhanden sind, legen Sie eine dünne Schicht aus Stroh, Gras oder aus Gartenabfällen auf. Darauf schichten Sie anschließend eine 15 cm dicke Schicht Erde (z. B. vom Aushub des Beetes).
- Es folgt eine 30 cm dicke Schicht aus feuchtem Laub, die Sie mit etwas Erde oder Mistkompost (ca. 10 % volumenmäßig) vermischen. Diese Schicht wird mit etwa 5 cm Gartenerde abgedeckt und mit dem Spaten angeklopft. Darüber wird eine Schicht von ca. 15 cm aus relativ jungem Mistkompost ausgebreitet.

Mit einem Hochbeet kann man die Wachstumsperiode verlängern und dem Gemüse optimale Bedingungen verschaffen

- Zum Schluss folgt eine 15 cm dicke Deckschicht aus reifem Gartenkompost mit Mutterboden, die Sie im Verhältnis 1:1 vermischt haben.

Ein so vorbereitetes Hügelbeet können Sie etwa sechs Jahre benutzen, wobei nach etwa drei Jahren nochmals eine 5 cm dicke Kompostschicht nachgelegt werden sollte. Nach sechs Jahren können Sie sehr gut noch Beerenkulturen auf dem Beet anlegen.

Dieser relativ große Arbeitsaufwand für die Anlage des Beetes ist gut investiert, da Sie anschließend für mehrere Jahre mit Ihrem Hügelbeet relativ wenig Aufwand treiben müssen.

Hochbeet

Eine Möglichkeit, die Wachstumsperiode zu verlängern und Ihrem Gemüse optimale Bedingungen zu verschaffen, ist die Anlage eines Hochbeetes. Für einen solchen Gemüsegarten auf kleinstem Raum brauchen Sie einen sonnigen Platz. Die ideale Größe für ein Hochbeet sind etwa 1,20 bis 1,50 m Breite und 2,50 bis 3 m Länge. Die Richtung sollte von Nord nach Süd verlaufen.

- Die Erde in der Größe des Beetes etwa einen Spatenstich tief ausheben. Die Erde darunter mit einer Grabgabel lockern.

- Die Begrenzung (ca. 80 cm hoch) konstruieren Sie z. B. aus druckimprägnierten Rundpalisaden, die in den Boden eingelassen werden. Darauf werden quer Halbrundhölzer in der entsprechenden Länge bzw. Breite aufgeschraubt oder aufgenagelt. Dazu eignet sich auch älteres Holz, z. B. Schalbretter.

- In den fertigen Kasten kommt eine ca. 30 cm hohe Schicht Baum- oder Beerenschnitt (evtl. aus dem Häcksler).

- Die nächste Lage: unreifer Kompost (also frische Küchen- und Gartenabfälle) oder Mist (Schafs-, Pferde- oder strohiger Kuhmist). Wenn Sie Horn-Blut-Knochenmehl darüberstreuen, kommt der Rotteprozess, der wachstumsfördernde Wärme erzeugt, schneller in Gang. Darauf kommt, bis ca. 20 cm unterhalb des Beetrandes, Mutterboden.

- Zum Abschluss eine satte Schicht feinkrümeliger Komposterde.

PFLEGELEICHT-TIPP

Hochbeet richtig bepflanzen

- Am besten eine bunte Mischkultur.
- Setzlinge gedeihen schneller als Samen.
- Tomaten und andere hohe Pflanzen gehören an das Nordende des Beets, in die Mitte kommen die mittelhohen und an die Südseite die niedrigen Pflanzen.
- Die Beetränder eignen sich gut für Hängepflanzen wie Gurken.
- Pflanztipp fürs erste Jahr: Salate, Karotten und Zwiebeln, auch Kohlarten, Radieschen und Sellerie wachsen sehr gut.
- Im zweiten und dritten Jahr nach den Regeln der Mischkultur (s. S. 199/200 und 230/231) wechseln: also z. B. Bohnen, Gurken und Schwarzwurzeln einsetzen.

Frühe Aussaat

Auf dem Hochbeet können Sie zwei bis drei Wochen früher aussäen als auf einem normalen Gartenbeet: Die Wärme, die im Hochbeet während der Rotte entsteht, macht's möglich!

Das Frühbeet

Wenn Sie sich ein Frühbeet in den Biogarten stellen, dann beginnt das Frühjahr bereits im Februar. Wenn die erste Sonne scheint, dann können – falls es nicht mehr allzu frostig ist – die ersten Sommerblumen und Gemüse unter Glas ausgesät werden. Denn die gläsernen Deckel, z. B. alte, ausrangierte Fenster, bieten jungen Pflanzen ideale Wachstumsbedingungen. Die Frühbeete, die Sie im Fachhandel kaufen können, erfüllen ihren Zweck, sind jedoch lediglich funktionell und nur selten eine Augenweide. Eigeninitiative ist gefragt.

Mit einem sogenannten Frühbeet kann das Frühjahr schon im Februar beginnen. Die gläsernen Deckel bieten jungen Pflanzen optimale Wachstumsbedingungen

INFO

Aussaat- und Pflanzkalender

Monat	Säen	Pflanzen
Februar	im Mistbeet oder Kleingewächshaus: Kohlrabi, Radieschen, Salat	
März	unter Glas und Folientunnel: Frühkohl, Kräuter, Radieschen, Salat. Freiland: Möhren, Petersilie, Spinat, Zwiebeln	unter Glas und Folientunnel: Kopfsalat. Freiland: Knoblauch, Steckzwiebeln
April	Erbsen, alle Kohlarten, Kräuter, Rote Bete, Salate, Schwarzwurzeln, Sommerblumen. Warm vorziehen: Paprika, Tomaten, Zucchini	Kartoffeln, Kohlrabi, Rosen, Salat, Stauden, Ziergehölze
Mai	Bohnen, Brokkoli, Chicorée, Gurken, Kräuter, Kresse, Sommerblumen, Sommersalate	Azaleen, Balkonblumen, Dahlien, Gladiolen, Kräuter, Lauch, Nadelgehölze, Paprika, Tomaten, Rhododendron, Sellerie, Stauden, Zucchini
Juni	Endivien, Grünkohl, Möhren, Radicchio, Radieschen, Rettiche, Spätkohlrabi, Zuckerhut, zweijährige Sommerblumen	Eissalat, Kohlrabi, Lauch, Rosenkohl, Sommerkopfsalat
Juli	Buschbohnen, Chinakohl, Knollenfenchel, Zuckerhut, zweijährige Sommerblumen	Eissalat, Endivien, Knollenfenchel, Sommerkopfsalat, Spätkohlrabi, Wirsing (Frühsorte)
August	Chinakohl, Feldsalat, Frühlingszwiebeln, Petersilie, Spinat, Winterkopfsalat, Winterrettich	Endivien, Erdbeeren, Iris, Knollenfenchel, Kohlrabi, Madonnenlilien, Nadelgehölze, Steppenkerzen
September	Feldsalat, Spinat	Blumenzwiebeln, Erdbeeren, Nadelgehölze, Stauden, Wintersalat, zweijährige Sommerblumen
Oktober		ausdauernde Kräuter, Beerensträucher, Blumenzwiebeln, Obstbäume, Rosen, Stauden, Ziersträucher
November		Beerensträucher, Blumenzwiebeln, Obstbäume, Rosen, Ziersträucher

Bodenvorbereitung im Herbst

In der Natur gibt es, von extremsten Bedingungen einmal abgesehen, eigentlich kaum vegetationslose Böden. Als Biogärtner sollten auch Sie diese natürlichen Eigenschaften zu nutzen wissen. Ein unbedeckter Boden muss öfter gelockert werden als ein bedeckter. Dadurch wird der Humus schneller abgebaut, Sie müssen öfter organisch düngen und gießen. Der Aufwand des Mulchens lohnt also, denn hier verrottet abgestorbenes organisches Material an der Bodenoberfläche. Das gebräuchlichste Material sind Pflanzenabfälle, die in einer dünnen Schicht auf dem Beet aufgetragen werden. Beachten Sie dabei folgende Regeln:

- Den Boden zuerst lockern.
- Das Abdeckmaterial vor dem Ausbringen zerkleinern.
- Grünes und saftiges Material nur dünn auftragen, öfter erneuern.
- Trockenes Material (wie Schilf und Stroh) kann bis zu 10 cm dick ausgebracht werden.
- Saatrillen und Setzlinge dürfen vom Mulchmaterial nicht bedeckt werden.
- Das Abdeckmaterial sollte frei von Unkrautsamen, Schnecken oder Schneckeneiern sein.

Beim Gemüseanbau im Biogarten sollte man unbedingt auf die dreijährige Fruchtfolge achten

Die Fruchtfolge

Die sogenannte dreijährige Fruchtfolge wird am häufigsten angewandt, weil sie der Einteilung in Stark-, Mittel- und Schwachzehrer am ehesten entspricht. In der folgenden Tabelle entspricht Zone 1 im ersten Jahr den Starkzehrern, Zone 2 den Mittelzehrern und Zone 3 den Schwachzehrern.

INFO

Fruchtfolge

1. Jahr	Zone 1	Zone 2	Zone 3
Kulturen	Kohlpflanzen Gurken Kartoffeln Kürbis Porree (Lauch) Sellerie Tomaten	Fenchel Karotten (Möhren) Knoblauch/Zwiebeln Radieschen/Rettich Rote Bete Salat/Spinat Schwarzwurzeln	Bohnen Erbsen Karotten (Möhren) Kräuter Radieschen/Rettich Spinat Zwiebeln

INFO

Fruchtfolge

1. Jahr	Zone 1	Zone 2	Zone 3
Düngung	Frischmist oder Gründüngung oder Mistkompost oder organischer Dünger	Im Herbst: Reifkompost oder Gründüngung Im Frühjahr: Reifkompost oder organischer Dünger	Im Herbst: Reifkompost oder Gründüngung Im Frühjahr: Reifkompost
2. Jahr	**Zone 1**	**Zone 2**	**Zone 3**
Kulturen	Fenchel Karotten (Möhren) Knoblauch/Zwiebeln Radieschen/Rettich Rote Bete Salat/Spinat Schwarzwurzeln	Bohnen Erbsen Karotten (Möhren) Kräuter Radieschen/Rettich Spinat Zwiebeln	Kohlpflanzen Gurken Kartoffeln Kürbis Porree (Lauch) Sellerie Tomaten
Düngung	Im Herbst: Reifkompost oder Gründüngung Im Frühjahr: Reifkompost oder organischer Dünger	Im Herbst: Reifkompost oder Gründüngung Im Frühjahr: Reifkompost	Frischmist oder Gründüngung oder Mistkompost oder organischer Dünger
3. Jahr	**Zone 1**	**Zone 2**	**Zone 3**
Kulturen	Bohnen Erbsen Karotten (Möhren) Kräuter Radieschen/Rettich Spinat Zwiebeln	Kohlpflanzen Gurken Kartoffeln Kürbis Porree (Lauch) Sellerie Tomaten	Fenchel Karotten (Möhren) Knoblauch/Zwiebeln Radieschen/Rettich Rote Bete Salat/Spinat Schwarzwurzeln
Düngung	Im Herbst: Reifkompost oder Gründüngung Im Frühjahr: Reifkompost	Frischmist oder Gründüngung oder Mistkompost oder organischer Dünger	Im Herbst: Reifkompost oder Gründüngung Im Frühjahr: Reifkompost oder organischer Dünger

Pflegearbeiten

Pflanzenpflege

Erst wer den Geschmack selbst angebauter Tomaten, Radieschen, Karotten, Salat, Kohlrabi, Blumenkohl, Sellerie und anderem Feingemüse kennengelernt hat, weiß den Wert eines organisch bearbeiteten Gartens richtig einzuschätzen. Sowohl bei Rohkost als auch gegart tritt der qualitative Unterschied deutlich hervor. Der Erfolg des Gemüseanbaus im Garten zeigt sich v. a. dadurch, dass nicht hochgetriebene Mengen, sondern Qualität und gesundheitlicher Wert angestrebt werden. Ist der Produzent auch Konsument seiner eigenen Erzeugnisse, erhält die Düngung neue Ziele: Sie ist vorrangig auf eine Verbesserung der Bodenfruchtbarkeit als Voraussetzung für gesunde Produkte ausgerichtet. Die Aussaaten und Jungpflanzen sollten Sie mit einem natürlichen Präparat zur Wurzelbildung überbrausen. Dieser natürliche Wirkstoff besteht aus Wildkräutern, Meeresalgen, Hefe- und Getreidekeimen sowie Bio-Aktivatoren. Er fördert die Keimung und die gesunde Entwicklung der Wurzeln. So wachsen die Pflanzen leichter an. Gesunde Pflanzen sind widerstandsfähiger gegenüber Pilzinfektionen und Viruskrankheiten. Entscheidend bei allen Arbeiten des beginnenden Gartenjahres ist für Sie als Biogärtner Ihre eigene Naturbeobachtung. Versuchen Sie sich in die Lebensgewohnheiten Ihrer Pflanzen einzufühlen. Gebrauchen Sie Verstand und Herz, um die unausgesprochenen, aber deutlich sichtbaren Wünsche der stummen Gewächse in Ihrem Garten zu verstehen. Nur so werden Sie mit der Zeit ein guter Gehilfe der Natur.

Dünger kann – gefühlvoll – auch mit der Hand ausgebracht werden. So ist die Menge besser zu dosieren. Vorsicht jedoch bei kalkhaltigen Mitteln

Dünger

Organischer Dünger ist ein Sammelbegriff für alle Düngemittel, die entweder von Tieren oder von Pflanzen stammen. Darunter gibt es zwei Arten von tierischen Düngern. Die einen bestehen aus Mist von Nutztieren. Man bekommt sie entweder frisch vom Bauernhof oder getrocknet und in Säcke abgefüllt. Die anderen werden aus Tierabfällen hergestellt. Es sind Hornspäne, Blut- und Knochenmehle.

Bei Guano handelt es sich um den getrockneten Kot von Seevögeln. Den Mist biologisch arbeitender Betriebe bekommt man kaum, weil diese ihn selbst brauchen, und die Produkte aus der konventionellen Tierhaltung sind möglicherweise mit Medikamenten und Schadstoffen belastet.

Pflanzlicher Dünger

Als Alternative können Sie, zusätzlich zu Ihrem garteneigenen Kompost, mit pflanzlichen Stoffen düngen. Die meisten sind zwar ärmer an verwertbaren Nährstoffen als tierische Dünger, dafür liefern sie der Erde eine Menge lockernde, strukturbildende organische Substanz und tragen zum Humusaufbau bei. Eine milde Zusatzdüngung erreichen Sie, indem Sie z. B. mit frischem Rasenschnitt, zerkleinerten Brennnessel- oder Beinwellblättern mulchen oder aus den beiden letzteren eine Jauche ansetzen.

Grundsätzlich gilt, je zarter und weicher die Pflanzenteile sind, desto besser verrotten sie und desto schneller geben sie ihre Nährstoffe an den Boden und damit auch an die Pflanzen ab. Manche (kleinere) Brauereien geben Treber ab. Das sind die ausgelaugten Braurückstände. In Wein- und Obstbaugebieten bekommen Sie vielleicht Trester, die Kerne und Schalen, die bei der Saft- und Weinbereitung übrig bleiben. Während Braugerste heute meist mit relativ geringem Aufwand an Agrarchemikalien angebaut wird, sind Abfälle aus dem Weinbau oft mit Kupfer, Schwefel und anderen Rückständen belastet. Beide Materialien werden auch pflanzlichen und organischen Handelsdüngern beigemischt. Sie enthalten nur geringe Mengen an Pflanzennährstoffen, verbessern aber die Bodenstruktur.

INFO

Genau hinsehen

Der Hinweis auf die Rohstoffe oder die Angabe über die Nährstoffgehalte ist leider nicht immer auf den Packungen organischer Düngemittel verzeichnet. I. d. R. bestehen sie aus einem Gemisch verschiedener Abfälle und Rückstände der Lebensmittel- und Getränkeherstellung, die als nachwachsende Rohstoffe umschrieben werden. In vielen sind sowohl tierische als auch pflanzliche Bestandteile enthalten. Je nach Hersteller werden Rizinus- und Sojaschrot, gemahlene Traubenkerne oder Nachfolgeprodukte der Zuckerherstellung mit aufbereiteten Tierabfällen gemischt.

Mit einem Sä- und Düngewagen kann der Dünger gleichmäßig dosiert verteilt werden

Ein im Obst- und Landschaftsbau gebräuchlicher Volldünger ist Rizinusschrot (5 % Stickstoff, 2,5 % Phosphor und 1,5 % Kali). Sie bekommen ihn in manchen Gartenfachmärkten oder im Handel für den Erwerbsgartenbau. Die Rizinusbohnen stammen aus subtropischen Gebieten und werden in Deutschland ausgepresst. Das Rizinusöl wandert im Wesentlichen in die Farben- und Kunststoffindustrie. Der Restkuchen enthält noch etwa 1 % Öl. Durch Erhitzen sollen die giftigen Eiweiße (Ricin und Ricinin) unschädlich gemacht werden. Rizinusschrot

ÖKO-TIPP

Mulch kontra Unkraut

Keine Lust auf Unkrautjäten? Dann bedecken Sie alle freien Flächen auf den Beeten mit Mulch, d. h. mit einer dicken Kompostschicht. Auch der Grasschnitt und die welken Blätter im Herbst sind geeignet. Aber: Vor dem ersten Mulchen unbedingt noch einmal jäten. Die Mulchschicht kommt auch dem Bodenleben zugute und lockt Regenwürmer an, die für natürliche Bodenlockerung sorgen. Zusatznutzen: Die beginnende Verrottung setzt Nährstoffe frei und lässt Sie Dünger sparen.

löst bei manchen Menschen Allergien aus. Bringen Sie es mit Handschuhen aus, atmen Sie möglichst keinen Staub ein und lagern Sie die Packungen kindersicher.

Aus heimischen, pflanzlichen Produkten wird der Volldünger „Maltaflor" (5 % Stickstoff, 3 % Phosphor, 5 % Kali) hergestellt. Das Produkt wurde 1995 mit dem Umweltpreis des Landes Rheinland-Pfalz ausgezeichnet. Der Hauptanteil des Düngers besteht aus Malzkeimen und Malzstäuben, das sind die Keimwurzeln und kleinen Partikel der Braugerste, die bei der Malzherstellung übrig bleiben. Die restlichen, schnell wirksamen Anteile des Düngers stammen aus der Zuckerrübenverarbeitung. Zusätzlich sind etwa 6 % Rohphosphate enthalten.

Bei der Zuckerherstellung aus Zuckerrüben bleibt eine Masse übrig, die ziemlich kaliumhaltig ist. „Pflanzenkali" ist z. B. ein Handelsdünger, der ausschließlich daraus gewonnen wird (25 % K_2O).

Reine Holzasche ist ein Kalidünger, der durch das Verbrennen von Holz entsteht. Asche von unbehandeltem Naturholz oder die verbrannten Äste und Zweige des jährlichen Gehölzschnittes enthalten bis zu 10 % Kali, etwa 30 % Kalk und Spurenelemente sowie ca. 3 % Phosphor. In der Asche konzentrieren sich aber auch die Schwermetallgehalte aus dem Holz. Sie sollte deshalb nur sparsam ausgebracht werden.

An den Meeresküsten sammelten die Menschen schon vor Jahrhunderten die Algen für die Äcker. Heutzutage können Sie verschiedene Algendünger kaufen. Algenkalk wird aus den Skeletten von Korallenalgen gewonnen. Er enthält zusätzlich viele Spurenelemente und Magnesium, außerdem teilweise unbekannte Wirkstoffe, Eiweiße und Vitamine. Extrakte von Braun- und Kieselalgen enthalten Kalzium, Magnesium sowie viele Spurenelemente und werden als Pflanzenstärkungsmittel eingesetzt.

Wenn der Boden im richtigen Maße nährstoffreich ist, steht einem gesunden Wachstum nichts mehr im Wege

Gründüngung

Bei dieser Methode zur Nährstoffversorgung bekommt der Boden keinen Dünger in Pulverform. Vielmehr wird eine Aussaat von speziellen Pflanzen vorgenommen. Insbesondere dienen dazu Sämereien von schnell keimenden Arten, die in wenigen Wochen eine dichte Decke bilden. Die Düngung erfolgt dann entweder bei sogenannten Stickstoffsammlern (Leguminosen), wie Erbsen, Ackerbohnen oder Luzernen, über Wurzelbakterien (Azotobakter) oder durch die Zuführung von Grünmasse. Nach dem Einarbeiten kommen die Pflanzenteile dem Boden zugute. Sie geben bei der Verrottung – etwa wie Kompost – Nährstoffe ab und reichern ihn mit Humus an. Diese Art der Bodenverbesserung bietet sich besonders bei brachliegenden Gartenflächen an (etwa beim Hausbau), oder auch auf freien Beeten. Beim Nachbau von Gemüsen sind günstige Kombinationen zu wählen. Es dürfen keine Pflanzen derselben Familien folgen. Nach einem Kreuzblütler wie Gelbsenf darf beispielsweise kein Kohlgemüse gepflanzt werden. Besser wirken sich auch hier abwechselnde Folgekulturen aus. Einige Pflanzen üben sogar eine erholsame Wirkung auf den Boden aus. Tagetes oder Ringelblumen vertreiben beispielsweise schädliche Wurzelälchen. Möglich sind auch Mischungen aus verschiedenen Arten (z. B. „Gartendoktor“ oder „Landsberger Gemenge“). Bunte Blütenpflanzen tragen dann auch zur Gestaltung der Beete bei. Blühende Ringelblumen und Tagetes beispielsweise bringen Farbe in den Gemüsegarten. Sehr schön wirkt auch der Bienenfreund *(Phacelia)*, der leuchtend blaue Blüten entwickelt.

INFO

Gründüngerpflanzen (Auswahl)

Art	Saatzeit	Winterhärte
Gelbsenf *(Sinapis alba)*	Frühjahr bis Ende August	friert ab
Studentenblume *(Tagetes)*	Mai bis Ende Juni	friert ab
Ringelblume *(Calendula)*	Frühjahr	einjährig, Samen überdauern
Bienenfreund *(Phacelia)*	Frühjahr bis Herbst Blüte nur bei Frühjahrssaat	einjährig
Winterroggen *(Secale cereale)*	September bis November	frosthart
Inkarnatklee *(Trifolium incarnatum)*	Juli bis September	frosthart
Gelbe Lupine *(Lupinus luteus)*	Frühjahr	friert ab

So säen Sie richtig

Kurz, aber herrlich bunt ist das Leben der einjährigen Sommerblumen. Mit Astern, Kornblumen, Schmuckkörbchen, Mohn, Löwenmäulchen, Studentenblumen, Malven, Zinnien und Sonnenblumen können Sie Ihren Garten innerhalb weniger Wochen in ein farbenfrohes Blütenmeer verwandeln. Ein preiswertes Vergnügen, bei dem Sie alle Jahre wieder neue Schönheiten entdecken können.

Die Blütenfülle aus der Samentüte hilft Ihnen beispielsweise, einen neu angelegten Garten schon in den ersten Jahren abwechslungsreich zu gestalten. Wenn Sie gerade gebaut haben und für wenig Geld möglichst schnell einen farbenprächtigen Garten zaubern möchten, ist die heimische Blumenzucht ideal.

Selbst in älteren, eingewachsenen Gärten finden sich im Wechsel der Jahreszeiten immer einige Lücken, die Sie mit bunten Sommerblumen füllen können. Viel Freude bereitet auch ein Extra-Schnittblumenbeet, von dem Sie einen ganzen Sommer lang regelmäßig herrliche Sträuße ins Haus tragen – oder verschenken – können. Mit geschickt zusammengestellten Bauernblumen können Sie Ihrem Garten ein wenig vom Charme der guten alten Zeit verleihen.

Säen, pflanzen, pflegen

Die Anzucht ist meist sehr unkompliziert. Viele einjährige Blumen werden im Frühling direkt ins Freiland gesät. Nur einige wenige kälteempfindliche Sorten wie Gauklerblumen, Levkojen und Sommernelken ziehen Sie besser in Schalen auf der warmen Fensterbank oder auch im geschützten Frühbeet auf. Am besten bereiten Sie das Saatbeet oder diejenigen Stellen, die innerhalb einer Rabatte für Sommerblumen vorgesehen sind, schon im Herbst vor. Kompost und evtl. tierischer oder pflanzlicher Dünger bilden zusammen eine harmonische Nahrungsgrundlage, die einen ganzen Sommer lang ausreicht. Aber: Die einjährigen Blumen dürfen niemals übermäßig gedüngt werden. Sie entwickeln dann nämlich mehr grünes Kraut als Blüten. Von April bis Mai ist Zeit für die Aussaat. Richten Sie sich dabei nach den Angaben auf den Samentüten und achten Sie v. a. darauf, dass die Reihen nicht zu eng nebeneinanderliegen.

Das Beet harken Sie vorher sorgfältig durch, sodass es glatt und feinkrümelig bereitliegt. Alles Unkraut wird entfernt. Wenn Sie dann noch die Saatrillen mit fein gesiebtem, reifem Kompost ausfüttern, haben Sie für einen guten Start des sommerlichen Blütenreigens gesorgt. Es lohnt sich, die Samen vor der Aussaat in Baldrian-Blütenextrakt zu baden.

Die Beete sollten mit großer Sorgfalt vorbereitet werden

Nicht nur für Kinder gibt es im Biogarten viel zu entdecken

Vergessen Sie auch nicht, die Reihen mit Namensschildchen zu kennzeichnen, damit Sie die verschiedenen Blumen später auseinanderhalten können. Nachdem Sie die Samenkörner dünn mit Erde überdeckt haben, drücken Sie die Oberfläche ein wenig fest und gießen vorsichtig an. Sehr wichtig für die folgenden Wochen sind gleichmäßige Feuchtigkeit und Wärme, damit die Samen keimen können. Schon manche Aussaat war vergebens, weil die Erde trocken wurde und das zarte, sprießende Leben verdorrte. Versuchen Sie es einmal mit einem alten Gärtnertrick, indem Sie während der ersten 14 Tage nasse Jutesäcke über das Saatbeet legen. Wenn die ersten grünen Blättchen erscheinen, werden sie wieder entfernt. Auch eine Abdeckung aus geschlitzter Folie eignet sich gut, um die jungen Pflänzchen vor Trockenheit und Kälte zu schützen.

Gegen Ende Mai sind die meisten Pflanzen so kräftig herangewachsen, dass Sie sie an die ausgewählten Plätze im Garten versetzen können. Gießen Sie sie nach dem Umpflanzen vorsichtig (mit einem weichen Strahl) an. Damit erleichtern Sie den Setzlingen das Anwachsen.

Alle Sommerblumen sind auch Sonnenkinder, sie brauchen Licht und Luft, damit sie sich gesund entwickeln können. Pflanzen Sie sie deshalb nicht zu eng, auch wenn sie im Frühling noch so zierlich wirken. „Hochstämmige" Blumen wie Schmuckkörbchen, Sonnenblumen und Zinnien erhalten einen Platz im Hintergrund, während halbhohe und niedrige Sorten wie Astern, Studentenblumen, Schleierkraut, Sommerphlox und Sommerfuchsien im Vordergrund wachsen können.

Mit den leuchtenden Farben der Sommerblumen können Sie spielen wie ein Maler. Kombinieren Sie sie zu immer neuen farbenfrohen Gartenbildern. Während der folgenden Monate brauchen Sie nur darauf zu achten, dass alle verblühten Blumen rechtzeitig herausgeschnitten werden.

Zum Beginn der Hauptwachstumsphase im Juni sollten Sie die einjährigen Pflanzen noch einmal düngen. Eine kräftige, aber nicht zu stark treibende Nahrung bildet eine hausgemachte Brennnesseljauche, in die Sie je eine Handvoll Bentonit (zur Bindung lästiger Gerüche) und Animalin rühren. Mehr ist nicht nötig. Jetzt können Sie sich bis zum Ende des Sommers an der üppig bunten Blütenfülle erfreuen, die Sie selbst aus den kleinen Samentüten hervorgezaubert haben.

PFLEGELEICHT-TIPP

Zweite Blüte garantiert

Wenn Sie die Blütenrispen des Rittersporns gleich nach der Blüte abschneiden, blüht er im Herbst ein zweites Mal.

INFO

So klappt's

- Der Boden sollte reich an Nährstoffen sein. Daher reichlich Kompost zugeben oder auch anderen Naturdünger.
- Für die Aussaat und das Pflanzen gibt es feste Termine: einjährige Sommerblumen im März, zweijährige im Frühsommer, also etwa im Juni. Stauden kommen besser im Herbst, sonst im folgenden Frühjahr in die Erde. Ebenso Gehölze wie Rosen und Sträucher.
- Bei Zwiebeln und Knollen wird unterschieden zwischen „winterharten" wie Tulpen, Hyazinthen etc., die im Herbst ab September gesetzt werden, und „frostempfindlichen", Dahlien etwa, die nur im Frühjahr in die Erde dürfen.
- Hohe Stauden brauchen eine Stütze. Alle vier bis fünf Jahre müssen sie aus der Erde genommen, geteilt und neu eingepflanzt werden.

Alle Pflanzen brauchen Wasser

Wenn die Erde des Beetes, das Sie bepflanzen möchten, trocken ist, sollten Sie sie einige Stunden vor der Pflanzung mäßig anfeuchten (überrieseln). Auch die Erde, in der die Setzlinge auf das Umpflanzen warten, sollte durchfeuchtet werden – und zwar eher gründlich und einen Tag bevor umgepflanzt wird. Selbstverständlich geht es auch im Biogarten nicht ohne Gießen. Doch gerade bei sehr trockener Witterung sollten Sie dem erfahrenen Rat unserer Großväter folgen: Einmal Hacken spart zweimal Gießen. Denn der gelockerte Boden bleibt in der Tiefe feuchter und kühler.

Die hölzernen Regentonnen sind nicht nur praktisch, sondern auch ein schöner Blickfang. Regenwasser eignet sich für den Biogarten zum Gießen ganz besonders

Ein Regner versorgt die Beete großflächig. Achten Sie beim Gießen auf die richtige Tageszeit!

Wann Sie gießen müssen, wissen Sie als Biogärtner sicher bald aus Erfahrung. Meist sehen Sie sofort, wenn Ihre Zöglinge Durst haben. Ein Tipp: Lässt sich die Erde zusammenballen, ohne dass sie gleich wieder auseinanderfällt, reicht die Bodenfeuchtigkeit normalerweise aus. Pflanzen mit hohem Wasserverbrauch müssen jedoch öfter versorgt werden.

So gießen Sie richtig

- Morgens vom Sonnenaufgang bis etwa 10 Uhr.
- Am Spätnachmittag, bis die Dunkelheit hereinbricht.
- Bei großer Hitze möglichst nicht vor 18 Uhr, morgens nicht später als 8 Uhr.
- Während der ersten Frühjahrswochen sollten Sie jedoch die wärmere Tageszeit nutzen.
- Mistbeete werden generell morgens gegossen.
- Gießen Sie v. a. regelmäßig, denn die Pflanzen stellen sich auf diesen Rhythmus ein.
- Idealerweise gießen Sie mit abgestandenem Regenwasser.

Kurz bevor es regnet, erübrigt sich das Gießen – ist eigentlich klar! Woher Sie wissen, wann es regnet? Ganz einfach: Eine alte Regel besagt, dass Pflanzen, die mittags noch voll im Saft gestanden haben und nachmittags wie aus heiterem Himmel ihre Blätter hängen lassen, Regen ankündigen.

Gemüse- und Obstlager im Garten

Die Fülle an Früchten aus eigenem Anbau und aus der Natur ist leicht verderblich. Das meiste Obst und Gemüse ist nur mit speziellen Techniken konservierbar. Es lohnt sich aber, für haltbare Arten einfache Lager zu schaffen.

Naturkeller und Mieten anlegen

Die reifen Äpfel, Birnen, Quitten sowie Kartoffeln, Kürbisse und Kohlköpfe bleiben nur in günstigen Lagerräumen längere Zeit frisch. Obst- und Gemüsebauern halten zur Einlagerung kühle Keller oder künstlich regulierbare Lagerräume bereit. Im Garten haben sich Naturlager bewährt, die – anders als warme, trockene Heizungskeller – ein günstiges Klima für die Früchte bieten. Es liegt an der Natur der Obst- und Gemüsearten, dass sie in trockenen, hellen und warmen Räumen leicht verderben oder austrocknen. Äpfel, Birnen oder auch Kartoffeln, Kohlgemüse und andere Früchte, die zum Lagern geeignet sind, bleiben nur in feuchten, dunklen und kühlen Räumen frisch. Dazu müssen sie je nach Art richtig eingelagert werden. Während Wurzelgemüse wie Kartoffeln, Knollensellerie oder Karotten direkt im Boden ruhen können, vertragen Äpfel oder Birnen natürlich keinen direkten Kontakt mit der Erde. Obwohl Feuchtigkeit oder eine hohe Luftfeuchte wichtig sind, damit die Früchte nicht schrumpfen, ist Nässe oder dämpfige Luft zu vermeiden. Ein mangelhafter Gasaustausch verursacht Fäulnis.

Durch das Konservieren lassen sich viele Gemüse- und Obstsorten lange haltbar machen

Ausgewählte Früchte lagern

Selbstverständlich kommen nur solche Früchte zur Auswahl, die sich als lagerfähig bewährt haben. Weniger haltbares Obst und Gemüse lässt sich besser durch Einfrieren, Einkochen oder Trocknen konservieren. Das gilt auch für leicht beschädigte Früchte und krankes Gemüse. Davon geht ständig eine Ansteckungsgefahr aus. Die Lagerung verbessert die Qualität der Früchte nicht. Nur wenige Arten reifen im Lager noch nach. So bekommen beispielsweise einige Apfelsorten mehr Aroma. Ansonsten lässt sich im Lager nur der natürliche Abbauprozess verzögern. Obst entwickelt während der Lage-

Erdbeere – der kleine, rote Leckerbissen aus dem Garten

✿ Eine wahre Vitaminbombe

Erdbeeren sind rote Powerpakete mit vielen gesunden Inhaltsstoffen. In der Erdbeere stecken Vitamine, Mineralstoffe und bioaktive Substanzen, die Genuss und einen hohen Gesundheitswert in sich vereinen. Wussten Sie auch, dass die Erdbeere mehr Vitamin C enthält als eine Zitrone? Besonders auch die Samen, das sind die kleinen Kerne außen an der Frucht, liefern besonders viele wichtige Mineralstoffe.

✿ Erdbeermaske für trockene Haut

Hierfür stampfen Sie 125 g Erdbeeren und vermischen das Mus mit 4 EL Sahnequark und 1 TL Olivenöl. Anschließend tragen Sie die Maske auf die Haut auf und lassen diese 10 Minuten einwirken. Nehmen Sie die Maske mit einem feuchten Tuch vorsichtig ab.

✿ Erdbeer-Milch-Drink

Zutaten: 400 g Erdbeeren, 800 ml Milch, 4 TL Mandelmus, 4 TL Honig, 12 EL Instantflocken
Zubereitung: Erdbeeren waschen und die grünen Stielansätze entfernen. Erdbeeren in kleine Stücke schneiden und in den Mixer geben. Milch, Mandelmus, Honig und Instantflocken zu den Erdbeeren geben und alles fein pürieren. Sofort servieren.

✿ Erdbeeren – natürliche Hilfe gegen unreine Haut

Zerdrücken Sie eine Handvoll Erdbeeren und vermengen Sie diese mit 1 TL Honig, 1 TL Quark und 1 TL Gesichtscreme. Anschließend tragen Sie die Masse auf Gesicht, Hals und Dekolleté auf und entspannen Sie für ungefähr 20 Minuten. Nehmen Sie die Packung mit warmen Wasser ab.

rung Kohlendioxid. Dieses Reifegas schadet den Äpfeln und Birnen nicht. Sie werden in den Erwerbsbetrieben sogar mit Kohlendioxid begast. Dagegen schadet es den Gemüsen. Insbesondere regt es Kartoffeln zum Treiben an. Grundsätzlich sollte deshalb das Obst vom Gemüse getrennt lagern, oder es bedarf einer ausreichenden Lüftung. Mittlerweile haben sich auch künstliche Hilfsmittel bewährt, die zur Abtrennung dienen. So lassen sich Äpfel vorzugsweise in Kunststofffolien aus Polyethylen einpacken. Sie bleiben hier länger frisch als in luftigen Steigen. Allerdings darf sich kein Kondenswasser in den Folienbeuteln bilden. Falls nötig, müssen sie zur Belüftung einige Zeit geöffnet werden.

„Miete" nennt man das Winterlager für Gemüse. Hier können u.a. Kartoffeln, Möhren, Rüben und Kohl gut lagern

Erdmiete

Früher gehörten Naturlager zu jedem Bauernhof. Insbesondere wurden Kartoffeln in Mieten eingelagert. Dazu diente ein freies Feld als Lagerfläche. Hier wurden die Kartoffeln in Haufen aufgeschichtet, dann mit einem Mantel aus Stroh gedämmt und mit Erde bedeckt. Bei Bedarf ließen sich die Kartoffelmieten öffnen und nach der Entnahme der nötigen Menge wieder schließen. Die Kartoffeln blieben unter der dicken Schutzschicht vor Frost, Sonne und Regen sicher. Dennoch war der Gasaustausch ungehindert möglich. In den Mieten blieben die Knollen ohne Konservierungsstoffe bis zum Frühjahr frisch. Genauso war die Lagerung von Rüben, Kohl oder anderen Gemüsen möglich. Natürlich lassen sich solche Erdmieten auch heute noch im Garten anlegen. Zum Schutz vor Wühlmäusen empfiehlt es sich, den Boden vor dem Aufhäufeln der Gemüse zunächst mit einem Maschendrahtgeflecht abzudecken und den Hügel auch nach oben hin zu sichern. Die Anlage einer Erdmiete ist genauso unterirdisch machbar. Dazu wird eine angemessene Grube ausgekoffert und nach dem Auskleiden mit Maschendraht und einer Dämmung aus Styroporplatten oder ähnlichem Material mit den Gemüsen gefüllt. Als Abdeckung können nach dem Einfüttern von Stroh oder dem Dämmen mit Styropor massive Holzbohlen dienen. Diese Erdgrube ist jederzeit auch im Winter recht gut erreichbar.

Lagern in Waschmaschinentrommeln

Sehr nützlich sind für solche Erdmieten alte Trommeln aus defekten Waschmaschinen, die es gelegentlich beim Schrotthandel gibt. Diese Edelstahlbehälter ersparen den Schutz vor Mäusen. Sie lassen sich einfach in den Boden einsenken, sind völlig verrottungsfest und einfach erreichbar. Eine Trommel nimmt etwa

Auch im Gewächshaus können Pflanzen gut überwintern

einen Zentner Gemüse oder Obst auf. Das ist gerade die Menge, die bei der Ernte einer Gemüseart oder eines Apfelbuschbaumes anfällt. Die kleinen Behälter lassen sich gut kontrollieren und bieten doch reichlich Raum für den nötigen Vorrat. Sie können beliebig erweitert und zu einer ganzen Batterie an Mieten aneinandergereiht werden. Direkt im Gartenboden herrscht stets ein günstiges Klima, zumal die Erde Kühle und Feuchtigkeit abgibt.

Frühbeet

Gut bewährt haben sich auch Frühbeetkästen, die sich nach der Ernte der letzten Salate im Winter als Gemüselager nutzen lassen. Dazu werden die massiven Kästen mit Dämmmaterial ausgekleidet und dann mit dem Gemüse bestückt. Zur Einlagerung eignet sich Sand, der die Knollen oder Wurzeln kühl und feucht hält. Statt der Fenster dienen Planken oder Bretter aus Holz zur Abdeckung, damit es an sonnigen Wintertagen kühl im Kasten bleibt. Für diese Art der Lagerung eignen sich Karotten, Kartoffeln, Sellerie und andere Wurzelgemüse.

Auf dem Beet lagern

Bei Wurzelgemüsen, die direkt im Garten bleiben können, erübrigt sich das Einlagern. Insbesondere haben ausdauernde Arten einen Wert als Wintergemüse. So lassen sich etwa Meerrettich, Topinambur, Wurzelpetersilie und dergleichen jederzeit ausgraben und frisch in die Küche holen. Das gilt ebenso für robuste Blatt- oder Sprossgemüse wie Zuckerhut, Chinakohl, Grünkohl, Rosenkohl, Spinat, Schnittpetersilie und Porree. Falls nötig, bekommen diese Arten nur einen Schutz aus Vlies oder Folie, um Nachtfröste zu lindern. Selbst Fruchtgemüse bleiben bis zum Herbst vital, wenn sie keinen Frost abbekommen. So reifen unter Glas noch Paprika und Tomaten weiter, bis sie der erste Kälteeinbruch zunichte macht. Ein Gewächshaus kann auch als schützendes Zwischenlager für Porree, Rosen-

INFO

Kartoffeln vor Frost bewahren

Die braunen Knollen aus Südamerika vertragen keine Wärme, keinen Frost und keine Sonneneinstrahlung. Während zu hohe Lagertemperaturen den vorzeitigen Austrieb anregen, bilden sich bei Kälte ebenso wie bei Sonneneinstrahlung grüne Stellen, die das giftige Solanin enthalten.

kohl und andere Gemüse dienen. Diese werden rechtzeitig mit den Wurzeln ausgegraben und unter Glas in den Boden eingeschlagen.

Erdkeller

Als Dauereinrichtung lohnt sich der Bau eines massiven Erdkellers, wenn jedes Jahr viel Lagergemüse und Obst aus dem eigenen Garten zu erwarten ist. Das muss kein klassischer Gewölbekeller sein. Es genügt ein einfacher Raum aus Betonsteinen oder Betonformteilen, der ohnehin unsichtbar im Boden verschwindet. Günstig ist eine Baustelle an einem schattigen Nordhang. Als Sonnenschutz können aber auch Gehölzgruppen oder eine Anhäufung aus Erde genügen. Der Erdkeller muss natürlich sicher gebaut und wie jedes andere Gebäude den Vorschriften entsprechend beschaffen sein. Eine Genehmigung ist normalerweise nicht nötig. Auskunft gibt das zuständige Bauamt.

Pflanzenschutz im Biogarten

Oft wird zu schnell zur Giftspritze gegriffen und den Blattläusen und anderem Getier der Kampf angesagt. Schädlingsbekämpfung mit allen Mitteln. Meist schaden die Mittel mehr, als sie nützen, zumal sie mit den Schädlingen auch die Nützlinge vernichten. Besonders diese gilt es beim Pflanzenschutz mit biologischen Produkten und Methoden zu erhalten.

Die Vitalität der Pflanzen ist ohnegleichen. Jedes Jahr im Frühling treiben die scheinbar abgestorbenen Zwiebelpflanzen und Stauden mit Kraft neues Kraut aus den Wurzelstöcken, und dem kahlen Geäst der Bäume und Sträucher entspringt frisches Grün. Ja selbst radikal gestutzte Gehölze bringen wieder junge Triebe aus den Stümpfen hervor. Schäden vom Vorjahr, etwa durch Käfer, Schnecken, Pilzkrankheiten und dergleichen, sind mit dem alten Laub verschwunden, die ausdauernden Pflanzen haben sich sozusagen selbst geheilt. Bei der Verjüngung helfen zahllose Tiere und Mikroorganismen mit, indem sie das alte Laub, schädliche Pilze oder dürres Holz vernichten. Blattläuse werden von Marienkäfern und deren Larven dezimiert, kranke Blätter von Asseln und Würmern und dürre Zweige von Pilzen verzehrt. Jeder Eingriff in diesen Kreislauf hat Folgen. Radikalkuren sind immer gefährlich. Schonende Mittel und Methoden sind – falls überhaupt nötig – stets erfolgreicher, weil sie die natürliche Heilkraft der Pflanzen unterstützen und Schädlinge gezielt abhalten oder vertreiben.

Richtig platzieren

Gegen und für fast alles ist ein Kraut gewachsen, und wo Kräuter nicht helfen, helfen Tricks. Grundsätzlich gilt es, die Gesundheit und Abwehrkraft der Pflanzen zu stärken, und dazu sind zunächst der richtige Standort und die richtige Versorgung entscheidend. Am falschen Ort werden Pflanzen niemals – auch nicht durch ständiges Spritzen gegen Schädlinge – gedeihen. Sie kümmern, weil ihnen das Licht oder der Schatten fehlt oder die Trockenheit oder die Nässe, die Kargheit oder die Fülle an Nährstoffen oder was sie sonst je nach Art brauchen. Wenn irgendein Faktor nicht im idealen Maße vorhanden ist, werden sie leicht Opfer von Krankheiten und Schädlingen. So sind beispielsweise Rosen im Schatten besonders mehltaugefährdet und Kirschbäume auf staunassem Boden vom „Gummifluss" bedroht. Rhododendren erkranken an Blattchlorosen, wenn ihnen der hohe Kalkgehalt nicht passt, ebenso wie Gemüse, wenn Spurenelemente fehlen.

Pfiffig: Ein Steingarten dient als Kräuterbeet

Schädlinge abwehren

Zur Pflanzenpflege im weitesten Sinne gehört auch der Erhalt eines naturgemäßen Ökosystems. Es gibt z. B. eine ganze Reihe biologischer Mittel zur Schädlingsabwehr. Das können Pflanzen sein, die Krankheiten oder Schädlingsbefall verhindern (s. Tabelle S. 249). Oder nützliche Tierchen, die ihre „Kollegen" vertreiben, wenn diese sich an Ihren Pflanzen gütlich tun (gibt's im Versandhandel).

Gallmücken gegen Blattläuse

Es gibt über 850 Blattlausarten, deren Gestalt und Farbe sehr verschiedenartig sein können. Die Pflanzen kümmern, da sich Ausscheidungen, sogenannter Honigtau, auf ihnen ablagern und sich darauf Rußtaupilze ansiedeln. Die natürlichen Feinde, die Gallmücken, sind dämmerungsaktiv und legen bis zu 100 ihrer winzigen Eier gezielt in der Nähe von Blattläusen ab. Die daraus schlüpfenden Larven beginnen sofort mit dem Aussaugen der Schädlinge. Wenn die Larven nach etwa einer Woche zur Verpuppung in den Boden wandern, hat jede bis zu 50 Blattläuse vertilgt. Nach ein- bis zweiwöchiger Entwicklungszeit schlüpfen neue Gallmücken und beginnen erneut mit der Eiablage. Gallmücken werden als Puppen in Substrat versandt, aus dem schon nach wenigen Tagen die Nützlinge schlüpfen.

Florfliegen gegen Blattläuse

Die 10 bis 15 mm große Florfliege, auch Goldauge genannt, fällt durch ihre leuchtend grüne Farbe und ihre netzartig geäderten Flügel auf. Die eigentlichen Nützlinge sind jedoch die bis zu 10 mm großen Larven der Florfliege, die sich hauptsächlich von Blattläusen, aber auch von Spinnmilben und Thrips ernähren. „Einsatzbereite" Florfliegenlarven können in „Einzelzimmern" verpackt gekauft werden. Sie gehen dann – im neuen Zuhause – sofort auf Beutejagd.

Brennnesseln können zur Bekämpfung von Läusen auf Pflanzen verwendet werden

Schlupfwespen gegen Weiße Fliege

Die Weiße Fliege ist leicht daran zu erkennen, dass sie beim Berühren der Pflanzen auffliegt. Mit zunehmendem Befall verkleben die Blätter so stark mit ihren Ausscheidungen, dem Honigtau, dass die Pflanzen nur noch kümmern. Häufig siedeln sich darauf unansehnliche Schwärzepilze an. In der Schlupfwespe *(Encarsia formosa)* hat die Weiße Fliege einen natürlichen Gegenspieler. Die Nützlinge kauft man in ruhendem Puppenstadium, aufgeklebt auf Kartonkärtchen, die lediglich in den Pflanzenbestand gehängt werden. In den nächsten Tagen schlüpfen die Nützlinge und beginnen die Larven der Weißen Fliege zu parasitieren, die sich nach zehn Tagen schwarz verfärben.

Backpulver gegen Ameisen

Eine Ameisenplage auf der Terrasse, eine „Ameisenstraße" am Freisitz? Da hilft Backpulver. Dieses einfach ausstreuen. Die Ameisen fressen es und gehen dann ein.

Brennnesseljauche

Wenn Pflanzen und Blumen mit Läusen besiedelt sind, ist dagegen ein Kraut gewachsen. Brennnesseln! Sie können sie selbst sammeln oder aber im Fachhandel Brennnesselpulver kaufen. Man setzt die Brennnesseln mit Wasser an, lässt diese Jauche ca. 14 Tage lang gären und verdünnt sie dann mit Wasser. Mehrmaliges Besprühen schafft rasch Abhilfe.

Marienkäfer gegen Wollläuse

Wollläuse lassen sich, geschützt durch ihren Wollpanzer, nur sehr schlecht bekämpfen. Bei starkem Befall siedeln sich auf ihren klebrigen Ausscheidungen oft Rußtaupilze an. Ihr natürlicher Feind ist der australische Marienkäfer *(Cryptolaemus montrouzieri)* mit seinen Larven, die die Wollläuse aussaugen. Die Marienkäfer erhalten Sie als erwachsene Tiere, die möglichst in der Dämmerung ausgebracht werden sollten. Wichtig: Durchschnittstemperaturen von mindestens 20 °C sind für eine erfolgreiche Bekämpfung erforderlich.

Nematoden gegen Trauermücken

Trauermücken sind ca. 3 bis 4 mm lang, schwärzlich und bevorzugen feuchte, humose Erden, in denen sie ihre Eier ablegen. Die daraus schlüpfenden glasig-weißen und bis 0,5 mm langen, schwarzköpfigen Larven befallen v. a. die Wurzeln von Sämlingen und

Ein natürlicher Feind von Wollläusen ist der australische Marienkäfer

ÖKO-TIPP

Schädlingsbekämpfung biologisch

Mit Kletterpflanzen und mit Hecken in Ihrem Biogarten schaffen Sie zusätzlichen Lebensraum für Tiere: Vögel finden Nistgelegenheiten, Schmetterlinge legen ihre Eier ab. Auch Bienen, Käfer und Spinnen leben in solchen grünen Wänden. Und vielleicht ziehen in das untere Gehölz Igel ein. Damit haben Sie fleißige Helfer im Garten: Denn Vögel und Igel machen Jagd auf Schädlinge.

Stecklingen, aber auch junge Wurzeln älterer Pflanzen. Ihre natürlichen Feinde sind bestimmte Nematoden, die in die Larven eindringen und den Körper durch ein Bakterium innerhalb von wenigen Tagen zersetzen. Neben der Bekämpfung der Larven sollten Sie die erwachsenen Trauermücken mit Gelbtafeln (im Fachhandel erhältlich) abfangen.

Raubmilben gegen Spinnmilben

Von Spinnmilben befallene Blätter zeigen eine zunehmende Weiß- oder Gelbsprenkelung. Triebspitzen werden besonders stark befallen und sind dann oft von Spinnweben umhüllt. Die nur 1 mm großen Schädlinge sitzen auf den Blattunterseiten, sind grüngelblich bis bräunlich gefärbt und haben an den Körperseiten einen dunklen Fleck. Ihre natürlichen Feinde, die Raubmilben, sind dagegen rötlich gefärbt und auf ihrer Beutesuche sehr beweglich.

Bis zu fünf Spinnmilben bzw. 20 von deren Eiern werden täglich von einer Raubmilbe ausgesaugt. Raubmilben werden auf Bohnenblättern verschickt. Diese legen Sie auf Ihren befallenen Pflanzen aus. Für eine gute Bekämpfung sollte die Luftfeuchtigkeit mindestens 60 % betragen.

Raubmilben gegen Thrips

Erwachsene Thrips sind 1 bis 2 mm lang und häufig dunkel gefärbt oder quer gestreift. Auf den ersten Blick gleichen sie einem winzigen Stäbchen. Thripslarven sind heller und als winzige „Würmchen“ zu erkennen. Ihre natürlichen Feinde sind Raubmilben der Gattung Amblyseius. Die sind ca. 0,5 mm groß und bräunlich bis hellrosa gefärbt. Die Nützlinge werden in Tüten geliefert, die direkt in den Pflanzenbestand gehängt werden. Von dort gehen die Raubmilben dann auf Beutejagd. Die Tüten können nach vier Wochen wieder entfernt werden.

Schneckenabwehr

Gegen Schnecken gibt es kein hundertprozentiges Mittel. Besonders wer auf giftige Schneckenköder verzichten will, ist auf eine wirksame Abwehr angewiesen. Dazu gehören Schneckenzäune, die das junge Gemüse vor dem ungehinderten Zugriff bewahren.

Eine Schneckenplage loszuwerden, ist manchmal gar nicht so einfach

INFO

Pflanzen gegen Ungeziefer

Ameisen	Sie mögen Lavendel, Rainfarn oder Feldsalat nicht. Wirksame Kombination: Rosen und Lavendel.
Blattläuse, Blutläuse	Kapuzinerkresse, Lavendel und Bohnenkraut stehen nicht auf dem Speiseplan dieser Schädlinge. Kapuzinerkresse schützt Obstbäume, Lavendel die Rosen und Bohnenkraut die Bohnen.
Erdflöhe	Wermut, Pfefferminze und Salat halten Erdflöhe ab. Salat hält den Kohl flohfrei.
Fliegen	Sie meiden Basilikum, Rainfarn und Nussbäume.
Kohlweißling	Dill, Salbei, Rosmarin, Thymian, Pfefferminze, Beifuß, Tomaten und Sellerie. Ideale „Abwehrwaffen“: Kohl kombiniert mit Tomaten, Kohl mit Sellerie, Kohl mit Kräutern.
Mäuse, Wühlmäuse	Die Nagetierchen meiden Knoblauch, Kaiserkronen, Wolfsmilch, Hundszunge, Steinklee, Sonnenblumen, Narzissen. Steinklee auf Baumscheiben pflanzen oder Sonnenblumen bzw. Narzissen als sog. Randpflanzungen am Beet.
Echter Mehltau	Knoblauch und Schnittlauch kommen hier zum Zug. Knoblauch einfach unter Obstbäume, zwischen Erdbeeren und Rosen pflanzen.
Möhrenfliege	Zwiebeln, Salbei und Kresse mag die Möhrenfliege überhaupt nicht. Einfach ein paar Pflänzchen ins Möhrenbeet setzen.
Nematoden	Tagetes (Studentenblume) und Ringelblume sind der Nematoden Feind. Als „Teppich“ oder Randpflanzung zu Tomaten, Kartoffeln und Rosen pflanzen.
Säulenrost, Johannisbeerrost	Wermut zu Johannisbeersträuchern gesetzt – und schon ist Ruhe.
Schnecken	Senfsaat, Zwiebeln, Knoblauch, Kapuzinerkresse, Salbei, Ysop oder Thymian sind zwar kein Garant, können aber helfen.
Zwiebelfliege	Möhren, zwischen die Zwiebeln gesetzt, vertreiben die Zwiebelfliege.

Mittel und Möglichkeiten

Barrieren aus Beton, Blech oder Kunststoff halten die Schnecken recht sicher ab. Zu achten ist auf vereinzelte Tiere, die sich bereits in den Beeten befinden. Sie müssen unter den Blättern aufgespürt oder mithilfe von Fallen gefangen werden. Hilfreich sind zudem raue Wegbeläge aus Rinde oder gehäckseltem Holz, die das Eindringen in den Garten erschweren. Selbst Schneckenzäune, Schneckenkorn und andere Fallen und Köder helfen wenig, wenn die Zuwanderung der Schnecken aus der Umgebung (etwa aus feuchten Wiesen) nicht gebremst wird. Am besten verhindern freie Flächen ohne Bewuchs die Schneckenplage, zumal die Schädlinge hier gut zu sehen und abzusammeln sind. Es lohnt sich also, den Gemüsegarten mit Gehwegen zu umringen. Die

ÖKO-TIPP

Erfolgreiche Schneckenabwehr

1. Das zu schützende Areal ringsum und gut geschlossen mit einem Schneckenzaun einfassen. Halten Sie dabei etwa 10 cm Abstand gegen äußere Mauern, Zäune usw. ein. Solche Schneckenzäune (im Fachhandel) sind aus Kunststoff oder Metall und haben eine vorstehende, scharfe Kante, die für die Tiere nicht zu überwinden ist.
2. Die innerhalb des Schneckenzauns verbliebenen Schnecken entfernen Sie durch Herauslesen in der Abenddämmerung mit der Taschenlampe. Zwei bis drei Abende wiederholen, speziell bei feuchtem Wetter. Kleine Schnecken fangen Sie am besten, wenn Sie Kröschhäufchen (Weizenkleie) auslegen und nachts ablesen. Weitere Mittel: Einstecken von Bierbechern, Auslegen von Jutesäcken, Holzlatten, Grapefruitschalen usw.
3. Wenn nach Einbringen von Kompost neue Schnecken ins Beet eindringen oder wenn aus verbliebenen Eiern Nachwuchs hervorgegangen ist, wiederholen Sie diese Punkte.
4. Hohes Gras oder überhängende Pflanzen, die den Schneckenzaun überbrücken, müssen Sie regelmäßig stutzen.

Diese Maßnahmen reichen i. d. R., um Ihre Beete vor unliebsamen Gästen zu schützen.

Einzelnen Tieren kann es gelingen, den Schneckenzaun zu überwinden. In diesen Fällen streichen Sie mit der Hand einen Film Schmierseife an die Unterseite der vorstehenden Kante des Schneckenzauns. Dieser Film wird jeder Schnecke zum Hindernis und bleibt etwa einen Monat wirksam.

werden ohnehin zur Pflege gebraucht. Die wenigen Schnecken, die dennoch den Weg zum Gemüse schaffen, können dann recht einfach gefangen werden.

Holzhäcksel für Wege im Gemüsegarten

Beim alljährlichen Gehölzschnitt fällt eine Menge Schnittgut an, das nach dem Häckseln als wertvoller Rohstoff im Garten dienen kann. Besonders bewährt hat sich Holzhäcksel als Wegbelag im Gemüsegarten. Solche Wege sind angenehm begehbar und halten Schnecken recht gut ab. Jedenfalls bildet das kantige Material eine wirksame Barriere. Dazu sollten die Wege breit genug angelegt werden. Eine Auflage von etwa 5 bis 10 cm Material genügt. Es bleibt einige Jahre erhalten und lässt sich jederzeit durch neues Schnittgut auffrischen.

Schneckeneier ausräumen

Schnecken legen Eier an geschützten Plätzen ab, woraus sich dann ein zahlreicher Nachwuchs entwickelt. Dies sollte verhindert werden. Schneckengelege sind v. a. unter Steinen, Brettern, Kübeln und dergleichen Gegenständen zu finden. Sie werden nach dem Freilegen von Vögeln, Igeln und anderen natürlichen Feinden vernichtet.

Schneckenfallen unter Glas

Die Pflanzen im Glashaus und Frühbeet bleiben nicht vor Schnecken verschont. Sobald die Schädlinge eingedrungen sind, vermehren sie sich im feuchtwarmen Milieu. Angefressene Kohlrabi- und Salatpflanzen sind unverkennbare Hinweise auf die unerwünschten Eindringlinge. Nachts laben sie

sich am Gemüse, am Tag kriechen sie unter Steine, Holzstücke und ähnliche Schattenspender, die – falls nötig – ausgelegt werden. Dort sind sie einfach zu finden.

Schneckenschutzzäune
In manchen Jahren, v. a. bei feuchtem Wetter, sind die gefräßigen Schädlinge eine Plage. Dann hilft es nur, sie immer wieder aufzusammeln und zu dezimieren oder mit Barrieren von besonders gefährdeten Pflanzen abzuhalten. Die speziellen Schneckenschutzzäune sind zwar nicht schön, aber wirkungsvoll. Es gibt verschiedene Typen aus Metall, Beton und Kunststoff.

Kräuter zur Schneckenabwehr pflanzen
Eine wirksame Barriere gegen Schnecken können ausgewählte Pflanzen sein, die andere gefährdete Arten vor den Schädlingen bewahren. Dazu zählen Thymian, Salbei und Ysop, die einen recht dichten Grüngürtel bilden. Nebenbei helfen diese stark riechenden Sommerblüher gegen Ameisen, Blattläuse und andere tierische Schädlinge. Die Pflanzung dieser nützlichen Beeteinfassungen ist mit vorkultivierten Topfpflanzen auch im Sommer noch möglich.

Nützlinge schonen

Kriechtiere, wie Eidechsen sowie Blindschleichen, die nicht zu den Schlangen zählen, sondern mit den Eidechsen verwandt sind, brauchen zum Überwintern geschützte Plätze, wo sie sich verkriechen können. Gerne suchen diese nützlichen Gartenbewohner, die im Sommer Schnecken verzehren, Steingärten oder Steinhaufen auf. Günstig sind tiefe Fugen, wo sie in frostfreie Schichten eindringen können. Zum Schutz dieser Kriechtiere sollte das Umschichten oder Bearbeiten von Steinhaufen bis zum Frühjahr aufgeschoben werden. Bei Arbeiten im Garten ist auf diese wechselwarmen Tiere zu achten, zumal sie bei kaltem Wetter nicht flüchten können. Eidechsen oder Blindschleichen lassen sich an sichere Orte umquartieren. Zauneidechsen sind übrigens sehr standorttreue Tiere. Sie legen Wohnhöhlen an, die sie zur Eiablage und Aufzucht ihrer Jungen nutzen sowie als Winterquartiere aufsuchen. Diese Höhlen liegen etwa in 50 cm Tiefe in Steingärten oder in sandigen Böschungen.

Igel sollten unbedingt geschützt werden

Igel schützen
Wer einen Igel im Garten hat, sollte ihn schützen. Obwohl sich diese kleinen Säugetiere natürlich nicht an Gartengrenzen halten und in der Nacht auf der Suche nach Schnecken, Insekten und anderem Getier weite Wege zurücklegen, bleiben sie doch in der näheren Umgebung. Besonders im Winter suchen sie geschützte Plätze auf, in denen sie bis zum Frühjahr schlafen. Dazu dienen Laubschüttungen, Reisighaufen oder ein anderer frostsicherer, aber luftiger Unterschlupf, in dem sich die Tiere einigeln können. Im Frühjahr gehen sie dann wieder auf Beutezüge und tragen zur Dezimierung von Schnecken bei.

Indische Laufenten
Seit einigen Jahren werden insbesondere im biologischen Gartenbau Indische Laufenten als Schneckenjäger eingesetzt. In gewöhnlichen Hausgärten eignen sich diese Tiere nur bedingt zur Schneckenvernichtung, zumal sie genügend Auslauf, einen Stall und eine Wasserstelle brauchen.

ÖKO-TIPP

Geschützte Gesellen
Weinbergschnecken sind geschützt! Keinesfalls dürfen diese Schnecken mit giftigen Mitteln bekämpft werden.

Vorbeugender Pflanzenschutz

Der beste Schutz der Pflanzen ist ein passender Standort. Wenn das Klima und die Versorgung stimmen, bleiben die Pflanzen auch ohne besondere Pflanzenschutzmittel gesund. Edelrosen, die an einer schattigen Nordseite auf nassen Boden gepflanzt werden, haben ständig mit Krankheiten und Schädlingen zu kämpfen. Diese Sommerblüher brauchen vollsonnige, luftige Plätze auf nährstoffreichem Boden mit gutem Wasserabzug. Genauso sollten andere Gartenpflanzen den günstigsten Platz bekommen. Dabei gibt es natürlich wesentliche Unterschiede. Waldpflanzen wie der Hopfen oder Waldreben gedeihen anders als Edelrosen besser im Halbschatten auf Wasser führendem, aber staunässefreiem Humusboden.

Der vorbeugende Pflanzenschutz beginnt also schon bei der Auswahl und beim Pflanzen der gewünschten Gewächse. Das ist durchaus wörtlich zu nehmen. Insbesondere sollte der Boden optimal vorbereitet werden.

Märchenhaft: Azalee, Gedenkemein, Tulpen und helle Sonnenstrahlen

Rhabarber – das saure Erlebnis aus dem Garten

✿ Eine vielseitige Pflanze

Der Rhabarber ist ein einzigartiges Gewächs, denn die Wurzeln enthalten heilkräftige Wirkstoffe, die Stängel schmecken gut, und die Blätter sind giftig! Die Stängel enthalten Vitamine, Mineralstoffe und – das ist das Besondere – viele Anthrachinone, die abführend und entgiftend wirken. Aber Achtung: Der Rhabarber darf niemals roh gegessen werden, denn er enthält viel Oxalsäure (deswegen schmeckt er so sauer).

✿ Rhabarber-Muffins

Zutaten (für 12 Stück): 200 g Rhabarber, Mehl zum Bestäuben, 150 g Butter, 100 g Rohrohrzucker (z. B. von Alnatura), 1 Päckchen Bourbon-Vanillezucker, 1 Prise Salz, 3 EL Milch, abgeriebene Schale von 1 Orange (unbehandelt), 2 EL Orangensaft, 3 Eigelb, 200 g Weizenmehl (Typ 1050), 50 g gemahlene Mandeln, 2 TL Weinsteinbackpulver, 100 g Amarettini, Fett für die Form
Zubereitung: Rhabarberstängel waschen, schälen und in 1/2 cm dicke Stücke schneiden. Dann mit etwas Mehl bestäuben. Den Backofen auf 180 Grad vorheizen. Weiche Butter, Zucker und Vanillezucker in einer Schüssel mit dem Schneebesen schaumig rühren. Salz, Milch, Orangenschale und -saft hinzufügen. Die 3 Eigelb nach und nach unterrühren. Mehl, Mandeln und Backpulver mischen und zügig unter den Teig rühren. Rhabarberstückchen unterheben. Amarettini fein zerbröseln. Muffinform fetten und mit den Amarettinistreusel ausstreuen. Teig in die Mulden füllen und im Ofen auf der mittleren Schiene 20 Minuten backen. Muffins im Blech 5 Minuten ruhen lassen, dann aus der Form lösen und abkühlen lassen.

✿ Rhabarber-Auflauf

Zutaten: Fett für die Form, 50 g geriebene Haselnüsse, 500 g Rhabarber, 100 g weiches Butaris, 200 g Zucker, 1 Prise Salz, Abrieb von einer Bio-Zitrone, 1 Vanilleschote, 3 Eier, 200 g Mehl, 2 gestr. TL Backpulver
Zubereitung: Den Backofen auf 180 Grad vorheizen und ein Backblech auf die unterste Schiene einschieben. Eine Auflaufform (ca. 26 cm Durchmesser) gründlich fetten und mit geriebenen Haselnüssen bestreuen. Den Rhabarber waschen, putzen und in 1,5 cm breite Stücke schneiden. In einer Rührschüssel weiches Butaris, Zucker und Salz mit dem Mixer geschmeidig rühren. Zitronenabrieb und das Mark einer Vanilleschote kurz mit unterrühren. Nacheinander die Eier dazugeben und das Ganze zu einer cremigen Masse aufschlagen. Mehl und Backpulver mischen, der cremigen Masse beifügen und alles zu einem geschmeidigen Teig verrühren. Zum Schluss vorsichtig die Rhabarberwürfel unterheben. Den Teig in die vorbereitete Form füllen und im heißen Ofen 45 Minuten backen.

Nur eine tiefgründige Lockerung und, falls nötig, die Verbesserung mit geeigneten Mitteln wie Kompost oder Gartenhumus gewähren ein zügiges Anwachsen und gutes Gedeihen. Auf verdichtetem oder ständig nassem Boden haben Gartengehölze Schwierigkeiten mit der Wurzelbildung. Ein gesundes, weitreichendes Wurzelwerk ist aber die beste Gewähr für eine optimale Selbstversorgung mit Nährstoffen und Wasser. Zudem gibt es den nötigen Halt.

Schäden infolge falscher Versorgung

Zu viel oder zu wenig Licht, Wärme, Wasser oder Dünger hat Schäden zur Folge. Zu viel Licht, insbesondere eine zu intensive Sonneneinstrahlung, kann Verbrennungen an den Blättern bewirken. Zu wenig Licht verursacht einen langstieligen Wuchs (z. B. bei Jungpflanzen). Zu hohe Temperaturen lösen Stoffwechselstörungen und Zellschäden aus (z. B. mangels Lüftung im Gewächshaus). Frost kann ebenso eine Zerstörung empfindlicher Pflanzenteile auslösen (z. B. bei Kübelpflanzen). Bei Wassermangel bleiben Trockenschäden nicht aus. Staunässe verhindert den Gasaustausch und verursacht Fäulnis der Wurzeln. Bei Nährstoffmangel wachsen die Pflanzen schlecht, bei Überdüngung entwickeln sie sich zu mastig. In allen Fällen werden sie leichter von Schädlingen und Krankheiten befallen.

Kulturbeschreibungen beachten

Natürlich haben die verschiedenen Pflanzen eine unterschiedliche Toleranz für eine falsche Versorgung. So rafft beispielsweise der Frost empfindliche Pfirsichbäume leichter dahin als heimische Waldpflanzen. Zudem gibt es Sortenunterschiede, die sich ganz wesentlich bemerkbar machen. Während etwa Rhododendren allgemein empfindlich auf kalkhaltigen Boden reagieren – sie brauchen wie andere Moorbeetpflanzen saure Erde –, sind einige Züchtungen weniger anfällig (z. B. „Cunningham's White"). Eine günstige Sortenwahl macht sich auch bei vielen anderen Pflanzen positiv bemerkbar. So sind in weniger guten Lagen robuste Weinreben zu empfehlen (z. B. „Boskoop's Glorie"). In Regionen mit starkem Vorkommen von Kirschfruchtfliegen lässt sich der Befall durch die Pflanzung früh blühender Sorten verringern (z. B. „Kassins's Frühe"). Es lohnt sich im Sinne des Pflanzenschutzes, immer erst die Kulturbeschreibungen der gewünschten Pflanzen zu beachten. Meistens sind besonders empfehlenswerte Züchtungen eigens auf dem Etikett gekennzeichnet (z. B. „mehltauresistene Sorte" bei Rosen oder „nicht anfällig für Monilia" bei Sauerkirschen etc.). Selbstverständlich sind bei der Auswahl auch die Standortverhältnisse im Garten zu beachten.

Auch bei Blumen sind Mischkulturen stabiler als Monokulturen. Die Ringelblumen halten Wurzelnematoden ab

Pflanzenschutz praktisch

- Eine gründliche Bodenvorbereitung ist die beste Gewähr für einen gesunden Pflanzenwuchs.
- Staunässe vertragen nur wenige Pflanzen; in gefährdeten Lagen ist eine Dränage nötig. Der Wasserabzug muss auch bei Kübelpflanzen möglich sein.
- Zu den wichtigsten vorbeugenden Pflanzenschutzmaßnahmen gehört der Frostschutz gefährdeter Pflanzen.
- Gut versorgte Pflanzen können Schädlinge und Krankheiten besser abwehren (Dünger und Wassergaben richtig dosieren, und zwar jeweils der Jahreszeit angepasst).
- Mischkulturen halten sich Schädlinge gegenseitig vom Leib (z. B. Möhren und Zwiebeln; gegen Möhren- und Zwiebelfliegen gemeinsam pflanzen).
- Der Fruchtwechsel verhindert die Auszehrung und Belastung des Bodens (z. B. nach Kohlgemüse keine Kreuzblütler pflanzen).
- Pflanzen mit heilsamer Wirkung tragen zur Gesunderhaltung der Gartenpflanzen bei (z. B. Tagetes, Ringelblumen und Knoblauch in den Beeten verteilen).
- Pflanzenjauchen und Kräutertees wirken als Stärkungsmittel und schaden nicht (z. B. Jungpflanzen mit Schachtelhalmtee besprühen).
- Langsames Akklimatisieren verhindert einen Schock bei gefährdeten Pflanzen (z. B. Kübelpflanzen nach dem Ausräumen zunächst schattieren).
- Regelmäßiges Lüften vertreibt Schädlinge (z. B. Spinnmilben bei Kübelpflanzen).
- Das Ansiedeln von Nützlingen im Garten hilft gegen tierische Feinde (z. B. Singvögel gegen Insekten).
- Gezielte Barrieren halten Schädlinge fern (z. B. Schneckenzäune im Gemüsegarten).
- Schutzfolien, Vliese und Frühbeete bewahren vor unerwarteten Kälteeinbrüchen.
- Das Mulchen des Bodens schützt vor Austrocknung (z. B. mit Rasenschnittgut).
- Bodenproben weisen auf den Zustand hin und ermöglichen gezielte Verbesserungen oder Bepflanzungen.
- Das Gießen mit weichem Wasser (Regenwasser) erspart Kalkanreicherungen (bei Topfpflanzen).
- Das Auslichten der Bäume und Sträucher fördert die Durchlüftung und vermindert die Erkrankungsgefahr.
- Ein Weißanstrich bei jungen Baumstämmen verhindert Rindenrisse im Spätwinter.

Nisthilfen für Nützlinge

Singvögel, Igel, Marienkäfer und andere nützliche Tiere kommen von selbst in den Garten. Sie bleiben aber nur, wenn sie Brutplätze, Unterschlupfmöglichkeiten und Nahrung finden.

Alte Bäume, und zwar Laub- und Nadelbäume, sind ein Segen für Insekten. In den Rindenritzen finden Marienkäfer, Schlupfwespen und viele andere Tierchen einen Unterschlupf. Wo alte Bäume fehlen – etwa in

Wespen tragen auch zur Schädlingsbekämpfung bei, indem sie Blattläuse fangen

jungen Gärten – können Unterschlupfmöglichkeiten auch künstlich geschaffen werden. Jeder kennt die Nisthöhlen für Ohrwürmer. Die mit Holzwolle gefüllten Blumentöpfe werden gerne von diesen Blattlausfeinden angenommen. Natürlich werden Nisthilfen nicht nur von erhaltenswerten Tierchen aufgesucht, sondern auch von weniger willkommenen. Wespen bauen beispielsweise ihre kunstvollen Papiernester gerne in leer stehende Vogelnistkästen. Wenn das nicht direkt an der Terrasse geschieht, stört es niemanden. Immerhin sind auch Wespen nützlich, indem sie Blattläuse fangen. Wespen gehören wie die verwandten Hornissen zu den Hautflüglern. Die wertvollsten Hautflügler sind wohl die Bienen. Die Honigbienen werden ohnehin in eigenen Behausungen angesiedelt. Den Wildbienen, die genauso für die Bestäubung der Blüten wichtig sind, kommen Nisthilfen etwa aus Ziegeln oder Holzbündeln und dergleichen zugute. Sie laden zum Bebrüten ein. Zur Ansiedlung von Hummeln, und zwar speziell für Erdhummeln, dienen Hohlräume im Boden, die sich mittels Steinen oder umgedrehten Blumentöpfen schaffen lassen. Neben Hummeln kommen auch Florfliegen und andere nützliche Insekten in den Garten. Die Ansiedlung lässt sich durch die Aussaat und Pflanzung von Blütengewächsen begünstigen. Besonders sind Edeldisteln bevorzugte Nektarquellen. Arten wie etwa *Echinops* (Kugeldistel), *Eryngium* (Alpendistel) oder auch *Carlina* (Silberdistel) werden mit ziemlicher Sicherheit von Hummeln angeflogen. Eine besondere Anziehungskraft üben auch Mohngewächse und die *Echinacea* aus. Hummeln sind übrigens wie Wespen nur einjährig. Im Herbst sterben sie. Nur die befruchteten Königinnen überwintern und gründen im nächsten Jahr neue Völker. Besonders prächtige Flieger kommen oft von selbst in den Garten, wenn sie eine Wasserstelle vorfinden – Libellen fangen Stechmücken und andere Insekten weg. Wie schwierig es ist, Nützlinge und Schädlinge zu trennen, wird beim Lebenszyklus der Marienkäfer deutlich. Die beliebten Tierchen kommen nur in den Garten, wenn sie Blattläuse finden. Sobald sie diese Pflanzensauger vernichtet haben, suchen sie neue Futterquellen und verschwinden wieder. Es ist also durchaus günstig, wenn auch eine überschaubare Menge an Schädlingen erhalten bleibt. Denn ohne Schädlinge gibt es auch keine Nützlinge. Nicht zuletzt sind viele Singvögel von dieser Nahrungsquelle abhängig, und sie unterscheiden nicht zwischen Schädlingen und Nützlingen.

Tiere im Garten ansiedeln

Ohne Grundkenntnisse ist die Ansiedlung und damit auch der Bau von Nisthöhlen und Nisthilfen wenig aussichtsreich. So müssen etwa die Einschlupflöcher der Vogelnistkästen richtig bemessen sein, und zwar so, dass die geförderten Flieger gerade durchpassen, aber andere unerwünschte Tiere draußen bleiben. Die Ausrichtung nach Osten hat den Vorteil, dass die Kästen innen nicht nass werden. Wichtig sind auch ausreichende Abstände, damit es nicht unnötig Revierkämpfe gibt. Keinesfalls dürfen giftige Holzschutzmittel zum Einsatz kommen. Das Verteilen von Vogelnistkästen sollte rechtzeitig vor der Brutzeit bereits im Winter erfolgen. Allerdings suchen die gefiederten Gartengäste die Kästen auch als Schlafhöhlen auf. Außerdem stehen sie den Tieren dann im nächsten Sommer als Bruthöhlen zur Verfügung, wenn sie im Sommer befestigt werden. Besonders brütende Vögel brauchen nahe liegende Tränken, und zwar solche, die gut einsehbar und „katzenfrei" sind. Übrigens fallen Stare oft nur über die Kirschen und Weintrauben her, weil sie hier – mangels Wasserstellen – am einfachsten auftanken können. Sie lassen sich während der Reifezeit leicht mit Netzen abhalten. Die müssen aber richtig angelegt sein, damit sie nicht zur Falle werden. Eine Igelhöhle gehört natürlich nicht neben eine Straße. Sie muss in einer abgeschiedenen Ecke angelegt werden. Hummeln brauchen Futterpflanzen. Ein Hummelbau passt am besten neben eine Blumenwiese. Natürlich darf auch der Abstand zum Gemüsegarten nicht zu groß sein. Immerhin sollen die dicken Brummer keine langen Strecken zu den Tomaten und anderen Gemüsen fliegen müssen. Sonst dienen sie kaum zur Bestäubung.

Schmetterlinge suchen mit ihren langen Rüsseln bevorzugt röhrenförmige Blüten auf

ÖKO-TIPP

Unbehandeltes Holz für Nistkästen

Imprägnieren Sie Nistkästen nicht mit giftigen Mitteln. Das Holz bleibt am besten naturbelassen. Ein konstruktiver Holzschutz, etwa durch schräg aufgesetzte Dächer oder durch das Abdecken mit einem verzinkten Blech, schützt vor Nässe und vorzeitiger Verwitterung. Vor der Brutzeit im Frühjahr sollten die Kästen gereinigt werden.

Nahrungsquellen

Neben den passenden Wohnungen sind geeignete Futterpflanzen nötig. Schmetterlinge suchen mit ihren langen Rüsseln bevorzugt röhrenförmige Blüten auf. Neben Sommerflieder *(Buddleia)* sind Rachenblütler wie Salbei, Lavendel und Minze gute Nektarquellen, zumal sie im Sommer blühen, wenn sonst wenig zu finden ist. Selbstverständlich sollte der Tisch während der ganzen Saison gedeckt sein. Das gilt für Insekten und Vögel gleichermaßen, damit sie sich nicht vorzeitig verabschieden. Bienenweiden und Insektennährpflanzen gibt es mit Haseln, Winterheide und Kornelkirsche schon im Spätwinter. An der Besenheide und Bartblume *(Caryopteris)* können sie sich noch im Herbst laben. Zwischenzeitlich steht der Flor der Frühjahrsblüher reichlich zur Verfügung, und im Sommer bieten unter anderem Wiesenblumen und Blütenstauden Nahrung. Vorzüg-

INFO

Maße für Vogelnistkästen

Vogelart	Befestigung (Höhe m)	Flugloch Durchmesser	Maß (innen) cm	Brutbeginn Monat
Blaumeise	1,5 – 4	26 – 28 mm	14 x 14 x 25	April
Haussperling	1,5 – 3,5	32 – 34 mm	14 x 14 x 25	April
Kleiber	1,5 – 3,5	32 – 47 mm	14 x 14 x 25	April
Kohlmeise	1,5 – 4	32 – 34 mm	14 x 14 x 25	April
Rauchschwalbe	2 – 4	Stützbrett 12 x 12		Mai
Rotschwanz	1,5 – 3,5	50 mm	14 x 14 x 25	Mai
Star	3 – 10	45 – 50 mm	16 x 16 x 32	April

liche Bienenfutterpflanzen sind der Gelbsenf und die blaue Phacelia. Sie bieten sich auch sonst als ideale Gründüngerpflanzen für freie Flächen im Garten an. Vögel können im Sommer ohnehin aus dem Vollen schöpfen. Spärlicher sieht der Winterspeiseplan aus. Hier lohnt es sich, mit heimischen Fruchtgehölzen wie Schlehen, Vogelbeerbäumen, Weißdorn und dergleichen für ein wenig Abwechslung zu sorgen.

Das Verteilen von Vogelnistkästen sollte rechtzeitig vor der Brutzeit bereits im Winter erfolgen

Pflanzenkunde von A bis Z

Ankauf

Bei der Wahl des Saatgutes sollten Sie als Biogärtner Wert darauf legen, dass Samen und Setzlinge auch im Sinne des ökologischen Gartenbaus gezogen wurden.
Denn Samen und Pflanzen aus biologischem Anbau haben eine höhere Qualität als solche aus Monokulturen. Informieren Sie sich also schon beim Kauf, woher Sie Ihr Biosaatgut beziehen. Samenzüchter, die sich auf solche naturgemäße Methoden spezialisiert haben, produzieren selbstverständlich weniger, Qualität steht hier eindeutig vor Quantität.

Es gibt auch neue Sorten, die gegen bestimmte Krankheiten, z. B. Mehltau, resistent sind. Denken Sie als künftiger Biogärtner auch daran, Gemüse-, Obst- und Blumenarten zu wählen, die zum Klima Ihres Wohnortes passen. Frostempfindliche Obstarten haben langfristig im Ökogarten keine Chance.

INFO

Augen auf beim Samenkauf
Achten Sie auf klare Sortenbeschreibung, lesen Sie sich genau durch, welche Eigenschaften die Pflanzen haben und ob sie für Ihren Garten geeignet sind.

Wichtig: Die „h“-Versiegelung garantiert, dass das Saatgut vor Licht, Luft und Feuchtigkeit geschützt ist und seine Keimfähigkeit über mehrere Jahre erhalten bleibt.

Blumen und Stauden

Aster

Callistephus chinensis

Gartenstaude
Aussaat: ab April/Mai
Blütezeit: Juni bis September
Bemerkung: Sommerastern gibt es in vielerlei Formen und Farben außer Gelb. Die Pflanze bevorzugt sonnige Standorte. Gut geeignet auch als Schnittblume.

Eisenhut

Aconitum

Gartenstaude
Pflanzzeit: im Frühjahr

Blütezeit: von Juni bis Oktober, je nach Art
Bemerkung: Die im Sommer blühende Schattenpflanze liebt frischen, humosen Boden. Früh- und Nachmittagssonne fördern üppigen Wuchs.

Levkoje

Matthiola incana

einjährige Sommerblume
Aussaat: März/April bis Juni
Blütezeit: Mai bis Juli
Bemerkung: Levkojen sind vorwiegend als Schnittblumen gebräuchlich. Sie können bis zu 80 cm hoch werden und blühen in verschiedenen Farben.

Löwenmäulchen

Antirrhinum majus

einjährige Sommerblume
Aussaat: Vorkultur unter Glas ab Januar möglich, sonst ab April im Freien
Blütezeit: Juni bis Oktober
Bemerkung: Für eine Rabattenbepflanzung eignen sich niedrige Sorten, für Schnittblumen nimmt man höhere Sorten.

Sonnenblume

Helianthus annuus

einjährige Sommerblume, auch Stauden-Arten
Aussaat: April
Blütezeit: Juli bis Oktober, je nach Art
Bemerkung: Wie der Name schon ahnen lässt, mag es die stattliche Pflanze gern sonnig. Sie gedeiht gut auf lehmigem, humosem und nicht zu trockenem Boden.

Studentenblume

Tagetes patula

einjährige Sommerblume
Aussaat: März
Blütezeit: Mai bis Oktober
Bemerkung: Wird auch Türkische Nelke genannt und ist stark duftend. Gelb, Orange und Braun sind die Farben der frostempfindlichen Blume, die bei Schnecken beliebt ist.

Trollblume

Trollius europaeus

Gartenstaude
Pflanzzeit: Frühjahr oder Herbst
Blütezeit: Mai bis Juni
Bemerkung: Auch als Butterblume bekannt. Kühlfeuchte, nährstoffreiche Wiesen, lehmiger oder humoser Boden sind ideale Standorte für die Trollblume.

Zinnie

Zinnia elegans

einjährige Sommerpflanze
Aussaat: April/Mai
Blütezeit: Juli bis Oktober
Bemerkung: Rosa, rote, gelbe oder orange Schnittblume, die bei geringem Pflegeaufwand üppig wächst.

Gemüse

Brokkoli

Brassica oleracea var. italica

Aussaat: ab März unter Glas, ab Mitte Mai bis Ende Juli im Freiland
Ernte: ab Juni bis Oktober
Bemerkung: Brokkoli ähnelt dem Blumenkohl, hat aber einen höheren Vitamingehalt.

Buschbohnen

Phaseolus vulgaris var. nanus

Aussaat: Mai bis Mitte Juli im Freiland
Ernte: Juli bis September
Bemerkung: Bohnen lassen sich einfach ziehen und stellen nur sehr geringe Ansprüche an den Boden.

Alles aus eigenem Anbau, da schlägt das Herz eines jeden Biogärtners höher

Chinakohl

Brassica chinensis

Aussaat: Februar bis April unter Glas, Juli im Freiland
Ernte: September/Oktober
Bemerkung: Bevorzugt einen warmen, sonnigen bis halbschattigen Platz mit regelmäßiger Befeuchtung.

Eissalat

Lactuca sativa var. secalina

Aussaat: Februar/März unter Glas, ab März bis August im Freiland
Ernte: ab April bis Oktober
Bemerkung: Der Eissalat ist eine besondere Form des Kopfsalats, der sich oft durch große Köpfe auszeichnet.

Endiviensalat

Cichorium endivia

Aussaat: Juni/Juli
Ernte: Oktober
Bemerkung: Unter Endiviensalat versteht man i. d. R. den Winterendiviensalat, der sich gut als Nachfrucht für abgeerntete Beete eignet.

Erbse

Pisum sativum

Aussaat: März bis Juni, je nach Art
Ernte: Mai bis September
Bemerkung: Die Erbsen werden in Mark-, Schal- und Zuckererbsen unterteilt. Von jeder Art gibt es unterschiedliche Größen sowie verschieden reifende Sorten.

INFO

Gemüse hält, was Obst verspricht

Pflanzen Sie frischen Grünkohl an. Denn er enthält doppelt so viele Vitamine wie die gleiche Menge an Orangen. Die Palette der im Gemüse enthaltenen Vitamine ist breit gefächert: Dazu gehören Carotin, die B-Vitamine Thiamin, Riboflavin und Pyridoxin sowie Niacin, Folsäure und die Vitamine C, K und E. Alle Gemüsesorten tragen zur Mineral- und Ballaststoffversorgung bei. Kalium, Kalzium, Magnesium, Phosphor, Eisen, Zink, Jod und Mangan sind in fast allen Gemüsesorten enthalten, die Sie im Biogarten anbauen können.

Feldsalat

Valerianella locusta

Aussaat: ab Juli/August, September
Ernte: ab September den ganzen Winter über
Bemerkung: Der Feldsalat , der auch Rapunzel genannt wird, ist ein Wintersalat und völlig frosthart.

Grünkohl

Brassica oleracea var. sabellica

Aussaat: hohe Sorten ab Anfang April unter Glas, niedrige Sorten ab Mai im Saatbeet, ab Juni im Freiland
Ernte: ab September bis März
Bemerkung: Der Grünkohl, auch Winter- oder Krauskohl genannt, ist die anspruchsloseste unter den Kohlarten.

Gurke

Cucumis sativus

Fruchtgemüse
Aussaat: ab Ende März unter Glas, ab Mai im Freiland
Ernte: Juli bis September
Bemerkung: Gurken brauchen Wärme und Feuchtigkeit. Sie lieben einen humus- und nährstoffreichen Boden in sonniger, geschützter Lage.

Knoblauch

Allium sativum

Pflanzzeit: ab März
Ernte: Juli bis September
Bemerkung: Der Knoblauch, der nur einjährig gezogen wird, liebt einen sonnigen und warmen Platz auf einem eher trockenen Boden.

Knollenfenchel

Foeniculum vulgare var. azoricum

Aussaat: ab März/April unter Glas, ab Juni/Juli im Freiland
Ernte: Oktober
Bemerkung: Der Knollenfenchel, auch Gemüsefenchel, kann gedünstet oder roh als Salat zubereitet werden. Er fördert die Verdauung.

Kohlrabi

Brassica alferaceae var. gongylodes

Knollengemüse
Aussaat: ab Anfang März unter Glas, ab April im Freiland
Ernte: Mai bis Oktober, je nach Aussaat und Sorte

Bemerkung: Ist sehr gut geeignet als Lückenfüller im Garten, leicht anzubauen und wächst schnell. Eignet sich gut als Zwischenfruchtpflanze, z. B. zu Gurken und Kartoffeln.

Kopfsalat

Latuca sativa var. capitata

Aussaat: ab Januar/Februar unter Glas, ab Mitte März bis Anfang August (Früh- und Sommersalat), August bis September (Wintersalat)
Ernte: acht bis zehn Wochen nach der Aussaat, ab April/Mai (Wintersalat)
Bemerkung: Kopfsalat bevorzugt schwere Böden, die nicht zu schnell austrocknen.

Lauch (Porree)

Allium porrum

Zwiebelgemüse
Aussaat: ab Februar/März unter Glas, ab März/April bis Juni (Winterernte) im Saatbeet
Ernte: ab Juli/August, Winterernte ab Oktober bis Dezember, frostharte Sorten bis zum Frühjahr
Bemerkung: Porree eignet sich gut als Nachfrucht auf früh frei gewordenen Beeten.

Möhre

Daucus carota ssp. sativus

Wurzelgemüse
Aussaat: Februar/März bis Juli, September bis Oktober
Ernte: Mitte Juli bis Oktober, Mai bis Juni (Herbstaussaat)
Bemerkung: Die Auswahl an rundlichen oder lang gestreckten Karotten ist vielfältig. Bei der Herbstaussaat sollte man auf die richtige Sortenauswahl achten.

Paprika

Capsicum annuum

Aussaat: März/April unter Glas
Pflanzung: Mai/Juni
Ernte: ab Juli bis September
Bemerkung: Wärmeliebende Pflanze, die im Freiland nur an hellen, geschützten Plätzen einen guten Ertrag bringt. Folienschutz ist empfehlenswert.

Radieschen

Raphanus sativus var. sativus

Wurzelgemüse
Aussaat: ab Mitte März bis Anfang September
Ernte: ab Mai bis Oktober
Bemerkung: Radieschen nicht zu dicht aussäen, weil die Pflanzen sonst in die Höhe schießen.

Rettich

Raphanus sativus var. nigra

Wurzelgemüse
Aussaat: ab Ende März bis Mitte Mai (Frührettich), Mitte Mai bis Mitte Juli (Sommerrettich), Anfang Juli bis Anfang August (Herbst- und Winterrettich)

Ernte: ab Mitte Mai bis in den Spätherbst
Bemerkung: Besonders scharfe Rettiche gedeihen gut auf Sandböden.

Rhabarber

Rheum rhaponticum

Staude
Pflanzung: März oder September/Oktober
Ernte: Mitte März bis Mitte Juni
Bemerkung: Die Stauden werden acht bis zehn Jahre alt. Zu alt gewordene Stöcke teilt man. Reichlich düngen und gießen.

Rosenkohl

Brassica oleracea var. gemmifera

Aussaat: April bis Anfang Mai im Saatbeet
Ernte: Oktober bis Februar
Bemerkung: Der Rosenkohl verträgt Minustemperaturen bis zu 15 °C. Am besten schmeckt er, wenn er einige Male durchgefroren ist.

Rote Bete

Beta vulgaris var. conditiva

Aussaat: ab April (mit Folie schützen), ab Mai im Freiland
Ernte: Juni bis September
Bemerkung: Rote Bete, Rote Rübe oder auch Rahne muss vor dem ersten Frost eingebracht werden.

Schwarzwurzel

Szorzonera hispanica

Wurzelgemüse
Aussaat: März bis April, August/ September (Herbstaussaat)

Der Lohn für die viele Arbeit: gesunde Kohlvielfalt, die sich längere Zeit gut lagern lässt

Ernte: August bis Oktober oder erst im Winter
Bemerkung: Der „Spargel des Winters" braucht einen lockeren, tiefgründigen Boden. Durch die Frosthärte kann das Gemüse in der Erde überwintern. Schwarzwurzeln nicht nach Tomaten anbauen: Gefahr von Wurzelälchen!

Sellerie

Apium graveolens

Wurzelgemüse
Aussaat: ab Februar unter Glas
Ernte: September bis November (Knollensellerie), ab Mitte August bis Mitte November (Bleichsellerie)
Bemerkung: Man unterscheidet Knollen- oder Wurzelsellerie und Bleich- oder Stangensellerie. Um gut zu wachsen, verlangt der Sellerie als Starkzehrer einen stickstoffhaltigen Boden.

Spinat

Spinacia oleracea

Blattgemüse
Aussaat: März bis Mai (Sommerernte), August bis Oktober (Frühjahrsernte)
Ernte: Mai bis September, April bis Mai (Herbstaussaat)
Bemerkung: Die Blätter enthalten Eisen, Vitamin A und C, Eiweiß und Mineralstoffe.

Stangenbohnen

Phaseolus vulgaris var. vulgaris

Aussaat: Mai bis Anfang Juli
Ernte: Juli bis Oktober
Bemerkung: Fünf bis sechs Bohnen um eine Stange stecken. Sie müssen gegen den Uhrzeigersinn ranken.

Tomaten

Solanum lycopersicum

Fruchtgemüse
Aussaat: ab Februar/März unter Glas, ab Mitte Mai im Freiland
Ernte: August bis Mitte Oktober
Bemerkung: Brauchen viel Wasser. Schachtelhalmbrühe wirkt vorbeugend gegen Pilzkrankheiten.

Weißkohl

Brassica oleracea convar. capitata f. alba

Aussaat: ab Februar unter Glas, ab April im Freiland
Ernte: Frühsorten ab Juli, sonst September bis Oktober
Bemerkung: Aus Weißkohl wird auch Sauerkraut hergestellt.

Wirsing

Brassica oleracea var. capitata sabauda

Aussaat: ab Februar unter Glas, ab April im Freiland, im August Adventswirsing
Ernte: ab Mai bis Oktober
Bemerkung: Ähnlich dem Weißkohl. Wirsing in strengen Wintern mit Stroh schützen.

Zichoriensalat

Cichorium intybus var. foliosum

Aussaat: Mai bis Juni/Juli
Ernte: ab September
Bemerkung: Vielgestaltige Salatart, zu der auch der rotblättrige Radicchio, der Zuckerhut oder der Chicorée zählen.

Zucchini

Cucurbita pepo var. giromontiina

Gurkenähnliche Fruchtpflanze
Aussaat: April bis Anfang Mai im Topf, Mitte bis Anfang Juni im Freiland
Ernte: ab Ende Juni bis Anfang Oktober
Bemerkung: Gedeiht prächtig am Rande eines Komposthaufens, da sie nährstoffreiche Böden liebt.

Zwiebel

Allium cepa

Die Küchenzwiebel *(Allium cepa)* kann man aus Samen oder aus Steckzwiebeln ziehen.
Aussaat: Mitte März bis Mitte April, August (Frühlingszwiebel)
Pflanzung: Juli (mit Steckzwiebel)
Ernte: September/Oktober, Mai/ Juni (Frühlingszwiebel)
Bemerkung: Eine der ältesten Gewürz- und Gemüsepflanzen und sehr vielseitig verwendbar. Zwiebeln mögen besonders milden oder sandigen Lehmboden.

Kräuter und Gewürze

Anis

Pimpinella anisum

einjährig
Höhe: 40 bis 50 cm
Ernte: Samen (ab August)
Vermehrung: Aussaat im März/April
Bemerkung: Die Körner der reifen Fruchtdolden werden als Gewürz verwendet, die man in gut verschließbaren Dosen aufbewahrt.

Basilikum

Ocimum basilicum

einjährig
Höhe: 30 bis 60 cm
Ernte: Blätter (kurz vor der Blüte)
Vermehrung: Aussaat im März unter Glas
Bemerkung: Erst nach den Eisheiligen ins Kräuterbeet an einem geschützten Ort pflanzen.

Beifuß

Artemisia vulgaris

mehrjährig
Höhe: 1 bis 1,50 m
Ernte: Blüte (kurz vor dem Erblühen)
Vermehrung: Aussaat im April, Teilung
Bemerkung: Bei der Ernte werden die kleinen Blättchen gezupft oder ganze Triebe abgeschnitten und getrocknet.

Bohnenkraut

Satureja hortensis

einjährig
Höhe: 30 bis 40 cm
Ernte: Blätter (kurz vor der Blüte)
Vermehrung: Aussaat ab März bis Mai, Teilung
Bemerkung: In einen Topf gepflanzt und an ein sonniges Fenster gestellt, haben Sie frisches Bohnenkraut auch im Winter.

Borretsch

Borago officinalis

einjährig
Höhe: 40 bis 50 cm
Ernte: junge Blätter (den ganzen Sommer über)
Vermehrung: Aussaat im März/April
Bemerkung: Am besten frisch verwenden in Salaten, zu Eiern, Bohnen und Kohl.

Kamille – natürliche Hilfe aus Omas Zeiten

✿ Vielseitig verwendbar

Die Kamille ist ein richtiger Allrounder, denn sie wirkt sowohl innerlich als auch äußerlich. Innerlich hilft sie v. a. bei Beschwerden im Magen-Darm-Bereich, aufgetragen wirkt sie antibakteriell bei entzündeten Wunden, Juckreiz, Ekzemen, Hautunreinheiten und vielem mehr.

✿ Kamillen-Dampfbad gegen Stirnhöhlenentzündung und unreine Haut

Hierfür bereiten Sie heißen Kamillentee zu und füllen diesen in eine Schüssel. Beugen Sie sich darüber, legen Sie sich ein Handtuch über Kopf und Schultern und atmen Sie den Dampf ca. 20 Minuten tief ein.

✿ Kamillentinktur (für die innerliche und äußerliche Anwendung)

Füllen Sie Kamillenblüten in ein Glas mit Schraubdeckel-Verschluss, bis etwa die Hälfte des Glases voll ist. Gießen Sie Doppelkorn über die Blüten bis diese gut benässt sind, und verschließen Sie das Glas gut. Diese Tinktur sollte zwei bis fünf Wochen an einem warmen Ort ziehen. Seihen Sie danach die Blüten mit einem Kaffeefilter ab und füllen Sie die Tinktur in eine dunkle Flasche (erhältlich in der Apotheke) ab. Verschließen Sie die Flasche gut. Vergessen Sie nicht, diese mit Name des Inhalts und Datum zu beschriften. Die so hergestellte Tinktur ist ungefähr ein Jahr haltbar.

✿ Kamille gegen Sonnenbrand

Wenn Sie im Sommer von einem Sonnenbrand geplagt werden, tragen Sie steif geschlagenes Eiweiß auf die brennenden Stellen auf und lassen dieses für ca. 10 Minuten antrocknen. Danach waschen Sie das Eiweiß mit kaltem Kamillentee ab.

✿ Kamille bei geschwollenen Augen

Wenn der Abend wieder einmal lang war und Sie mit geschwollenen, brennenden Augen aufwachen, helfen Kamillenkompressen. Legen Sie hierfür in Kamillentee getränkte Wattepads für 10 Minuten auf die müden Augen auf.

Dill

Anethum graveolens

einjährig
Höhe: 60 bis 100 cm
Ernte: Blätter (kurz vor der Blüte)
Vermehrung: Aussaat ab März bis Mai
Bemerkung: Im März und Mai säen, dann hat man den ganzen Sommer über frischen Dill.

Eberraute

Artemisia abrotanum

mehrjährig
Höhe: 80 bis 100 cm
Ernte: Triebspitzen (den ganzen Sommer über)
Vermehrung: Teilung oder Stecklinge
Bemerkung: Im Winter sollte man Tannenreisig über die wärmeliebende Staude legen.

Estragon

Artemisia dracunculus

mehrjährig
Höhe: 1 bis 1,20 m
Ernte: Blätter und Triebspitzen (den ganzen Sommer über)
Vermehrung: Aussaat im März/April (russischer Estragon) oder Stockteilung (deutscher Estragon)
Bemerkung: Estragon wird auf ein Saatbeet gesät und später verpflanzt. Nur der Russische Estragon kann aus Samen gezogen werden.

Kamille

Matricaria chamomilla

einjährig
Höhe: 20 bis 40 cm
Ernte: Blütenköpfe (ab Mai bis September)
Vermehrung: Aussaat im Frühjahr oder im Herbst
Bemerkung: Die Samen nicht mit Erde bedecken, da die Keime Licht brauchen.

Kerbel

Anthriscus cerefolium

einjährig
Höhe: 30 cm
Ernte: Blätter (den ganzen Sommer über bei Folgesaat)
Vermehrung: Aussaat ab März bis September
Bemerkung: Das Kraut kann man auch in Töpfen oder im Balkonkasten heranziehen.

Koriander

Coreandrum sativum

einjährig
Höhe: 40 bis 60 cm
Ernte: Samen (sobald Früchte hell werden)
Vermehrung: Aussaat im April
Bemerkung: Zweige werden nach der Ernte zum Trocknen in eine Vase gestellt.

Kresse

Lepidium sativum

einjährig
Höhe: 7 bis 10 cm
Ernte: junge Blätter können drei bis vier Wochen nach Aussaat im Freiland geerntet werden (Kresse kann übrigens auch in der Wohnung gesät werden).
Vermehrung: Aussaat ab Februar im Zimmer, ab März im Garten
Bemerkung: Wenn die Kresse, deren bekanntester Vertreter die Gartenkresse ist, etwa 5 cm hoch ist, schneidet man sie ab und verwendet sie frisch.

Kümmel

Carum carvi

zweijährig
Höhe: 1 bis 1,50 m
Ernte: Samen (Juni bis Juli im Folgejahr)
Vermehrung: Aussaat ab März/April
Bemerkung: Kümmel auf keinen Fall in der Nähe von Fenchel ansäen.

Lavendel

Lavendula officinalis

mehrjährig
Höhe: 50 bis 60 cm
Ernte: Blätter und Blüten (Juli bis August)
Vermehrung: Aussaat im März unter Glas
Bemerkung: Liebt trockene und warme Orte. Winterschutz wird auf feuchten Böden nötig.

Liebstöckel

Levisticum officinale

mehrjährig
Höhe: 2 m und mehr
Ernte: Blatt (im Sommer), Wurzel (im Herbst)
Vermehrung: Aussaat im Frühjahr unter Glas, Teilung
Bemerkung: Eine Staude deckt den Bedarf einer Familie ab.

Majoran

Oreganum majorana

einjährig
Höhe: 20 bis 30 cm
Ernte: Blätter (zu Beginn der Blütezeit im Juli)
Vermehrung: Aussaat ab März unter Glas, ab April im Saatbeet
Bemerkung: Lichtkeimer, nicht mit Erde bedecken.

Minze

Mentha piperita

mehrjährig
Höhe: 50 bis 70 cm
Ernte: Blätter (den ganzen Sommer über)
Vermehrung: Teilung (Frühjahr oder Herbst)
Bemerkung: Minze darf keine Samen ansetzen, weil sie dadurch an Aroma verliert.

Petersilie

Petroselinum crispum

zweijährig
Höhe: 30 cm
Ernte: Blätter bei Schnittpetersilie, Wurzel bei Wurzelpetersilie. Auch in Töpfen oder Balkonkästen
Vermehrung: Aussaat März bis Mai
Bemerkung: Kann im Topf oder im Balkonkasten angepflanzt werden und in der Wohnung überwintern.

Rosmarin

Rosmarinus officinalis

mehrjährig
Höhe: 50 bis 80 cm
Ernte: Blätter (das ganze Jahr hindurch)
Vermehrung: Aussaat im März in Töpfen
Bemerkung: Der Samen geht nach 30 Tagen auf.

Salbei

Salvia officinalis

mehrjährig
Höhe: 40 bis 60 cm
Ernte: Blätter (vor der Blüte)
Vermehrung: Aussaat ab April im Frühbeet, ab Mai im Saatbeet, Teilung
Bemerkung: Salbei wird vor der Blüte geschnitten und getrocknet. Mehrfache Ernten möglich.

Schnittlauch

Allium schoenoprasum

mehrjährig
Höhe: 20 bis 30 cm
Ernte: Blätter (das ganze Jahr hindurch)
Vermehrung: Aussaat ab April, Teilung im Frühjahr und Herbst
Bemerkung: Kann im Herbst in Töpfen angesetzt werden und in der Wohnung überwintern.

Thymian

Thymus vulgaris

mehrjährig
Höhe: 20 bis 30 cm
Ernte: Triebspitzen, Blätter (Juni bis August)
Vermehrung: Aussaat ab März/April in Töpfe, Teilung im Frühjahr
Bemerkung: Die blühenden Triebenden zum Trocknen abschneiden.

Wermut

Artemisia absinthium

mehrjährig
Höhe: 1 bis 1,20 m
Ernte: Blätter und Blühzweige bei sonnigem Wetter sammeln
Vermehrung: Aussaat ab Mitte März unter Glas, ab Mitte Mai bis Mitte September im Freigelände
Bemerkung: Wächst am besten an luftigen, aber warmen Plätzen auf neutralen Böden.

Zitronenmelisse

Melissa officinalis

mehrjährig
Höhe: 60 bis 70 cm
Ernte: Blätter (vor und zu Beginn der Blüte, den Sommer über)
Vermehrung: Aussaat im April/Mai, alle drei Jahre Teilung
Bemerkung: Die Zitronenmelisse sollten Sie nach dem Abschneiden in Bündeln aufhängen.

Obst und Beeren

Apfel

Malus sylvestris

Hoch- und Halbstamm, Buschform
Blütezeit: April/Mai
Reife: ab Juli, September bis November
Bemerkung: Der Flachwurzler liebt leicht lehmige, humusreiche und ausreichend feuchte Böden.

Birne

Pyrus communis

mittelgroßer Baum oder Strauch
Blütezeit: April/Mai
Reife: August/Oktober
Bemerkung: Birnbäume brauchen einen sonnigen Platz auf tiefgründigem, lockerem Boden ohne Staunässe. Da Birnbäume von Natur aus steile Triebe bilden, darf man den Schnitt besonders in den ersten Jahren nach der Pflanzung nicht vernachlässigen.

Brombeere

Rubus fruticosus

rankende und aufrecht wachsende Sorten
Blütezeit: Juni bis September
Reife: ab August bis Spätherbst
Bemerkung: Rankende Sorten brauchen eine Stütze. Sträucher im Winter mit Tannenreisig schützen.

Erdbeere

Fragaria ananassa

ausläufertreibende und nicht ausläufertreibende Sorten
Blütezeit: Mai/Juni
Reife: ab Ende Juni
Bemerkung: Verlangt wenig Platz. Beste Pflanzzeit: August oder Anfang September.

Himbeere

Rubus idaeus

rankende und aufrecht wachsende Sorten
Blütezeit: ab Mai
Reife: ab Juli bis September
Bemerkung: Bevorzugen wind- und frostgeschützte Plätze. Eignen sich für Zäune und Hecken.

Johannisbeere

Ribes

Strauch oder Hochstämmchen
Blütezeit: ab April
Reife: Juni bis August
Bemerkung: Die weißen, roten und schwarzen Johannisbeeren stellen keine großen Ansprüche an den Boden. Schwarze Sorten bevorzugen lockere, leicht saure Erde und sind frostanfälliger.

Kulturheidelbeere

Vaccinium corymbosum

Strauch
Blütezeit: Mai
Ernte: August
Bemerkung: Kulturheidelbeeren brauchen einen sonnigen Platz auf saurem Boden (pH-Wert von 3,5 bis 4,5). Auf Kalk im Boden reagieren die Pflanzen mit Blattchlorose. Vorbeugend sollte man kalkhaltigen oder lehmigen Boden vor der Pflanzung austauschen.

Pflaume

Prunus domestica

Hoch- und Halbstamm, Busch
Blütezeit: April
Reife: August bis Oktober
Bemerkung: Pflaumen lieben sonnige Plätze, Hauszwetschgen gedeihen auch in Gebirgslagen.

Schwarzer Holunder

Sambucus nigra

Wildstrauch
Blütezeit: Juni
Ernte: August/September
Bemerkung: Holunder gedeiht auf jedem Gartenboden und steht gerne halbschattig bis sonnig. Die Pflanzen werden oft von Blattläusen befallen. Ein Rückschnitt kann helfen.

Stachelbeere

Ribes uva-crispa

Strauch und Hochstämmchen
Blütezeit: April
Reife: ab Juni
Bemerkung: Haltbare Frucht, die kalkhaltige, ausreichend feuchte und humusreiche Böden braucht.

Gartenkalender

Der Biogarten rund ums Jahr

Biologisch gärtnern heißt, sich dem Rhythmus des Jahres anzupassen. Dieser Gartenkalender zeigt, welche Tätigkeiten in welchen Monaten zu tun sind. So gärtnern Sie im Einklang mit der Natur.

Februar ist die Hauptschnittzeit der Zier- und Obstgehölze, denn noch sind sie in der Saftruhe

Januar

- Jetzt beginnt die Zeit für die Saatgutbestellung und für die ersten Aussaaten.
- Bei Rundgängen durch den Garten wird der Frostschutz kontrolliert und, falls nötig, erneuert.
- Bei frostfreiem Wetter vertragen Zier- und Obstgehölze einen nötigen Schnitt (Erziehungs-, Auslichtungs- oder Verjüngungsschnitt) am besten.
- Die Rinde junger Bäume schützt ein Kalkmilchanstrich vor Rissen durch die Wechselwirkung von Frost und Wintersonne.
- Die Gartengeräte können im Winter eine Pflege gebrauchen (Ölen, Schärfen etc.).
- Angebrochenes Saatgut vom Vorjahr sollte sorgfältig geprüft werden, ob es noch keimfähig ist.

Februar

- Ein Sonnenschutz ist an klaren Wintertagen nicht nur unter Glas, sondern auch im Garten nötig. Empfindliche Baumstämme bekommen einen Rindenschutz. Rosen schattiert man mit Reisig, damit sie nicht zu früh treiben.
- Jetzt beginnt die Anzucht für Gemüse und Sommerblumen im Haus. Mit den ausgewählten Sämereien lassen sich dominante Blütenfarben oder besondere Gemüsesorten vorbestimmen.
- Wenn der Boden frostfrei ist, können wieder Gehölze gepflanzt werden.
- Im Februar ist die Hauptschnittzeit der Zier- und Obstgehölze, denn noch sind sie in der Saftruhe. Sobald die Wunden aber „bluten", darf nicht mehr geschnitten werden.
- Vernachlässigte Bäume und verwilderte Hecken vertragen die Verjüngung jetzt am besten.
- Damit der Kompost gleichmäßig und luftig verrottet, sollte er umgesetzt, also umgeschichtet und vermischt werden. Jetzt ist eine gute Gelegenheit.
- Unter Glas oder Folie ist bei mildem Wetter Pflanzzeit für Frühgemüse und Salate.

März

- Im Haus beginnt die Anzucht von Gemüsen und Sommerblumen; einige Arten stehen schon zum Pikieren bereit (z. B. Petunien, Tomaten).
- Solange die Wunden nicht bluten, können noch Obst- und Ziergehölze geschnitten werden.
- Die Edelrosen bekommen den Rückschnitt rechtzeitig vor dem Austrieb. Vor dem Neuaustrieb müssen auch alte Triebe bei mehrjährigen Kräutern, Stauden und Gräsern zurückgeschnitten sein.
- Auf den vorbereiteten Beeten sind die ersten Aussaaten und Pflanzungen von Möhren, Spinat, Radieschen, Rettich, Salat, Zwiebeln und anderen Frühkulturen möglich. Dabei ist auf günstige Mischkulturen und Folgepflanzungen zu achten.
- Ungenutztes Brachland lässt sich mit Gründüngerpflanzen bedecken. Dazu können Blütenpflanzen wie Ringelblumen, Tagetes und Phacelia dienen. Jetzt beginnt die Saatzeit.
- Im Frühjahr ist eine gute Gelegenheit, die vollen Kompostsilos zu leeren. Reifer Kompost dient zur Bodenverbesserung; unreife Bestandteile werden wieder kompostiert.
- Sobald der Boden frostfrei und abgetrocknet ist, beginnt die Hauptpflanzzeit für alle Gehölze und Stauden. Kräftige Staudenhorste sind durch Teilung vermehrbar.
- Gewächshäuser, Frühbeete, Vliese und Folien sind besonders in der Übergangszeit im Frühjahr und Herbst wertvoll. Sie schützen jetzt vor Spätfrösten.

April

- Jetzt ist im Freiland Aussaatzeit für Möhren, Dill, Petersilie, Radieschen, Rettiche, Rote Rüben, Rosenkohl, Erbsen, Pastinaken, Eissalat, Kohlrabi, Borretsch, Brokkoli, Zucchini, Kürbisse und andere Gemüse; drinnen geht die Anzucht von Tomaten, Paprika und anderen empfindlichen Arten voran.
- Kräftige, eng stehende Sämlinge müssen rechtzeitig in Töpfe pikiert werden.
- Ringelblumen, Kornblumen, Goldmohn, Sonnenblumen, Reseda und andere Sommerblumen werden direkt im Freiland in vorbereitete Beete gesät.
- Noch ist Pflanzzeit für ausdauernde Stauden und Gräser.

Im März beginnt die Anzucht von Gemüsen und Sommerblumen

- Gehölze lassen sich nur bis zum Austrieb pflanzen, es sei denn Containerpflanzen, die das ganze Jahr erhältlich sind.
- Für raues Wetter werden Folien und Vliese zum Schutz der Saatbeete vorbereitet.
- Unter Glas ist je nach Wetter auf- oder abzulüften.
- Rechtzeitiges regelmäßiges Hacken lässt kein Unkraut aufkommen.
- Bei mildem Wetter kommen die Kübelpflanzen ins Freie; frostempfindliche jedoch nur zum Abhärten.
- Gartenmöbel werden möglichst mit unschädlichen Mitteln renoviert.
- Noch können Obstbäume veredelt und Gehölze durch Steckhölzer (z. B. Beerenobst) vermehrt werden.
- Das Vertikutieren vermooster Rasenflächen schafft wieder Licht und Luft. Die beste Zeit dazu ist im Frühjahr.

Im Mai können auch die frostempfindlichen Pflanzen in die Erde gesetzt werden

Mai

- Mitte Mai beginnt die Saison für alle frostempfindlichen Pflanzen. So können auch Zucchini und Tomaten und andere wärmebedürftige Gemüse ausgesät oder ausgepflanzt werden. Ebenso kommen Pelargonien, Petunien und andere Sommerblüher ins Freie, sowie die Knollen von Dahlien und Gladiolen.
- Wenn das Glashaus frei wird, ist Platz für Paprika, Gurken, Melonen und andere Gemüse, die Schutz brauchen.
- Nach dem Abernten von Salat, Rettichen und anderen Frühgemüsen, lassen sich die Lücken mit vorkultivierten Pflanzen aus dem Haus oder geeigneten Nachsaaten wieder schließen.
- Jetzt muss reichlich Gießwasser bereitstehen. Das Regenwassersammeln lohnt sich.
- Das „Wachswetter“ im Mai lässt auch das Unkraut sprießen. Die wichtigste Pflegearbeit im Garten ist jetzt das regelmäßige Jäten. Auch wenn es manchmal mühsam erscheint, es lohnt sich.
- Das Schnittgut vom Rasenmähen eignet sich zum Mulchen der Beete, oder es wird mit anderen Gartenabfällen vermischt und kompostiert.

Juni

- Der Juni ist der Rosenmonat. Jetzt blühen die meisten Wild- und Edelrosen. Welke Blüten sollten immer wieder entfernt werden.
- Bei Trockenheit ist die Bewässerung die wichtigste Gartenpflege. Eigenes Wasser etwa aus einem Brunnen oder einem Regensammler ist jetzt besonders wertvoll.

Im Juni blühen nun die meisten Wild- und Edelrosen. Welke Blätter sollten stets entfernt werden

- Kübel- und Balkonpflanzen brauchen jetzt täglich viele Liter Wasser. Eine Bewässerungsanlage erleichtert die Versorgung.
- Heftiges Gießen oder ein Platzregen verkrusten den Boden. Falls nötig, muss er gelockert werden, oder man schützt ihn mit einer Mulchdecke.
- Wenn der Rasen regelmäßig gemäht wird, kann das Gras liegen bleiben („Mulchmähen"); andernfalls muss es abgerecht und z. B. kompostiert werden.
- Beim Durchpflücken der Kirschbäume und Beerenobstbüsche sind auch madige oder kranke Früchte zu entfernen und zu vernichten.
- Glashäuser und Frühbeete brauchen eine Schattierung, sonst gibt es einen Hitzestau. Ebenso wichtig ist das Lüften.
- Im Juni werden Veilchen, Bartnelken und andere Zweijahresblumen für das nächste Jahr ausgesät.
- Noch ist Pflanz- bzw. Aussaatzeit für Salat, Kohl, Möhren und andere Gemüse auf freie oder frei gewordene Beete, wobei auf günstige Folgesaaten und Mischkulturen zu achten ist.

Juli

- Das Mulchen der Beete spart Wasser; Schnittgut vom Rasen ist dazu gut geeignet.
- Es ist besser, gelegentlich durchdringend zu gießen, als häufig nur oberflächlich.
- Während der Kirschenernte lässt sich dürres und krankes Holz ausschneiden.
- Tomatenpflanzen sollten unten entblättert werden, das verhindert die Ausbreitung von Pilzkrankheiten. Außerdem sind die Geiztriebe regelmäßig zu entfernen.
- Im Juli ist die günstigste Zeit zum Rosen- und Obstveredeln und zwar durch Okulation.
- Hohe Stauden brauchen eine Stütze, sonst fallen sie bei Regen leicht um.

- Erdbeeren lassen sich durch Kindel vermehren; am besten steckt man diese Ausläufer gleich in Töpfe mit lockerer Erde.
- Im Gemüsegarten sind noch Pflanzungen von Kurzzeitkulturen wie Salat, Kohlrabi oder Rettich möglich, zudem kommen Wintergemüse wie Endivien, Feldsalat und Spinat an die Reihe.

August

- Im August ist es meistens nicht mehr so heiß wie im Juli; die Zeit ist günstig zur Rasensaat, weil die Grassamen zügig keimen und nicht so leicht ausbrennen.
- Bei Hitze ist natürlich reichliches Bewässern im ganzen Garten und auf dem Balkon wichtig; ein eigener Brunnen oder eine Zisterne ist dann Gold wert.
- Zucchini, Gurken und dergleichen Gemüse pflückt man regelmäßig durch, damit sie neue Früchte ansetzen.
- Außer für Erdbeeren und Knoblauch ist noch Pflanzzeit für Kohlgemüse, Salat und Zwiebeln sowie Saatzeit für Feldsalat, Rettiche, Radieschen, Spinat und Salat.
- Die hoffentlich reiche Ernte lässt sich frisch in einem kühlen Keller, einer Erdmiete oder verarbeitet in Gläsern oder im Gefrierschrank für den Winter konservieren.
- Freie Beete bieten sich für die Gründüngung etwa mit Senf oder Hafer an.
- Bei Obstbäumen und -sträuchern pflückt man immer nur die reifen Früchte durch; auch das Fallobst aufsammeln und verarbeiten oder notfalls vernichten!
- Vorkultivierte Zweijahresblumen werden im August ausgepflanzt.

September

- Kübelpflanzen, die keinen Frost vertragen, gehören wie die Zimmerpflanzen bei Nachtfrostgefahr ins Haus. Die robusten Arten sollten aber so lange wie möglich draußen bleiben.
- Beim Abernten der Obstbäume sind auch die fauligen Früchte zu beseitigen,

Bei Hitze ist reichliches Bewässern im ganzen Garten wichtig

denn sie sind oft die Ursache für Krankheiten.

- Jetzt fällt eine Menge Material für die Kompostierung an. Man kann nicht genug davon haben, denn guter Gartenkompost ist der beste Bodenhilfsstoff.
- Im September ist die ideale Pflanzzeit für Bäume, Sträucher, Stauden, Gräser und Frühjahrszwiebeln.
- Langsam geht es daran, den Garten einzuwintern. Allerdings ist eine schonende Pflege besser als eine „Radikalkur".
- Nach der Saison sollten die Vogelnistkästen gereinigt werden. Die heimischen Vögel nehmen sie gerne als Schlafplätze an.
- Feldsalat ist ein willkommenes Wintergemüse; jetzt ist noch Saatzeit.

Ein Pflückkorb erleichtert die Apfelernte

Oktober

- Im Oktober ist eine günstige Pflanzzeit für Gehölze, Stauden, Gräser und Zwiebelblumen. Jetzt lassen sich auch störende Gartenpflanzen mit guten Anwachschancen umsetzen.
- Bei der Pflanzung von Edelrosen muss die Veredelungsstelle im Boden sitzen. Der Rückschnitt erfolgt erst im Frühjahr. Das Anhäufeln mit Kompost schützt und wirkt als Düngung.
- Vor den ersten strengen Frösten muss der Garten eingewintert werden. Bereiten Sie rechtzeitig Fichtenzweige, Strohmatten, Vliese und andere Schutzmaterialien vor. Nicht zu vergessen sind nicht ganz winterharte Kübelpflanzen, die draußen am Balkon stehen (z. B. Topfobst, Lavendel und Salbei).
- Bei Waldrandlage ist es empfehlenswert, junge Obstbäume mit Wildschutzgitter zu ummanteln, damit die Rinde nicht verbissen wird.
- Im Herbst ist eine günstige Zeit für Bodenvorbereitungen. Nach dem Umgraben oder Umfräsen bildet sich bis zum Frühjahr krümelige Erde. Zudem verrottet der Bewuchs (bei Rasengrundstücken).
- Im Herbst fällt eine Menge Material zum Kompostieren an. Bei der Gelegenheit wird die bereits reife Komposterde aus den Silos entfernt und im Garten verwendet.
- Gehölze vertragen den Rückschnitt im Spätwinter besser als im Herbst; jetzt werden nur kranke Pflanzenteile entfernt.
- Blumenzwiebeln, die jetzt im Freien in Kästen und Kübel gesteckt werden, blühen im Frühjahr recht zuverlässig auf.
- Im Oktober reifen Äpfel, Birnen, Trauben und anderes Obst und Gemüse; jetzt müs-

Achten Sie beim Herbstputz auf bereits eingewinterte Tiere; unter Laubhaufen können u. a. Igel ruhen

sen Lagerräume und Erntehilfen bereitstehen.

- Obst und Gemüse wird am besten bei etwa 5 °C und hoher Luftfeuchte gelagert, aber getrennt!

November

- Solange der Boden noch frostfrei ist, können Bäume, Sträucher und Stauden gepflanzt werden. Blumenzwiebeln lassen sich noch den ganzen November hindurch setzen.
- Immergrüne Gehölze brauchen auch im Winter Wasser, wenn der Regen ausbleibt oder wenn sie im Regenschatten stehen.
- Reifer Gartenkompost sollte bald verbraucht werden; im Herbst ist eine gute Gelegenheit zum Leeren der Silos und zum Ausbringen in Gartenbeete.
- Gartengeräte halten länger, wenn sie nach Gebrauch gereinigt und eingeräumt werden. Bei der Gelegenheit sind Reparaturen möglich.
- Zum Frostschutz im Garten gehört das Entleeren von Wassertonnen und Leitungen.
- Lassen Sie nach der Ernte keine fauligen Früchte liegen; sie sind oft mit Krankheitserregern infiziert. Vernichten Sie auch pilzbefallenes Laub unter den Bäumen.
- Beim Herbstputz sollten bereits eingewinterte Tiere nicht gestört werden; unter Reisig- oder Laubhaufen ruhen Igel, Eidechsen und andere Nützlinge.
- Nistkästen dienen den Vögeln gerne als Schlafquartiere; sie sollten jetzt gereinigt und, falls nötig, repariert werden.

Dezember

- Noch ist es nicht zu spät für den Frostschutz nicht ganz winterharter Gartenpflanzen. Anhaltende Kälteperioden sind erst im Januar zu erwarten.
- Heimische Wasserpflanzen sind völlig frosthart. Sie brauchen keinen Schutz. Auch Seerosen kommen bei einer Teichtiefe von etwa 50 cm gut durch den Winter.
- Ziergräser und trockene Samenstände bei Stauden sehen auch im Winter dekorativ aus. Sie werden erst im Frühjahr vor dem Neuaustrieb zurückgeschnitten.
- Im Winter ist eine gute Gelegenheit zum Umpflanzen von Bäumen und Sträuchern, zumal sie in der Saftruhe sind.

Material- und Werkzeugliste

Jedes neue Gartenprojekt erfordert eine intensive Planung. Um dabei nicht den Überblick zu verlieren, ist eine Checkliste sehr hilfreich. Im nachfolgenden Beispiel dient dies zum Anlegen eines Biogartens. Diese Liste soll eine Anregung sein und lässt sich natürlich für jedes andere Projekt abwandeln und anwenden.

CHECKLISTE

Checkliste

Pflanzen (Gartencenter, Züchter, eigene Ableger)	**vorhanden**	**bestellt**	**noch zu besorgen**
Gemüse	☐	☐	☐
Kräuter	☐	☐	☐
Obst & Beeren	☐	☐	☐
Substrate, Bodenverbesserungsmittel (Gartencenter, eigener Garten)	**vorhanden**	**bestellt**	**noch zu besorgen**
Kompost/Mulch	☐	☐	☐
Steinmehl	☐	☐	☐
Kuhmist	☐	☐	☐
Geräte, Werkzeuge (Baumarkt, evtl. beim Nachbarn ausleihen)	**vorhanden**	**bestellt**	**noch zu besorgen**
Schubkarre, Transporter	☐	☐	☐
Spaten	☐	☐	☐
Doppel-Grabgabel	☐	☐	☐
Gießkanne	☐	☐	☐
Sauzahn	☐	☐	☐
Schere	☐	☐	☐
Doppelhacke	☐	☐	☐
Mulcher	☐	☐	☐
Wiedehopf	☐	☐	☐
Handschuhe, Leiter, Steighilfe	☐	☐	☐

Balkon- und Terrassengarten

Weltbild

Band 4

Planung und Gestaltung

Gut geplant, entspannt genießen

Unsere Welt und besonders der Arbeitsalltag sind häufig von Stress und Hektik geprägt. Aus diesem Grund ziehen sich immer mehr Menschen in ihrer Freizeit in private Bereiche zurück. Hier können sie ihr Umfeld eigenständig gestalten und sich einfach rundum wohlfühlen. Einen besonders hohen Stellenwert bei der Lebensqualität haben Balkon und Terrasse. Mithilfe dieser grünen Oasen können Sie Freiräume zu Ihrer ganz persönlichen Entspannung schaffen. Auch dienen Pflanzen – besonders geeignet sind Kletterpflanzen an dekorativen Rankgerüsten – oft als Abschirmung gegen die Blicke von Nachbarschaft und Passanten und tragen zudem zu einer gelungenen Hausgestaltung bei: Ein üppig blühender Balkon oder eine gemütlich gestaltete Terrasse ist eine Bereicherung für jedes Haus.

Balkongestaltung

Als Balkonbesitzer haben Sie vielfältige Gestaltungsmöglichkeiten, um sich ein zusätzliches grünes Zimmer zu schaffen. Wenn Sie den Pflanzen die erforderliche Zuwendung angedeihen lassen, werden Sie oft reich belohnt. Sogar bescheidene Ernten können von einem Etagengarten eingebracht werden. Und wenn es nur ein paar Kräuter oder Balkontomaten sind, die den Speiseplan bereichern – selbst angebaut und frisch gepflückt schmecken sie einfach unübertrefflich. Dabei haben Sie die Wahl aus einem ständig wachsenden Sortiment von Balkon und Kübelpflanzen – egal ob man eine südländische Atmosphäre schaffen oder mit fröhlich kombinierten Blüten einen Farbtupfer in der Wohnlandschaft setzen will.

Terrassengestaltung

Eine Terrasse mit exponierter Lage und weitem Blick ist nur scheinbar ideal. Man sieht nicht nur gut, sondern wird auch gut gesehen und sitzt regelrecht auf dem Präsentierteller. Daher ist es nicht nur bei engen Reihenhaus-

Wer richtig geplant, kann sich bald an der bunten Vielfalt an Formen und Farben auf seinem Balkon erfreuen

PFLEGELEICHT-TIPP

Pflanzenauswahl

Vor dem Kauf der Pflanzen, also bereits bei der Planung, sollten Sie die Lage Ihres Minigartens mit einbeziehen.

gärten sinnvoll, den Sitzplatz durch Sichtschutzwände oder Kletterpflanzen abzuschirmen und so eine intime Atmosphäre herzustellen. Die Terrasse wird i. d. R. als rechteckige, befestigte Fläche am Haus angelegt. Damit ein kleiner, runder Tisch mit vier Stühlen Platz hat, ist ein Maß von mindestens 3 x 2,5 m nötig. Für eine großzügigere Lösung sollte man 30 bis 40 m² veranschlagen, denn schließlich sollen auch Sonnenschirme, Pflanzen und andere dekorative Elemente ausreichend Platz finden.

Auf einer großzügigen Terrassenfläche haben Sie neben einer Sitzgelegenheit noch genug Platz für dekorative Pflanzen

INFO

Übergang zum Garten

Wichtig für den gestalterischen Erfolg ist der Übergang von der Terrasse zum Garten. Platzieren Sie beispielsweise neben die Terrasse ein attraktives Staudenbeet oder einen Gartenteich, der sich von der Sitzecke aus besonders gut beobachten lässt. Beachten Sie bei der Planung auch, dass die Terrasse ein leichtes Gefälle vom Haus weg aufweist, damit das Wasser zuverlässig ablaufen kann.

Bodenbelag und Unterbau von Terrassen

Aufgrund der relativ geringen Belastung, der eine Terrasse bei normaler Bepflanzung und Möblierung ausgesetzt ist, muss der Unterbau nicht übertrieben stark sein. Eine festgestampfte Kiesunterlage von ungefähr 20 cm Stärke genügt normalerweise allen Ansprüchen. Da Haus und Terrasse eine optische Einheit bilden sollten, empfiehlt es sich, den Bodenbelag – was Material und Farbe anbelangt – auf den Stil des Hauses abzustimmen.

Im besten Fall wirkt die Terrasse wie eine Erweiterung des Wohnraums. Dabei ist zu beachten, dass helle Materialien das Sonnenlicht stark reflektieren und sogar blenden können. Daher sollten Sie eher etwas dunklere Farben verwenden, welche zudem besser die Wärme speichern. Dadurch steht der Belag i. d. R. in einem angenehmen Kontrast zu den Wandflächen und wirkt wie eine natürliche Fußbodenheizung.

Materialien

Kies: Kies bildet einen preiswerten und rustikal wirkenden Belag für die Terrasse. Er hat aber den Nachteil, dass er sich nicht gut sauber halten lässt.
Naturstein: Mit Natursteinpflaster lässt sich eine ebenso gemütliche wie stilvolle Atmosphäre schaffen. Bedenken Sie jedoch, dass dies eine eher unebene, d.h. für Stühle und Tische wackelige Bodenfläche bedeuten kann.
Klinker: Klinkersteine schaffen mit ihrem warmen Farbton einen harmonischen Übergang zwischen Haus und Bepflanzung.
Beton: Betonplatten gibt es preiswert in vielen Farben und Größen. Die meisten Betonformsteine wirken jedoch sehr nüchtern. Deshalb sind sie für diesen Bereich, der wohnlich wirken soll, nicht sehr gut geeignet.
Holz: Holzflächen sorgen für eine angenehme Atmosphäre und wirken natürlich bis rustikal.

PFLEGELEICHT-TIPP

Bodenbelag geschickt wählen

Je kleiner die Fläche, umso kleiner darf auch das Format des Terrassenbelags sein. Zu kleinteilige Beläge mit vielen oder großen Fugen sind jedoch zu vermeiden, damit die Sitzmöbel nicht auf wackeligen Beinen stehen. Eine ebene Oberfläche lässt sich außerdem leichter reinigen. Gleichzeitig sollte das verwendete Material so griffig sein, dass man bei nasser Witterung nicht so schnell ausrutscht.

Materialkombinationen

Durch die Kombination von Kunststeinen mit Pflaster- oder Klinkersteinen bzw. anderen Materialien können Sie eine individuelle

Ein guter Bodenbelag ist rutschfest, leicht zu reinigen und sorgt für eine angenehme Atmosphäre

„Bodenlandschaft“ gestalten. Weitläufige Terrassenflächen wirken so kontrastreicher und lebendiger.

Sehr modern ist übrigens Belag aus Bambusdielen. Dieser ist nicht nur sehr robust, er verleiht Ihrer Terrasse auch einen exotischen Flair. Tisch, Bank und Stühle bilden einen wesentlichen Bestandteil des Sitzplatzes. Gartenmöbel gibt es in vielfacher Ausführung. Die Farben der Möbel sollten i.d.R. auf den Bodenbelag abgestimmt sein. Weiß verleiht eine eher elegante Note, während einzelne kräftige Farben den Sitzplatz besonders hervorheben können.

INFO

Im Schatten

In schattigen oder regenreichen Lagen ist ein Holzbelag für Balkon und Terrasse ungeeignet, da die Oberfläche leicht gefährlich glitschig wird.

Pflanzen für Kübel und Kästen

Pflanzen in Kübeln blühen den Sommer über und können im Winter eingeräumt werden

Balkon- und Kübelpflanzen sind normalerweise als Pflanzenarten definiert, die den Sommer über nahezu ununterbrochen blühen und gedeihen, aber den Winter hierzulande im Freien nicht überstehen würden. Sie sollten deshalb entweder gut geschützt überwintern oder jedes Jahr neu gepflanzt werden. Da Letzteres bei den Kübelpflanzen – meist handelt es sich um Sträucher oder große Stauden – ein teures Vergnügen wäre, werden sie normalerweise in Kellern und anderen frostsicheren Räumen eingelagert. Die kleineren Balkonpflanzen lassen sich zwar leichter einräumen, aber auch kostengünstiger nachkaufen oder aus Samen oder selbst

geschnittenen Stecklingen nachziehen. Die wichtigsten Kübel- und Balkonpflanzen, ob blühend oder wegen ihres Laubs als Strukturpflanze eingesetzt, werden ab S. 251 beschrieben. Darüber hinaus gibt es auch Pflanzen für spezielle Verwendungszwecke; die Arten hierfür werden in den folgenden Abschnitten vorgestellt.

Ampelpflanzen

Ein Teil der Balkonpflanzen ist aufgrund seiner überhängenden Wuchsform auch gut für Ampeln, d.h. einzeln an der Decke aufgehängte Pflanzgefäße, geeignet. Mithilfe dieser Pflanzen können Balkon und Terrasse sozusagen von oben begrünt werden. Während man in kleine Gefäße sinnvollerweise nur eine Art einpflanzt, lassen sich in größeren Ampeln auch mehrere Arten kombinieren, die in Farbe und Wuchsform harmonisch aufeinander abgestimmt werden sollten.

INFO

Für Ampeln geeignete Pflanzen

Von den Arten, die ab S. 63 vorgestellt werden, eignen sich folgende zur Bepflanzung von Ampeln: Eisenkraut, Elfenspiegel, Elfensporn, Fächerblume, Fuchsie, Gänseblümchen (Blaues, Gelbes und Spanisches), Goldtaler, Hängegeranie, Knollenbegonie, Männertreu, Pepino, Petunie, Schneeflocke, Wandelröschen, Weihrauch, Zigarettenblume, Zweizahn, Zwergstrohblume. Zusätzlich sind folgende Pflanzen besonders für Ampelgefäße geeignet: Blaue Mauritius *(Convolvulus sabatius)*, Fuchsschwanz *(Acalypha hispaniolae)*, Neuguinea-Impatiens Nierembergie *(Nierembergia hippomanica)*, Hornklee *(Lotus spec.)*.

Kletterpflanzen

Bei der Auswahl der geeigneten Kletterpflanzen sind vor allem drei Kriterien zu beachten: Wuchshöhe Klettertechnik Licht- und Wärmebedarf Diese Eigenschaften entscheiden u.a. darüber, ob eine Pflanze für Süd-,

Die Kapuzinerkresse ist eine einjährige Kletterpflanze, die ab Ende April ausgesät wird und eine Höhe von bis zu 1,5 m erreicht. Sie gedeiht auch im Halbschatten

INFO

Einjährige Kletterpflanzen

Art	Höhe	Blüte	Bemerkung (sonniger Standort und Kletterhilfe immer erforderlich)
Duftwicke *(Lathyrus odoratus)*	2 m	verschiedene Farben	Direktsaat ab April, Blüten duftend
Feuerbohne *(Phaseolus coccineus)*	4 m	rot	Direktsaat Ende April, wächst rasch, dicht
Glockenrebe *(Cobaea scandens)*	5 m	blau	geschützte Vorkultur ab März, blüht schwach, Herbstfärbung
Kapuzinerkresse (*Tropaeolum*-Hybriden)	1,5 m	gelb/orange	Direktsaat ab Ende April, auch für Halbschatten
Prunkwinde *(Ipomoea spec.)*	2 m	blau (rötlich)	geschützte Vorkultur ab Anfang März, windempfindlich
Schwarzäugige Susanne *(Thunbergia alata)*	2 m	gelb	Aussaat ab März bei 18–20 °C
Trichterwinde *(Pharbitis purpurea)*	4 m	verschiedene Farben	Direktsaat ab Ende April
Zierkürbis *(Cucurbita pepo)*	5 m	gelb	Vorkultur bei 20 °C, wächst rasch

Ost-, West- oder Nordlagen geeignet ist. In nördlichen Lagen muss sich der Hobbygärtner meist mit Grünpflanzen begnügen, denn die üppigen Blüher, und dazu gehören die einjährigen Arten, brauchen i. d. R. viel Sonne. Die Kletterfähigkeiten der Pflanze sollten möglichst auf die Höhe der zu begrünenden Fläche abgestimmt sein. Selbstständig an senkrechten Wänden emporwachsen können nur die Wurzelkletterer unter den Gehölzen sowie manche Ranker mit ihren Haftorganen. Den übrigen Arten sollten Sie eine Kletterhilfe anbieten, z. B. in Form von Spalieren, Schnüren oder mit Kunststoff ummantelten Drähten. Rankgerüste aus Holz passen sich sehr schön der Umgebung an oder können farbig gestrichen einen besonderen Akzent in der Gestaltung Ihrer grünen Oase setzen. In völlig windoffenen Lagen sollten Sie lieber auf die Pflanzung von Kletterpflanzen verzichten, da diese hier nicht gut gedeihen. Übrigens: Bei vielen Kletterpflanzen ist es entscheidend, ob sie im Boden wurzeln können oder ob lediglich ein Pflanz-

INFO

Mehrjährige Klettergehölze

Art	Höhe	Standort	Bemerkung
Blauregen, Glyzine *(Wisteria sinensis)*	6–12 m	S	im Mai blaue Blütentrauben
Efeu *(Hedera helix)*	3–25 m	N, NO, NW	immergrün, wächst langsam, auch in Gefäßen
Geißblatt *(Lonicera spec.)*	2–6 m	meist O, W	im Frühjahr teils duftende Blüten
Klematis *(Clematis*-Hybriden*)*	2–3 m	O, W	große Blütenteller
Kletterhortensie *(Hydrangea petiolaris)*	6–10 m	O, W, N	im Sommer weiße Blütenteller, auch in großen Gefäßen
Kletterrose *(Rosa)*	2–5 m	S	viele Farbsorten, frostempfindlich
Kiwi *(Actinidia arguta)*	2–8 m	S, O, W	essbare Früchte im Herbst, notfalls auch in Gefäßen
Schlingknöterich *(Fallopia aubertii)*	8–15 m	S, O, W	wuchernd, in Gefäßen viel gießen
Trompetenblume *(Camspis radicans)*	6–10 m	S	rote Blüten im Frühsommer
Waldrebe *(Clematis spec.)*	2–10 m	O, W	zarte Blüten, bizarre Früchte
Wilder Wein *(Parthenocissus quinquefolia o. tricuspidata)*	8–12 bzw. 15 m	O, W, SO, SW	teils selbstklimmend, schöne Herbstfärbung
Weinrebe *(Vitis vinifera)*	5–15 m	S	Fruchttrauben
Winterjasmin *(Jasminum nudiflorum)*	2–4 m	S, SO, SW	auch in Gefäßen

gefäß zur Verfügung steht. In letzterem Fall sind meist einjährige Arten zu bevorzugen. Sie sollten ihre Plätze i. d. R. erst nach den Eisheiligen einnehmen. Klettergehölze können zwar teilweise auch in großen Gefäßen kultiviert werden, sich dort aber nie ganz entfalten. Die obenstehende Tabelle listet die gebräuchlichsten Kletterpflanzen auf.

Die Petunie ist mit ihrer überhängenden Wuchsform ideal geeignet für eine Ampelbepflanzung

Extreme Lagen vermeiden

Auf dem Balkon kann für Kletterpflanzen neben dem beschränkten Wurzelraum auch das oft windige oder stickige Klima an der Hauswand störend sein. Bedenken Sie, dass extreme Lagen immer problematisch sind. Außerdem sollte v. a. auf dem Südbalkon stets für eine ausreichende Bewässerung gesorgt sein.

Blumenampel gießen

Blumenampeln für Balkon oder Terrasse sind sehr dekorativ, trocknen jedoch schnell aus. Sie lassen sich leichter gießen, wenn man sie mit einem Flaschenzug (Ampellift) in verschiedene Höhen ziehen kann. Der Flaschenzug wird zwischen Aufhängung und Pflanzgefäß eingesetzt.

PFLEGELEICHT-TIPP

Wandschmuck

Für die Terrasse empfehlen sich Kletterpflanzen, die von vom Boden an der Hauswand entlang nach oben gelenkt werden. Sie benötigen keinerlei Pflege, da sie Wasser und Nährstoffe direkt aus der Erde beziehen können.

Gaumenfreuden im Balkonkasten

Auch wenn Sie keinen Garten haben, müssen Sie nicht auf frische selbst gezogene Pflanzen in Ihrer Küche verzichten: Selbst im Balkonkasten oder im Kübel lassen sich Kräuter und Gemüse anbauen. Sogar vor kleinen Obstbäumchen brauchen gewiefte Balkongärtner nicht Halt zu machen. Und diese Pflanzen sind ja nicht nur wohlschmeckend, sondern es ist auch äußerst reizvoll, mit den verschiedenen, teils aromatisch duftenden Blattformen sowie Früchten ein kleines Paradies zu gestalten. Ein übersichtlicher Kräutergarten findet in jedem Pflanzgefäß seinen Platz.

PFLEGELEICHT-TIPP

Einzelgänger Basilikum

Basilikum wird am besten einzeln gepflegt, da es zwar sonnige Standorte liebt, aber nicht lange trocken stehen darf.

Kräuter

Kräuter sind auf einem sonnigen Balkon am leichtesten zu kultivieren, da viele Arten von Natur aus einen durchlässigen und damit trockenen Untergrund gewöhnt sind. Im Übrigen brauchen die meisten Arten kaum gedüngt zu werden. Gepflanzt wird normalerweise im Mai. Petersilie, Schnittlauch und Majoran, Thymian, Salbei und Bergbohnenkraut bilden mit ihrem Laubwerk eine aromatisch duftende Bepflanzung und dienen gleichzeitig zum Verfeinern von Speisen. Die mehrjährigen Arten können als Dauerbepflanzung im Kasten überwintern. Natürlich

Kräuter sind dekorativ und eine Bereicherung für den Speiseplan

sollten Sie stets für einen guten Wasserablauf im Pflanzgefäß sorgen. Zitronenmelisse, Estragon, Oregano, Dill und Borretsch bevorzugen etwas frischere und nährstoffreichere Substrate. Die Gefäße sollten also möglichst groß sein und regelmäßig gegossen sowie gelegentlich gedüngt werden. Pfefferminze dagegen gedeiht aufgrund ihres Feuchtigkeitsbedarfs am besten in halbschattigen Lagen.

Gemüse

Gemüse können Sie durchaus direkt in Kästen säen oder pflanzen. Den meisten Arten genügt bis Anfang des Sommers eine organische Grunddüngung. Besonders bei den Starkzehrern sollten Sie dann aber flüssig nachdüngen. Grundsätzlich sind für den Balkon kleinwüchsige Arten und Sorten zu bevorzugen. Ab April lassen sich Salat, Kresse, Kohlrabi, Radieschen, Erbsen, kugelförmige Karotten und Rote Bete aussäen oder als Zwiebeln stecken. Stangen- und Feuerbohnen können Sie ab Mai als Kletterpflanzen einsetzen. Die wärmebedürftigen Fruchtgemüse werden erst nach Ende der Frostgefahr gepflanzt. Gurken und Zucchini sowie die meisten Tomatensorten benötigen unbedingt den Einzelstand im Kübel. Lediglich die Buschtomate „Tiny Tim“ kommt auch im Kasten zurecht. Feldsalat und Spinat können ab August nachfolgend gesät werden.

Obst

Bei Erdbeeren greifen Sie am besten zu Klettersorten wie beispielsweise „Hummi“. Man bindet sie an Maschendraht o. Ä. auf oder lässt sie einfach überhängen. Die Jungpflanzen werden im August in kompostreiches Substrat gesetzt. Selbst Obstgehölze können Sie in großen Kübeln von etwa 10 l Inhalt auf dem Balkon oder der Terrasse anbauen. Voraussetzung dafür sind schwachwüchsige Veredelungen, die es bei den meisten Obstarten gibt. Ideale Baumform beim Apfel ist die sogenannte „Ballerina“, die keine Krone bildet und deren Früchte nahe am Stamm ansetzen. Wenn die Gehölze zwischen März und August ausreichend gedüngt werden, lohnen sie es Ihnen mit reicher Ernte.

Buschtomaten, hier die Sorte „Tiny Tim“, haben ein begrenztes Höhenwachstum und sind daher ideal für den Balkon oder die Terrasse geeignet

Bei der Balkongestaltung sind Ihrer Kreativität bei Pflanzenauswahl, Form und Farbe keine Grenzen gesetzt

Gestalten mit Stil

Bei der Gestaltung Ihrer Balkon- und Terrassengefäße sind Ihrer Kreativität bei Pflanzenauswahl, Form und Farbe keine Grenzen gesetzt. Eine einheitliche Bepflanzung aus Geranien in leuchtenden Farben oder ein eher mediterranes Ambiente – alles ist möglich.

Bepflanzungen in der Stadt

In den dicht bebauten Siedlungsformen der Städte haben sich mittlerweile sehr unterschiedliche Bepflanzungsprinzipien entwickelt: Im bunt kombinierten Kasten treffen auf engstem Raum verschiedene Farben und unzählige Blatt- und Blütenstrukturen aufeinander. Exotische oder durchgezüchtete Pflanzenarten lassen kaum mehr einen Wunsch offen. Dabei werden unkonventionelle Lösungen immer beliebter. Je nach Geschmack lassen sich knallige Farben und dezente Töne kombinieren, wobei die Blütenpracht Ton in Ton ebenso attraktiv ist wie eine kunterbunte. Sehr beliebt sind naturnahe Pflanzungen, in denen bedrohte Wildpflanzen und -tiere Zuflucht und Nahrung finden. Der geübte Hobbygärtner greift zu Samen von Ringelblume, Kornblume oder Kosmee und lässt ein scheinbar ungeordne-

Blütenpracht: Geranien leuchten von zartrosa bis orangerot

tes Biotop entstehen. Gerade weil diese Arten z. T. für den Balkon etwas zu hochwüchsig sind, wirken sie natürlich. Gräser oder Farne – je nach Standort – passen ebenso gut in eine solche Bepflanzung wie viele unserer Würz- und Heilkräuter. Für regengeschützte Standorte können Sie trockenheitsresistente Mauerpfeffer- und Hauswurzarten verwenden. Ein solches Biotop signalisiert die enge Verbundenheit seiner Bewohner mit der Natur.

Pflanzen wirkungsvoll kombinieren

Wenn Sie mit der Balkonbepflanzung eine Fernwirkung erreichen wollen, dann genügt oft schon eine einzige, farbkräftige Hängegeraniensorte. Bei flächiger Pflanzung kann sie auf größere Entfernung ein Blickfang sein. Feinere Formen und bunte oder aufeinander abgestimmte Farben können aus der Distanz kaum differenziert wahrgenommen werden. Diese gestalterische Einheit lässt sich stufenweise folgendermaßen auflockern: Fügt man eine aufrechte Pflanzenart in einem korrespondierenden Farbton oder in

INFO

Kontrastreiche Zusammenstellung

Bei einer kontrastreichen Pflanzenzusammenstellung sollten Sie nicht nur auf die Farben achten, sondern auch auf abwechslungsreiche Wuchs-, Blatt- und Blütenformen. Strukturpflanzen – beispielsweise Weihrauch – bringen etwas Ruhe in die sonst vielleicht allzu bunte Mischung. Eine gelungene Kombination zeichnet sich allerdings auch durch abgestimmte Wuchshöhe, Blütezeit und Pflegebedürfnisse aus.

INFO

Kombinationsmöglichkeiten

Kurz zusammengefasst gibt es folgende gängige Grundarten der Kombinationsmöglichkeiten: starker zweifarbiger Kontrast, z. B. Komplementärfarben Drei- oder Vierklang aus den Hauptfarben Rot, Gelb, Blau und Weiß bunte, abwechslungsreiche Vielfalt der Formen und Farben Pflanzung innerhalb eines bestimmten Farbtonbereichs Kombination zarter Pastellfarben.

einem kräftigen Kontrast hinzu, verändern sich die Form und die Wirkung der Balkonbepflanzung.

Für den zweifarbigen Kasten eignen sich viele Arten – z. B. in den Komplementärfarben Blau und Gelb. Eine harmonische Wirkung der Blüten innerhalb eines Farbbereichs erzielen Sie, indem Sie die unterschiedlichen Blütenfarben Ton in Ton aufeinander abstimmen. Pflanzkästen mit solchen zarten Tonabstimmungen ziehen besonders in einer unruhigen Umgebung die Blicke auf sich. Ähnlich ist die Wirkung von Pastellfarben einzuordnen. Bei der Planung sollten Sie anfangs ein oder zwei Leitpflanzen auswählen, deren Größe, Blüten oder Ausdauer die Bepflanzung dominieren – beispielsweise Geranien, Strauchmargeriten oder Begonien. In einem sogenannten klassischen Kasten werden die Pflanzen symmetrisch platziert, also links und rechts mit gleichem Abstand zur Mitte, bei ungerader Zahl auch noch in der Mitte selbst.

Jahreszeitliche Abwechslung

Nicht nur im Sommer können Balkon und Terrasse in freundlichem Grün und fröhlicher Blütenpracht erstrahlen. Auch für den Herbst und Winter gibt es zahlreiche Bepflanzungsmöglichkeiten, die Balkon und Terrasse mit einer Vielfalt an Formen und Farben zieren und Ihnen auch in der kalten Jahreszeit Freude bereiten. Je nach Saison bieten sich unterschiedliche Pflanzen an, die sich in den Übergangszeiten auch gut kombinieren lassen.

Auch im Frühling ziert den Balkon eine bunte Blütenpracht

Frühling

Mit Ausnahme einer Dauerpflanzung sind die Balkonbepflanzungen i. A. nur für einen begrenzten Zeitraum vorgesehen: Zeitig im Frühjahr können nur einige Zwiebelblumen und andere frostbeständige Frühblüher mit Blüten aufwarten, die sich i. d. R. bis zum Sommeranfang verausgabt haben.

Sommer

Der Hauptflor nimmt – je nach Lage – zwischen Ende April und Anfang Juni seinen Platz ein, wenn die Frostgefahr vorüber ist. Die für diesen Zweck gezüchteten Arten blühen mehr oder weniger ununterbrochen bis zum Ende der Saison – also bis die ersten Frostnächte wieder Einzug halten.

Herbst

Im Herbst überschneiden sich die Frühblüher und Sommerpflanzen mit den als „Herbstzauber“ bekannten Pflanzen. Diese Arten kommen mit Blüten und interessanten Blattstrukturen ab Ende des Sommers bis zum Anfang der Frostperiode zur Wirkung. Sie sind teils wintergrün, v. a. aber winterhart und können größtenteils unter leichtem Schutz überwintern. Die Kunst des Hobbygärtners liegt darin, die Sommerbepflanzung dann abzulösen, wenn sie unansehnlich wird, und dabei den Herbstpflanzen noch genügend Zeit zur Entwicklung zu lassen.

Winter

Vergleichbares gilt für die Winterbepflanzung, die mit immergrünen und fruchttragenden Arten speziell auf die Advents- und

Chrysanthemen sind beliebte Herbstblüher

INFO

Geschickt kombiniert

Bei der Abstimmung mehrerer Kästen auf einem Balkon empfiehlt es sich, Leitpflanzen oder bestimmte Kombinationsmotive (z. B. eine bestimmte Farbzusammensetzung) zu wiederholen. Das lässt Ihren Balkon einheitlicher erscheinen.

PFLEGELEICHT-TIPP

Geschlossenes Bild

Sie sollten Pflanzen mit ähnlichen Ansprüchen kombinieren, weil diese gemeinsam gepflegt, gegossen und gedüngt werden. Zwischen den Leitpflanzen werden die Begleitpflanzen platziert. Ordnen Sie aufrechte, flächige und hängende Arten so an, dass sie den Raum optimal nutzen und ein geschlossenes Bild bewirken.

Weihnachtszeit abgestimmt und mit einigen Herbst-, Winter- und Frühlingsblühern kombiniert wird. Dabei müssen bepflanzte Winterkübel und -kästen durchaus nicht trostlos aussehen. Sie können mit Accessoires aus Keramik, Glas und Holz geschmückt werden und farbenfroh erscheinen. Bei der Gestaltung Ihres winterlichen Minigartens sind Ihrer Fantasie und Kreativität kaum Grenzen gesetzt. Sie sollten nur die Frostempfindlichkeit der einzelnen Gegenstände berücksichtigen.

Ihre Balkon- und Terrassengefäße müssen aber nicht kahl bleiben, bis sie nach Ende der Frostgefahr endlich von Sommerblumen geschmückt werden. Frühlingsboten sind sogar besonders wichtig, weil sie farbenfroh den Beginn einer neuen Saison verkünden und vielen Insekten Nahrung bieten. Die meisten Frühlingsblüher gehören zu den Zwiebelblumen. Noch weit vor den bekannten und weitverbreiteten Tulpen und Narzissen drängen die Triebe der kleineren Arten wie Krokus oder Schneeglöckchen aus der Erde. Bald darauf folgen Traubenhyazinthen sowie andere duftende und üppig blühende Arten. Wichtig für das Gedeihen der Blumenzwiebeln in einem Gefäß ist dessen ausreichende Pflanztiefe. Die Zwiebeln müssen je nach Art und deren Größe unterschiedlich tief auf eine Substratunterlage gelegt werden. Für die Pflanzung der großen Tulpen oder Narzissenzwiebeln ist eine Substrathöhe von mindestens 20 cm ratsam. Außerdem ist auf sicheren Wasserabfluss zu achten, denn bei Staunässe faulen die Zwiebeln. Es erweist

Farbenfroh verkünden Frühlingsbote wie die Tulpe den Beginn der neuen Saison

INFO

Frühlingszwiebelblumen für den Balkonkasten

Art	Blüten	Pflanztiefe
Winterling *(Eranthis hyemalis)*	gelb	4 cm
Schneeglöckchen *(Galanthus nivalis)*	weiß	6 cm
Krokus *(Crocus*-Hybriden*)*	je nach Sorte	6 cm
Frühlingsknotenblume *(Leucojum vernum)*	weiß	8 cm
Blausternchen *(Scilla spec.)*	blau	8 cm
Strahlenanemone *(Anemone blanda)*	blau (rosa)	4 cm
Schneestolz *(Chiconodoxa luciliae)*	blau	8 cm
Zwiebeliris *(Iris reticulata, I. danfordiae)*	violett/gelb	10 cm
Puschkinie *(Puschkinia scilloides)*	zart blau	6 cm
Botanische Tulpen *(Tulipa kauffmanniana, T. praestans, T. tarda)*	je nach Art	10 cm
Traubenhyazinthen *(Muscari armeniacum, M. botryoides)*	blau	6 cm
Narzissen, Osterglocken *(Narcissus)*	weiß/gelb	15 cm
Hyazinthen *(Hyacinthus orientalis)*	je nach Sorte	12 cm
Gartentulpen *(Tulipa spec.)*	je nach Sorte	12 cm

sich als Vorteil, wenn die Zwiebeln bereits im September gesetzt werden. Notfalls lässt sich die Frist vor der Überwinterung bis November verlängern. Sie können allerdings auch im zeitigen Frühjahr Blumenzwiebeln aus dem frostfreien Gartenboden herausholen und kurzfristig in ein Pflanzgefäß umsetzen. Zum Schutz gegen das Durchfrieren der Zwiebeln stellt man den Kasten geschützt an eine Hauswand, wo er auch keiner direkten Besonnung ausgesetzt ist. Zusätzlich kann man ihn in Zeitungspapier einwickeln oder mit Reisig abdecken. Wenn die Erde nicht gefroren ist, empfiehlt es sich, gelegentlich zu gießen. Ab der zweiten Februarhälfte sollten Sie den Kasten an einem wärmeren Ort aufstellen. Das regt den Austrieb an.

Gehen Sie bei der Pflanzung am besten so vor, dass Sie die großen Zwiebeln zuerst stecken. Erst dann werden die der kleineren Arten dazwischen verteilt. Ein besonders natürlicher Eindruck lässt sich außerdem erzielen, indem Sie die jeweiligen Arten in kleine Grüppchen setzen.

Dauerbepflanzung

Das Grundgerüst der Dauerbepflanzung wird von Zwergformen verschiedener Gehölze gebildet. Immergrüne Arten sind während der kahlen Winterzeit eine schöne Abwechslung. Aber auch die sommergrünen Gehölze haben ihren Reiz, weil sie auf dem Balkon den Wechsel der Jahreszeiten darstellen. Für die Gehölze sind die größten verfügbaren Gefäße gerade gut genug – auch wenn es sich nur um Zwergformen handelt, die selten über 1 m groß werden. Denn nur so haben die Pflanzgefäße auch das erforderliche Gewicht, um dem Wind Stand zu halten.

Abwechslungsreiche Formen

Damit das Ganze nicht eintönig wird, sollten Sie Arten mit verschiedenen Laub- und insbesondere Wuchsformen kombinieren: Kriechende, kugelige, aufrechte und überhängende Gestalten ergeben zusammen ein lebendiges Bild. In die Zwischenräume lässt sich – je nach Farb- und Formbildung, die Sie erzeugen möchten – eine Wechselbepflanzung aus Frühlings-, Herbst- oder Winterblühern setzen. Gut passen auch Blumenzwiebeln zwischen die Gehölze.

Geeignete Baumarten

Von den Koniferen sind Zwergsorten folgender Baumarten geeignet: Eibe, Fichte, Kiefer, Lebensbaum, Wacholder und Scheinzypresse. Die meisten Koniferen sprengen nach acht bis zehn Jahren den Größenrahmen des Minigartens und müssen ausgetauscht werden. Damit dies nicht zu früh geschieht, soll-

Verschiedene Gehölze bilden das Grundgerüst der Dauerbepflanzung

Der Rhododendron ist ein immergrüner Strauch, der prachtvolle Blüten bildet

te man sich in einer guten Baumschule genau über die geeigneten Sorten und deren Wuchshöhen informieren lassen.

Immergrüne Laubgehölze wie Buchsbaum, Efeu, Scheinbeere *(Gaultheria procumbens)*, Immergrün *(Vinca)*, Kriechspindel *(Euonymus)*, Stechpalme *(Ilex crenata)* und frühjahrsblühender Rhododendron sowie Heidekräuter und Skimmie sind für die Pflanzung auf Balkon oder Terrasse ganzjährig geeignet und erfreuen im Winter z. T. sogar mit Blüten und Früchten.

Bei den laubabwerfenden Arten werden folgende Gehölze bevorzugt für die Balkon- und Terrassenbepflanzung eingesetzt: Zwergspiere *(Spiraea)*, Zwergmispel *(Cotoneaster, teils immergrün)*, Blutberberitze *(Berberis thunbergii Atropurpurea Nana)*, Fingerstrauch *(Potentilla fruticosa)* oder auch die Zwergbirke *(Betula nana)*.

Im Frühjahr pflanzen

Zur Bepflanzung ist der Frühjahrstermin zu bevorzugen, da die Gehölze bis zum Frost eingewurzelt sein sollen. Frei liegende Wurzeln sollte man einige Stunden in Wasser stellen. Gehölze reagieren meist empfindlich auf Staunässe und benötigen einen guten Wasserabfluss. Außerdem empfiehlt es sich, die Gefäße bereits vor dem Einfüllen des Substrats von innen zu isolieren. So ersparen Sie sich im Winter die Verpackung mit Styropor oder Noppenfolie und schützen den Wurzelraum trotzdem vor dem Durchfrieren. Eine jährliche Grunddüngung im Substrat und nachfolgend eine Vorratsdüngung genügen für die anspruchslosen Gehölze. Ab August ist die Nährstoffversorgung der Dauerbepflanzung einzustellen, damit das Holz bis zum Winter ausreifen kann.

Anlage und Vorarbeiten

Das richtige Werkzeug

Für die Gartenarbeit auf dem Balkon und der Terrasse gibt es einige Hilfsgeräte, die sich als nützlich und arbeitserleichternd erweisen, um die notwendigen Arbeiten fachgerecht ausführen zu können. Zunächst ist es sinnvoll, sich mit Kleidung auszurüsten, die unempfindlich gegen Schmutz und Nässe ist. Dazu gehören eine Schürze und Handschuhe. Zum Transportieren und Mischen von Substraten nehmen Sie einen Eimer oder bei größeren Mengen eine Wanne zu Hilfe. Für die Arbeiten an den Pflanzen genügen i. d. R. eine Handschaufel und eine Gartenschere. Oft erweist sich auch eine Gartenkralle als besonders hilfreich.

PFLEGELEICHT-TIPP

Bei Schnittmaßnahmen an Balkon- und Kübelpflanzen sollten Sie darauf achten, dass das Schnittwerkzeug peinlich sauber und auch scharf ist. Denn nur so werden die Triebe nicht gequetscht und die Schnittwunden dadurch unnötig noch vergrößert.

Für alle Fälle

Wer selbst aussät, braucht entsprechende flache Gefäße, ein Pikierhölzchen sowie wasserfestes Material und Stifte zum Etikettieren. Bei den Handscheren bemerkt auch der Laie schnell die Vorzüge von Qualitätswerkzeug. Griff, Klinge und Hebelübersetzung lassen genügend Spielraum für technische Feinheiten. Und natürlich benötigen Sie mindestens eine Gießkanne, um die Pflanzen bewässern zu können. Zu diesem Zweck gibt es allerdings auch ausgefeilte Hilfsmittel (s. S. 321).

PFLEGELEICHT-TIPP

Haltbare Gartenwerkzeuge

Entscheiden Sie sich beim Kauf neuer Gartenwerkzeuge für Geräte aus Edelstahl. Da diese nicht rosten, sind sie zum einen sehr pflegeleicht und haltbar, zum anderen gleiten sie besser in die Erde und erleichtern dadurch die Arbeit.

Nützliche Gartenwerkzeuge in kleinem Format

Ausschlaggebend: der Standort

Eine bunt blühende Balkonbepflanzung verschönert jede Hausfront

Unter den Pflanzenstandorten am Haus ist genau genommen zwischen Balkon, Loggia und Fenstersims zu unterscheiden. Letzterer braucht nicht weiter erläutert zu werden: Häufig werden Balkonkästen auch an einzelnen Fenstern angebracht, um das Erscheinungsbild des Hauses zu verschönern.

Balkon

Als Balkon bezeichnet man einen Anbau, der nach den Seiten offen ist, aber nach oben durch einen darüber liegenden Balkon abgedeckt sein kann. Schön bepflanzt ziert das „grüne Zimmer“ jedes Haus. Nehmen Sie bei der Planung von Pflanzkästen auch Rücksicht auf Ihre Hausmitbewohner. Insbesondere die Nachbarn in den Stockwerken unter Ihnen sind wenig erfreut, wenn Gießwasser auf ihre Wäsche tropft oder gar herunterfallende Pflanzenreste diese beschmutzen.

Loggia

Von einer Loggia ist die Rede, wenn ein Raum innerhalb des Hausgrundrisses nach einer Seite hin offen ist, wenn also sozusagen eine Außenwand fehlt. Ein solcher Standort ist natürlich geschützter als ein exponierter Balkon, was die Temperaturen sowie die Einwirkungen von Sonne, Wind und Regen betrifft.

Vorsichtsmaßnahmen

Grundsätzlich steht jedem Mieter eine Außenbepflanzung zu, sofern dadurch kein Dritter beeinträchtigt wird. In größeren Wohn-

Erfrischende Deko

✿ Wasserspiele

Wasser hat eine wohltuende Wirkung, es erfrischt, belebt und erquickt. Kaum verwunderlich also, dass Wasserspiele der Trend in jedem Garten sind. Sie besitzen lediglich einen Balkon oder eine Terrasse? Kein Problem, denn auch kleine Außenflächen kann man durch einen Miniteich oder einen kleinen Brunnen aufwerten. Hier finden Sie ein paar außergewöhnliche Inspirationen und Anleitungen, wie man Balkone und Terrassen traumhaft gestalten kann.

✿ Der Miniteich

Eine kreative Möglichkeit für Teich-Fans ohne Garten ist ein mobiler Wassergarten für Balkon und Terrasse. Diesen können Sie problemlos säubern und im Winter einräumen.

Material: 1 Gefäß (mindestens 40 cm tief; z.B. Zinkwanne, Keramiktopf mit Innenglasur, Weinfass, Holzbottich), Teicherde, Wasserpflanzen nach Wahl, Steine und (Regen-)Wasser.

Anleitung: Wählen Sie ein geeignetes Gefäß aus und überprüfen es auf seine Dichte. Legen Sie den Behälter mit Teichfolie aus und befüllen ihn mit etwas (Teich-)Erde. Setzen Sie Wasserpflanzen Ihrer Wahl mitsamt den Pflanzkörben ein, damit die Erde an den Wurzeln zusammengehalten wird. Beschweren Sie sie nun mit (Kiesel-)Steinen, damit sie nicht hochgeschwemmt werden. Übereinander geschichtete Ziegelsteine schaffen nach dem Vorbild der Natur verschiedene Höhen für unterschiedliche Uferzonen und Wuchstiefen. Zum Schluss muss Ihr Miniteich einfach nur noch mit Regenwasser aufgefüllt werden.

Tipp: Für Balkonteiche empfehlen sich kleine Wasserpflanzen wie die Sumpfdotterblume und spezielle Seerosenarten – Plastikseerosen gehen natürlich auch!

✿ Springbrunnen

Eine Möglichkeit, Balkon oder Terrasse mit Wasserspielen zu gestalten, ohne selbst zu werkeln: In Gartencentern gibt es unzählige Sorten von Springbrunnen (Solarspringbrunnen, Kaskadenbrunnen), die sogar auf Balkon und Terrasse genügend Platz finden.

blocks allerdings ist die Gestaltung dieser Standorte oft reglementiert. Dort gibt es dann z. B. Vorschriften für die Aufhängung der Balkonkästen oder das Anbringen von Markisen und Rankgerüsten. Unbedingt beachten sollte man eine ausreichende Statik bzw. das zulässige Gewicht der Balkonausstattung: Größere Gefäße mit nassem Substrat, aber auch kleine Wasserbassins können nämlich ein beträchtliches Gewicht erreichen. Überladen Sie Ihren Balkon auf keinen Fall! Kästen oder Einzelgefäße sollten Sie immer so sichern, dass sie nicht herunterfallen können. Im Fachhandel gibt es stabile Haken für die Aufhängung der Balkonkästen, die für verschiedene Brüstungsstärken geeignet sind. Lassen Sie sich am besten von einem Fachmann beraten.

Der größte Blütenerfolg lässt sich auf Balkonen und Terrassen mit Südausrichtung erzielen

Lage

Die meisten Balkon- und Terrassenpflanzen gedeihen besonders gut im vollen Licht der Sonne. Auf nach Süden ausgerichteten Flächen lässt sich also die größte Blütenpracht erzielen – vorausgesetzt es gelingt, ausreichend zu düngen und zu gießen. Letzteres kann an heißen Sommertagen nämlich durchaus aufwendig werden. Ost- und Westseiten sind in dieser Hinsicht ein Kompromiss. Hier gedeihen Pflanzen, die zwar aufgrund der geringeren Sonneneinstrahlung nicht ganz so reich blühen, dafür aber weniger Wasser benötigen und somit leichter zu pflegen sind. Aber schon westliche Standorte heizen sich in der Nachmittagssonne stärker auf und erfordern eine intensivere Bewässerung als östliche. Für die Nordseiten steht i. A. ein deutlich kleineres Pflanzensortiment zur Verfügung, das eher von feinen Strukturen lebt als von kräftigen Farben. An windexponierten Standorten sollten Sie auf hochwüchsige Pflanzen ebenso verzichten wie auf riskante Befestigungen.

Die Wahl des richtigen Pflanzgefäßes

Bei manchen Balkonen oder Terrassen wurden bereits vom Architekten Pflanzgefäße vorgesehen. In diesem Fall sollten Sie einen Fachmann zurate ziehen, um für die vorhandenen Gefäße die optimale Bepflanzung auszuwählen. In allen anderen Fällen sollten Sie genau planen, worin die Pflanzen wurzeln sollen. Der passende Behälter ist dabei nicht nur auf die Pflanzengröße und den Umfang des Wurzelballens abzustimmen. Auch die Eigenschaften des Standorts sowie der Umgebung nehmen Einfluss auf die Auswahl des passenden Gefäßes, sowohl hinsichtlich praktischer als auch ästhetischer Gesichtspunkte. Grundsätzlich ist zu beachten, dass bei allen im Folgenden vorgestellten Materialien Abzugslöcher unverzichtbar sind.

INFO

Absprache mit Vermieter

Es empfiehlt sich, mit dem Vermieter zu sprechen und dessen Erlaubnis einzuholen, bevor größere Veränderungen oder Bohrungen an der Außenwand vorgenommen werden.

Achten Sie beim Kauf von Pflanzgefäßen aus Ton darauf, dass diese frostfest sind

Materialien

Ton und Terrakotta: Gefäße aus Ton und Keramik sind relativ schwer und standfest. Von billig bis hochwertig gibt es dabei verschiedenste Verarbeitungen. Weil die Gefäße sozusagen atmen, sorgen sie für einen Klimaausgleich zwischen dem Innen- und dem Außenbereich. Deshalb ist im Sommer häufiges Gießen besonders wichtig, da sonst die Pflanzen zu schnell austrocknen. Glasierte Ton- oder Steingutgefäße sind edler und kostspieliger als die unglasierten. Schon deshalb sollten Sie bei diesen Materialien darauf achten, dass sie frostfest sind und nicht im Winter durch ein Ausdehnen der feuchten, gefrierenden Erde gesprengt und zerstört werden.

Natur- und Kunststein: Gefäße aus Natursteinen – meist aus Marmor, Sand- oder Kalkstein – sind im Normalfall nicht ganz billig und bei größeren Maßen schwierig zu transportieren. Solche Steintröge eignen sich sehr gut für flachwüchsige Arten und werden gerne mit alpinen Stauden bepflanzt. Häufiger allerdings findet man Gefäße aus Kunststein, da diese preisgünstiger und in einer größeren Vielfalt erhältlich sind. Gefäße aus Kunststein werden beispielsweise aus gemahlenem Quarz, weißem Zement oder Kunststoff hergestellt. Beachten Sie, dass Betongefäße ein hohes Eigengewicht aufweisen und deshalb nur ebenerdig verwendet werden sollten. Am weitesten verbreitet sind Pflanzgefäße aus Faserzement. Faserzementkästen sind frostbeständig und atmungsaktiv, aber auch stoßempfindlich. Es gibt sie in verschiedenen Farben und Größen, insbesondere in weitaus größeren Formaten als die gängigen Kunststoffkästen. Beachten Sie jedoch, dass großformatige Kästen natürlich auch sehr schwer sind.

Kunststoff: Pflanzbehälter aus Kunststoff sind i. d. R. preiswert. Außerdem sind sie lange haltbar, haben wenig Gewicht und werden

PFLEGELEICHT-TIPP

Schutz vor Regen

In besonders niederschlagsreichen Regionen gedeihen einige Pflanzen nur unter dem Schutz eines Dachs zufriedenstellend. Unter Dauerregen werden ihre Blüten rasch unansehnlich oder öffnen sich erst gar nicht.

in allen denkbaren Größen und verschiedenen Farben angeboten. Beim Kauf ist jedoch zu beachten, dass Töpfe aus minderer Qualität relativ rasch spröde werden und brechen können. Der Nachteil dieser Gefäße liegt in ihrer geringen Standfestigkeit und im ästhetischen Bereich. Beliebt sind vor allem Kunststoffkästen, die klassischen Materialien und Formen nachempfunden sind, aber gegenüber den Originalen wesentlich leichter und preisgünstiger sowie frostbeständig sind. Im Übrigen gibt es bei diesem Material zahlreiche Bauweisen, die mit einem Wasserreservoir ausgestattet sind. Ein solches erweist sich in heißen Sommerperioden oder in Zeiten der Abwesenheit als äußerst nützlich.

Holz: Holz sieht nicht nur natürlich aus, das biologische Material wirkt auch ausgleichend auf den Wurzelraum: Es isoliert ihn sowohl gegen sommerliche Hitze als auch gegen Frost. Das Material natürlichen Ursprungs passt zum lebendigen Inhalt und schafft eine gemütliche Atmosphäre. Außerdem hat Holz den Vorteil, dass man sich mit etwas handwerklichem Geschick selbst einen Behälter nach Maß bauen kann. Die Seiten werden dabei um den Boden herumgesetzt, weil andernfalls leicht durchbricht. Durch Verfugen wird die Konstruktion stabiler als ein Pflanzkasten, welcher nur mit Schrauben und Nägeln gefertigt wurde. Um einer allzu raschen Verrottung des Holzes vorzubeugen, sollte man Schutzmaßnahmen ergreifen – beispielsweise den Innenraum mit einer Folie auslegen. Damit diese nicht unnötig ins Auge fällt, sollte sie knapp unterhalb des Randes befestigt werden. Natürlich darf man auch hier

Pflanzgefäße aus Holz isolieren im Sommer gegen Hitze und im Winter gegen Frost

Windspiele

✿ Originelle Deko

Nicht nur für Familien mit Kindern ein tolles Extra: Windspiele. Schon bei einem leichten Luftzug drehen sie sich im Wind und glitzern in den unterschiedlichsten Farben. Das ideale Accessoire für den Blumentopf auf dem Balkon oder im Terrassengarten – und eine originelle Dekoration für Kindergeburtstage und die Grillparty mit Freunden. Das Beste daran ist: Mit nur wenig Aufwand kann man selbst ein Windrad basteln.

✿ Windrad

Material: Tonkarton A4, Rundholzstab (Ø ca. 1,2 cm), 2 Holzperlen (Ø 8 mm), Kupferdraht (Ø 0,3 mm), Zirkel, Lochzange, Bohrer (Ø 1,5 mm)

In den Rundholzstab ein Loch bohren. Aus dem Tonkarton ein Quadrat von 16 cm Seitenlänge ausschneiden. Die gegenüberliegenden Ecken des Quadrats mit Bleistiftlinien verbinden. Im Mittelpunkt, wo sich die Linien kreuzen, den Zirkel einstechen und im Radius von 2,5 cm einen Kreis ziehen. Die Ecken des Quadrats bis zur Kreislinie einschneiden und in jeden Flügel mit der Lochzange ein Loch stanzen. Den an einem Holzstab befestigten Kupferdraht samt einer aufgefädelten Holzperle von hinten durch die Mitte des Kartonquadrats stecken. Die vier gelochten Flügelspitzen und eine weitere Holzperle auffädeln. Dann den Draht zu einer Öse biegen und den überstehenden Rest abzwicken.

Tipp: An einem Rundholzstab können auch mehrere Windräder befestigt werden. Sollen die Windräder im Freien stehen, wetterfeste Folie verwenden.

✿ Windradgirlande

Material: Windräder, stabile Kordel, dicke Nadel oder Dorn zum Dosenöffnen

Mit einer dicken Nadel Löcher in die Mitte der Windräder stechen. Windräder nach und nach auf die Kordel ziehen.

Tipp: Damit die Windräder nicht verrutschen, die Kordel jeweils vor und hinter jedem Windrad verknoten.

nicht vergessen, Abzugslöcher, idealerweise im Abstand von etwa 20 cm, vorzusehen. Beim Schutzanstrich ist darauf zu achten, dass keine schädlichen Mittel verwendet werden, die das Pflanzenwachstum gefährden. Teeröle sind deshalb z. B. ungeeignet. Verwenden Sie besser Mittel auf der Basis von Borsalzen. Übrigens: Harthölzer sind von Natur aus besser haltbar als Weichhölzer.

Rankhilfen

Hochwüchsige oder gar kletternde Pflanzen sind oft auf Gerüste angewiesen. Diese geben den Pflanzen Halt und gewähren meist auch Schutz vor unerwünschten Einblicken. Im Fachhandel gibt es zahlreiche Kletterhilfen aus Holz oder kunststoffummanteltem Metall in verschiedenen Formen und Farben.

Das richtige Substrat

Im Gefäß steht der Pflanze nur ein winziges Substratvolumen zur Verfügung. Die Erde muss Perioden der Trockenheit ebenso überstehen wie anhaltende Nässe und dabei gleichzeitig auch noch Luft und Nährstoffe speichern. Krankheitserreger oder Schadstoffe dürfen im Substrat natürlich nicht enthalten sein. Kurzum: Das Substrat ist mit entscheidend für den Erfolg der Pflanzungen

PFLEGELEICHT-TIPP

Qualitätserde

Es empfiehlt sich, beim Kauf von Erde nicht zu sparen. Billigprodukte können Krankheitserreger oder Schadstoffe enthalten.

Ein gutes Substrat ist entscheidend für den Gesundheitszustand Ihrer Balkon- und Terrassenpflanzen

auf Balkon und Terrasse. Beachten Sie jedoch, dass die angebotenen Substrate nicht alle gleichwertig sind. Die Erde enthält i. d. R. einen Vorrat an Nährstoffen, mit denen die Pflanzen eine Zeit lang auskommen können. Am besten gedeihen sie bei einem Säuregrad (pH-Wert) im Bereich zwischen 5,5 und 7. Qualitätserde wird noch überwiegend aus Torf hergestellt. Dieser wird mit Kompost sowie verschiedenen Zusatzstoffen gemischt. Falls möglich, ist es jedoch ratsam, auf Torf zu verzichten, weil bei seinem Abbau wertvolle Lebensräume zerstört werden. Rindenhumus dagegen wird aus kompostierten Rindenschnitzeln gewonnen. Auch Holzfasern (Culti Fibre) sowie Komposterde aus Grünabfällen und organischem Müll werden häufig als Torfersatz verwendet.

Pflanzerde lässt sich natürlich auch selbst herstellen. Allerdings wird sie selten den selben Ansprüchen genügen können wie eine hochwertige Markenerde. Normalerweise wird dazu die eigene Gartenerde verwendet: Mischen Sie diese zu je einem Drittel mit Reifkompost und Sand. Den Kompost können Sie entweder aus der eigenen Herstellung benutzen oder im Fachhandel erwerben. Da er i. d. R. mit Ausnahme von Stickstoff alle wichtigen Nährstoffe enthält, sollten Sie nur noch ein wenig Hornmehl aus der Gärtnerei beigeben. Ein Kasten von etwa 1 m Länge erhält ca. zwei volle Handschaufeln Hornmehl in die Erdmischung. Fehlt nährstoffreicher Kompost völlig, so können Sie durchaus auch einen Vorratsdünger wie Osmocote oder Plantacote zusetzen, um die Grundbedürfnisse der Pflanzen ausreichend zu stillen.
Statt Gartenerde dürfen Sie auch beispielsweise Rindenhumus oder Erde von Maulwurfshügeln verwenden. Schwere Gartenerde lässt sich am besten durch den Zusatz von Styromull verbessern. Bei eher sandigem Ausgangsmaterial hingegen empfiehlt es sich, der Erde tonhaltiges Gesteinsmehl zuzusetzen.

INFO

Rindenhumus

Verwechseln Sie Rindenhumus nicht mit Rindenmulch: Dieser ist grob geschnitzt, also nicht völlig verrottet, und enthält zudem Substanzen, die das Pflanzenwachstum beeinträchtigen.

Schwere Gartenerde lässt sich mit Styromull verbessern

Pflegearbeiten

Pflanzenanzucht

Die Lebensdauer der meisten Balkonpflanzen ist nur auf eine Saison abgestimmt. Deshalb muss ein Großteil von ihnen jedes Jahr neu ausgesät werden. Am einfachsten ist es natürlich, diese Arbeit dem Gärtner zu überlassen und dort die Pflanzen erst dann zu erwerben, wenn die Bepflanzung erfolgen soll. Die professionelle Anzucht in der Gärtnerei hat für die Jungpflanzen einige Vorteile: Viele Arten stellen hohe Ansprüche an Licht und Wärme, denen der Hobbygärtner ohne Gewächshaus gar nicht gerecht werden kann. Und unter den günstigen Bedingungen beim Gärtner vorgezogen, kommen viele Blumen darüber hinaus meist wesentlich früher zur Blüte und begrüßen so bereits den Sommer.

Eigenanzucht

Allerdings gibt es auch einige Gründe, die für die Eigenanzucht sprechen: So kann man

PFLEGELEICHT-TIPP

Keimprobe

Ältere Samenvorräte sollten Sie unter Umständen einer Keimprobe unterziehen, um einer Enttäuschung vorzubeugen. Dazu streuen Sie ein bis zwei Dutzend Samenkörner auf ein Haushaltspapier und decken sie mit einer weiteren Lage zu. Das Ganze wird auf einem Teller durchgehend feucht gehalten. Nach einer Keimzeit von einer bis höchstens vier Wochen lässt sich beurteilen, ob der Anteil der gekeimten Samen ausreichend groß ist. Im ungünstigen Fall benötigen Sie neues Saatgut.

Wer Pflanzen selbst züchtet, kann sich Sorten heranziehen, die genau den individuellen Wünschen entsprechen

Vor der Aussaat wird die Erde glatt gestrichen

sich beispielsweise Sorten heranziehen, die genau die gewünschten Eigenschaften hinsichtlich Farbe, Blütezeit etc. haben. Beim Gärtner oder im Handel sind diese unter Umständen nicht erhältlich. Auch kommt die Aussaat mehrerer Pflanzen derselben Art natürlich günstiger als der Zukauf. Die Eigenanzucht ist jedoch im normalen Haushalt relativ problematisch, da die jungen Pflanzen meist einen warmen und gleichzeitig möglichst hellen Standort benötigen. Wenn diese notwendigen Verhältnisse im Freien endlich vorhanden sind, ist es meist schon sehr spät im Jahr und die gesäten Blumen würden dann erst im Hochsommer blühen.

Vorziehen

Viele Pflanzenarten müssen bereits ab März bzw. April an einem geschützten Ort vorgezogen werden. Optimale Bedingungen für die Anzucht von Pflanzen herrschen natürlich in

INFO

Dunkelkeimer

Bei den meisten Pflanzenarten handelt es sich um sogenannte Dunkelkeimer, die mit einer lockeren Substratschicht abgedeckt werden. Als Faustregel für die Saattiefe gilt: etwa das Zwei- bis Dreifache des Samenumfangs. Abschließend wird das Ganze vorsichtig überbraust. Eine lichtdurchlässige Abdeckung während der ersten Wochen erhöht die Luftfeuchtigkeit und damit die Erfolgsaussichten der Keimung. Im Übrigen empfiehlt es sich, die Aussaaten sogleich zu kennzeichnen, damit Sie später leicht erkennen, welche Saat aufgegangen ist und auf welche Blütenpracht Sie sich freuen können.

einem beheizten Gewächshaus. Sie können aber durchaus auch ein Fensterbrett für diesen Zweck benutzen. Wenn sich darunter ein Heizkörper befindet, so ist diese „Bodenheizung" für die Keimung zunächst von Vorteil. Sobald jedoch die Pflanzen ausgekeimt sind, ist hier die Gefahr sehr groß, dass sie austrocknen. Dasselbe gilt natürlich auch für ein voll besonntes Südfenster. Hier müssen die zarten Pflänzchen sorgfältig gegossen und ggf. schattiert werden. Die Gefäße zur Aussaat sollten stets flach sein und über Löcher für den Wasserabzug verfügen. Das überschüssige Wasser wird vorzugsweise in einem Untersetzer aufgefangen. Multitopfplatten oder Torfpresstöpfe bieten jedem einzelnen Keimling seinen eigenen Wurzelballen, mit dem er sich später problemlos umpflanzen lässt.

ÖKO-TIPP

Anzuchterde selbst herstellen

Für den, der seine Pflanzen gern und häufig selbst kultiviert, lohnt es sich, die Erde für die Anzucht selbst herzustellen. Je ein Drittel Erde (z. B. Komposterde), Sand und Torf werden gründlich miteinander vermischt und anschließend durchgesiebt. Füllen Sie dann das Substrat in einen alten Metalltopf und stellen Sie es für eine halbe Stunde bei 100 bis 120 °C in den Backofen, damit es keimfrei wird.

Anzuchterde

Eine besonders wichtige Rolle bei der Aussaat kommt dem Substrat zu. Es sollte nährstoffarm und feinkörnig sein sowie günstige Eigenschaften der Luft- und Wasserführung aufweisen, um den Erfolg der Anzucht sicherzustellen. Lassen Sie beim Einfüllen des Substrats mindestens 1 cm Gießrand bis zur Gefäßoberkante und drücken Sie es mit einem Brettchen glatt und fest. In diesen Untergrund können Sie die Samen in gleichmäßigen Abständen einlegen oder ausstreuen. Vereinzeln Sie die Keimlinge ohne eigenen Wurzelballen, sobald diese mit den Fingern zu fassen sind. Dazu lösen Sie die Wurzeln mithilfe eines Pikierhölzchens vorsichtig heraus und kürzen sie mit den Fingernägeln etwas ein. Anschließend versenken Sie die Wurzeln, möglichst ohne sie umzubiegen, wieder in eine vorgestochene Grube und bringen sie durch seitliches Andrücken gut mit der Erde in Kontakt. Diese sollte nährstoffreicher sein als die Aussaaterde. Beim Angießen werden die Wurzeln endgültig eingespült.

Stecklingsvermehrung

Die überwinterungsfähigen, krautigen oder holzigen Pflanzenarten lassen sich meist auch durch Stecklinge vermehren. Die Eigenschaften der jeweiligen Sorte bleiben dabei identisch erhalten. Bei bekannten Balkonblumen wie Geranien und Fuchsien ist dies eine bewährte Methode, um die Bestände aufzufrischen. Stecklinge können auch

Bis zur Bewurzelung in der Erde werden die Stecklinge in Wasser gestellt

Danach werden die Stecklinge in Erde bewurzelt

anstatt ganzer Pflanzen überwintert und erst im Frühjahr bewurzelt werden. Bei Kübelpflanzen wie z. B. Engelstrompete, Oleander, Roseneibisch oder Schönmalve dauert es freilich etwas länger, bis man ausgewachsene und blühende Pflanzen erzielt. Die Stecklinge fallen häufig von selbst an, beispielsweise wenn man groß gewachsene Pflanzen vor dem Einräumen im Herbst zurückschneidet. Schlagen Sie die abgetrennten Pflanzenteile dann in Sand ein und lassen Sie sie an einem kühlen, aber frostfreien Platz überwintern.

Frühjahrs- oder Sommerstecklinge

Wer die Pflanzen erst vor dem Austrieb im Frühjahr schneidet, kann die Stecklinge gleich zur Bewurzelung in ein lockeres, nährstoffarmes Substrat in ein ausreichend tiefes Gefäß stecken. Am besten gelingt die Stecklingsvermehrung allerdings, wenn Sie im Hochsommer blütenlose Triebe schneiden und einige Wochen später bewurzeln. In diesem Fall müssen dann kleine, bereits bewurzelte Stecklingspflänzchen überwintert werden. Zur Stecklingsvermehrung werden etwa 10 bis 15 cm lange Triebspitzen verwendet, die nicht verholzt, aber auch nicht mehr zu weich sein sollten. Die Wurzeln treiben bevorzugt aus den Blattansatzstellen, von denen mindestens zwei unter die Erde kommen sollen – die Blätter werden hier natürlich entfernt. Auch über der Erde sollten nicht zu viele Blätter belassen werden, weil sie Wasser benötigen – und das ist ohne intakte Wurzeln rar. Entscheidend für den Erfolg sind u. a. eine ausreichende Bodenwärme von etwa 20 °C und eine hohe Luftfeuchtigkeit. Diese hilft den Pflanzen, bis zur Bewurzelung zu überleben.

Luftfeuchtigkeit

Eine ausreichende Luftfeuchtigkeit lässt sich beispielsweise durch ein Überdecken der Pflanze mit einer lichtdurchlässigen Haube aus Folie erreichen. Die Triebe sollten nun gut eingeschlämmt, aber nicht dauerhaft vernässt werden, da sie sonst nur faulen. Einige Pflanzenarten wie Fuchsie oder Oleander treiben auch in einem Wasserglas erste Wurzeln, und man kann sie dann bereits nach einigen Wochen einpflanzen.

Einpflanzen und Umtopfen

Zur Bepflanzung sowie für Umtopfarbeiten eignet sich am besten ein bewölkter Tag, an dem Pflanzen und Wurzeln unbeeinträchtigt von zu starker Sonne und Hitze bleiben. Die jungen Pflanzen sollten jedoch in den Wochen zuvor ausreichend abgehärtet und auf diese Weise auf die kühlen Nächte vorbereitet werden. So können sie sich optimal entwickeln.

Überwinterte Pflanzen werden häufig schon ab März in geeignete Behälter gesetzt, weil dann der Austrieb beginnt und sich die neu kombinierten Kästen an etwas wärmeren und helleren Plätzen vortreiben lassen. Gekaufte oder vorgezogene Pflanzen hingegen sollten Sie erst dann einpflanzen und im Freien belassen, wenn die Frostgefahr endgültig vorüber ist. Um die Pflanzen nicht zu sehr in ihrer Entwicklung zu beeinträchtigen, sollten die Wurzelballen zu einem möglichst großen Teil erhalten bleiben.

Lockern Sie das Wurzelwerk, drücken Sie nach dem Austopfen die Pflanzen gut an und gießen Sie sie reichlich

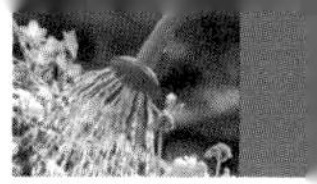

ÖKO-TIPP

Unkrautfreie Töpfe und Kübel

Auch auf Balkon und Terrasse kann Unkraut lästig werden. Gerade bei großen Kübeln bleibt eine beträchtliche Fläche Erde frei. Um den Unkrautwuchs zu unterdrücken, können Sie zur Vorbeugung die unbewachsenen Stellen mit einer Schicht Kieselsteinen oder Rindenmulch abdecken. Außerdem bleibt das Substrat unter der Mulchschicht feucht und Sie brauchen weniger zu gießen.

Wie die Profis

Sofern Sie keine neuen Gefäße verwenden, sollten Sie diese vor einem erneuten Einsatz gut reinigen, um evtl. vorhandene Keime zu entfernen. Die Abzugslöcher werden meist mit Tonscherben abgedeckt, damit die Erde diese nicht verstopft oder gar mit dem austretenden Wasser ausläuft. Ist der Behälter tief genug, empfiehlt es sich, als unterste Füllung eine Dränageschicht aus Blähton o. Ä. einzufüllen. So kann der Wasserhaushalt besser reguliert werden. Untersetzer werden einerseits verwendet, um Verunreinigungen durch ausgespültes Substrat zu vermeiden, sind andererseits aber auch als kleines Wasserreservoir für die durstigeren Arten im Sommer praktisch.

So geht's

Handelsübliche Balkonerde ist normalerweise vorgedüngt. Wer besonders bedürftige Pflanzen beherbergen will, der kann zusätzlich einen langfristig wirksamen Dünger einmischen. Beim Einfüllen des Substrats sind immer 1 bis 2 cm Abstand zum Rand – sozusagen ein Gießrand – einzuhalten. Nun können Sie die Pflanzen in die Erde setzen – i. d. R. genauso tief wie zuvor. Die Abstände zwischen den Pflanzen – etwa 10 bis 30 cm – hängen von ihrer Wüchsigkeit und von der Größe der Gefäße ab: Je mehr Wurzelraum insgesamt zur Verfügung steht, desto enger dürfen die Pflanzen stehen. Beachten Sie, dass die Erde und insbesondere die Wurzelballen dabei gut befeuchtet sein sollten. Die äußeren Wurzelflächen sollten Sie gezielt etwas aufrauen, damit die Pflanzen das frische Substrat besser aufnehmen.

Dauerbepflanzung

Eine Dauerbepflanzung mit winterharten Gehölzen und Stauden wird ebenfalls am besten im Frühjahr angelegt. Eine Herbst oder Winterpflanzung lässt sich bis Oktober zusammenstellen. Jedoch gilt auch hier die Regel: Je früher eingepflanzt wird, desto besser ist es für die Entwicklung der Pflanzen. Für das Umtopfen gelten i. A., Gefäße, Substrat und den Ablauf betreffend, dieselben Regeln. Ein Umtopfen wird spätestens dann nötig, wenn Dauerbepflanzungen umgrup-

ÖKO-TIPP

Verrottbare Gefäße

Balkonblumen für Kästen werden i. d. R. in größeren Stückzahlen gekauft. Um Müll zu vermeiden, sollten Sie solche Pflanzen bevorzugen, die in Töpfen aus verrottbarem Material, z. B. Recyclingpapier, angeboten werden. Diese Art von Behälter kann man miteinpflanzen oder auf den Kompost geben.

piert werden sollen oder wenn eine Kübelpflanze für ihren Behälter zu groß geworden ist. Gerade bei älteren Kübelpflanzen sind der Topfgröße aber irgendwann Grenzen gesetzt: Man denke nur an den enormen Platzbedarf und das Gesamtgewicht, wenn die Pflanze im Spätherbst ins Winterquartier transportiert werden muss. In solchen Fällen genügt es auch, ersatzweise etwas von der verkrusteten Substratoberfläche zu entfernen und ein wenig frische Erde aufzustreuen.

Richtig gießen

Wasser ist für die Pflanzen lebensnotwendig. Und weil die Behälter auf Balkon und Terrasse wesentlich weniger Wasser speichern können als der natürliche Boden, müssen sie besonders ausgiebig gegossen werden. Darüber hinaus ist der Bedarf abhängig von individuellen Ansprüchen und vom Entwicklungsstadium der Pflanzen, von der Witterung und natürlich vom Standort. Obwohl kleine Pflanzen weniger verbrauchen als ausgewachsene, darf bereits in den Wochen nach der Pflanzung reichlich gegossen werden.

PFLEGELEICHT-TIPP

Abgekochtes Gießwasser

Leitungswasser ist nicht allerorts und für alle Pflanzen gleichermaßen zum Gießen geeignet. Entscheidend ist die Wasserhärte, die durch den Gehalt an verschiedenen Salzen bestimmt wird. Je höher die Konzentration an Salzen ist, desto härter ist das Wasser, was nicht jede Pflanze gut verträgt. Hat man keine Möglichkeit, Regenwasser zu sammeln, kann auch abgekochtes Wasser zum Gießen verwendet werden, da sich die Salze beim Kochen weitgehend als Kesselstein niederschlagen. Man kann z. B. das Kochwasser von Eiern, Kartoffeln oder Gemüse zu diesem Zweck sammeln.

In Blumentöpfen trocknet das Substrat rasch aus. Ist der Wurzelballen extrem trocken, hilft ein Tauchbad. Füllen Sie einen Eimer zur Hälfte mit Wasser und drücken Sie den Blumentopf bis über den Rand hinein. Legen Sie einige größere Kieselsteine auf die Topferde, damit der Wurzelballen nicht nach oben steigt. Der Topf bleibt so lange im Wasser, bis keine Luftblasen mehr aufsteigen. Das dauert i. d. R. zehn bis 15 Minuten.

Wasserbedarf

In den Sommermonaten ist der Wasserverbrauch oft schwer zu bewältigen. Vor einer voll besonnten Südwand benötigen die Blumen deutlich mehr Wasser. Überdachte Pflanzungen werden nicht von den Niederschlägen erreicht und müssen daher noch sorgfältiger beobachtet und bewässert werden. Balkonpflanzen, beispielsweise Petunien-Hybriden oder Goldzahn, sowie Kübelpflanzen, etwa die Engelstrompete, müssen in der sommerlichen Hitze oftmals sogar zweimal täglich gegossen werden. Durch das häufige Gießen

PFLEGELEICHT-TIPP

Sparsam gießen

Gießt man die Pflanzen im Topf von Anfang an eher sparsam, gewöhnt man sie allmählich daran, d. h. sie passen ihr Wurzelwerk und auch das Wachstum der Triebe an die geringe Feuchtigkeit an. So ertragen sie mit der Zeit immer längere Trockenperioden. Dadurch brauchen Sie seltener zu gießen und haben weniger Arbeit. Auch für die Versorgung der Pflanzen während des Urlaubs bringt der niedrige Wasserbedarf Vorteile.

kann die Substratoberfläche in den Pflanzgefäßen verhärten. Die verdichtete Erde erschwert den Wurzeln den Sauerstoffaustausch. Deshalb sollten Sie die verkrustete Oberfläche mit einer kleinen Handharke regelmäßig lockern; achten Sie darauf, dass die oberen Wurzeln dabei nicht verletzt werden.

Am besten wird am Morgen oder am Abend gegossen. Zuvor sollte jeweils die Erde einigermaßen abgetrocknet sein, damit die Wurzeln nicht faulen. Dann allerdings dürfen Sie durchdringend gießen – jedoch nicht über Blätter oder gar Blüten, sondern direkt ins Gefäß. Das Leitungswasser ist vielerorts sehr hart und kalkreich. Lässt man es tageweise abstehen, gleicht sich die Wassertemperatur der Umgebung an, und der Kalk setzt sich einfach ab.

Bewässerungstechnik

Manche Pflanzbehälter sind bereits mit einer Vorrichtung für einen Wasservorrat ausgestattet, aus dem das Substrat durch Dochtwirkung über eine längere Periode versorgt wird. Nach diesem Prinzip kann man auch externe Gefäße durch eine saugfähige Schnur mit der Pflanzerde verbinden. Bei einer automatischen Bewässerung wird per Tensiometer (Feuchtigkeitsfühler) die Substratfeuchtigkeit kontrolliert und somit die Bewässerung geregelt. Das Wasser wird durch dünne Kunststoffschläuche zu den Tropfstellen geführt, die man in gleichmäßigen Abständen im Kasten verteilt. Da die Tropfstellen ohne Druck arbeiten, ist am Wasseranschluss ein Druckminderer erforderlich.

Lassen Sie Leitungswasser vor dem Gießen eine Weile stehen, damit sich der Kalk absetzen kann

Gießen Sie Ihre Pflanzen direkt ins Gefäß und nicht auf die Blüten oder Blätter

PFLEGELEICHT-TIPP

Regenwasser

Regenwasser lässt sich in einem Fass oder in anderen Behältern speichern, von denen aus Sie sogar eine Bewässerungsanlage betreiben können. Solche technischen Hilfsmittel können auch die Versorgung während des Urlaubs sicherstellen, wenn man sich nicht auf die Unterstützung von Freunden verlassen will.

Außerdem empfiehlt es sich, einen Filter vorzuschalten, damit die Anlage nicht verstopft. Halb automatische Systeme verfügen über steuerbare Ventile, müssen aber von Hand eingeschaltet werden und eignen sich deshalb nicht für längere Abwesenheit. Dem aktuellen Stand der technischen Entwicklung hingegen entsprechen computergesteuerte Bewässerungssysteme. Je nachdem, wie viel Sie zu investieren bereit sind, gibt es kaum mehr Wünsche oder individuelle Pflanzenbedürfnisse, die unerfüllt bleiben müssen.

Düngen wie die Profis

Häufig wird dem handelsüblichen Substrat eine Grunddüngung beigemischt. Plantacote oder Osmocote sind, bei denen sich die Nährstoffe in einer Ummantelung befinden, und über einen Zeitraum von etwa drei Monaten hinweg stetig freigesetzt werden. Dann muss allerdings nachgedüngt werden, um den Nährstoffvorrat aufzufüllen. Auch organische Dünger werden erst nach und nach freigesetzt. Naturnahe Pflanzungen und Dauerpflanzungen sowie Kräuter begnügen sich i. d. R. mit einer solchen Versorgung.

Düngerqualität

Qualitativ hochwertigen Dünger erkennt man nicht unbedingt am Preis, auch mit kostengünstigen Produkten kann man eine gute Nährstoffversorgung erzielen. Wichtig ist v. a. das Verhältnis an Stickstoff, Phosphor und Kalium. Außerdem sollte auf der Verpackung in jedem Fall der Kalkgehalt und die Beimischung von Spurenelementen wie beispielsweise Molybdän und Eisen vermerkt sein. Diese werden zwar in sehr gerin-

PFLEGELEICHT-TIPP

Eisenmangel bei Pflanzen

Vergilbungen zwischen den Blattadern sind meist ein Hinweis auf Eisenmangel, der häufig bei zu hohen pH-Werten in Substrat und Wasser auftritt. Langfristig sollten Sie diese Bedingungen verbessern, kurzfristig können Sie mit einem eisenhaltigen Präparat die Versorgung gewährleisten.

gen Mengen gebraucht, sind aber unverzichtbar für die gesunde Entwicklung von Pflanzen.

Intensive Düngung

Die meisten Kübel- und Kastenblumen müssen intensiv gedüngt werden, wenn sie über einen möglichst langen Zeitraum hinweg üppig blühen sollen. Eine gründliche Düngung ist erst dann nötig, wenn die Pflanzen gut eingewurzelt sind, was im Schnitt ab Mitte Juni der Fall ist. Überwinterte Pflanzen hingegen können Sie umgehend düngen, sobald sie ins Freie geräumt werden. Vor der Düngegabe darf die Erde nicht völlig ausgetrocknet sein, da es sonst zu Verbrennungen an den Wurzeln kommen kann. In Pflanzgefäßen kann man relativ bedenkenlos zu mineralischen Flüssigdüngern greifen, weil hierbei weder Bodenleben noch Grundwasser geschädigt werden. Trotzdem gibt es im Handel auch einige humushaltige Präparate, die das Gedeihen der Pflanzen durch eine Substratbelebung zusätzlich fördern. Bei den mineralischen Düngern kommt es darauf an, dass man sich an die Verdünnung und Dosierung hält, wie sie auf dem Etikett angegeben ist.
Wenn Sie Ihre Topfpflanzen versehentlich in zu hoher Konzentration gedüngt haben, so können Sie versuchen, die überschüssigen Nährstoffe durch besonders ausgiebiges und häufiges Wässern zumindest teilweise wieder auszuschwemmen.

Gut gedüngte Pflanzen erfreuen mit üppiger Blüte

Flüssigdüngung

Wer über eine automatische Bewässerung verfügt, kann die Flüssignahrung mittels eines Düngemischers gleich mit der Wassergabe verabreichen. Besonders hungrig sind u. a. die Pflanzenarten, die auch wegen ihres hohen Wasserbedarfs bekannt sind, z. B. Geranien. Während bei durchschnittlichen Bepflanzungen eine wöchentliche oder gar 14-tägige Flüssigdüngung ausreicht, zeigen Pflanzen ihre volle Pracht erst, wenn sie im Sommer zweimal wöchentlich zusätzlich gedüngt werden. Dies kann bis Ende September sinnvoll sein. Danach sollte man die Düngung bis zum Frühjahr einstellen. Bei Pflanzenarten jedoch, die überwintern sollen, insbesondere bei Kübelpflanzen, sind die Düngemaßnahmen bereits ab Mitte August einzustellen. Dies ermöglicht ein Ausreifen der Pflanzen, die dann in die Winterruhe gehen können.

PFLEGELEICHT-TIPP

Stufenweise düngen

Günstig auf Wachstum und Blühvermögen wirkt es sich aus, wenn Sie die Düngergaben ab Saisonbeginn nur langsam auf die erforderliche Höchstmenge steigern und ab Spätsommer nach und nach wieder reduzieren.

Organische Dünger

Die meisten im Handel angebotenen Düngemittel sind Kunstdünger, werden also industriell aus verschiedenen mineralischen Bestandteilen hergestellt. Im Gegensatz dazu sind organische Dünger tierischen oder pflanzlichen Ursprungs. Beispiele dafür sind Hornspäne, Guano oder aus Rübenschnitzel, Kakaoschalen oder Algen gewonnene Produkte. Die Nährstoffzusammensetzung ist abhängig vom jeweiligen Ausgangsstoff. Während etwa Hornspäne sehr stickstoffreich sind, beinhaltet der aus Vogeldung bestehende Guano sehr viel Phosphor. Dünger aus Algen enthalten dagegen sehr viele Spurenelemente.

Charakteristisch für organische Dünger ist ihre Eigenschaft, nur langsam und allmählich wirksam zu werden. Der Grund dafür ist, dass das Material erst durch Feuchtigkeit, Wärme und Bodenorganismen zersetzt werden muss. Deshalb treten bei der Anwendung von organischen Düngemitteln kaum jemals Schäden durch zu hohe Salzkonzent-

Eine intensive Düngung ist wichtig für die Blühfreude der Pflanzen. Sie sollten jedoch trotzdem darauf achten, Ihre Pflanzen nicht zu überdüngen

ÖKO-TIPP

Kompost für Balkonpflanzen

Zur längerfristigen Nährstoffversorgung von Balkon- und Kübelpflanzen können Sie auch reifen Kompost verwenden. Gesiebt und bei 100 bis 120 °C im Backofen gedämpft, wird er unter das Pflanzsubstrat gemischt. Eine zusätzliche Düngung, allerdings in niedriger Dosierung, wird dann erst in vielen Wochen fällig.

rationen auf. Andererseits lassen sich akute Nährstoffmängel mithilfe organischer Dünger innerhalb kurzer Zeit nicht ausgleichen. Eine Mischform, die die Vorteile beider Düngerarten vereint, sind organisch-mineralische Dünger, die sowohl schnell als auch langsam wirkende Bestandteile enthalten. Die mineralischen Komponenten dienen einer schnellen Erstversorgung und so den akuten Bedarf abdecken. Die organische Komponente erzielt einen anhaltenden Düngeeffekt.

Eine Wurmkiste – Kompost auf kleinstem Raum

Wurmkompost wird durch eine bestimmte Art von Regenwürmern erzeugt. Sie vermehren sich stark und verarbeiten große Mengen organischen Materials. Wurmkompost oder Wurmhumus hat gegenüber normalem Kompost viele Vorteile: Er besitzt eine bessere, stabilere Krümelstruktur, einen reicheren Nährstoffgehalt, eine höhere Wasserspeicherkapazität und enthält eine viel größere Anzahl von Mikroorganismen. Außerdem lässt sich dieser Kompost in einer sogenannten

Wurmkompost ist besonders reich an Nährstoffen und Mikroorganismen

Wurmkiste platzsparend gewinnen. Im Gegensatz zu Komposthaufen können Sie eine Wurmkiste auf Ihrem Balkon oder auf Ihrer Terrasse aufstellen.

Eine Wurmkiste können Sie im Fachhandel kaufen oder aber auch leicht selbst herstellen. Sie besteht hauptsächlich aus einem Behälter, einem Trenngitter und einem abnehmbaren Deckel. Wichtig ist, dass die Kiste in zwei Kammern unterteilt wird. Als unterste Schicht bringt man zunächst in eine der beiden Kammern eine etwa fingerdicke Lage Gartenerde oder Komposterde ein; sie enthält die für die Verdauung notwendigen Mikroorganismen. Darüber kommt eine Mischung aus 50 % Pferdemist und Papierabfäl-

Dolce Vita

✿ Mediterranes Flair

Einen müden Balkon mit südländischem Temperament und Charme zu versehen – manchmal braucht es dazu nur ein paar Handgriffe und wenige Accessoires. Ein sattes Gelb beispielsweise bringt Sommer, Sonne und Toskana-Flair. Es lässt triste Wände sofort strahlen. Für einen deckenden Ton mit wetterfester Außenfarbe ist es wichtig, mindestens zweimal zu streichen.

✿ Charmantes Ensemble

Zierliche Eisenstühle und ein passender Tisch erinnern an südländische Straßencafés. Die Stühle dürfen ruhig bunt gemixt sein. Schnäppchen für ein charmantes Ensemble findet man oft kostengünstig auf Flohmärkten. Kleine Macken wirken charmant, und mit passenden Sitzpolstern wird's bequem. Auch auf neue Stücke lässt sich Patina mogeln. Schmirgeln Sie die Lackschicht mit Schmirgelpapier ab, überstreichen Sie sie mit Acrylfarbe und lassen Sie die Möbel trocknen. Schleifen Sie nun mit grober Körnung besonders an den Kanten nach, bis das Holz oder Eisen darunter stellenweise durchschimmert. Ebenso machen farbige Tischdecken in Gelb oder auch Weiß gute Laune.

✿ Stilechte Bepflanzung

Zitrone, Olive, Oleander & Co. gedeihen wind- und wettergeschützt auch in nördlicheren Gefilden. An der Hauswand stilecht in Terrakottatöpfen setzen Pinienzapfen hübsche Akzente. Etwas mehr Platz benötigt ein Zitronenbaum (Höhe ca. 1,5 m) auf dem heimischen Balkon oder auf der Terrasse. Er muss nur alle paar Jahre gestutzt werden und blüht ganzjährig. Wichtig: Es sollte nicht zugig sein, sonst droht Blattfall. Ebenso pflegeleicht ist ein Olivenbaum (Höhe bis 2 m). Der mediterrane Klassiker überwintert bei 2 bis 10 °C im hellen oder dunklen Raum, kann aber schon ab April an die Frischluft. Fällt die Olivenernte bei der Kübelkultur meist dürftig aus, bereichern wohlduftende Blumenkästen mit Lavendel, Basilikum und Thymian auch Ihre Küche.

len, Rasenschnitt und Küchenabfällen. Verwenden Sie ausschließlich nicht farbig bedrucktes Zeitungspapier, das vorher zerrissen, über Nacht eingeweicht und gut ausgedrückt wird. Die Kompostwürmer *(Eisenia foetida)*, die im Gartenfachhandel erhältlich sind, werden nun in diese Mischung gegeben und zersetzen sie allmählich zu Kompost. In der Zwischenzeit können Sie die zweite Kammer mit der gleichen Mischung füllen, sodass die Würmer bald vom frischen Material angezogen werden, durch das Trenngitter in die zweite Kammer wandern und ihre Arbeit dort fortsetzen. Die erste Kompostkammer können Sie dann entleeren. Die entstandene Wurmerde wird gesiebt, die noch darin lebenden Würmer abgesammelt und zu den übrigen Tieren in die andere Kistenhälfte gegeben.
Stellen Sie Ihre Wurmkiste auf dem Balkon oder auf der Terrasse auf, achten Sie darauf, dass sie vor Regen geschützt und nicht in der prallen Sonne steht. Im Winter sollten Sie die Kiste mit Decken oder Styropoplatten gegen die Kälte isolieren, damit die Würmer nicht erfrieren. Wenn Sie die Möglichkeit haben, stellen Sie die Kiste in einen Keller, der recht kalt ist.

PFLEGELEICHT-TIPP

Sommerurlaub

Auch ein längerer Sommerurlaub ist kein Problem. Wenn Sie vor der Abreise die Würmer mit ausreichend frischem organischen Material versorgen und in der Kiste genügend Restfeuchtigkeit vorhanden ist, halten die Tiere vier bis fünf Wochen problemlos durch.

Wirksamer Pflanzenschutz

Für ein üppiges Gedeihen der Pflanzen reicht Gießen und Düngen allein oft nicht aus. Die Pflanzen müssen auch aufmerksam gepflegt und beobachtet werden, um Krankheiten und Schädlingen vorbeugen bzw. sie ggf. rasch erkennen zu können. Das Entfernen verwelkter Pflanzenteile fördert nicht nur das Aussehen und die Blühfreude in den Balkonkästen, sondern beugt auch der Verbreitung von Krankheiten und Schädlingen vor. Sobald Sie befallene Triebe entdecken, sollten Sie diese ausschneiden. Stark erkrankte Pflanzen sind jedoch besser komplett zu entfernen – der Aufwand einer Therapie lohnt sich meist nicht mehr, um sie zu retten.

ÖKO-TIPP

Schonend schützen

Es empfiehlt sich, zumindest im Wohnbereich ausschließlich schonende Pflanzenschutzpräparate einzusetzen – der Umwelt und Ihrer Gesundheit zuliebe. Lediglich bei wertvollen Kübelpflanzen ist der Einsatz härterer Mittel – nach eingehender fachlicher Beratung – gerechtfertigt.

Vorbeugung und Schadenverhütung

Die Möglichkeiten, gegen Pflanzenschädlinge und Krankheitserreger vorzugehen, sind äußerst vielfältig. Es reicht von verschiedenen Vorbeugungs- und Stärkungsmaßnahmen über eine manuelle Bekämpfung bis hin zum Einsatz von Nützlingen oder umweltschonenden Pflanzschutzmitteln. Chemische Pflanzenschutzpräparate („chemische Keule"), die früher sehr häufig eingesetzt wurden, stehen heute erst ganz am Ende dieser Möglichkeiten. Ziel ist es, mithilfe möglichst umweltverträglicher Maßnahmen die sommerliche Blumenpracht auf Balkon und Terrasse zu erhalten.

PFLEGELEICHT-TIPP

Pflanzenschutz

Der beste Pflanzenschutz ist eine bedarfsgerechte Pflege. Platzieren Sie die Gewächse stets standortgerecht. Man unterscheidet sonnige, schattige und halbschattige Standorte. Setzen Sie die Pflanzen nicht zu eng nebeneinander. Gießen Sie sie regelmäßig und angemessen. Sorgen Sie für eine ausgewogene Ernährung. Putzen Sie die Pflanzen bei Bedarf sorgfältig aus.

Pflanzen helfen Pflanzen

Es sind eine Reihe von Pflanzen bekannt, die schädlingsabwehrende Inhaltsstoffe besitzen. Sie dienen nicht nur der direkten Bekämpfung, sondern helfen v. a. vorbeugend, da sie die Zierpflanzen widerstandsfähiger und robuster machen. Wenn auch die Verwendung der Stärkungsmittel keinen absoluten Schutz vor Infektionen und Schädlingen bie-

Die beste Schädlingsbekämpfung ist immer noch die Vorbeugung

Jauche gehört zu den ökologischen Pflanzenschutzmitteln und kann vorbeugend zur Stärkung eingesetzt werden

tet, so kann man den Einsatz anderer, giftige Pflanzenschutzmittel deutlich reduzieren. Man unterscheidet bei den Stärkungsmitteln verschiedene Zubereitungsarten von frischen oder getrockneten Kräutern.

Für einen **Tee** werden die Pflanzenteile mit kochendem Wasser übergossen. Man lässt sie zehn bis 15 Minuten ziehen und seiht dann den Tee ab.

Für **Kaltwasserauszüge** legt man die entsprechenden Pflanzen ein bis zwei Tage in kaltes Wasser ein. Achten Sie aber darauf, dass das Ganze nicht gärt. Anschließend wird der Auszug durchgeseiht.

Eine **Brühe** wird aus frischem Pflanzenmaterial hergestellt. Es wird 24 Stunden in kaltem Wasser eingeweicht. Dann kocht man die Brühe auf und lässt sie 20 bis 30 Minuten sieden. Nach dem Abkühlen und Durchsieben kann sie ausgebracht werden.

Für eine **Jauche**, z. B. aus Brennnesseln, wird die Pflanze grob zerkleinert, locker bis zur halben Höhe in einem großen Gefäß geschichtet und mit kaltem Wasser übergossen. Das Gefäß bleibt unverschlossen, aber mit einem Drahtgitter versehen, damit keine Insekten und Fremdkörper hineinfallen können. An einem sonnigen Platz beginnt der Inhalt nach einigen Tagen zu gären und muss täglich umgerührt werden. Wenn die Jauche nicht mehr schäumt, ist sie fertig (meist nach ein bis drei Wochen) und kann sie abgeseiht und verwendet werden.

Wer auf dem Balkon oder auf der Terrasse wenig Platz hat, kann die Stärkungsmittel kleineren Mengen ansetzen.

Ackerschachtelhalm kann zu Brühe oder Jauche verarbeitet werden und wirkt gegen Pilzkrankheiten wie Mehltau sowie Blattläuse und Spinnmilben

PFLEGELEICHT-TIPP

Pflanzenstärkungsmittel am Abend ausbringen

Wenn Sie Ihren Topfpflanzen Stärkungsmittel verabreichen möchten, ist der frühe Abend der beste Zeitpunkt dafür. Denn am Tag in der Sonne könnte es zu Verbrennungsschäden auf den benetzten Pflanzenteilen kommen. Für eine wirksame Vorbeugung gegen Schädlinge und Krankheitserreger sollten die Mittel mehrmals im Abstand von etwa einer Woche gespritzt oder gegossen werden.

Pflanzen, die sich als Stärkungsmittel besonders gut eignen:

Ackerschachtelhalm: Die ganze Pflanze kann als Brühe oder Jauche gegen Mehltau und andere Pilzkrankheiten sowie gegen Blattläuse und Spinnmilben verwendet werden. Menge: 1 kg Frisch- oder 150 g Trockenmaterial auf 10 l Wasser; im Verhältnis 1:5 verdünnen.

Brennnessel: Die ganze Pflanze (ohne Samenstände) kann als Jauche oder Kaltwasserauszug gegen Pilzkrankheiten, Blattläuse und Spinnmilben verwendet werden. Die Jauche wirkt darüber hinaus auch als wertvoller Dünger. Menge: 1 kg Frisch- oder 200 bis 250 g Trockenmaterial auf 10 l Wasser; Jauche im Verhältnis 1:10, bei Spritzung auf Blätter 1:50 verdünnen; Kaltwasserauszug unverdünnt anwenden.

Rainfarn: Blühende Pflanze kann als Brühe oder Tee gegen Mehltau und Rost sowie gegen Blattläuse verwendet werden; Menge: 300 bis 500 g Frisch- oder 30 g Trockenmaterial auf 10 l Wasser; unverdünnt ausbringen;

Knoblauch: Die Knolle (auch mit Zwiebeln gemischt) kann als Tee gegen Pilzkrankheiten, Spinnmilben und Blattläuse verwendet werden; Menge: 75 g auf 10 l Wasser; unverdünnt anwenden.

Mechanische Bekämpfung im Pflanzenschutz

Die einfachsten und für Pflanzen und Umwelt unschädlichsten Schutzmaßnahmen bestehen in der manuellen Bekämpfung der Krankheitserreger und Schädlinge. Darunter versteht man z. B. das Absammeln von Schnecken, Raupen oder Käfern wie dem Dickmaulrüssler, das Abstreifen kleiner Schadinsekten, etwa von Blatt- und Schmierläusen, aber auch das Abschneiden stark befallener Pflanzenteile. Wichtig ist, dass kranke Pflanzenteile auf den Müll kommen. Sie dürfen keineswegs auf den Komposthaufen gebracht werden. Die Keime können dort überleben und bei der Verwendung des Komposts leicht zu neuen Infektionen führen.

Eine weitere Möglichkeit der Schädlingsbekämpfung ist das Absammeln der Schädlinge von Hand

Einsatz von Nützlingen

Immer beliebter wird die Anwendung sogenannter Nützlinge zur biologischen Schädlingsbekämpfung. Als Nützlinge bezeichnet man die natürlichen Gegenspieler der Pflanzenschädlinge. Sie fressen die Schadorganismen, saugen sie aus oder legen ihre Eier in ihnen ab, sodass der Schädling während der Entwicklung des Nützlings abstirbt. Der gezielte Einsatz von Nutzorganismen findet in erster Linie in Gewächshäuser und Wintergärten Verwendung, eignet sich aber auch für Balkon und Terrasse. Bei den Nützlingen handelt es sich um meist Insekten, aber auch Milben und Fadenwürmer (Nematoden), die sich als Larven oder ausgewachsene Tiere fast ausschließlich oder überwiegend von bestimmten Schädlingen ernähren. So können Sie beispielsweise Raubmilben gegen Spinnmilben und Thripse einsetzen, Schlupfwespen gegen die Weiße Fliege, den Australischen Marienkäfer gegen Schild- und Wollläuse sowie Blattläuse und räuberische Nematoden gegen den Dickmaulrüssler, einem gefräßigen Käfer.

INFO

Vorteile des Nützlingseinsatzes

- Es bestehen keine gesundheitlichen Risiken für den Anwender
- Das Ausbringen der Nützlinge ist nicht zeitaufwendig und die Pflanzen können an Ort und Stelle bleiben.
- Luft, Wasser und Boden werden nicht belastet, es bleiben keine schädlichen Rückstände auf den Pflanzen.
- Bei den Schädlingen kommt es zu keiner Resistenzbildung

Bringen Sie auf Ihrem Balkon oder Ihrer Terrasse eine Nisthilfe für Insekten an

Die verschiedenen Nützlingsarten werden in Zuchtbetrieben massenhaft vermehrt und können dort bezogen werden. Je nach Art werden die kleinen Helfer als erwachsene Tiere, Larven, Eier oder Puppen geliefert.

Wildlebende Nützlinge fördern

Neben den eigens gezüchteten Nützlingen leisten auch etliche heimische Tiere einen großen Beitrag zur Schädlingsbekämpfung. Zu den wichtigsten und bekanntesten Arten zählen Marienkäfer, Florfliegen und Schwebfliegen. Sowohl erwachsene Tiere als auch Larven vertilgen große Mengen von Blattläusen. Die Vorgehensweise der kleinen Schlupfwespen oder Raubfliegen ist hingegen viel unauffälliger: Ihre Larven leben als Parasiten von verschiedenen Pflanzenschädlingen.

Diese Nützlinge können Sie fördern, indem Sie auf eine struktur- und artenreiche Bepflanzung in der näheren Umgebung hinarbeiten. Wählen Sie für Ihre Balkonkästen und Kübel auch Arten, die gerne von Nützlingen besucht werden. Wenn Sie zusätzlich einen Garten haben, legen Sie eine bunte Blumenwiese statt eines grünen Rasens an, schichten Sie Totholzhaufen auf und pflanzen Sie Hecken aus Wildsträuchern.

Umweltschonender Pflanzenschutz

Eine Reihe von Mitteln, die man gegen Schädlinge einsetzen kann, sind pflanzlichen Ursprungs oder werden aus anderen natürlichen Rohstoffen hergestellt. Dennoch kann man sie nicht als harmlos bezeichnen, sonst würden sie ihren Zweck nicht erfüllen. Aber im Vergleich zu den meisten chemischen Pflanzschutzmitteln belasten diese biologischen Substanzen die Umwelt deutlich weniger – in erster Linie, weil ihre Herstellung umweltschonender ist und sie schneller abgebaut werden.
Zu den bekanntesten und verbreitetsten Mitteln gehören Pyrethrum-Präparate, deren Wirkstoff aus den Blüten einer afrikanischen Chrysanthemenart gewonnen wird. Man setzt sie hauptsächlich gegen saugende Insekten wie z. B. Blattläuse, Thripse und Zikaden ein, wobei sie unspezifisch wirken, d. h. sie töten ebenfalls Nützlinge ab. Auch für Menschen sind diese Mittel nicht völlig unbedenklich. Es gibt aber auch die synthetisch hergestellten Varianten des Wirkstoffs, die sogenannten Pyrethroide. Achten Sie daher beim Kauf auf das Etikett und bevorzugen Sie die Pyrethrum-Präparate.
Vergleichsweise ungiftig sind dagegen Ölpräparate, die auf der Basis von Mineral- oder Rapsölen angeboten werden. Man setzt sie in erster Linie gegen Wollläuse, Schildläuse und Spinnmilben ein. Diese Mittel werden auf die geschädigten Pflanzenteile versprüht und überziehen die Tiere mit einen feinen Ölfilm. Dadurch wird die Atmung beeinträchtigt und die Schädlinge sowie deren Eier und Larven ersticken. Das Problem bei Ölpräparaten ist, dass sie nicht von allen Pflanzen vertragen werden. Die Gebrauchsanleitung gibt hier wertvolle Hinweise über die Verträglichkeit bei einzelnen Pflanzenarten.

Gegen Blattläuse, Weiße Fliegen und Spinnmilben helfen auch natürliche Fettsäuren, die aus in der Natur vorkommenden Ölen ge-

ÖKO-TIPP

Nisthilfen für Insekten

Fördern kann man viele der nützlichen Hautflügler auch dadurch, indem man ihnen Nisthilfen anbietet. Solche Hilfsmittel lassen sich ohne viel Aufwand schaffen und das nicht nur im Garten, sondern auch auf Balkon und Terrasse. Als Nisthilfe für die Eiablage eignet sich beispielsweise ein Holzklotz mit unterschiedlich großen Bohrlöchern, den Sie ganz leicht selbst herstellen können. Auch der Fachhandel bietet eine Reihe von Modellen, die man nur noch anzubringen braucht. Ein Bündel von trockenem Röhricht oder markhaltigen Stängeln (z. B. von Holunder), den man luftig aufhängt, eignet sich ebenfalls als Nisthilfe. Ob selbst gebastelt oder gekauft – hängen Sie die Nisthilfe an einer geschützten Stelle auf, die sich nicht in der Näher einer Lichtquelle befinden sollte. Eine Reihe von Wildbienen und Schlupfwespen werden sie dankbar annehmen!

Verwenden Sie auch umweltschonende Pflanzenschutzmittel sparsam

wonnen werden. Diese Mittel zerstören die Hautstrukturen von Insekten, die damit in Berührung kommen. Wichtig ist bei der Verwendung von Fettsäuren, dass die befallenen Teile vollständig benetzt werden und die Behandlung wiederholt wird, um gute Resultate zu erzielen.

Denken Sie daran, dass auch umweltschonende Pflanzenschutzmittel nur einzusetzen sind, wenn tatsächlicher Bedarf besteht, also ein starker Befall vorliegt.

ÖKO-TIPP

Bienenfreundlich

Wenn Sie zu biologischen Pflanzenschutzmitteln greifen müssen, wählen Sie, wenn irgend möglich, bienenschonende Präparate. Diese sind auf der Packung mit B3 oder B4 gekennzeichnet.

Pflegefehler und Umwelteinflüsse

Nicht alle Schäden, die an Balkon- und Kübelpflanzen auftreten, sind auf Krankheitserreger oder Schädlingsbefall zurückzuführen. Auch andere Auslöser können dafür verantwortlich sein. In erster Linie sind es Pflegefehler und gelegentlich bestimmte Umwelteinflüsse, welche die sogenannten abiotischen Schäden verursachen. Diese lassen sich natürlich nicht durch Pflanzenschutzmittel bekämpfen, sondern die Ursachen müssen beseitigt werden.

Wurzelfäulnis durch Staunässe

Die wohl am häufigsten auftretende Folge eines Pflegefehlers ist die Wurzelfäulnis. Sie kann zwar bei allen Pflanzenarten vorkom-

Bedenken Sie bei sonnigen Lagen, dass überwinterte Pflanzen zunächst noch empfindlich auf zu starke Lichteinstrahlung reagieren

men, besonders gefährdet sind jedoch solche mit einem fleischigen Wurzelstock wie Indisches Blumenrohr, Schmucklilien und andere Zwiebel- und Knollengewächse sowie Pflanzen, die aus trockenen Regionen stammen. Die Ursache liegt in länger andauernder Staunässe, die dazu führt, dass das Substrat nicht ausreichend durchlüftet wird. Staunässe entsteht, wenn man zu ausgiebig oder in zu kurzen Abständen gewässert hat. Ein mangelnder Abfluss sowie verdichtete Erde verstärken einen solchen Fehler noch zusätzlich.

Die Symptome sind recht unspezifisch wie allgemein schlechter Wuchs, spärliche oder fehlende Blüte und geringer Wasserverbrauch. Wenn Sie jedoch die Wurzeln der Pflanze betrachten, erkennen Sie an deren schwammiger Konsistenz, der braunen Farbe – gesunde Wurzeln sind weiß – und dem kompakten, feuchten Erdklumpen im Topf, dass Wurzelfäulnis vorliegt. Zur Abhilfe topfen Sie die Pflanze in ein frisches durchlässigeres Substrat mit einer dicken Drainageschicht am Gefäßboden um. Vor dem Umtopfen werden die erkrankten Wurzeln scharf zurückgeschnitten. Bis sich die Pflanze erholt hat, wird nur mäßig gegossen.

Sonnenbrand im Frühjahr

Überwinterte und gerade ausgeräumte Balkon- und Kübelpflanzen, aber auch frisch gekaufte Gewächse reagieren recht empfindlich gegen direkte Sonne. Im Frühjahr kann die Sonneneinstrahlung bereits sehr intensiv sein und auf den noch weichen Blättern schnell zu Sonnenbrand führen. Zunächst zeigen sich helle Flecken, die bald pergamentartig eintrocknen und sich meist bräunlich verfärben. Durch Sonnenstrahlen verursachte Schäden lassen sich nicht mehr beheben, aber Sie können ihnen vorbeugen. Stellen Sie Ihre Pflanzen direkt nach dem Umzug grundsätzlich an einen weniger stark besonnten Platz, bis sie sich nach ein bis zwei Wochen an die Sonne gewöhnt haben. Pflanzen, die nach der Überwinterung erstmals wieder ins Freie kommen, bilden oft rötlich verfärbte Blätter. Da dies eine Schutzreaktion gegen die UV-Strahlung ist, besteht in diesem Fall kein Grund zur Sorge. Stellen Sie die betroffene Pflanze einfach etwas schattiger. Nach einiger Zeit bildet sich die rötliche Farbe von selbst wieder zurück.

Krankheiten und Schädlinge

Krankheiten und Schädlinge, die im Garten auftreten, machen auch vor den Pflanzen auf dem Balkon und Terrasse nicht halt und können so die Freude an dem kleinen Paradies trüben. Neben Pflegefehlern gehören Schädlinge und Krankheitserreger zu den schlimmsten Pflanzenfeinden. Nachfolgend finden Sie einige der am häufigsten bei Balkon- und Kübelpflanzen auftretenden Schädlinge und Krankheitserreger.

Fußkrankheiten

Als Fußkrankheiten, auch Wurzelhals-, Wurzel- und Stängelfäule genannt, werden Erkrankungen bezeichnet, die durch verschiedene Pilze hervorgerufen werden. Besonders betroffen sind Jungpflanzen. Die Symptome sind braune, nasse oder trockenfaule Stellen an der Stängelbasis, sodass die Pflanzen innerhalb weniger Tage trotz ausreichender Wasserversorgung dahinwelken. Befallene Pflanzen sind nicht mehr zu retten. Bei Befall muss das Substrat vernichtet und die Töpfe müssen gut gereinigt werden, bevor man sie wieder verwendet.

Mehltau

Kennzeichen des Mehltaubefalls sind mehlig weiße oder graue, dichte Beläge auf den Blättern. Man unterscheidet zwei Formen dieser Pilzkrankheit. Beim **Echten Mehltau** überzieht ein feiner, weißer, puderartiger Belag die Blätter und jungen Triebe, die daraufhin welken und abfallen. Beim **Falschen Mehltau** bildet sich an der Blattunterseite ein wei-

Beim Mehltau müssen alle befallenen Pflanzenteile entfernt werden

ßer bis brauner Pilzbelag, die Blattoberseite wird fleckig. Auch hier welken die Blätter und fallen ab. Während der Echte Mehltau besonders bei trockener, heißer Witterung auftritt, ist der Falsche Mehltau nur bei feuchtkühlem Wetter zu beobachten. Bei beiden Formen müssen alle befallenen Pflanzenteile entfernt und vernichtet werden. Vorbeugend helfen Ackerschachtelhalmbrühe und Rainfarntee.

Grauschimmel

Diese durch *Botrytis*-Pilz verursachte Krankheit kann praktisch alle Balkon- und Kübelpflanzen befallen. Zunächst zeigen sich einzelne faule Stellen, die sich rasch in einen grauen, wattigen Schimmelbelag ausweiten. Sämtliche oberirdischen Pflanzenteile können davon betroffen sein. Besonders anfällig sind geschwächte Pflanzen. Befallene Pflanzenorgane müssen entfernt und vernichtet werden. Da der Grauschimmel vorwiegend von abgestorbenem Pflanzenmaterial lebt, sind welke und bereits abgefallene Pflanzenteile regelmäßig zu entfernen, um den Pilzen keine Ansiedlungsmöglichkeiten zu bieten. So können Sie einem Neubefall vorbeugen.

Rost

Wenn Sie auf den Blattunterseiten viele kleine rötliche oder gelbliche, warzenartige Pusteln entdecken, die nach einiger Zeit aufplatzen und staubfeine Sporen entlassen, handelt es sich wahrscheinlich um den Befall durch einen Rostpilz. Häufig finden sich dabei auch gelbe oder orangefarbene bis rostrote Flecken – daher der Name! Rostpilze treten i. A. häufiger bei anhaltend feuchtwarmem Wetter auf. Sobald Sie die Symptome bemer-

Rosenrost zeigt sich durch gelbe bis rostrote Flecken an der Blattunterseite (oben)

PFLEGELEICHT-TIPP

Rußtaupilze auf Honigtau

Fast alle Balkon- und Kübelpflanzen können von Blattläusen befallen werden. Diese allgegenwärtigen saugenden Schädlinge ernähren sich von Pflanzensaft. Den stark zuckerhaltigen Überschuss scheiden sie als sogenannten Honigtau wieder aus. Auf diesem klebrigen Saft siedeln sich häufig Rußtaupilze an und färben die befallenen Pflanzenteile schwarz. Sie können die Pflanze schädigen, da der schwarze Belag die Fähigkeit der Blätter zur Energie liefernden Fotosynthese mindert. Außerdem wird das Laub unansehnlich. Wischen Sie den Belag einfach mit Wasser und etwas Schmierseife ab.

PFLEGELEICHT-TIPP

Bei trockenem Wetter schneiden

Schnittmaßnahmen an Pflanzen sollte man grundsätzlich nur bei trockener Witterung durchführen, damit die Schnittwunden gut abtrocknen und abheilen können. So wird Krankheitserregern das Eindringen erschwert.

ken, sind die befallenen Blätter sofort abzusammeln und zu vernichten. Vorbeugend sollten Sie auf eine ausgewogene Düngung achten und z. B. Ackerschachtelhalmbrühe spritzen.

Bakterienwelke

Nur einige wenige Krankheiten an Balkon- und Kübelpflanzen werden durch Bakterien verursacht. Diese Mikroorganismen dringen über Pflanzenporen oder Wunden in die Gewächse ein, vermehren sich in ihnen stark und schädigen sie dadurch. Welke Blätter, deformierter Wuchs, Vergilben und faulende Pflanzenteile sind Zeichen eines Bakterienbefalls. Eine Therapie gibt es nicht, daher müssen alle betroffenen Pflanzen schleunigst vernichtet und die Töpfe und das Werkzeug desinfiziert werden. Nur so kann eine weitere Ausbreitung der Krankheit verhindert werden. Die wohl häufigste Bakteriose bei Kübelpflanzen ist der Oleanderkrebs. Zunächst erscheinen auf den Blättern kleine, braune, kreisrunde, oft gewölbte Flecken ausgestorbenen Gewebes, die rasch größer werden und das ganze Blatt zum Absterben bringen. Bei stärkeren Befall entwickeln die verholzten Triebe krebsartige Wucherungen.

Virosen

Mosaikartig gemusterte oder gekräuselte Blätter, deformierte Blüten und Wachstumshemmung sind Symptome eines Virusbefalls. Übertragen werden Viren durch Pflanzensaft – entweder durch äußere Verletzungen oder saugende Schädlinge wie Blattläuse. Eine Bekämpfung ist nicht möglich. Wenn man die betroffene Pflanze vernichtet und auf Schädlingsbefall rechtzeitig reagiert, kann eine weitere Ausbreitung verhindert werden.

Blattläuse

Zu den häufigsten Schadinsekten an Zierpflanzen gehören die Blattläuse, die fast alle Balkon- und Kübelpflanzen befallen können. Kleine grüne, braune, gelbe oder schwarze, manchmal geflügelte Insekten sitzen in Kolonien an den Pflanzen – bevorzugt an weichen Trieben und Stängeln – und saugen Pflanzensaft. Oft treten sie gemeinsam mit Ameisen auf, die nach den Ausscheidungen der Blattläuse, dem süßen Honigtau, ganz verrückt sind. Die Blätter und Knospen der betroffenen Pflanzen kräuseln sich, rollen sich ein oder welken. Bei geringem Befall genügt

PFLEGELEICHT-TIPP

Ameisenbefall

Ameisen können nicht nur im Garten zur Plage werden, auch auf Balkon und Terrasse sind sie häufig anzutreffen. Wenn die fleißigen Insekten durch das Abzugsloch in ein Pflanzgefäß eingedrungen sind und sich darin eingenistet haben, stellen Sie es solange in einem Behälter mit Wasser, bis die Tiere herauskommen.

Blattläuse gehören zu den bekanntesten Pflanzenschädlingen und können durch pflanzliche und auch biologische Spritzmittel bekämpft werden

ein Abwischen mit einem Küchenpapier oder ein Abspritzen der Kolonien mit kaltem Wasser. Bei stärkerem Befall und vorbeugend helfen pflanzliche Brühen und Tees. Es gibt auch recht umweltfreundliche biologische Spritzmitte gegen Blattläuse.

PFLEGELEICHT-TIPP

Stickstoffreiche Düngung

Stickstoffreiche Düngung und eine übermäßige Nährstoffversorgung fördern den Befall durch Blattläuse und zahlreiche andere saugende Schadinsekten. Treten derartige Schädlinge häufiger auf, sollten Sie daher unbedingt auch auf eine ausgewogene Ernährung der Pflanzen achten.

PFLEGELEICHT-TIPP

Gegen Schildläuse

Bei einem Schildlausbefall betupfen Sie die Schilde der Tiere mit einem in Wundbenzin getauchten Wattestäbchen, dadurch lassen sich die Schädlinge sehr viel leichter abkratzen.

Woll- oder Schmier- und Schildläuse

Wollige, weiße Ausscheidungsprodukte an den Blattachseln und -stielen weisen auf Woll- oder Schmierläuse hin. Die Tiere saugen an Blättern und Trieben, die anschließend welken und abfallen. Anfällig sind zahlreiche Kübelpflanzen, etwa Zitrusgewächse, Feigenbaum oder Brautmyrte. Glänzende, klebrige Blätter zeigen einen Schildlausbefall an. Die Läuse halten sich unter einem Schild (daher der Name) verborgen, die an den Blattunterseiten und an Stängeln zu sehen sind. Betroffen sind hauptsächlich hartlaubige Kübelpflanzen wie Lorbeer, Oleander oder Myrte. Kleine Kolonien kann man mechanisch entfernen. Bei einem stärkeren Befall helfen ölhaltige Pflanzenschutzittel.

Spinnmilben

Spinnmilben, auch Rote Spinne genannt, sind winzige, gelbliche oder rötliche Spinnentiere, die auf der Unterseite der Blätter saugen, wo sie sich in einem sehr feinen Gespinst aufhalten. Deutliches Zeichen für einen Befall sind außer dem Gespinst die feinen, silbrig oder hellgelb gefärbten Punkte auf der Blattoberseite, die durch die Saugtätigkeit verursacht werden. Bei warmer, trockener Witterung können sich Spinnmilben

Woll- oder Schmierläuse saugen an Blättern und Trieben, bis diese welken und abfallen

rasch ausbreiten und an einer Vielzahl von Balkon- und Kübelpflanzen auftreten. Anfällig sind v. a. durch Hitze oder Wassermangel geschwächte Gewächse. Bei einem Befall empfehlen sich Spritzungen mit Ackerschachtelhalmbrühe oder Schmierseifen-Spiritus-Lösungen. Auch biologische Spritzmittel wie Pyrethrum oder natürliche Fettsäuren helfen, die Spinnmilbe einzudämmen.

Weiße Fliege

Trotz des Namens handelt es sich bei diesem Schädling um eine Verwandte der Schildlaus, die deshalb auch oft als Mottenschildlaus bezeichnet wird. Fleckige, gelbe Blätter, schwächliche Jungtriebe und v. a. weiße, bei Berührung der Pflanze auffliegende Insekten zeigen einen Befall durch diesen Schädling. Auf Balkon und Terrasse befallen sie häufig Pflanzen aus der Familie der Nachtschattengewächse, beispielsweise Engelstrompeten oder Nachschatten, sind aber auch an Fuchsien, Pelargonien oder Salbei zu finden. Die Pflanzen werden zum einen durch die Saugtätigkeit der Weißen Fliege direkt geschädigt, zum anderen scheiden die Tiere Honigtau aus, auf dem sich Pilze ansiedeln können. Bei Befall kann man Gelbtafeln oder Gelbsticker in der Nähe der betroffenen Pflanzen anbringen. Die Schädlinge, die von der gelben Farbe angezogen werden, bleiben an den Leimtafeln kleben. Eine Spritzung mit Brennnesseljauche oder Fettsäuren helfen ebenfalls.

Thripse

Thripse oder Blasenfüße sind nicht nur Schädlinge an Zimmerpflanzen, sie können auch im Freien an Balkon- und Kübelpflanzen auftreten, etwa bei Knollenbegonien oder Verbenen. Die nur 1 bis 2 mm großen Insekten, aber auch ihre Larven saugen meist

INFO

Häufiges Auftreten von Spinnmilben

Treten an einer Topfpflanze immer wieder Spinnmilben auf, sollten Sie unbedingt die Standortbedingungen überprüfen und den Platz ggf. wechseln. Besonders ungeeignet ist eine Stelle direkt vor einer nach Süden gerichteten Mauer, denn dort staut sich die Hitze, wodurch der Befall geradezu begünstigt wird.

auf der Unterseite von Blättern, aber ebenfalls an Blüten und verursachen silbrig glänzende Punkte auf den betroffenen Pflanzenteilen. Deshalb erscheinen stark befallene Blätter komplett silbrig und fallen später ab. Gehäuft treten Thripse bei heißer Witterung und an durch Trockenheit geschwächten Gewächsen auf. Die Schädlinge werden durch die Farbe Blau angelockt. Zu ihrer Bekämpfung sind blaue Leimtafeln erhältlich, die an den Pflanzen aufgehängt werden. Die Tiere bleiben dort kleben und sobald die Blautafeln dicht mit Thripse besetzt sind, muss man sie austauschen. Bei stärkerem Befall werden die betroffenen Pflanzenteile entfernt. Eine Behandlung mit einer Schmierseifen-Spiritus-Lösung oder Pyrethrumpräparaten ist möglich.

Überwinterung

Die einjährigen Sommerblumen dürfen sich so lange verausgaben, bis der erste Frost Einzug hält. Die Mehrzahl unserer Balkon- und Terrassenpflanzen ist im Grunde mehrjährig; sie würden aber den Winter im Freien nicht überleben, da sie aus wärmeren Regionen stammen. Deshalb werden die Mehrjährigen, je nach Frostempfindlichkeit, zwischen September und Dezember an geschützte Standorte, etwa in den Keller oder Wintergarten, gebracht. Diese Arten dürfen schon ab Mitte August nicht mehr gedüngt werden. Reduzieren Sie auch die Bewässerung vor dem Einwintern langsam!

Geranien und Fuchsien

Geranien (Pelargonien) sind etwas empfindlicher als Fuchsien und vertragen keinen Frost. In ungeschützten Lagen sollten Sie sie teilweise schon ab Mitte September einräumen und bei dieser Gelegenheit ein wenig ausputzen (zurückschneiden). Um Platz zu sparen, können Sie die Geranien austopfen, den Wurzelballen verkleinern und in lockeres Substrat einschlagen. Fuchsien hingegen können im Herbst draußen bleiben, bis – meist im November – der erste echte Wintereinbruch droht. Wie die meisten anderen Arten dürfen sie gleich kräftig zurückgeschnitten werden. Dabei sind selbstverständ-

Fuchsien können bis zum Wintereinbruch draußen bleiben

lich alle Pflanzenteile, die von Krankheiten oder Schädlingen befallen sind, zu entfernen.

Kübelpflanzen

Bei den Kübelpflanzen ist die Überwinterung die Regel. Sie ist natürlich wesentlich aufwendiger, aber auch lohnender als bei den Blumen der Balkonkästen. Individuelle Hinweise zu Standort und Temperatur finden Sie hierzu bei den Pflanzenporträts ab S. 343. Die meisten Balkon- und Kübelpflanzen bevorzugen i. A. Überwinterungstemperaturen zwischen 5 und 12 °C – also frostsicher, aber keinesfalls Zimmertemperatur. Von den Kübelpflanzen können nur Bougainvillea und Roseneibisch in unseren Wohnräumen überwintern, notfalls auch die Schönmalve (Abutilon) und die Zitrusarten. Auch Pelargonien mögen es mit 10 bis 15 °C ein wenig wärmer.

Einige Feigenbaumarten sind winterhart

Winterlager

Je wärmer der Überwinterungsplatz ist, desto stärker treiben die Pflanzen aus. Die Belichtung sollte daher mit der Temperatur in einem ausgewogenen Verhältnis stehen. Bei 0 bis 5 °C genügt ein Kellerfenster; hier sind laubabwerfende Arten am besten aufgehoben. Auch lichte Treppenhäuser oder Garagen eignen sich als Winterlager. Optimal wäre ein frostfreier Wintergarten oder ein

PFLEGELEICHT-TIPP

Blattfall im Winterquartier

Häufig kommt es einige Tage nach dem Einräumen der Kübelpflanzen zu einem stärkeren Blattfall. Das braucht Sie jedoch nicht weiter zu beunruhigen, da es meist nur auf die deutlich geringere Luftfeuchtigkeit im Winterquartier zurückzuführen ist. Sie müssen daher keine besonderen Maßnahmen zur Abhilfe ergreifen.

PFLEGELEICHT-TIPP

Kübelpflanzen ausräumen

Überwinterten Kübelpflanzen tut es gut, wenn sie erstmals in einer milden Regenperiode im Frühjahr ausgeräumt werden. Die hohe Luftfeuchtigkeit weckt sie buchstäblich aus dem Winterschlaf und erleichtert ihnen somit das Eingewöhnen an das Freiland.

Gewächshaus. Da die wenigsten Balkongärtner über großzügige Möglichkeiten verfügen, bieten mittlerweile zahlreiche Gartenbaubetriebe die Möglichkeit an, Kübel- und Balkonpflanzen in ihren Gewächshäusern überwintern zu lassen. Die Quadratmeterpreise sind allerdings beträchtlich, sodass sich diese anspruchsvolle Überwinterung v. a. für Notfälle oder für wertvolle Pflanzen empfiehlt. Übrigens: Im Winterlager sollten Sie die Pflanzen etwa alle zwei Wochen kontrollieren und zurückhaltend nach Bedarf mit Wasser versorgen. Nur bei wenigen Arten darf der Wurzelballen völlig austrocknen; eine Vernässung ist jedoch in jedem Fall zu vermeiden. Außerdem empfiehlt es sich, bei milder Witterung gelegentlich zu lüften. Zwischen Mitte Februar und Mitte März werden die überwinterten Pflanzen ausgeputzt, zurückgeschnitten und in frisches Substrat und geeignete Gefäße gesetzt. Wenn man sie jetzt etwas heller und wärmer aufstellt, treiben sie schon aus und gewinnen einen Wachstumsvorsprung für den Saisonstart. Die Wasserzufuhr ist nun in angemessener Weise zu erhöhen.

PFLEGELEICHT-TIPP

Frische Erde für Kübelpflanzen

Ältere Kübelpflanzen brauchen nicht jedes Jahr umgetopft zu werden. Doch sollten Sie sie im Frühjahr mit einer frischer Schicht Erde versorgen, die das verbrauchte und teils zusammengesackte Substrat ersetzt. Entfernen Sie dazu vorsichtig die oberste Lage der alten Erde, füllen Sie mit frischem Substrat auf, drücken Sie es etwas fest und gießen Sie es leicht an.

Wer einen frostfreien Wintergarten besitzt, hat damit einen idealen Überwinterungsort seiner Balkon- oder Terrassenpflanzen

Pflanzenkunde von A bis Z

Frühjahrsblüher

Einige der populärsten Frühjahrsblüher gehören zu den „Zweijährigen“, die im vorhergehenden Sommer ausgesät werden müssen. Der beste Zeitpunkt dafür liegt im Juni und Juli. Etwa sechs Wochen später werden die Sämlinge pikiert. Zahlreiche Pflanzen zeigen so bereits im Herbst erste Blüten. Zum Schutz vor Frost und Sonnenstrahlen empfiehlt es sich, sie den Winter über mit Reisig abzudecken. Gelegentlich werden bereits im Herbst Kübel und Kastengefäße mit Blumenzwiebeln und anderen Frühjahrsblühern bepflanzt. Sie sind dann ebenfalls geschützt aufzustellen.

PFLEGELEICHT-TIPP

Auf die Schnelle

Wer weder Zeit noch Platz für langwieriges Säen oder Pflanzen von Blumenzwiebeln hat, holt sich die Pflanzen ab Mitte Februar in Gartenfachbetrieben und pflanzt sie in einen Kasten mit humosem, nährstoffreichem Substrat.

Maßliebchen

Bellis perennis

Das „gefüllte Gänseblümchen“ blüht mit seinen weißen oder rötlichen Blüten fleißig vom Frühjahrsbeginn bis weit in den Mai hinein.
Standort: Das Maßliebchen gedeiht am besten an sonnigen bis halbschattigen Plätzen.
Pflege: Bei der Aussaat sollte auf gleichmäßige Feuchtigkeit des Substrats geachtet werden. Abgeblühte Blütenstände schneidet man regelmäßig ab.

Primeln

Primula-Elatior-Hybriden, *P. vulgaris*

Von den Primeln gibt es zahlreiche Farbsorten, die sich für die Frühjahrsbepflanzung von Balkon und Terrasse eignen. Primeln sind mehrjährige Blumen. Wer keinen Garten besitzt, kann sie dennoch jedes Jahr neu in einem Gartenfachbetrieb erwerben. Falls erwünscht, kann man sie auch zwischen Mai und Juli aussäen. Dann sind die Jungpflanzen bis zum Blühtermin kräftig genug.
Standort: Primeln bevorzugen ein frisches Substrat. Sie gedeihen im Halbschatten besser als in der prallen Sonne.
Pflege: Primeln benötigen immer ausreichend Feuchtigkeit. Nach dem Auspflanzen auf Balkon oder Terrasse ist unbedingt ein Schutz gegen den Frost zu empfehlen.

Stiefmütterchen

Viola-Wittrockiana-Hybriden

Die Vielfalt von Farben und Zeichnungen bei den Blüten der Stiefmütterchen ist unüberschaubar. Bei der Bepflanzung eines Gefäßes sollte man sich allerdings auf eine oder zumindest auf wenige Sorten beschränken.
Standort: Das Stiefmütterchen gedeiht am besten an sonnigen bis halbschattigen Plätzen. Es benötigt dabei ein nährstoffreiches Substrat.
Pflege: Selbst ausgesätes Saatgut muss sehr sorgfältig feucht gehalten werden. Die ausgepflanzten Stiefmütterchen erfreuen später schon im zeitigen Frühjahr mit unermüdlicher Blüte, der sogar Spätfröste nichts anhaben können.

Vergissmeinnicht

Myosotis-Hybriden

Das Vergissmeinnicht ist eine überaus populäre Blume. Die zarten himmelblauen Blüten mit gelblichem Auge zeigen sich von April bis in den Juni hinein. Dabei werden sie bis zu 30 cm hoch und können sogar für die Vase geschnitten werden.
Standort: Das Vergissmeinnicht entwickelt sich an halbschattigen Standorten am besten. An vollsonnigen Plätzen treten leicht Trockenschäden auf.
Pflege: Nach der Aussaat im Frühsommer des Vorjahres müssen die zarten Keimlinge rechtzeitig vereinzelt werden, damit sie bis zum Herbst kräftig heranwachsen. Die Pflanzen sollten immer gut feucht gehalten werden.

Pflanzen für den Sommer

Begonie (Knollenbegonie)

Begonia tuberhybrida

Die Begonie ist eine überaus beliebte Pflanze für den Balkonkasten. Es gibt mehr als hundert verschiedene Arten.
Standort: Knollenbegonien entfalten ihre Blüten in vielen Farben bevorzugt im Schatten. Die Hängeformen eignen sich auch für Blumenampeln.
Pflege: Die Knollen lassen sich bei 0 bis 5 °C leicht überwintern. Dazu werden sie im November aus dem Gefäß geholt und trocken in Torf oder Zeitungen eingeschlagen. Ab März können die Blumenknollen am Fenster wieder angetrieben werden. Da sie sehr empfindlich gegen Kälte sind, lohnt es sich, mit dem Auspflanzen bis Anfang Juni abzuwarten.

Begonie (Semperflorensbegonie)

Begonia semperflorens

Semperflorens- oder Eisbegonien erkennt man an ihrem glänzenden Laub. Sie sind in verschiedenen Rottönen – auch zweifarbig – und in Weiß erhältlich. Zwar sind sie frostempfindlich, gehören aber zu den robustesten Beet- und Balkonpflanzen.
Standort: Die Eisbegonie bevorzugt eher absonnige bis halbschattige Plätze. Ins Freie darf sie erst ab Mitte Mai, wenn keine Nachtfröste mehr zu erwarten sind.
Pflege: Die Pflanze sollte den ganzen Sommer über immer gleichmäßig feucht gehalten werden. Welke, braune Blütenblätter müssen sofort entfernt werden, da sie sonst zu faulen beginnen und zu Krankheitsherden werden.

Duftsteinrich

Lobularia maritima

Der Duftsteinrich hat sich als Unterpflanzung zwischen hohen Arten oder unter Kübelpflanzen bewährt. Die duftenden Blüten in Violett, Weiß oder Rosa säen sich laufend selbst aus.
Standort: An einem sonnigen bis halbschattigen Platz gedeiht der anspruchslose Duftsteinrich am besten.
Pflege: Ab Ende April kann man die Lichtkeimer direkt in den Balkonkasten säen oder schon etwas früher vorkultivieren, um sie ab Mitte Mai auszupflanzen. Nach der ersten Blüte wird die Pflanze mit der Schere gestutzt; sie blüht dann ein zweites Mal.

PFLEGELEICHT-TIPP

Schnelle Keimung

Achten Sie bei der Pflanzung der Knollenbegonie immer darauf, dass die Einbuchtung der Knolle oben liegt. So können Sie eine schnelle Keimung Ihrer Pflanzen positiv beeinflussen.

Edellieschen

Impatiens-Hybriden

Die großen Blütenteller erfreuen mit einem unvergleichlichen Angebot an Farben. Im Normalfall werden die Jungpflanzen dieser Blume beim Gärtner eingekauft.
Standort: Edellieschen benötigen im Gegensatz zu den bekannten Fleißigen Lieschen viel Sonne. Sie sind empfindlich gegen Kälte und dürfen erst ins Freie gesetzt werden, wenn keine Frostgefahr mehr besteht.
Pflege: Ein ausgeglichener Wasserhaushalt ist äußerst wichtig für ein gutes Gedeihen der Edellieschen: Bei einem Wasserüberschuss faulen sie leicht, von einem Wassermangel erholen sie sich dagegen nur sehr schwer.

Elfenspiegel

Nemesia fruticans

Die attraktiveren Stecklingssorten werden nur in wenigen Farbsorten (Weiß, Rosa, Blautöne) angeboten. Die Sorte „Blue Bird" mit blauer Blüte und gelb-weißem Auge wirkt besonders ansprechend.
Standort: Der Elfenspiegel fühlt sich an einem sonnigen bis halbschattigen Standort, der vor Regen geschützt ist, am wohlsten.
Pflege: Wenn man die Pflanze nach der Hauptblüte zurückschneidet, kommt es zu einem zweiten Flor. Während der Sommerzeit sollte eine stetige Bewässerung gesichert sein. Die samenvermehrten Sorten wirken bunter, aber auch uneinheitlicher und sind außerdem empfindlicher.

Elfensporn

Diascia barberae, D. rigens

Bei den stecklingsvermehrten Sorten wurden in den letzten Jahren kräftigere Farbtöne (v. a. Rosa- und Rottöne, auch Korallenorange) und kompakteres Wachstum erzielt. Besonders beliebt ist die orangefarbene „Coral Belle".
Standort: Der Elfensporn bevorzugt einen sonnigen bis halbschattigen Standort.
Pflege: Aufgrund seines zierlichen Wuchses sollte der Elfensporn nicht neben wüchsige Arten gesetzt werden. Wichtig für das Gedeihen ist außerdem die ausgeglichene Feuchtigkeit im Substrat. Um einen frischen Blütenaustrieb anzuregen, können Sie die Pflanzen bis auf 5 cm zurückschneiden.

Fächerblume

Scaevola aemula

Wenn die Pflanzen regelmäßig gegossen und gedüngt werden, sind die Spitzen der überhängenden Triebe den ganzen Sommer über voller fächerartiger, blauer Blüten.

Standort: An einem sonnigen bis halbschattigen Standort gedeiht die Fächerblume am besten.

Pflege: Wichtig für ihr Gedeihen ist kalkfreies Gießwasser; am besten verwenden Sie also Regenwasser. Jungpflanzen sind in Gärtnereibetrieben erhältlich. Bei guter Pflege können sie an einem hellen Standort bei 10 bis 15 °C überwintern. Vor dem Austrieb im Frühjahr sollten die überlangen Triebe kräftig zurückgeschnitten werden.

PFLEGELEICHT-TIPP

Wasserversorgung

Trocknen Fuchsien aus, so stellen sie sofort die Blütenbildung ein. Sorgen Sie deshalb für eine ausreichende und regelmäßige Wasserversorgung!

Fuchsie

Fuchsia-Hybriden

Fuchsien schmücken mit ihren zarten Blüten, die zweifarbig in Weiß-, Rot- und Blautönen erscheinen, beschattete Balkone bis weit in den Herbst hinein. Mit unterschiedlichen Blütenformen bieten sie etwas für jeden Geschmack: Es gibt trompeten-, glocken-, röhrenförmige und sogar barock verspielte Blüten in verschiedenen Farbkombinationen. Grundsätzlich werden Fuchsien in aufrechte und hängende Sorten unterteilt. Auch die Größe kann sehr unterschiedlich ausfallen.

Standort: Die Fuchsie ist eine Pflanze, die für halbschattige bis schattige Standorte besonders gut geeignet ist.

Pflege: Was die Überwinterung angeht, gilt Folgendes: Fuchsien sind robuster als beispielsweise Geranien und können die ersten kühlen Nächte gut überstehen. Vor stärkerem Frost jedoch sollten die Pflanzen in ihr Winterlager gebracht werden und bei 5 bis 10 °C überwintern, wobei lange Triebe zuvor unbedingt zurückgeschnitten werden sollten. Im März werden sie ausgeputzt, eingetopft und an einem wärmeren Standort auf den Freilandstart vorbereitet. Vermehrt werden Fuchsien durch Stecklinge, die man entweder im Spätherbst oder gegen Ende der Überwinterung gewinnt.

Gänseblümchen, Blaues

Brachycome multifida

Mit ihren blauen Strahlenblüten über zart gefiedertem Laub erinnert die australische Pflanzenart an unser Gänseblümchen.

Standort: Das Blaue Gänseblümchen benötigt für ein gutes Gedeihen einen sonnigen bis halbschattigen Standort.

Der Duftbalkon

✿ Dufterlebnis

Welch himmlischer Duft! Welch prächtige Farben! Duftende Blumen auf Balkon und Terrasse umschmeicheln Nase und Augen. Ob zart oder kräftig, ob abends oder am Tag - bei der richtigen Auswahl kann man das Dufterlebnis ganz auf die eigenen Vorlieben abstimmen.

✿ Mal blumig, mal süß

Nicht nur wegen ihrer anmutigen Optik, sondern auch wegen ihres vielfältigen Dufts beliebt sind Rosen. Mal duften sie nach Apfel, mal nach Veilchen, mal intensiv, mal dezent. Oder aber die Engelstrompete mit ihrem blumigen Duft und ihrer grazilen Gestalt. Besonders nachts betört sie unsere Nase. Zu jeder Tages- und Nachtzeit hingegen verströmt der Oleander seinen süßlichen Geruch. Speziell gefüllte Blüten eignen sich für den Duftbalkon. Zum mediterranen Charme des Oleanders passen übrigens die Zitruspflanzen - optisch und aromatisch. Denn der intensive Duft der jeweiligen Frucht unterstreicht das südländische Ambiente.

✿ Kleine Duftwunder

Die folgenden Blumen gehören zu den eher kleinwüchsigen Pflanzen auf Balkon und Terrasse. Dennoch sind sie wahre Duftwunder. Beispielsweise das Stiefmütterchen mit seinem angenehmen Veilchenduft. Im Fall von Geranien gibt es gar spezielle Züchtungen mit verschiedenen Düften, die sogenannten Duftpelargonien. Ob Rose, Zitrone oder Pfefferminze - fragen Sie Ihren Gärtner, welche Duftrichtungen er im Sortiment hat.

✿ Für alle Sinne

Nicht nur eine Wohltat für Nase und Augen sind Kräuter auf Balkon und Terrasse. Sie erfreuen auch den Gaumen. Würzig duften da Rosmarin, Lavendel und Salbei. Fruchtig hingegen ist das Aroma der Pfefferminze. Aufgepeppt wird das Ensemble von der Kapuzinerkresse. Frische verbreitet zum einen ihre kräftige Blütenfarbe in sattem Orange, Gelb oder Rot, zum anderen ihr spezifischer Duft.

INFO

Geranienzucht

Geranien lassen sich sowohl aus Samen als auch aus Stecklingen vermehren. Aufgrund der langen Entwicklungszeit werden diese beliebten Gartenpflanzen beim Gärtner schon ab Ende Dezember vorgezogen. Die Aussaat zu Hause empfiehlt sich hingegen nur, wenn Sie über ein beheizbares Gewächshaus mit Zusatzbeleuchtung verfügen.

Pflege: Ab März kann das Blaue Gänseblümchen an einem warmen Platz ausgesät werden. Die dankbarsten Sorten werden allerdings beim Gärtner durch Stecklinge vermehrt. Um das Substrat gleichmäßig feucht zu halten, sollten Sie kalkfreies Regenwasser bevorzugen.

Geranie

Pelargonium

Die Pflanzen, die wir als Geranien bezeichnen, gehören zwar zur großen Familie der Geranien oder Storchschnabelgewächse, heißen aber eigentlich Pelargonien. Die Gattung stammt aus dem südlichen Afrika und umfasst teilweise auch fleischige Arten. Ihre Spitzenstellung unter den Balkonpflanzen verdanken sie der pausenlosen Blüte in sonniger Lage, auch bei wechselhafter Witterung, ihrer Robustheit und der grandiosen Fernwirkung. Man unterscheidet zwischen Hängegeranien und aufrechten Sorten. Die hängenden Sorten (*Pelargonium-Peltatum*-Hybriden und Efeupelargonien) sind an ihrem glänzenden Laub zu erkennen, die aufrechten *Pelargonium-Zonale*-Hybriden an der bräunlichen Blattzeichnung. Kreuzungen aus beiden Arten führten zu Halbhängern oder Zonalpelargonien.

Standort: In der vollen Sonne fühlen sich Geranien am wohlsten.

Pflege: Geranien sollten ausgiebig mit Wasser und Dünger versorgt und regelmäßig ausgeputzt werden. Letzteres gilt vor allem für Zonalpelargonien.

Goldköpfchen

Chrysocephalum ramosissimum „Baby Gold“

Die kleinen gelben Blütenknöpfe dieser Verwandten der Strohblumen sind einzeln nicht sehr auffällig. Dafür blühen sie durchgehend

in großer Zahl von April bis in den Spätsommer und verströmen dabei einen zarten Duft.
Standort: Das Goldköpfchen benötigt für sein unermüdliches Blühen einen sonnigen Standort.
Pflege: Ein nahrhaftes Substrat ist Voraussetzung für ein gutes Gedeihen der Pflanze. Abgeblühte Pflanzenteile sollten regelmäßig entfernt werden.

Goldtaler

Asteriscus maritimus

Der Goldtaler wächst kompakt überhängend und blüht – goldgelb, daher auch sein Name – in sonnigen Lagen ausdauernd bis zum ersten Frost.
Standort: Der Goldtaler gedeiht an sonnigen bis halbschattigen Plätzen, blüht aber umso schöner, je sonniger er steht.
Pflege: Wichtig ist eine gleichmäßige Bewässerung bei gutem Wasserabzug. Im Sommer lässt er sich durch Stecklinge vermehren. Bei etwa 10 °C können Sie den Goldtaler sogar überwintern.

Gundermann

Glechoma hederacea

Der Gundermann – auch als Gundelrebe bekannt – bildet noch längere und schmalere „Hängebärte“ als der Weihrauch und eignet sich somit hervorragend zur formalen Gestaltung. Das panaschierte Laub ist optisch sehr ansprechend.
Standort: Der Gundermann fühlt sich an sonnigen wie auch halbschattigen Standorten wohl. Die Staude gedeiht gut neben den gängigen Blütenpflanzen und verträgt lediglich Staunässe schlecht.
Pflege: Die meist stecklingsvermehrte Pflanze kann notfalls kühl und relativ trocken überwintern. Normalerweise empfiehlt sich jedoch der Zukauf.

Husarenknöpfchen

Sanvitalia procumbens

Das Husarenknöpfchen bildet im Sommer reichlich gelbe Blütensterne.
Standort: Sonnige bis halbschattige Plätze sagen dem Husarenknöpfchen am meisten zu.
Pflege: Das Substrat darf nie völlig austrocknen. Durch Abschneiden von verwelkten Blüten lässt sich der Flor verlängern. Wenn ab Ende März ausgesät wird, können Sie die Jungpflanzen bereits Mitte Mai auspflanzen. Ab Mitte April ist auch eine Direktsaat möglich.

Kapkörbchen

Osteospermum und *Dimorphotheca*-Hybriden

Die den Margeriten ähnelnden Blüten öffnen sich nur in der Sonne. Sie zeigen wunderschöne Farben in Rottönen, Lila, Weiß und Gelb.
Standort: Die Pflanze benötigt einen sonnigen Standort. Da sie nur bei Sonnenschein blüht, hat man in regenreichen Sommern leider eher wenig Freude an ihr.
Pflege: Aufgrund des Wärmebedarfs sollte man sie außerdem erst ab Juni in den Pflanzkasten setzen. Das Kapkörbchen wird bevorzugt in Gärtnereibetrieben durch Stecklinge vermehrt.

Kapuzinerkresse

Tropaeolum majus

Die Kapuzinerkresse ist eine beliebte einjährige Pflanze für Balkon und Terrasse. Ihre trichterförmigen Blüten blühen in Gelb- und Rottönen.

Standort: An einem sonnigen bis halbschattigen Standort fühlt sich die Kapuzinerkresse am wohlsten.

Pflege: Ab Mitte April kann die Pflanze geschützt ausgesät werden; sie sollte jedoch erst nach Ende der Frostgefahr ausgepflanzt werden. Vorsichtig sollte man mit Düngergaben sein, da die Kapuzinerkresse bei zu starker Stickstoffdüngung mehr Blätter als Blüten entwickelt.

Kreuzkraut

Senecio bicolor

Die Pflanze mit den filzigen silbergrauen Blättern wird häufig als Beeteinfassung verwendet. Die im Sommer erscheinenden Blüten sind eher unscheinbar, hier wirkt das Blattwerk.

Standort: Das Kreuzkraut gedeiht an einem sonnigen bis halbschattigen Standort am besten.

Pflege: Das Kreuzkraut kann ab März vorkultiviert und gegen Ende Mai ins Freie gesetzt werden. Staunässe ist zu vermeiden.

Leberbalsam

Ageratum houstonianum

Wird das Leberbalsam schon ab Februar vorgezogen, so erscheinen mit etwas Glück bereits im Mai die meist blauen Blütenköpfe. Achtung! Die höher wüchsigen Sorten dieser Pflanze eignen sich nicht für die Balkonbepflanzung, sondern nur für den Garten.

Standort: Ein sonniger bis halbschattiger Standort ist für ein gutes Gedeihen des Leberbalsams am besten geeignet.

Pflege: Das Substrat, in dem die Pflanze gehalten wird, muss eine ausgeglichene Feuchtigkeit aufweisen, denn Trockenheit oder gar Staunässe verträgt das Leberbalsam nicht. Abgeblühte Blütenstände sollten regelmäßig entfernt werden.

Lieschen, Fleißiges

Impatiens walleriana

Diese Sommerblume hat sich durch unermüdliche Blühfreudigkeit – auch im Schatten – ihren Namen verdient. Erhältlich sind auch gefüllt blühende Sorten.
Standort: Das Fleißige Lieschen gedeiht an halbschattigen Standorten, es wächst aber erfreulicherweise auch im Schatten. Je besonnter der Standort, desto mehr ist für eine ausgeglichene Bodenfeuchtigkeit zu sorgen.
Pflege: Damit das Fleißige Lieschen zeitig blüht, muss es vom Gärtner bereits ab Januar vorgezogen werden. Zu Hause am Fensterbrett empfiehlt sich die Aussaat ab März.

Männertreu

Lobelia erinus

Auch wenn jede Einzelblüte nur einen Tag lang hält, überzeugt das Männertreu durch deren Menge und Unermüdlichkeit bis in den Herbst hinein. Sogar in relativ schattigen Lagen blüht es fleißig.
Standort: Das Männertreu stellt keine großen Ansprüche. Es gedeiht in der Sonne ebenso gut wie im Schatten.
Pflege: Wenn das Männertreu nach der Blüte um etwa ein Drittel zurückgeschnitten wird, blüht die Pflanze noch einmal.

Melampodie

Melampodium paludosum

Die Melampodie bildet halbrunde Polster mit zahlreichen gelben Blütensternen, die üppig bis zum Frost blühen.
Standort: Die anspruchslose Pflanze gedeiht in der Sonne und im Halbschatten. Sie bevorzugt ein gleichmäßig feuchtes Substrat.
Pflege: Die Melampodie sollte nur sparsam gedüngt werden. Ab April können die Pflanzen geschützt vorgezogen werden. Bei einer Direktaussaat im Mai kann die Blüte verzögert einsetzen.

Million Bells, Carillon

Callibrachoa-Hybriden

Seit einigen Jahren haben Minipetunien unter der Bezeichnung „Million Bells“ oder auch „Carillon“ unsere Balkone und Terrassen erobert. Die aufrecht-überhängenden Sorten weisen die interessanter gefärbten Blütenkelche auf, sind aber auch empfindlicher gegen Staunässe als die flachen Arten.
Standort: Sowohl in der vollen Sonne als auch im Halbschatten gedeiht die Pflanze gut.
Pflege: Abgeblühte Pflanzenteile sollten regelmäßig entfernt werden. Eine Überwinterung ist möglich, aber nicht sinnvoll, da die Pflanzen nur nach mehrfachem Ausbrechen ihre kompakte Form und Blühwilligkeit beibehalten.

Mittagsgold

Gazania-Hybriden

Die Blütensterne dieser „Primadonnen“ öffnen sich nur bei voller Sonne – bevorzugt also in der Mittagszeit. Im März vorkultivierte Jungpflanzen können ab Mitte Mai ausgepflanzt werden, kommen aber erst spät zur Blüte. Vom Fachbetrieb gekaufte Pflanzen dagegen blühen sofort bis weit in den Herbst hinein.
Standort: Die Pflanze fühlt sich in der vollen Sonne am wohlsten und blüht auch nur dort.
Pflege: Eine gleichmäßige Wasser- und Nährstoffversorgung ist Voraussetzung für ein gutes Gedeihen. Im Spätsommer können Sie das Mittagsgold durch Stecklinge vermehren, die sich im Keller überwintern lassen.

Pantoffelblume

Calceolaria integrifolia

Pantoffelblumen sind eigentlich Halbsträucher. Auch an relativ schattigen Plätzen erscheinen ihre gelben oder orangefarbenen Blüten mit großer Regelmäßigkeit.
Standort: Sowohl in der Sonne als auch im Schatten gedeiht und blüht die Pantoffelblume gut und gehört damit zu den universell einsetzbaren Balkon- und Terrassenpflanzen.
Pflege: Die Pflanze braucht vor allem eine gleichmäßige Bewässerung und nur gelegentlich eine Düngung. Im Spätsommer können Sie die Pantoffelblume aus Kopfstecklingen vermehren. Dagegen muss die Aussaat sehr zeitig geschehen, weshalb sich der Zukauf beim Gärtner empfiehlt.

Pepino

Solanum muricatum

Im Lauf des Sommers entwickeln sich aus den lila Blütensternen, wie sie für Nachtschattengewächse typisch sind, die gelblichen, violett gestreiften Früchte, die über den Gefäßrand hängen. Diese attraktiven Früchte sind sogar essbar.
Standort: Im Halbschatten fühlt sich der Pepino wohl und blüht und fruchtet gut. Die Früchte brauchen weniger Wärme als Tomaten und kommen in unserem Klima gut zur Reife.
Pflege: Regelmäßiges Wässern sowie eine wohldosierte Düngung sind für einen reichen Fruchtansatz unumgänglich. Die geschützte Aussaat ab Februar bringt Pflanzen mit geringem Fruchtbehang. Der Gärtner bewurzelt ab Ende Februar Stecklinge, die er nach den Eisheiligen auspflanzt. Die Pflanze kann an einem hellen Platz bei etwa 5 bis 8 °C überwintern.

Petunie

Petunia-Hybriden

Die für Nachtschattengewächse typischen Trichterblüten werden in einem reichen

Spektrum an Größen, Farben und Mustern angeboten: Es sind sogar zweifarbige, gefüllte und gefranste Blütenformen erhältlich. Besonders auffällig sind die Surfinias und einige andere Hybridzüchtungen: Ihre langen Triebe sind über und über mit leuchtenden Blüten besetzt. Sie sind nicht so empfindlich gegen Wind und Regen wie die alten samenvermehrten Sorten.
Standort: Volle Sonne mag die Petunie am liebsten, hier entwickelt sie eine wahre Blütenpracht.
Pflege: Die Lichtkeimer sollten ab Ende Februar bei etwa 20 °C ausgesät werden. Sobald sie gut eingewurzelt sind, dürfen Sie dem möglichst kalkfreien Gießwasser flüssigen Dünger beifügen. Surfinias bringen ihre volle Blühleistung nur bei ausgiebigem Gießen und Düngen. Entsprechend vertragen sie sich am besten mit anderen Starkzehrern – beispielsweise mit dem Zweizahn (Bidens) und mit Pelargonien.

PFLEGELEICHT-TIPP

Vergilbte Blätter

Da die Blätter der Petunie bei kalkreichem Wasser vergilben, empfiehlt sich die Verwendung von Regenwasser. Kurzfristig können Sie dieser Erscheinung (Chlorose) auch mit einem Eisenpräparat entgegenwirken.

Schneeflocke

Sutera-diffusus-syn.-Bacopa-Hybride

Von Mitte April bis zum Beginn der Frostperiode erscheinen auf den überhängenden Trieben der Schneeflocke die kleinen Blüten in großer Zahl. Außerdem gibt es auch eine empfehlenswerte Sorte mit sehr reichen, zartlila Blüten, die etwas ausladender wächst. Die Pflanzen sind relativ frosthart und können in einem kühlen Raum überwintern. Vermehrt werden sie im Normalfall durch Stecklinge.
Standort: Grundsätzlich gedeiht die Schneeflocke in allen Lagen – von der vollen Sonne bis zu schattigen Standorten. Als optimal hat sich jedoch der Platz im Halbschatten erwiesen, da die Pflanze in der vollen Sonne leicht austrocknet und dann mehrere Wochen mit der Blüte aussetzt.
Pflege: Die Pflanze muss gleichmäßig feucht gehalten werden.

Silberblatt, Gnaphalium

Helichrysum petiolare

Auf die gelegentlich erscheinenden gelblichen Blütenköpfe kommt es bei dieser Strukturpflanze nicht an, sondern auf die reich verzweigten und dekorativ belaubten Triebe. Obwohl weit verbreitet, hat sich für diese Pflanze noch kein gängiger Name eingebürgert. Sie ist nah mit der Zwergstrohblume verwandt. So wird sie ebenfalls vom Hobbygärtner durch Stecklinge vermehrt und lässt sich gut überwintern. Daneben gibt es eine kleinwüchsigere sowie eine cremegelb panaschierte Sorte. Ebenso werden häufig auch Sorten des Currykrauts (Helichrysum italicum) wegen ihres nadelartigen und silbrigen Laubs angeboten.
Standort: Das Silberblatt liebt einen sonnigen Standort.
Pflege: Bei der Bepflanzung der Kästen sollte beachtet werden, dass die Sorte „Silver" nur

mit ebenfalls starkwüchsigen Pflanzen kombiniert wird, da sie andere Arten sonst verdrängt.

Der Wurzelballen darf im Winter nicht völlig austrocknen, er darf jedoch auch nicht zu nass gehalten werden.

Strauchmargerite, Weiße

Argyranthemum syn. Chrysanthemum frutescens

Strauchmargeriten gehören mit zu den beliebtesten Balkonpflanzen. Man unterscheidet u. a. Sorten mit weißen oder gelben Blüten, mit grünem oder silbrigem Laub. Gelbe Sorten sind den weißen z. T. in Größe und Blühleistung überlegen. Die ebenfalls gelbe Gattung „Euryops" bleibt etwas niedriger, wirkt aber mit stark gefiedertem Laub und überhängenden Trieben naturgemäßer und blüht auch etwas schwächer. Aufgrund ihrer Größe werden Strauchmargeriten oft einzeln in große Töpfe oder Kübel gesetzt oder sogar als Hochstamm gezogen.
Standort: Die Strauchmargerite gedeiht an sonnigen bis halbschattigen Plätzen am besten.
Pflege: Die größte Blütenpracht entwickelt sich, wenn die Sträucher reichlich gewässert und gedüngt werden. Verblühte Teile sollten regelmäßig entfernt werden. Ab August ist die Düngung einzustellen, damit die Pflanzen vor der Überwinterung ausreifen. Als Winterquartier ist ein 5 bis 10 °C kühler, aber frostfreier und heller Raum am besten geeignet.

Strohblume, Zwergstrohblume

Bracteantha-Hybride

Im Garten werden die zum Trocknen geeigneten Blüten wesentlich höher als bei den Züchtungen für den Balkon. Diese Sorten treiben zahlreiche Blüten aus einem kompakten Stock.
Standort: An sonnigen Standorten fühlt sich die Pflanze am wohlsten und treibt die meisten Blüten.
Pflege: Ab Mitte Mai darf man die Pflanzen in Kästen mit gutem Wasserabzug pflanzen, denn Staunässe vertragen sie schlecht. Auch ein Schutz gegen Regen von oben wirkt förderlich für das Gedeihen.

Studentenblume

Tagetes patula, T. tenuifolia

Diese Sommerblumen mit dem gefiederten Laub gibt es mit einfachen oder gefüllten, orangefarbenen Blüten sowie in verschiedenen Größen. Für den Balkon werden bevorzugt die niedrigeren Züchtungen verwendet.
Standort: In sonnigen Lagen aber auch im Halbschatten gedeiht die Studentenblume gleichermaßen gut.

Pflege: Ab April kann man die Pflanze an einem warmen Standort vorkultivieren und schon Ende des Monats in die Kästen ins Freie setzen. Verwelkte Blüten sollten Sie regelmäßig entfernen.

Vanilleblume

Heliotropium arborescens

Im Balkonkasten kommt der betörende Vanilleduft, den die breiten Blütendolden verströmen, am besten zur Geltung.
Standort: An einem sonnigen Platz entwickelt sich die Pflanze am besten und ihr Duft verbreitet sich wunderbar. Sie gedeiht aber auch im Halbschatten.
Pflege: Förderlich für schöne Blüten ist eine regelmäßige Düngung. Außerdem empfiehlt es sich, verwelkte Blütenstände regelmäßig auszuschneiden. Die strauchartige Pflanze kann wie eine Kübelpflanze geschützt überwintert werden. Oder Sie schneiden im Herbst Stecklinge und überwintern die bewurzelten Pflänzchen kühl und hell. Bei eigener Aussaat ab März kommen die Pflanzen erst spät zur Blüte. Deshalb ist der Zukauf von Pflanzen zu bevorzugen.

PFLEGELEICHT-TIPP

Spätes Auspflanzen

Aufgrund der Empfindlichkeit gegen Kälte sollten Sie mit dem Auspflanzen der Vanilleblume bis Anfang Juni warten.

Verbene, Eisenkraut

Verbena tenera

Von diesen Balkonblumen gibt es zahlreiche Sorten in verschiedenen Farben und Wuchsformen. Je nach Gestaltungswunsch kann man zwischen den aufrechten und den hängenden Sorten wählen. Neue Züchtungen wurden unter den Gruppennamen „Tapien" und „Temari" auf den Markt gebracht. Die flach und schwächer wüchsigen Tapien mit ihrem zarten, nadelartigen Laub verfügen neben zwei rosafarbenen v. a. über eine schöne blaue Sorte. Die Temari dagegen zeigen das bekannte Verbenenlaub, sind ein wenig anfälliger für Mehltau und weisen attraktive Farbsorten in kräftigem Scharlachrot, Pink und Violett auf. Durch ihre größere Wüchsigkeit eignen sie sich besser für Ampeln oder gar Kübel.
Standort: Verbenen können sowohl an sonnigen als auch an halbschattigen Standorten kultiviert werden.
Pflege: Abgeblühte Pflanzenteile sind regelmäßig zu entfernen, um eine zweite Blüte zu fördern. Die Pflanze gleichmäßig feucht halten, aber nicht zu reichlich gießen.

Wandelröschen

Lantana-Camara-Hybriden

Der Name weist darauf hin, dass jede einzelne Blüte im Laufe ihrer Entwicklung die Farbe wechselt. Da sich an jeder Dolde zahlrei-

che kleine Blüten in verschiedenen Stadien befinden, entsteht oft der Eindruck einer mehrfarbigen Blüte. Der genaue Farbverlauf variiert je nach Sorte.
Standort: Die Pflanze benötigt einen sonnigen Standort.
Pflege: Gießen Sie ausreichend und sorgen Sie für genügend Nährstoffe. Das fördert die Nachblüte. Übrigens: Die Früchte sind leicht giftig. Entfernen Sie daher verwelkte Blütenstände rechtzeitig – v. a. wenn Kinder im Haus sind. Im Frühjahr lassen sich Wandelröschen durch blütenlose Kopfstecklinge vermehren. Die Aussaat überlässt man besser dem Gärtner. Das strauchige Gewächs kann aber auch wie eine Kübelpflanze überwintert werden. Das lohnt sich insbesondere, wenn das Wandelröschen als Hochstamm gezogen wurde.

Weihrauch

Plectranthus coleoides

Diese sparrige Blattpflanze eignet sich mit ihrem weiß gerandeten Laub hervorragend als Strukturbildner im Blumenkasten. Bei guter Ernährung können die Triebe bis über 1,5 m aus dem Kasten hängen. Dagegen erscheinen die Blüten eher unauffällig.
Standort: Bevorzugter Standort dieser Strukturpflanze ist der Halbschatten. Bei sonniger Lage sollten Sie dafür sorgen, dass das Substrat nicht austrocknet.
Pflege: Der mehrjährige Weihrauch lässt sich überwintern oder durch Kopfstecklinge vermehren. In der kalten Jahreszeit ist er am besten in einem kühlen und hellen Raum untergebracht.

Wucherblume, Zwergmargerite

Chrysanthemum multicaule, Chr. paludosum, Chr. maximum

Die Chrysanthemum maximum „Snow Lady“ wird trotz großer Blüten nicht höher als 20 cm und kann in einer Dauerpflanzung überwintern. Die beiden anderen Arten müssen jedes Jahr ab Ende März neu ausgesät werden. *Chrysanthemum paludosum* verfügt über die typischen weißen Margeritenblüten mit gelbem Zentrum, während die *Chrysanthemum multicaule* hingegen rein gelbe Blüten zeigt. Auch hier blühen die vom Gärtner zugekauften Pflanzen deutlich früher. Dabei erweisen sich die weißen Sorten als etwas robuster und blühen ausdauernder.
Standort: Die Wucherblume gedeiht sowohl in sonnigen als auch in halbschattigen Lagen.
Pflege: Regelmäßiges, reichliches Gießen sowie Düngergaben alle 14 Tage sind für ein gutes Wachstum und eine reiche Blüte unerlässlich. Verblühte Pflanzenteile sollten regelmäßig entfernt werden.

Ziersalbei

Salvia splendens, S. farinacea

Diese Salbeiarten locken nicht mit aromatisch duftenden Blättern, sondern mit Blüten in knalligen Farben. Der rote oder manchmal dunkelviolette Feuersalbei *(S. splendens)* ist etwas empfindlicher. Vom blaublütigen „Mehligen Salbei“ *(S. farinacea)* befinden sich einige besonders elegante Sorten auf dem Markt.
Standort: Der Ziersalbei wächst gut an sonnigen bis halbschattigen Plätzen.
Pflege: Die Pflanze muss gleichmäßig gewässert und gedüngt werden, Staunässe ist dabei allerdings unbedingt zu vermeiden.

Ziertabak

Nicotiana x sanderae

Da Ziertabak giftig ist (Nikotin!), sollten Kleinkinder von ihm ferngehalten werden. Trotzdem erfreut er sich großer Beliebtheit, da er auch noch unter relativ ungünstigen Bedingungen reich und dauerhaft blüht.
Standort: Der Ziertabak liebt einen sonnigen Standort, gedeiht aber auch im Halbschatten. Er sollte windgeschützt stehen.
Pflege: Ausgiebiges Bewässern und Düngen sind unerlässlich für eine dauerhafte Blüte. Der Ziertabak kann im März an einem warmen, hellen Platz ausgesät werden, empfehlenswerter ist aber der Kauf in der Gärtnerei.

Zigarettenblume, Köcherblume

Cuphea ignea

Ab Mai erscheinen aus den Blattachseln des kleinen Strauchs unzählige kleine Blütenröhrchen. Mittlerweile ist auch eine attraktive Art mit größeren Blüten auf dem Markt.
Standort: Ein Standort in der vollen Sonne ist der Zigarettenblume am liebsten. Sie gedeiht aber auch noch im Halbschatten.
Pflege: Wichtig für eine dauerhafte Blüte ist ein ausgiebiges Gießen der Pflanze. Die Zigarettenblume wird bei uns einjährig gezogen und entweder ab April geschützt ausgesät oder im Frühjahr durch Stecklinge vom letzten Jahr vermehrt. Bei etwa 5 bis 8 °C lassen sich die Pflanzen gut überwintern.

Zweizahn, Goldmarie

Bidens aurea, B. ferulifolia

Mit gelben Blütensternen und üppiger Wüchsigkeit eignet sich die überhängende Goldmarie für Kästen und Ampeln. In Kombination mit Petunien kommt die Pflanze besonders gut zur Geltung.
Standort: Ein sonniger Standort ist der optimale Platz für den Zweizahn. Zu beachten ist bei der Standortwahl seine starke Wuchskraft: Weniger starkwüchsige Pflanzen könnten verdrängt werden.
Pflege: Ab März kann die Pflanze geschützt ausgesät werden. Mehrfaches Entspitzen fördert ein verzweigtes Wachstum. In den Gärtnereien erhält man mittlerweile relativ kompakt bleibende, stecklingsvermehrte Sorten. Die ausgewachsenen Pflanzen haben einen sehr hohen Wasser- und Nährstoffbedarf.

Strahlend schön

✿ Dekorieren mit Licht

Moderne Beleuchtungen spenden nicht einfach nur Licht im Dunkeln. Sie sind ein wichtiges Deko-Element auf Balkon und Terrasse - und tragen zum Gelingen jeder Party bei. Schmücken Sie Ihr „grünes Wohnzimmer" mit Outdoor-Lichterketten, Fackeln, Windlichtern in Alu-Glas-Behältern oder Kerzen, die bei Wind nicht ausgehen. Oder basteln Sie Lampions aus Papier! Auch Windlichter, mit frischen Blüten geschmückt, sind eine wirkungsvolle Gestaltungsmöglichkeit.

✿ Romantik-Flair

Für romantische Stunden können Sie Rosenbäumchen im Kübel oder eine Kletterrose am Rankgerüst mit einer Lichterkette verzieren. Binden Sie diese dafür an stabilen Ästchen fest oder benutzen Sie einen grünen Draht. Stehlen Sie dem eigentlichen Highlight, der Rose, allerdings nicht die Schau. Wählen Sie bevorzugt Ketten mit kleinen Lichtern aus und verzichten Sie auf bunte Glühbirnen.

✿ Stimmungsvoll

Besonders im Winter, wenn die Balkonbepflanzung recht eintönig ist, können Lichterketten für eine festliche Atmosphäre sorgen. Dafür benötigen Sie nicht einmal einen extra aufgestellten Weihnachtsbaum. Schmücken Sie einfach einen immergrünen Baum oder Strauch mit kleinen Lichtern. Die Beleuchtung kann natürlich das ganze Jahr über ein wertvolles Deko-Element für Balkon oder Terrasse darstellen.

✿ Glitzerndes Schauspiel

Sie sind kein Freund von elektrischen Lichterketten, wollen aber dennoch nicht auf eine stimmungsvolle Beleuchtung verzichten? Dann stellen Sie auf Ihren Tisch eine durchsichtige Schüssel, füllen Sie diese mit Wasser und lassen Sie Schwimmkerzen darin schwimmen. Ein paar farblich darauf abgestimmte Blüten dazu, und das glitzernde Schauspiel ist perfekt. Oder aber Sie legen die Schwimmkerzen in Ihren Miniteich (s. S. 306). Die ideale Deko für lauwarme Sommernächte auf Balkon oder Terrasse.

INFO

Weitere Sommerpflanzen

Die Liste der Balkonpflanzen ist damit noch lange nicht zu Ende – nachfolgend noch einige weitere Anregungen:

- Bechermalve *(Lavatera trimestris)*
- Buntnessel *(Coleus-Blumei-*Hybriden*)*
- Blaue Mauritius *(Convolvulus sabatius)*
- Fuchsschwanz *(Amaranthus caudatus)*
- Gauklerblume *(Mimulus-*Hybriden*)*
- Gelbes Gänseblümchen *(Thymophylla tenuiloba)*
- Grünlilie *(Chlorophytum comosum* „Variegatum“*)*
- Hahnenkamm *(Celosia argentea)*
- Hornklee *(Lotus berthelottii, L. maculatus)*
- Iresine *(Iresine herbstii, I. lindenii)*
- Lampionblume *(Physalis alkekengii)*
- Mignondahlien *(Dahlia-*Hybriden*)*
- Nelken *(Dianthus chinensis, D. carophyllus)*
- Nierembergie *(Nierembergia hippomanica)*
- Portulakröschen *(Portulaca grandiflora)*
- Sommerzypresse *(Kochia scoparia)*
- Spaltblume *(Schizanthus-Wisetonensis-*Hybriden*)*
- Spanisches Gänseblümchen *(Erigeron karwinskianus)*
- Zierkohl *(Brassica)*
- Kapaster *(Felicia amelloides)*
- Zwergzinnie *(Zinnia haageana, Z. elegans)*

Pflanzen für das Saisonende

Wenn die Temperaturen fallen und der Blütenflor der Sommerblüher endet, muss nach- bzw. umgepflanzt werden, um eine abwechslungsreiche Bepflanzung bis in den Winter hinein zu gewährleisten. Seit einigen Jahren befindet sich unter der Bezeichnung „Herbstzauber“ ein Sortiment von winterharten Stauden auf dem Markt, die sich für die Gefäßbepflanzung ab August eignen. Es handelt sich hierbei um eine Mischung aus Spätblühern und Strukturpflanzen. Besonders mit den Letztgenannten – in abwechslungsreichen Laub- und Wuchsformen – lassen sich naturnahe und malerisch wirkende Situationen gestalten. Zu den Blütenpflanzen dieses Sortiments gehören u. a. die Fetthenne *(Sedum spectabile)*, die Teppichaster *(Aster dumosus)* und der Bleiwurz *(Ceratostigma plumbaginoides)*. Beliebt ist auch der Japanische Enzian *(Gentiana scabra* „Shusui“*)* – mit seinen auffälligen Blütenbechern der Star unter den Herbstblühern. Optisch sehr reizvoll ist die Silberrand-Chrysantheme *(Ajanja)*: Die relativ kleinen, gelben Blütenknöpfchen

INFO

Herbstkompositionen

Für eine schöne Herbstkomposition verwenden Sie beispielsweise rotlaubige Purpurglöckchen *(Heuchera-Hybriden)*, Günsel *(Ajuga)* oder Wolfsmilcharten *(Euphorbia)*, kleinwüchsige Bergenien *(Bergenia)* mit großen herzförmigen Blättern, silberlaubiges Heiligenkraut *(Santolina)* oder Currykraut *(Helichrysum thianshanicum)*, verschieden gefärbte Salbeisorten *(Salvia officinalis)*, überhängendes Goldpfennigkraut *(Lysimachia nummularia)* sowie Gräser *(Carex)* oder grasartige Stauden *(Acorus)*.

stehen über gelappten Blättern, die durch ihre silbrig grau behaarten Ränder besonders apart wirken. Ebenfalls bis weit in den Herbst hinein blühen die einjährigen Sorten des Feuersalbeis *(Salvia splendens)*. Das Spektrum der Pflanzen, die in der Vorweihnachtszeit ihren Blütehöhepunkt erreichen, ist nicht sehr groß. Normalerweise muss man für die Begleitung dieser von Allerheiligen bis in den Advent blühenden Arten auf immergrüne Pflanzen zurückgreifen.

Chrysantheme

Chrysanthemum-Indicum-Hybriden

Die Blütezeit der Chrysantheme zieht sich von August bis in den Winter hinein. Die schwachwüchsigen Sorten eignen sich deshalb gut für die Bepflanzung von Balkonkästen im Herbst und Winter.
Standort: An einem sonnigen Standort gedeiht die Chrysantheme am besten.

Pflege: Regelmäßiges Düngen und Gießen sowie das Entfernen verblühter Pflanzenteile fördern den Blütenreichtum. Bei starkem Frost sollte man die Pflanze kurzzeitig abdecken.

Erika

Erica gracilis

Erika kauft der Hobbygärtner zu Beginn der Blütezeit (von September bis Dezember) im Gartenfachhandel. Es gibt eine reiche Sortenauswahl in zahlreichen Farbzüchtungen; die auffälligsten Farbvarianten allerdings sind oft eingefärbt und nicht von Dauer.
Standort: Erika gedeiht auf sonnigen aber auch halbschattigen Plätzen und benötigt ein saures Torfsubstrat.
Pflege: Die Pflanze sollte immer gleichmäßig feucht gehalten werden.

Heidekraut

Caluna vulgaris

Das heimische Heidekraut, ebenso bekannt als Besenheide, ist eine Moorbeetpflanze. Sie geleitet uns mit spätsommerlichen Blüten in den Herbst. Aber auch für eine vorwinterliche Bepflanzung von September bis Dezem-

INFO

Rote Beeren im Winter

Eine sehr schöne optische Bereicherung für den winterlichen Balkon ist die Skimmie *(Skimmia)*. Das frostharte Gehölz schmückt sich den ganzen Winter mit leuchtend roten Beeren.

ber eignet sich ein kleiner Teil der Sorten mit weißen und rötlichen Blüten.

Standort: Das Heidekraut stellt keine allzu großen Ansprüche an den Standort. Es gedeiht auch noch an halbschattigen, nährstoffarmen Plätzen, benötigt jedoch ein saures Torfsubstrat.

Pflege: Damit die Blühfähigkeit der Pflanze erhalten bleibt, sollte sie einmal im Jahr zurückgeschnitten werden.

Schneeheide

Erica herbacea

Die Schneeheide blüht während der kältesten Zeit des Jahres, zwischen Dezember und April. Neben verschiedenen Rottönen gibt es auch weiß blühende Sorten.

Standort: Entscheidend für eine üppige Blüte ist ein sonniger Standort. Im Gegensatz zu Heidekraut und Erika ist die Schneeheide nicht kalkempfindlich und gedeiht in normaler Balkonerde.

Pflege: Im Frühjahr nach der Blüte sollte man die Schneeheide zurückschneiden, um einen kompakten Wuchs zu fördern.

Kübelpflanzen

Unter dem sachlichen Begriff „Kübelpflanzen“ verstecken sich Pflanzenschätze aus südlichen Ländern, die in unserem Klima nicht im Freien überleben können und außerdem so groß sind, dass sie nicht in die üblichen Kästen und Töpfe passen. Am besten wird daher zu einem Ton- oder Keramikkübel gegriffen, manchmal bietet sich auch ein halbiertes Holzfass an. Die meisten Kübelpflanzen vertragen kaum Frost und müssen im Winter in Sicherheit gebracht werden. Die Ansprüche an das Überwinterungsklima sind ebenso individuell wie die Bedürfnisse hinsichtlich der Wasser- und Nährstoffversorgung während des Sommers. Gemeinsam ist den meisten Arten die Vorliebe für einen sonnigen Platz. Außerdem ist für einen sicheren Wasserabfluss zu sorgen – auch wenn manche Kübelpflanzen an heißen Tagen einen schier unstillbaren Durst entwickeln.

Bougainvillea

Bougainvillea glabra

Es sind die prächtigen Scheinblüten, die das Gehölz mit leuchtendem Violett oder auch anderen Farben bei speziellen Züchtungen überziehen.
Standort: Bei uns gedeiht die Pflanze nur dann befriedigend, wenn man sie an einer warmen Wand aufstellt. Die Temperatur im Winterquartier sollte um 10 °C betragen.
Pflege: Die Bougainvillea muss immer gleichmäßig feucht gehalten und regelmäßig gedüngt werden.

Engelstrompete

Datura-Hybriden

Die Engelstrompete ist eine der bekanntesten und beliebtesten Kübelpflanzen, deren riesige Trompetenblüten mit Einbruch der Dämmerung einen schweren, süßlichen Duft verströmen.
Standort: Die Engelstrompete bevorzugt einen sonnigen, windgeschützten Standort. Sobald sie ihr Laub abgeworfen hat, kann sie relativ kühl (10 bis 15 °C) und dunkel im Keller überwintern.
Pflege: Die Pflanze benötigt reichlich Wasser. An warmen Tagen im Sommer muss sie mitunter sogar zweimal gegossen werden. Regelmäßiges Düngen ist für eine üppige Blüte unbedingt erforderlich. Vor dem Einwintern kann man die Engelstrompete kräftig zurückschneiden.

Kartoffelstrauch

Solanum jasminoides, S. rantonettii, S. wendlandii

Diese Nachtschattengewächse gehören derselben Gattung wie unsere Kartoffel an. Während sich die langen Triebe von *Solanum jasminoides* wie eine Kletterpflanze aufleiten lassen, bleiben die beiden anderen Arten eher strauchig. Ihre Blütenteller in blauen, violetten oder weißen Tönen erfreuen den Hobbygärtner über lange Zeit.
Standort: Der Kartoffelstrauch gedeiht am besten an halbschattigen Standorten. Im Winter wirft er sein Laub ab und kann in dunklen Räumen überwintern.
Pflege: Die Pflanzen benötigen sorgfältige Pflege. Für eine üppige Blüte ist reichliches und regelmäßiges Gießen und Düngen unerlässlich.

INFO

Palmen

In den Gärtnereien sind zahlreiche Palmenarten mit länglichen oder fächerförmigen Wedeln im Angebot. Die Zwergpalme *(Chamaerops humilis)* bleibt besonders klein (unter 1 m), während die Fächerpalme *(Washingtonia filifera)* relativ rasch zu einem stattlichen Exemplar heranwächst, das dann schwierig zu überwintern ist. Die Hanfpalme *(Trachycarpus fortunei)* verträgt Frost bis unter minus 10 °C und kann in geschützten Lagen sogar im Freien überwintern. Eine zu warme Überwinterung bringt Probleme mit sich. Bei den Palmlilien *(Yucca)* gibt es ebenfalls Arten, die unsere Winter überstehen können. Sie gehören allerdings genau genommen nicht zu den Palmen.

Oleander

Nerium oleander

Der Oleander braucht eigentlich nicht näher beschrieben zu werden: Man kennt den immergrünen Strauch mit seinen duftenden weißen oder rötlichen Blüten aus Schlossanlagen oder aus den Urlaubsländern am Mittelmeer.
Standort: Nur an einem hellen, vollsonnigen Standort kommt der Oleander zur Blüte. Er verträgt auch heiße Sommertemperaturen. Im Winterquartier sollte er hell und luftig bei etwa 5 bis 10 °C stehen.
Pflege: Für eine reiche Blüte muss die Pflanze ausgiebig mit Wasser und Dünger versorgt werden. Abgestorbene Pflanzenteile sollten regelmäßig entfernt werden. Beim Einräumen ins Winterquartier dürfen die alten Blütenstände nicht entfernt werden. Alle zwei bis drei Jahre schneidet man gegen Ende der Winterruhe etwa ein Drittel der Triebe zurück.

Roseneibisch

Hibiscus rosa-sinensis

Der Roseneibisch begeistert mit riesigen, meist roten Blütenkelchen, die im Wintergarten sogar ganzjährig erscheinen können.
Standort: Der Roseneibisch möchte hell und sonnig sowie vor Wind und Regen möglichst geschützt stehen. Im Winterquartier sind Temperaturen zwischen 10 und 15 °C ideal.
Pflege: Für eine reiche Blüte muss die Pflanze regelmäßig gedüngt werden. Staunässe, Trockenheit und klimatische Schwankungen müssen vermieden werden, da der Roseneibisch sonst oft Blätter und Knospen abwirft. Etwa alle zwei Jahre werden die Triebe nach dem Winter zur Hälfte zurückgeschnitten.

Schönmalve

Abutilon-Hybride

INFO

Weitere Kübelpflanzenarten

Pflanze	Merkmale	Pflegehinweis
Aucube *(Aucuba japonica)*	immergrünes, geschecktes Laub	robust, giftige Früchte
Bleiwurz *(Plumbago auriculata)*	himmelblaue Blütenrispen	pflegeleicht, verträgt Rückschnitt
Blumenrohr, Indisches *(Canna indica)*	irisartige Blüten in Rot oder Gelb	reichlich gießen, ausputzen, Knollen überwintern
Feige *(Ficus carica)*	gelapptes Laub, unter optimalen Bedingungen Früchte	im Sommer robust, früh ausräumen
Gewürzrinde *(Cassia corymbosa, C. didymobotrya)*	gelbe Blütenkelche	anspruchslos, warm, nach erstem Frost Rückschnitt und Einräumen
Kreppmyrte *(Lagerstroemia indica)*	Blütendolden (je nach Sorte) in Rottönen	vollsonnig, radikal zurückschneiden, gleichmäßig gießen
Lorbeer *(Laurus nobilis)*	immergrün, aromatisch	robust, schnittverträglich
Orangenblume *(Choisya ternata)*	weiße, duftende Blütenrispen, immergrün	unempfindlich, auch Halbschatten
Passionsblume *(Passiflora)*	Rankpflanze, zauberhafte Blüten	viel gießen und düngen, Rankhilfe
Prinzessinnenblume *(Tibouchina urvilleana)*	purpurne Blütenteller	gut gießen und düngen, zurückschneiden
Schmucklilie *(Agapanthus praecox)*	Zwiebelblume, blaue Blütendolden	sonnig, bis Juli gut düngen

Die Schönmalve ist ein dankbarer Blütenstrauch, der bei gebührender Pflege das ganze Jahr hindurch seine roten oder gelben Blütenglocken zeigt.

Standort: Die Schönmalve liebt einen vollsonnigen Standort, blüht aber auch im Halbschatten. Wenn sie kühl überwintert wird, werden die Blätter abgeworfen, und die Pflanze kann dunkel stehen.

Pflege: Im Sommer muss reichlich gedüngt und gegossen werden. Im zeitigen Frühjahr darf die Pflanze kräftig zurückgeschnitten werden.

Tibouchina

Tibouchina

Die aus Brasilien stammende Pflanze ist in unseren Breiten noch eher unbekannt, schmückt jedoch mit ihren großen blauvioletten Blütenrispen und den samtigen dunkelgrünen Blättern jeden Balkon und jede Terrasse.

Standort: Im Halbschatten gedeiht die Tibouchina am besten. Aufgrund ihrer langen Triebe sollte die Pflanze windgeschützt stehen. Sie sollte bei etwa 10 °C an einem hellen Ort überwintert werden.

Pflege: Die Tibouchina muss regelmäßig mit kalkfreien Wasser gegossen werden, sodass die Erde stets leicht feucht ist. Staunässe sollte aber unbedingt vermieden werden. Von Frühjahr bis Herbst sollte gedüngt werden. Um einen sparrigen Wuchs zu vermeiden, muss die Pflanze regelmäßig zurückgeschnitten werden.

Zitronenbaum

Citrus-Arten

Die Bäume der Zitrusfamilie sind ziemlich anspruchsvoll. Nur unter günstigen Bedingungen bilden sich aus den duftenden Blüten in unserem Klima Früchte.

Standort: Ein vollsonniger Standort ist ideal für den Zitronenbaum. Frost wird von den meisten Zitrusarten nicht vertragen. Die Überwinterung sollte bei 5 bis 10 °C stattfinden und ist sehr arbeitsintensiv: Die Pflanze darf immer nur vorsichtig befeuchtet werden und nie dauerhaft nass sein, da sie sonst schnell abstirbt.

Pflege: Regelmäßiges Gießen ist wichtig, Staunässe muss aber unbedingt vermieden werden. Das Gießwasser sollte stets kalkfrei sein und gut ablaufen können.

Gartenkalender

Balkon- und Terrassengartenpflege rund ums Jahr

Balkonblumen und Kübelpflanzen haben besonders in den Sommermonaten Hochsaison. Dann sind sie v. a. auf die Wasserversorgung angewiesen. Zudem brauchen die Pflanzen Dünger, damit sie ausreichend mit Nährstoffen versorgt sind, gut wachsen und blühen. Aber auch im Frühjahr, Herbst und Winter gibt es einiges zu tun. So beginnt bereits im Spätwinter die Anzucht von Jungpflanzen. Zudem ist der Rückschnitt und, falls nötig, das Umtopfen zu erledigen. Nach der Saison müssen im Herbst und Winter mehrjährige Pflanzen im Überwinterungsquartier regelmäßig kontrolliert werden. Welche Arbeiten im Einzelnen anstehen, zeigt Ihnen der Gartenkalender.

Ein Vogelhäuschen ist eine willkommene Futterquelle für alle Standvögel

Januar

- Kübelpflanzen im Winterquartier auf Schädlinge und Krankheiten kontrollieren.
- Falls nötig, Pflanzenschutzmittel einsetzen (z. B. Leimfallen gegen Weiße Fliegen).
- Im Winter nur wenig gießen – ausgenommen Pflanzen, die in warmen Räumen stehen (z. B. Pelargonien, Zitruspflanzen, Palmen).
- Bei mildem Wetter lüften.
- Pflanzpläne anfertigen.
- Samen- und Pflanzenkataloge sichten und Saatgut sowie Pflanzen bestellen.
- Neue bzw. zusätzliche Pflanzgefäße bauen. Vogelhäuschen mit Sämereien befüllen.
- Stecklinge schneiden und bewurzeln (z. B. bei Pelargonien).

Februar

- Im Winterquartier lüften, gießen und, falls nötig, Pflanzenschutzmittel einsetzen.
- Mit zunehmender Tageslänge wieder mehr gießen.
- Zu eng sitzende Kübelpflanzen umtopfen.
- Rückschnitt rechtzeitig vor dem Austrieb durchführen. Aussaat von Langzeitkulturen (z. B. von Petunien).
- Jungpflanzenvermehrung durch Stecklinge (z. B. Fuchsien).
- Pflanzpläne anfertigen.
- Sämereien und Jungpflanzen bestellen.
- Bewurzelte Jungpflanzen rechtzeitig pikieren (in Töpfe vereinzeln).

Im Frühjahr beginnt das Ein- und Umtopfen verschiedener Pflanzenarten

März

- Lüften, gießen, Pflanzenschutz im Winterquartier.
- Robuste Kübelpflanzen bereits bei mildem Wetter ausquartieren (z. B. Lorbeer).
- Winterquartiere für Kälteperioden noch bereithalten.
- Sonnenschutz (z. B. Schattenleinen) für Kübelpflanzen gegen Blattschäden. Kübelpflanzen umtopfen und schneiden.
- Vermehrung durch Stecklinge.
- Kauf von bewurzelten Stecklingen für weitere Kultur.
- Ab jetzt Knollenbegonien, Dahlien und andere Knollenpflanzen putzen und eintopfen.
- Zwiebelblüher in Kübeln einziehen lassen, dann erst ausgraben und lagern oder in den Garten pflanzen.

April

- Robuste Pflanzen ausquartieren (Quartiere jedoch noch immer bereithalten).
- Empfindliche Pflanzen noch geschützt im Haus behalten, aber regelmäßig lüften. Rückschnitt fördert buschigen Wuchs (z. B. bei Engelstrompeten oder Oleander).
- Anzucht und Vermehrung durch Aussaat und Stecklinge.
- Preiswerte Jungpflanzen in der Gärtnerei kaufen und weiter kultivieren. Kräuter in Kübel und Kästen pflanzen.
- Schöne Balkonarrangements zusammenstellen. Balkonblumen und Kübelpflanzen evtl. vor Frost schützen (z. B. mit Vlies zudecken oder einräumen).
- Terrassenbeläge prüfen und ausbessern. Markisen und Sonnenschirme prüfen und ausbessern oder ersetzen.

Mai

- Nach den „Eisheiligen“ alle Pflanzen ausquartieren, aber noch vor direkter Sonne schützen.
- Jetzt auch robuste Zimmerpflanzen ausräumen (geschützt platzieren).
- Pflanzen reichlich gießen und bei Bedarf düngen.
- Wenn gewünscht, Bewässerungssysteme einrichten (z. B. Tropfer oder Kästen mit Wasserspeicher).
- Große Pflanzen vor Windwurf sichern.
- Günstige Standorte wählen (Schattenpflanzen absonnig platzieren).
- Kakteen und Sukkulenten in den Regenschatten stellen (z. B. unter Dachvorsprung).
- Gemüse und Kräuter in Kübel und Kästen pflanzen.
- Blütenpflanzen regelmäßig ausputzen (welke Blüten entfernen).

Juni

- Regelmäßig gießen; zur Unterstützung Bewässerungssysteme einrichten.
- Windwurfgefährdete Pflanzen vor Sommerstürmen sichern.
- Falls nötig, Pflanzenschutz mit biologischen Mitteln (z. B. Blattläuse mit Wasser absprühen).
- Wasserstellen einrichten, Gießwasser erwärmen (Gießgefäße immer gefüllt halten).
- An heißen Tagen schattieren.
- Bei länger anhaltenden Regenperioden Folien zum Abdecken bereithalten oder Pflanzen in den Regenschatten des Hauses stellen.
- Welke Blüten regelmäßig ausputzen.
- Wuchernde Pflanzen zurückschneiden. Kräuter maßvoll ernten (nicht stutzen).
- Formschnittpflanzen regelmäßig pinzieren (lange Triebe einkürzen).

Nun können Sie Ihre Balkonkästen bepflanzen

An heißen Sommertagen ist es besonders wichtig, die Pflanzen reichlich und regelmäßig zu gießen

Juli

- An heißen Sommertagen reichlich gießen, um Trockenheit vorzubeugen.
- Rechtzeitig die Wasserversorgung während der Urlaubsabwesenheit sichern.
- Regelmäßig düngen, um die Blütenbildung zu fördern.
- Pflanzenschutz mit einfachen Methoden (z. B. Rückschnitt kranker Pflanzenteile) und biologischen Mitteln vornehmen.
- Bei Mangelerscheinungen schnell wirksame Flüssigdünger geben.
- Bei Dauerregen für Wasserabzug sorgen (Untersetzer leeren).
- Gute und schöne Sorten durch Stecklinge vermehren (z. B. Pelargonien).
- Welke Blüten ausputzen, um Samenbildung zu verhindern (nicht bei Pflanzen mit dekorativen Früchten).
- Nun können Kräuter geerntet (und evtl. getrocknet und eingefroren) und auch nachgesät werden.
- Wurmkompost pflegen und wässern.

August

- Ausreichend gießen, Düngung langsam beenden.
- Bewässerungssysteme für die Urlaubszeit einrichten oder Gießhilfe organisieren.
- Von guten Sorten Stecklinge schneiden (nur von mehrjährigen Arten).
- Gemüse in Kübeln und Kästen ernten.
- Kletterpflanzen schneiden und heften.
- Neue, erhaltenswerte Pflanzen besorgen oder selbst ziehen.
- Buchs und andere Formschnittpflanzen trimmen.

Im August ist die Zeit, um den Buchsbaum zu trimmen

September

- Die Tage werden kürzer, das Wachstum lässt langsam nach; entsprechend weniger gießen.
- Herbstblumen und Immergrüne pflanzen.
- Zwiebeln für das Frühjahr in Kübel pflanzen.
- Kübelpflanzen so lange wie möglich im Freien lassen.
- Winterquartiere und Frostschutz vorbereiten.
- Zimmerpflanzen bei Nachtfrostgefahr einräumen.
- Kletterpflanzen für eine Begrünung von unten an bzw. unter den Balkon setzen.
- Von Sommerblumen reife Samen abnehmen und für die Aussaat im nächsten Jahr lagern (z. B. Ringelblumen, Kapuzinerkresse u. a.).

Oktober

- Frostgefährdete Balkon- und Kübelpflanzen einquartieren.
- Robuste Arten bei mildem Wetter noch draußen lassen (Frostschutz vorbereiten).
- Leere Kästen reinigen und unterbringen.
- Abgestorbene Pflanzen evtl. im Garten kompostieren.
- Zwiebeln für das Frühjahr pflanzen.
- Balkon- und Terrassenboden reinigen. Wassergefäße leeren.
- Einjährige Blumen abräumen und durch Herbstbepflanzung ersetzen.

November

- Sommergrüne in kühlem Keller überwintern.
- Jetzt auch robuste Pflanzen einräumen.
- Immergrüne hell und kühl stellen.
- Winterquartiere bei mildem Wetter lüften.
- Zwiebelblumen in Kübeln draußen lassen (Tulpen, Narzissen u. a.).
- Falls vorhanden, Vogelfutterhäuschen geschützt aufstellen.

Dezember

- Kübelpflanzen im Haus auch im Winter mäßig gießen (je nach Standort).
- Winterquartiere bei mildem Wetter lüften.
- Winterbepflanzung vor strengem Frost schützen.
- Bei trockenem Wetter immergrüne Kübelpflanzen im Freien gießen (z. B. Buchsbaum zum Schutz vor „Frosttrocknis").
- Vögel mit Sämereien füttern. Weihnachtsbaum im Topf draußen lassen (erst zum Fest einräumen).

Pflanzen Sie im Oktober Zwiebeln für das kommende Frühjahr

Material- und Werkzeugliste

Jedes neue Gartenprojekt erfordert eine intensive Planung. Um dabei nicht den Überblick zu verlieren, ist eine Checkliste sehr hilfreich, die im nachfolgenden Beispiel zur Neubepflanzung eines Balkons dient. Diese Liste soll eine Anregung sein und lässt sich natürlich für jedes Projekt abwandeln und anwenden.

CHECKLISTE

Material- und Werkzeugliste für die Bepflanzung eines Balkons

Baustoffe, Gefäße (Baumarkt, Gartencenter)	**vorhanden**	**bestellt**	**noch zu besorgen**
Blumenkästen	☐	☐	☐
Pflanzkübel	☐	☐	☐
Untersetzer	☐	☐	☐
Vlies	☐	☐	☐
Pflanzen (Gartencenter, Wochenmarkt, Versand, eigene Aussaat)	**vorhanden**	**bestellt**	**noch zu besorgen**
Kübelpflanzen	☐	☐	☐
Balkonblumen	☐	☐	☐
Kräuter	☐	☐	☐
Erden, Substrate, Bodenverbesserer (Gartencenter, Baumarkt)	**vorhanden**	**bestellt**	**noch zu besorgen**
Kompost	☐	☐	☐
Hornspäne	☐	☐	☐
Sand	☐	☐	☐
Blähtongranulat	☐	☐	☐
Einheitssubstrat	☐	☐	☐
Geräte, Werkzeuge (Gartencenter, Baumarkt)	**vorhanden**	**bestellt**	**noch zu besorgen**
Schere	☐	☐	☐
Pflanzschaufel	☐	☐	☐
Gießkanne	☐	☐	☐
Arbeitshandschuhe	☐	☐	☐
Rollbrett (zum leichteren Transport schwerer Kübel)	☐	☐	☐

Register

A

B

K

L

M

N

O

P

T

U

V

W

Y

Z

Bildnachweis

Wir bedanken uns bei allen Bildlieferanten, die uns durch die Bereitstellung von Abbildungen freundlicherweise unterstützt haben.

djd/deutsche journalisten dienste: djd/Styx Naturcosmetic 75

Ernst Benary Samenzucht GmbH, Hann, München: 354 (u.)

fotolia.com: sherez 10, 39, 124; Elena Elisseeva 14, 313 (auch nachfolgende Kolumnentitel); Darko Despotovic 15; Joy Prescott 17; emer 20; Laks 22; Oleg Kozlov 25; Alexander Bärenstein 29, 30; Shane Kennedy 34; Sternstunden 36, 91; babsi_w 37 (auch nachfolgende Kolumnentitel); Mirko Meier 41; Carola Schubbel 43; Simone van den Berg 46; contrastwerkstatt 47; teressa 49; zimmytws 51; Mario Giannini 52 (auch nachfolgende Kolumnentitel); RalfenByte 65; unpict 68; Saussurea 71; Eli Martin 72; brigg 77; phototom 81; miket 85; Valerie Ornstein 87; siamimages 88; Martina Berg 89 (auch nachfolgende Kolumnentitel), 329 (u.); Reika 92; Monika Adamczyk 93; emmi 95; Heike Rau 96; Andre B. 97; Yang MingQi (florales Muster) 8, 15, 21, 35, 37, 51, 52, 75, 89, 93, 100, 108, 120, 129, 136, 142, 150, 162, 175, 185, 192, 203, 209, 217, 232, 242, 253, 259, 268, 274; Nobapix 100 (auch nachfolgende Kolumnentitel); Elnur 101; mr.nico 103; krosbona 105; emer 114; Matthias Geipel 115; Anne Katrin Figge 128; Sandra Feldhaus 137; Maria Brzostowska 149; SchneiderStockImages 160; Wojciech Gajda 175 (auch nachfolgende Kolumnentitel); Frank-Peter Funke 177 (o.); Yuriy Korchagin 177 (u.); julia sevastianova 179; Dimitrios 182; wildman (u.) 183; Nuvola 185 (auch nachfolgende Kolumnentitel); LianeM 186, 206, 273, 275, 276, 281, 326; sonne Fleckl 187, 306, 309; Michael Hahn 192 (auch nachfolgende Kolumnentitel); innebreeze 195; LenaS. 203; mica 207; HeiDesign 208; Franz Pfluegl 217; Maksim Shebeko 230; petrabarz 241; Barbara Dudzinska 242; ataly 244; womue 247 (o.); openlens 248; Stefan Thiermayer 251; Skydivers 256; redsunset 257; Daniel Fuhr 258; Gernet Krautberger 259 (auch nachfolgende Kolumnentitel); Olena Mykhaylova 260; eblue 261; arashamburg 262; Mette 264; Fotovision 265; Swetlana Wall 266; Monia 268; Sven Knie 269; Horticulture 270; FOOD-micro 271 (l.); Mario 271 (r.); newa 272; Claireloit 274 (auch nachfolgende Kolumnentitel); Stefanso 277; Lazysunbathers 278; Elenathewise 279; Susanne Güttler 280; EDEN 284 (auch nachfolgende Kolumnentitel), 287; Matthias Geipel 285; Brenda A. Smith 286; zingiber 288; Sven Knie 289; profi 292; teressa 293; migratrice 295; Heike Loechel 296; Daniel Bujack 301; Canoneer 302, 363; Dalmatino 303 (auch nachfolgende Kolumnentitel); Marek Slusarczyk 305; creAtive 307; LeNico 310; Eva Gruendemann 312; Stefan Körber 314; Olivier le Moal 321; Harald07 322, 341; Daniel Etzold 323; We-Are-Web 325; JWS 326; FRÜH 329 (o.); Michael Martini 330; Eva Kahlmann 331; eagle84 333; Trombax 334; Michael Pettigrew 338; Ellie Nator 339; bean 343; Christian Pedant 349; mediamouse 350 (l.); Sven Käppler 351; Cornelia Pithart 352 (o.), 354 (o.); mumi 358 (o.); Kerry 359; arashamburg 360, 370; Constanze Weber 362; miket 365; António Duarte 367; FotoLyriX 368; W-FOTO 369; PeJo 371; valpictures 372 (o.); buttongirl 372 (u.); Twilight Art Pictures 373

Himmelhuber, Peter: 104, 112, 121, 122, 123, 126, 130, 133, 135 (l.), 135 (r.), 140, 141, 143, 144, 145, 149, 154, 155, 157, 161, 163, 165, 167, 169, 170, 171, 172, 173, 174, 178, 188, 189, 209 (auch nachfolgende Kolumnentitel), 227

iStockphoto.com: YuriyS 120 (auch nachfolgende Kolumnentitel)

Kirschner, Max: 294, 296, 297, 298, 304, 315, 317 (l. u. r.), 318, 344; 347 (r.), 348, 350 (r.), 352 (u. l.)

Klosterfrau Gesundheitsdienst: 83

Knecht, A., Privatgarten, Bücklistraße 15, CH-5300 Vogelsang, www.gartentraeume.ch: 301

mauritius images: 26, 33, 37, 110, 247 (u.), 253, 336, 353 (r.)

neogard.ch: 342

pixelio.de: magicpen 8 (auch nachfolgende Kolumnentitel); Joujou 12, 56; Kladu 19, 44; bembelino 21 (auch nachfolgende Kolumnentitel); pixelbiene 55; kidcat 58; wrw 60; marikakude 62; knipseline 63, 79; Bolliger Hanspeter 66; Rainer Sturm 70; bobby46 76; adel 308; Regina Kaute 311; Petra Geißler 335; Dietmar Grummt 345 (l.); M BirgitH 345 (r.); Maja Dumat 346; Martina Gade 347 (l.); Claudia Hautumm 352 (u. r.), 364 (r.); groby 353 (l.); Pegas 355; studio-plus 356 (l.); Kunststart.net 356 (r.); sonnenblume 357; Dieter Wendelken 364 (l.)

polylooks.com: Zoonar 107, 108, 129, 136 (auch nachfolgende Kolumnentitel), 142; Zoonar/Val Thoermer 150; Schaupp/Martin Schaupp 151; Zoonar/Lothar Hinz 159; bypicart/Frank Emari 162; Zoonar/Catalin Petolea 178; Zoonar/fmf 180; Zoonar/friedhelm liebsch 181; Zoonar/Violetta Honkisz 183 (o.); Zoonar 324

Redeleit, Wolfgang: 194, 197, 198, 201, 202, 204, 205, 210, 211, 212, 215, 219, 221, 222, 223, 224, 226, 228, 232 (auch nachfolgende Kolumnentitel), 233, 234, 235, 237, 238, 239, 240, 243, 246, 252, 254

Stock.xchng: Claudia Meyer 340

Weigl, Doris: 35